本书为2017年教育部人文社会科学研究青年基金项目

"朝鲜王朝正祖时期的官方史学研究（1776-1800）"（17YJC770041）

资助的结项成果。

1776

朝鲜王朝正祖时期的
官方史学研究（1776-1800）

张光宇　著

Study on Official Historiography
in the Reign of King Jeongjo
in Joseon Dynasty（1776-1800）

1800

上海三联书店

图 1　首尔大学奎章阁韩国学研究院（郭江龙　摄）

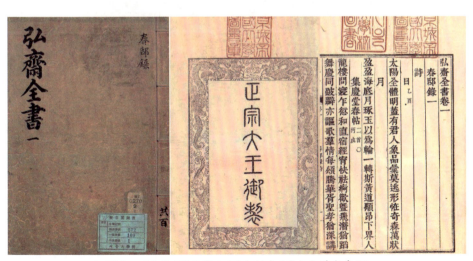

图 2　正祖御制《弘斋全书》木板本（首尔大学奎章阁）

图 3　朝鲜王朝正祖李祘

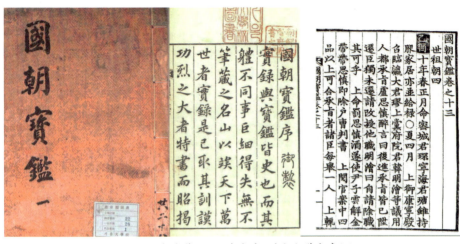

图4 《国朝宝鉴》1909年印本（首尔大学奎章阁）

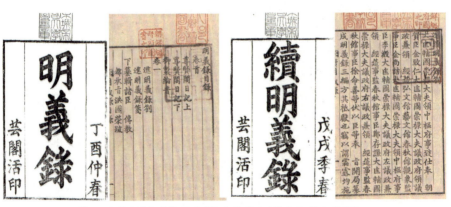

图5 《明义录》、《续明义录》壬辰字本（首尔大学奎章阁）

图 6　《庄陵配食录》写本（哈佛大学图书馆）和《庄陵史补》写本（首尔大学奎章阁）

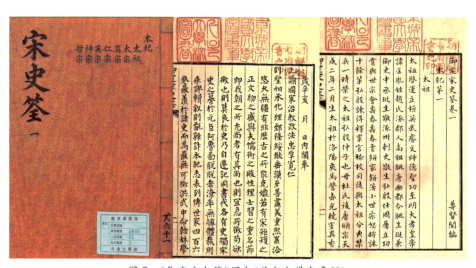

图 7　《御定宋史筌》写本（首尔大学奎章阁）

序 | Foreword

张光宇博士的《朝鲜王朝正祖时期的官方史学研究(1776—1800)》即将出版,他希望我能写几句话以作序言。回想他在南开四年博士期间,脚踏实地、勤奋学习之情景,如今毕业不到三年,就在博士论文基础上,修改完善,刊出这部相当厚重的书稿,故责无旁贷,愿意写几句话,以向学林推介。

在光宇硕士即将毕业之际,给我来信谈及对中韩关系史的兴趣,且说可以阅读韩文论著,希望报考博士生。当时南开史学史专业正计划发展中外史学比较方向,而我则考虑培养中韩史学比较方面的人才,既然兴趣相投,自然他就成为门下第一位研究中韩史学比较方向的博士生。经过一年多的磨练,尤其是在跟我合作完成研究《史记英选》一文之后,光宇的学术研究能力渐渐显露出来。他很快就选定博士论文题目,希望研究朝鲜正祖(1776—1800在位)一朝的官方史学。

南开有研究中国古代官方史学的传统。尽管梁启超、金毓黻等都注意到中国古代官方史学问题,而对此展开全面系统的研究,则主要是由南开诸位先生推进的。在先师杨翼骧先生指导下,乔治忠教授的博士论文《清代官方史学研究》(台湾文津出版社,1994年)打开了这个领域的研究之门。随之,杨先生关门弟子岳纯之的《唐代官方史学》(天津人民出版社,2003年),乔先生指导的博士生王盛恩的《宋代官方史学研究》(人民出版社,2008年)、杨永康的《明代官方修史与朝廷政治》(人民出版社,2015年)等一系列成果相继问世,在中国史学史界有相当的学术影响。最近这些年,乔先生一直在拓展中国古代官方史学的研究。从理论上加以阐述,在具体研究中加以深化。他特别指出,中国古代史学是官方史学与私家史学双轨并行发展,中国古代官方史学的高度发达,正是中西史学根本的不同点。他总结出中国官方史学的五个重要特征:"1. 制度化、(官僚)组织化的记史和修史机构;2. 官方切实控制和管理下的史籍编纂;3. 拥有相当规模和数量的官方史料和官修史书;4. 官方的历史观与史学思想;5. 官方史学的政治作用和学术地位。"(《古代中国官方修史视角下的中外史学比较》,《史学理论研究》2009 年第 2 期)给我们以很大的启发。同时,他也关注到中国古代史学对周边朝鲜与日本史学的影响。张光宇的选题正是延续了南开史学史这样的传统,将官方史学的研究拓展到朝鲜半岛。

古代朝鲜半岛历代王朝,自从统一新罗开始,与唐朝建立稳定的宗藩关系以后,就一直是中原王朝的藩属国。在一千多年的中朝宗藩关系中,尽管有过波折,但政治上的"事大"臣服、外交上的朝贡使行、思想上的"慕华"效仿,构成朝鲜半岛对华关系的基本要素。高丽末期政治家与儒学家李穑(1328—1396)言:"惟我小东,世慕华风。"(《牧隐文稿》卷 11《受命之颂》)故朱云影指出朝鲜传统的一切以中国文化为本位,是其文化的一大特色,某种意义上,正是中国文化的分支。作为文化重要组成部分的古代朝鲜史学,一定程度上,也可以说是中国古代史学的分支,是中国古代史学的演变与发展,但朝鲜古代史学在学习中有变异,在模仿中有创新。如果说中国古代史学是官、私史学双轨并行发展,私家史学担当创新与发展的话,朝鲜半岛的史学则可以说是由官方直接主导,私家史学一直处于从属与附庸的地位。而且越到后来,王朝对史学的控制愈加严格,甚至国王直接参与,亲自主导,朝鲜正祖国王就是这样一个典型个案。

本书导论和结论外,主体七章。首章介绍正祖时期的文化政策,将其政治文化背景加以介绍。接着依次介绍奎章阁的成立及其所编印的书籍;《日省录》创制的原因、体例、内容与评价;正祖朝对《朝鲜英祖实录》的纂修与《景宗实录》的修正;《国朝宝鉴》的续补;"义理史书"的编纂;最后选取《宋史筌》《史记英选》《陆宣公奏议》为例,讨论正祖君臣对中国史书的改撰;这些构成全书的主要内容。最后两个附表,《朝鲜正祖时期奎章阁参编书籍情况简表》和《正祖时期官方史学大事年表》,完整呈现了朝鲜正祖一朝官方史学的全貌和特征。综合而论,正祖朝官方史学的特点有三:

第一,如果说中国古代官方史学中的"官方",仅指朝廷,还是一个相对模糊的概念,那么正祖朝的官方史学中的"官方",则可以明确是指正祖国王本人。因为正祖国王直接主导,时常御撰,亲自审查,正祖朝官方史学就是正祖国王个人政治思想的体现,是以他为主导的一系列官方史学活动。某种意义上说,如果离开了正祖国王本人,正祖朝的官方史学无从谈起,这是毋容置疑的。

朝鲜王朝以儒学立国,在五百年的历史之中,出现过数位对文化建设极为热心的国王。朝鲜世宗国王(1418—1450年在位)喜读诗书,指令郑麟趾、申叔舟等创立谚文,亲自颁布《训民正音》;督令完成纪传体《高丽史》的编纂,世宗时期朝鲜文化蓬勃发展,影响深远。正祖也是一位世宗式的国王,他自幼好学,每日手不释卷,竟有"读书大王"的雅号。从王世孙时期开始,他就开始编书,当了国王以后,御制各类书籍甚多。正祖即位年(1776)九月,创立奎章阁,主导朝中藏书、编书、刊印书籍等事务,一大批"北学派"人士如朴趾源、朴齐家、李德懋、柳得恭、成海应等都任职于奎章阁,随侍正祖左右。他们倡导"北学",呼吁改革,既是朝鲜"实学"文化的倡导者与践行者,也是官方史学的参与者与编纂者。

中国历史上也出现过御撰史书,梁武帝曾主持编撰六百卷《通史》,"躬制赞序";唐太宗也曾御撰《晋书》四篇论赞;乾隆皇帝也有过《御批通鉴辑览》,但都只是偶尔为之,而正祖国王对于书籍编纂,则可以说是一生痴迷,贯彻始终。他广涉经、史、子、集四部之学,留下了卷帙巨大的个人文集《弘斋全书》,不仅在朝鲜王朝是独一无二的,在世界历史上也是极为罕见的。他自编大量书籍,御制目录书《群书标记》,按"御定""命撰"等分类,收录他参编的153部近四千卷的书籍;晚年成《四部手圈》,乃是他编选的若干部中国经典的结集。正祖朝几乎每一部重要官修史书,都与国王分不开,很多史书正是因为正祖的倡议,才编刊出来。

正祖就是当朝官方史学的主导者、组织者、编写者和监督者,他是官方史学的核心。这是任何中国皇帝都无法比拟的,是绝无仅有的。

第二,正祖朝官方史学,并非纯粹的史学活动,是正祖国王日常政事中极其重要的一部分,是他治国理政中的重要一环。正祖之所以如此看重修史活动,有一个很重要的政治原因,就是他对自己的处境,很有危机感。他十一岁时亲见父亲思悼世子饿死于木箱之中,此种强烈刺激,影响终身。朝鲜后期党争激烈,两班政治相当黑暗,国王一直处于相对弱势的地位,正祖的政敌随时想加害于他。外戚金氏虎视眈眈,他在加强提防的同时,更要从思想上进行教育,以强化王权,这给他编史以强烈的动力。

朝鲜王朝英、正时期(1724—1800)被誉为"朝鲜后期的文艺复兴时期",他们二人都致力于文化事业的建设,推行荡平政治,打破人才任用的门第观念,重用下层中人。正祖深受英祖的影响,通过修史活动,亲自主导对儒生、百姓的儒学教育,加强日渐式微的朱子学教育。英祖时期就编修了很多史书,正祖效仿之时,予以补充、修正,如修正《景宗实录》,修订《文献备考》,续补《国朝宝鉴》,都是完成英祖未竟之业,所以正祖重视修史,某种意义上也是弘扬英祖以来的文化政策。

同时,在处理对清关系时,"尊王心法,列圣相传"。尊周思明是朝鲜王朝臣服清朝以后,相当长时期内的基本国策。仁祖被迫臣服,孝宗倡导"北伐",肃宗建造大报坛,英祖时期大量编修明史、宋史等中国史书。正祖时期则延续这样的思想,尽管其对清意识已经改变,与清关系也日益融洽,"北学"思想也在流行,但祖宗之法不可变,于是就编修义理类史书,既保存列朝尊周史实,亦表明正祖时期继续弘扬,故《国朝宝鉴别编》《尊周汇编》《明义录》《庄陵配食录》,一系列史书就得以编纂。

第三,跟中国明、清官方史学相比,朝鲜史馆机构更为健全,这给正祖朝官方史学以制度上的保证。明、清时期中国专职史馆机构已经不存,被并入翰林院之中,或者设立临时性的机构,朝鲜王朝则完全不同。春秋馆、艺文馆为专职史馆,其他相关机构如承政院、备边司、成均馆、奎章阁等等,都有修史任务。朝中几乎每个机构都有纂修本司职掌的义务,修史成为他们日常不可或缺的工作。朝中史官众多,活动频繁,这样也就留下了数量庞大的各类史书,《时政记》《承政院日记》《备边司誊录》《日省录》等等,都是朝鲜王朝相应机构所编。相比之下,《朝鲜王朝实录》不像明清实录那么重要,因为在实录编修之前,众多原始史料都得以留存。加上还有临时性编修的众多官修史书,数量极为庞大,史料价值亦高,这是朝鲜私家史学无法比拟的,所以朝鲜私家史学只能是官方史学的附庸和补充。

这样的特点,也就决定了正祖朝官方史学的独特价值,受到韩国学术界多方重视,成果甚多,但全面系统的研究成果尚阙,中国学术界则几乎是空白。本书在爬梳丰富的原始资料基础上,又关注到中韩学术界的研究状况,在中朝史学比较视野之下,并不拘泥于具体史实的陈述,也避免限于一国史研究的狭隘,展开相关论题的研究,因而提升了本书的价值。中国学术界对中朝史学比较与朝鲜史学史的研究,还处于起步阶段,本书的出版,将极大推动这个领域的研究,由此也充分体现出本书的学术意义。

最后,祝贺这部学术著作的出版,祝愿光宇今后的学术之路,前程似锦,更上一层楼。

孙卫国

2019 年 6 月 24 日

于京都国际日本文化研究中心

目录 | Contents

导　论

一、选题意义

中国与朝鲜半岛的文化交流长达几千年,其文字、制度、宗教、艺术等无不深受中国影响。中朝(韩)交流史的各类研究一直是国内文史学界较为关注的领域,《朝鲜王朝实录(李朝实录)》等朝鲜半岛的史籍资料,也越来越为中国学者熟知和使用。然而,长期以来,国内学者对朝鲜半岛的史学文化仍了解甚少,也仅停留在将部分史籍作为史料使用的阶段,缺乏史学史视角和方法的梳理和研究,也缺少对史籍文献的深入认识,这容易导致一些使用偏颇和研究疏误。从国内的史学史研究来看,较为通行的是按中国史学史和外国史学史进行分类研究,而外国史学多是指称西方史学,"见西不见东",这使得同属于东亚史学源流的日韩(朝)等周边国家之史学(尤其是古代史学)长期游离于传统史学史研究之外,成为国内史学史研究中较为薄弱的一环。从事朝鲜(韩国)古代史学史研究的意义有如下几点:

第一,朝鲜古代史学深受中国影响,甚至可称为是中国古代史学史的一个分支。汉字是古代东亚各国共同使用的文字,可以说是东亚古代文明的共同基因,是东亚古代文明的基石。流传下来的丰富汉籍成为东亚世界共同的财富,也是解读古代中华文明的重要史料来源。[①]朝鲜半岛使用汉字的历史十分悠久,在"箕子朝鲜"时代就播撒下了"中华文化"的根。中国史书在唐以前便广泛流传到朝鲜半岛,成为他们阅

---

① 孙卫国:《东亚视野下的中国史研究》,《史学理论研究》2016年第2期,第29页。

读的典籍。明清时期,朝鲜是受中国文化影响最深的藩国,中国典籍也进一步成为他们购求、效仿、研读、改编的对象。朝鲜王朝的士人皆以使用汉字阅读、书写作为身份地位的象征,官方典籍皆用汉字。李光涛在考察和对比了中朝古代的"著作"后,甚至称:"朝鲜也罢,中华也罢,反正这两者文化都是一事,这是绝无疑义的。"①作为中华文明的重要组成部分,中国史学对朝鲜半岛的影响是深远的,恰如孙卫国所言:"韩国古代史学史,可以说是中国古代史学史的一个分支,因为在1910年以前,韩国历史上几乎所有的史书都是以汉文写成,且史书体裁、史学思想完全是模仿和学习中国史学的。"②朝鲜史书不仅基本涵盖了中国的史书体裁,在史书编纂中,修史模式、体例编排、撰作主旨、参修者的历史观念、著史原则等方面,往往也深受中国传统史学影响。③ 朝鲜也曾模仿中国的古代官方修史模式,将史学活动纳入政府机制。"朝鲜最重视史馆制度的建设,自统一新罗开始,一直到朝鲜王朝,官方修史成就最多。"④自高丽王朝仿唐、宋制始设史馆、史官,官方修史成为定制;到朝鲜王朝时,文教鼎盛,官方修史制度日益完善,修史项目及成果异常繁盛,甚至带动了私家修史的发展。

第二,作为东亚汉籍,朝鲜半岛汉史籍可为深化中国史学与历史研究提供重要的资源。朝鲜半岛现有浩如烟海的古代汉籍文献存世,包括经、史、子、集四部,是东亚汉籍的重要组成部分。国内学者已经认识到了东亚汉籍研究的意义所在:它们是"汉文化之林的独特品种,是作为中国文化的对话者、比较者和批判者的'异域之眼'"⑤;通过考察周边国家的文献资料,从"周边看中国","能够让我们'跳出中国,又反观

---

① 李光涛:《中韩民族与文化》,中华丛书编审委员会1968年版,第151页。

② 孙卫国:《东亚视野下的中国史学史研究》,《史学月刊》2013年第11期,第97页。

③ 见崔岩:《朝鲜王朝官修〈高丽史〉与中华传统史学》,《西北师大学报(社会科学版)》2012年第4期。

④ 孙卫国:《东亚视野下的中国史学史研究》,第99—100页。

⑤ 张伯伟:《域外汉籍研究入门》,复旦大学出版社2012年版,第20页。

中国'，了解中国的真正特性"①；"研究中国的历史文化，应该将视野放宽到东亚，从东亚去观察中国，同时由中国来理解东亚"②；"域外汉籍的研究，既可以带来新的丰富资料，开阔我们的视野，矫正我们认识上的偏差，也可以为中国史学史研究提供新的空间与资源"③。目前，由国家出资规划，《域外汉籍珍本文库》《域外所见中国古史研究资料汇编·朝鲜汉籍篇》等涉及朝鲜半岛汉籍的资料丛书相继出版，已然初具规模；周斌等主编《朝鲜汉文史籍丛刊》则专门收录朝鲜汉史籍。这将成为中国学界的一个新的学术增长点。

诚如葛兆光所言："研究中国的人完全可以把视野放宽，有些未必直接涉及中国，或者不一定直接记载中国的史料，其实也有'中国'在。"④"借助东亚汉籍与周边文献，就可以比较深入、细致地考察中国文化是如何传入周边，又是怎样生根发芽，与周边各国文化结合，从而生发出新的文化来的。"⑤对朝鲜半岛史籍文献及其相关的史学史研究，不仅是中国与朝鲜半岛文化亲缘性之使然，也有助于进一步探究和理解中国文化对朝鲜之影响。这有助于发现所谓东亚文化中的"同中之异"，从而也能深化对中国史籍的价值体认。

虽然同为汉字所写的汉籍，就其地域性和文化背景而言，朝鲜半岛史籍还是有其相当大的独特性，若不理解相关的文化背景，就盲目对有关文献加以利用，就很容易得出错误的结论。目前，国内学界对有关朝鲜半岛史籍尚缺乏史学史视角的梳理和研究，认识较为肤浅，加之朝韩国别史知识的匮乏，盲目利用易造成断章取义或诠释错误，更难以进行超脱于文本的、有深度的文化比较研究。从这个意义来看，国内学者理应重视对朝鲜半岛史学史的基本研究，才能更好地服务于中朝（韩）历

---

① 葛兆光：《宅兹中国——重建有关"中国"的历史论述》，中华书局 2010 年版，第 282—283 页。
② 王鑫磊：《同文书史——从韩国汉文文献看近世中国》，复旦大学出版社 2015 年版，第 48 页。
③ 孙卫国：《东亚视野下的中国史学史研究》，第 91—92 页。
④ 王鑫磊：《同文书史——从韩国汉文文献看近世中国》，第 11 页。
⑤ 孙卫国：《东亚视野下的中国史研究》，第 32 页。

史文化的深入研究。

第三,朝鲜半岛的古代史学可归入东亚史学,但又有其特质。中朝(韩)史学的交流与比较研究是中国史学史研究"东亚视野"的体现。中朝(韩)史学比较研究是一种涉及两国学术、政治、历史文化等领域,带有大视野、综合性特点的深层次研究。关于其研究意义,早在 20 世纪,朱政惠就曾论道:"中韩史学比较研究不仅有利于我们搞清双方史学交流交往的客观的历史过程和事实,更有利于我们究明双方文化交流的大体历史和大体特点。中韩史学交流的比较研究的深入发展,不仅利于我们总结中韩两国各自史学发展的特点和规律,而且利于从宏观上把握国际史学交流的特点和规律。这种交流过程中相同性和相异性比较,对于史学发展的时代性和现实性本质的揭示,有积极启迪作用。一国史学对他国史学的影响力和穿透力,一国史学在他国史坛接受状况和知名程度,不仅是对当时的当事国的文化和史学发展状况的研究,也是对当事国政治状况、经济状况和综合背景因素的研究。这当中的某些情况,往往是一般的历史研究难以涉及的。而恰恰这种研究,是一种深层次的大文化研究,无论对于史学输出国和史学接受国,都有一种难以估量的学术意义和现实意义。"①

乔治忠指出:"中国传统史学对日本、越南、朝鲜半岛有着长久、深刻的影响,中国史学史的研究不当局限于中国的范围之内……将中国史学的域外影响纳入史学史研究的必备范围,可以显著地增大学术认识的深度和广度。"②他将中国史学及其影响下的周边国家史学归为同一个史学流派,对立于西方的史学流派。所以中朝(韩)史学比较研究也就是"同源分流之东亚史学的比较","这种同中之异的比较研究"能够了解周边国家"对中国史学的影响接受了什么、舍弃了什么、改造了什么","对于认识中国史学的特点、探索史学在不同社会条件下的运行

---

① 朱政惠:《关于中韩史学比较研究的若干问题》,载《韩国研究论丛》(第一辑),上海人民出版社 1995 年版,第 175—176 页。

② 乔治忠:《论学术史视野下的中国史学史研究》,载氏著《中国官方史学与私家史学》,北京图书馆出版社 2008 年版,第 21 页。

机制,同样具有重要意义"。这对于认清中国传统史学的特色和探讨史学机制、社会与史学发展之间的关系等深层次问题,也有积极意义。[1]孙卫国也提倡将中国史学史研究扩大至"东亚视野",研究朝鲜半岛汉籍和史学对于完成中国史学史的"三大任务"[2]有极大的积极作用,可通过考察中国重要的史书对周边国家的影响,进行个案研究,"更能进一步深入研究中国史书的价值,从而丰富对中国传统史学的了解"。[3]这些均表明了中朝(韩)史学交流与比较研究的必要性,是中国史学史研究"东亚视野"的体现。然而,进行中朝(韩)史学比较研究的前提,是对两国传统史学都有较为深入的认识。因此,相比研究已较为成熟的中国史学史,加强对朝鲜半岛史学史的研究就显得尤为迫切。

第四,对朝鲜半岛汉史籍的研究本身也具有意义。韩国学者自不必说,日本学者对朝鲜半岛史籍的研究也由来已久,而中国学者的相关研究较为滞后。通过中国学者的研究,一方面可以通过综合运用史学史、文献学、书籍史等视角方法,补充日韩学者的错漏和偏颇;一方面可以填补国内相关研究的空白,拓展东亚史学相关的研究领域。诸多重要的朝鲜官修史籍文献,如《朝鲜王朝实录》《承政院日记》《日省录》《朝鲜王朝仪轨》等均被列入了联合国"世界文化遗产名录",具有极大的史学和文化价值,应进入中国学者的研究视野。韩国学者虽对本国史籍有一定的研究,但受限于语言[4]和文化[5]等因素,研究中存在诸多限制,韩国年轻学人越来越难以直接阅读汉籍,甚至需要依赖对汉籍的"国

[1] 参见乔治忠:《关于中外史学比较研究问题的解说》,《山东社会科学》2011 年第 9 期,第 50—54 页。

[2] 即清理中国史学遗产、阐明中国史学演进过程、揭示中国史学发展规律。参见乔治忠:《中国史学史》,中国人民大学出版社 2010 年版,第 4—5 页。

[3] 参见孙卫国:《东亚视野下的中国史学史研究》,第 93—98 页。

[4] 目前,越来越多的韩国学者需要依赖将汉籍翻译成韩文以后,才能进行研究;在相关论文中,引用汉籍史料也越来越难以见到汉字。如韩国学者김경희在《『일성록』국역의 현황과 과제》(《民族文化》第 27 辑,2004 年)一文中就指出《日省录》不被韩国学者广泛使用和研究,就是因为尚未完成韩文"国译"。

[5] 近代以来,由于"东亚汉字文化圈"的人为"断裂",作为人文学科之一的韩国"国学"也出现了"危机"。详见[韩]林荧泽著,李学堂译,王君松校:《韩国学:理论与方法》,山东大学出版社 2010 年版。

译"才能进行研究。而中国学者有着语言和文化优势,可从中国学者的视角加强对这些史籍文献的利用和研究。总之,这不仅有助于厘清中国史学对朝鲜史学的影响,让我们更深入地了解中国史学的特色,而且对朝鲜半岛古代史学和文献的研究也是一个有益的补充①。

第五,朱政惠曾从海外汉学视角提出中外史学交流和比较研究的重要性。他提出:"要注意到把对中国史学史的研究,放到国际中国史学史、东西方史学研究和交流的大环境中考察,从历史的纵向考察和横向的比较中,探寻中国史学史研究的新方向。"②孙卫国就曾从朝鲜半岛汉学研究的角度分析道:"如果说欧美的汉学研究还只是停留在学术层面的话,韩半岛的汉学早已化作本国文化的一部分,甚至融入他们的日常生活中了。因而检视韩半岛的学术与文化以及与中国的交流……不仅可以重新认识我们的学术文化,也许可以为我们认识当今欧美的汉学提供另外一个视角。"③因此,从汉学史研究上来看,对朝鲜半岛史籍的研究,也应同对西方海外汉学的研究一样,成为"东方汉学"研究的重要部分。

结合以上背景,本书着力关注朝鲜半岛的史学与史籍研究,并加入与中国史学比较的视角。之所以将朝鲜王朝正祖时期的官方史学作为选题,则缘由如下。

乔治忠认为,中国古代史学存在官、私两条轨道相互发展的格局。关于中国古代官方史学的地位和内容,他总结道:"中国古代,官方始终从事着史学活动和史学建设,甚至将治史、修史作为必备的国务机制,这是中国史学发展史上独具的特色";"中国的官方史学主要表现为五项内容:1. 制度化、规范化的记史和修史机构;2. 官方切实控制和管理下的史籍编纂;3. 官方的史料和官修史书;4. 官方历史观与史学思

① 很多"韩国史学史"的研究著作都把重点放在对私家史学的研究上,以求更好地彰显韩国民族文化的主体意识和革新性,常有意无意地忽视直接受中国史学影响的官方史学,使其成为韩国史学史研究中的薄弱一环。
② 朱政惠:《中国史学史研究的国际视野》,《史学月刊》2012年第1期,第131页。
③ 孙卫国:《明清时期中国史学对朝鲜的影响——兼论两国学术交流与海外汉学》,上海辞书出版社2009年版,第315页。

想;5. 官方史学的政治作用和学术地位";①官方史学的一个重要作用
即体现在它"是古代史学与社会政治之间互动关系的关键环节……史
学在政治上取得的社会效用,是在专制主义制度下得到推重的基本条
件";②判断官方史学的标准"应是看官方对史籍的修纂是否有切实的
控制和管理"③,但由于"朝廷积极修史且重视史学,必强化干预手段",
所以"导致记述失实、语多隐讳自不待言,还人为造成史学非学术性的
等级化"④。这些既是中国官方史学区别于私家史学的显著特点,也是
官方史学研究中所应重点关注的部分,较为典型地体现了史学与政治、
文化等社会因素的相互作用。

　　不逊于同时代的中国明、清时期,朝鲜王朝的官方史学也十分发
达。朝鲜王朝自建立以来,就积极推动文治;仿效朱熹的理学思想而成
性理学,作为重要的指导思想。朝鲜王朝文教鼎盛,注重官方修史,除
春秋、艺文馆以外,承政院、弘文馆、奎章阁、备边司、成均馆、宗簿寺等
处也常分担修史任务,专、兼职史官的数量十分庞大,常设的和临时性
的修史项目异常繁多。此外,中央各司和地方衙门也要负责记录和奏
报史事,一些官修史书,地方还要经常翻刻,形成了从地方到中央的一
整套较为完备的官方修史体系。朝鲜王朝的官方修史项目和成果繁
多,影响较大的有《朝鲜王朝实录》《承政院日记》《国朝宝鉴》《日省录》
《备边司謄录》《同文汇考》《大典会通》《增补文献备考》等。这些史书多
受到中国传统史学的影响,并交织于其本国政治文化的藩篱之中,是研
究朝鲜半岛史学史、政治史、文化史和中朝(韩)交流史的宝贵资料。正
因有了这些体例、详略、内容各异的修史成果可互相补充,使得朝鲜王
朝不同阶段的历史记录得到保存并日益发挥其巨大价值。这些史著
中,部分已收入"世界文化遗产名录",成为当今韩国人引以为傲的"国

---

① 乔治忠:《中国古代官方史学的兴盛与当代史学新机制的完善》,载氏著《中国官方史学与
　私家史学》,第45页。
② 乔治忠:《中国古代官方史学的兴盛与当代史学新机制的完善》,第53页。
③ 乔治忠:《中国古代官方史学的兴盛与当代史学新机制的完善》,第46页。
④ 乔治忠:《中国古代官方史学的兴盛与当代史学新机制的完善》,第54页。

宝"档案。同时,这些史籍也渐为中国学者所知,开始被利用于相关研究之中。

这种强烈的官方记史、修史意识一直在持续,在朝鲜王朝第 22 代国王正祖在位期间,达到了一个顶峰。正祖是朝鲜半岛家喻户晓的历史人物,是朝鲜后期颇有作为的一位贤明君主。他自幼聪慧,一生勤勉好学,不仅酷爱读书还喜编印书籍,被誉为"读书大王"和"编书家",一度塑造了朝鲜后期的文化繁荣。他参与纂修或亲撰的书籍数量是朝鲜王朝之最,也是唯一出版御制文集的朝鲜君王。他创设的奎章阁对朝鲜后期的文化发展贡献颇多,在官方史学方面也影响极深。在位期间,以奎章阁为中心,他施行了各类文化改革政策,这与当时朝鲜的政治文化背景和他个人的境遇关系极大。

伦纲的衰颓和坎坷的成长经历,使"继述""镇安""振风""矫俗"成为了正祖一生追求的施政理念,也直接影响了他的文化政策。正祖欲以"君师"自居,通过编印书籍来宣扬义理和灌输尊王思想,希望重新构建出圣王与贤士"共治天下"的理想政局。这种君主依靠尊经、重史、崇文与政治结合的治国模式被称为"学问政策",正祖时期的官方史学则正是其中的一个重要表现。正祖时期,官方修史的成果之数量、类别都是历代之最,国王对官方修史的干预也达到了一个顶峰。为保证官方史学切实体现君主的历史观和史学思想、政治导向,正祖通过奎章阁主导了官方修史。正祖时期的官方史学在整个朝鲜王朝史学,乃至朝鲜半岛史学史上都有着较为重要的地位,体现了朝鲜官方史学在后期的总结和嬗变,是朝鲜后期文化繁荣期的一个重要表现,极具代表性和研究意义。

本书拟全面考察奎章阁的设立与正祖时期官方史学的关系、正祖时期的王权如何对官方史学进行全面干涉、官方史学在朝鲜王朝"士林政治"运营中的作用等。既能加深对朝鲜半岛古代史学的认识,也有助于深入理解中国传统史学对朝鲜政治、文化的深刻影响;并进一步推进对东亚汉史籍文献、中朝(韩)史学交流与比较的研究。

二、研究综述

（一）中朝(韩)文化交流和印刷史有关论著中的相关研究

有中国学者在中朝(韩)文化交流的相关著述中,阐述了中国文化对朝鲜的影响,对朝鲜正祖时期的官方史学偶有涉及。如李光涛《中韩民族与文化》的"著作""铸字""求书"等章中用《李朝(朝鲜王朝)实录》进行列举和分析,说明朝鲜文化是中华文化的一部分。其中对正祖时官修《宋史筌》《春秋左氏传》《奎章总目》等书的相关史料有所摘编和评述。李保林等著《中国宋学与东方文明》①第十章说明了中国"宋学"对朝鲜文化的影响,其中言及了朝鲜王朝的铸字史,并通过摘编《宋史筌》的有关史料,说明朝鲜以"宋学"为主要学习内容。朱云影《中国文化对日韩越的影响》②在"中国史学对日韩越的影响"一章中,简述了朝鲜仿造中国史书体裁而成的代表史著,包括《李朝(朝鲜王朝)实录》《国朝宝鉴》等书的内容和价值,并分析了纲目体史书对朝鲜政治文化的影响。

朝鲜大量的书籍纂修刺激了铸字和印刷业的发达。对于朝鲜官方铸字、印书等印刷史进行介绍的论文,也多言及了正祖时期的几次铸字。如尹炳泰《奎章阁图书和韩国活字印刷史研究——以其研究史和史料为中心》③概述了奎章阁书籍编印与朝鲜铸字史的研究情况。洪湛《馆藏〈国朝宝鉴〉与朝鲜铜活字》④对《国朝宝鉴》和朝鲜的铜活字印刷情况有所介绍。张秀民《朝鲜的古印刷》⑤从雕板、活字两方面介绍了朝鲜古代的铸字和印刷史。黄建国《古代中韩典籍交流概说》⑥也谈及了朝鲜的铸字与印书情况。

---

① 李保林、杨翰卿、孙玉杰:《中国宋学与东方文明》,河南大学出版社 1996 年版。
② 朱云影:《中国文化对日韩越的影响》,广西师范大学出版社 2007 年版。
③ [韩]尹炳泰:《奎章閣圖書와韓國活字印刷史研究-ユ研究史와史料를中心으로》,《奎章阁·1》,1976 年。
④ 洪湛:《馆藏〈国朝宝鉴〉与朝鲜铜活字》,《图书馆工作与研究》1998 年第 3 期。
⑤ 张秀民:《朝鲜的古印刷》,《历史研究》1957 年第 3 期。
⑥ 黄建国:《古代中韩典籍交流概说》,沈善洪主编:《韩国研究》(第 3 辑),杭州大学出版社1996 年版。

(二) 韩国学者在"韩国史"与"韩国史学史"著作中的相关研究

韩国学者在"韩国史"类著作中对正祖时期的官方史学仅有一定涉猎。如李丙焘著《韩国史大观》①第九章"英正时代的文运"概述了"英、正时代"的政治文化背景,认为是清朝的影响和朝鲜前期的基础,促成了这一时期的"文艺复兴",并谈及了奎章阁的设立和部分书籍的纂修情况。李元淳等著《韩国史》②在"17、18 世纪的社会变动"一节中谈及了正祖如何复兴"文化事业"。

因私家史学可以更好地彰显韩国民族文化的主体意识和革新性,一般的"韩国史学史"著作对受中国影响的朝鲜官方史学着墨极少,更鲜有涉及正祖时期官方史学的内容。李基白著《韩国史学史论》③有对《朝鲜王朝实录》《国朝宝鉴》的纂修内容、收藏和价值的简略分析。金庆洙《朝鲜时代的史官研究》④论述了朝鲜史官制度的确立、《朝鲜王朝实录》的编纂和保管等问题。郑求福《韩国近世史学史——朝鲜中、后期篇》⑤仅对《国朝宝鉴》的情况做了一点概述。朴仁镐著,全莹等译《韩国史学史》⑥为国内目前唯一的韩国史学史译著,提及了正祖时期的官署志等书的编撰。

(三) 中国学者涉及朝鲜半岛史学史、文献研究的有关论著

中国学者涉及朝鲜半岛史学的论著不多,也鲜有言及正祖时期官方史学的。曹中屏《朝鲜朝历史学与编纂学考》⑦概述了朝鲜本朝史的官方编撰和法典的编撰,其中谈及了《国朝宝鉴》《日省录》《大典通编》等史书的内容、纂修和价值。顾铭学等编《朝鲜知识手册》⑧"书志篇"

① [韩]李丙焘著,许宇成译:《韩国史大观》,正中书局 1960 年版。
② [韩]李元淳、崔柄宪、韩永愚著,詹卓颖译:《韩国史》,幼狮文化事业公司 1987 年版。
③ [韩]李基白:《韓國史學史論》,一潮閣 2011 年版。
④ [韩]金慶洙:《朝鮮時代의史官研究》,國學資料院 1998 年版。
⑤ [韩]鄭求福:《韓國近世史學史——朝鮮中、後期篇》,景仁文化出版社 2008 年版。
⑥ [韩]朴仁镐著,全莹、金锦子、郑京日译:《韩国史学史》,香港亚洲出版社 2012 年版。
⑦ 曹中屏:《朝鲜朝历史学与编纂学考》,载《韩国研究论丛》(第 22 辑),世界知识出版社 2010 年版。
⑧ 顾铭学、贲贵春、宋祯焕:《朝鲜知识手册》,辽宁民族出版社 1985 年版。

中有对朝鲜王朝书目的解题性介绍,涉及部分正祖时期的官修史书。黄建国等编《中国所藏高丽古籍综录》①收录了部分朝鲜史籍的卷数、作者、版本信息和在中国的收藏情况。王鑫磊著《同文书史——从韩国汉文文献看近世中国》对朝鲜的官修史书、官署记录、文人著述三个文献类别进行了择要概述,简要介绍了《日省录》《同文汇考》等官修史籍的情况,并对其史料价值、研究情况、使用和检索方法作了说明。彭卫民《朝鲜王朝政书考略——从政制典章看中国礼学的朝鲜化》②对朝鲜的政书进行了分类,指出朝鲜法律体系的成熟与律令典章的兴盛约略出现在英祖之后的朝鲜后期。周海宁《中国文化对高丽、朝鲜时代史学之影响研究——以史学体例和史学思想为中心》③一定程度上揭示了中国文化对朝鲜时期纪传体、纲目体史学,以及对《朝鲜王朝实录》、朝鲜政书、朝鲜地理志的影响,并引入了部分个案的中朝(韩)比较。

从文献和学术交流的视角,关于正祖时期朱子书的编印、《四库全书》对《四部手圈》《奎章总目》的影响等,有一些研究。如赵睿才《朝鲜李朝正宗李祘所纂中国文献类考》④阐述了正祖对朱子书及众多经书的编印,涉及了新印《春秋》和《四部手圈》,但忽视了对中国史书编纂情况的考察。陈祖武《〈李朝实录〉所见乾嘉年间中朝两国之文献与学术》⑤论述了正祖大量编印朱子书的情况,并认为《四部手圈》的纂修体现了《四库全书》的影响。陈冰冰《〈四库全书〉与李氏朝鲜后期的文坛动向》⑥分析了《四库全书》修纂对正祖实行"文体反正"、《奎章总目》等目录书体例的影响。张升《朝鲜文献与四库学研究》⑦论述了朝鲜人对

① 黄建国、金初升:《中国所藏高丽古籍综录》,汉语大辞典出版社1998年版。
② 彭卫民:《朝鲜王朝政书考略——从政制典章看中国礼学的朝鲜化》,《社会科学论坛》2014年第11期。
③ 周海宁:《中国文化对高丽、朝鲜时代史学之影响研究—以史学体例和史学思想为中心》,上海师范大学2013年博士学位论文。
④ 赵睿才:《朝鲜李朝正宗李祘所纂中国文献类考》,《图书馆杂志》2010年第6期。
⑤ 陈祖武:《〈李朝实录〉所见乾嘉年间中朝两国之文献与学术》,郑吉雄编:《东亚视域中的近世儒学文献与思想》,华东师范大学出版社2008年版。
⑥ 陈冰冰:《〈四库全书〉与李氏朝鲜后期的文坛动向》,《清史研究》2012年第2期。
⑦ 张升:《朝鲜文献与四库学研究》,《社会科学研究》2007年第1期。

《四库全书》的关注和评价。

中朝(韩)目录学交流和域外汉籍的一些研究成果,涉及正祖时期的官方史学成就。张伯伟编《朝鲜时代书目丛刊》[①]"前言"部分,将朝鲜王朝的目录书分为"王室、地方、私家、史志"四类,并对其特点进行概述,涉及到奎章阁的沿革和对《奎章总目》《镂板考》《西序书目》《内阁访书录》等目录书的分析,附有简明扼要的题解。他在《域外汉籍研究入门》中,也介绍了多种朝鲜史籍和目录知识,对《同文汇考》等史书的纂修、内容、价值等做了介绍。此外,朱光立《〈奎章总目〉初探》[②]讨论了《奎章总目》的纂修时期、内容和《四库总目》对其的影响。赵望泰等《〈内阁访书录〉为〈浙江采集遗书总录〉之节抄》[③]重新论述了《内阁访书录》的内容和性质。

西南师范大学出版社、人民出版社、巴蜀书社相继出版了《域外汉籍珍本文库》[④]《域外所见中国古史研究资料汇编·朝鲜汉籍篇》[⑤]《朝鲜汉文史籍丛刊》[⑥]等涉及朝鲜半岛汉(史)籍的史料丛刊。其中影印收录了朝鲜正祖时期的《宋史筌》《史记英选》《尊周汇编》《两京手圈》《奎章总目》《镂板考》《庄陵史补》《明义录》《续明义录》《奎章阁志》《侍讲院志》《太学志》《度支志》《国朝宝鉴》等多部重要的官修史书,但相关解题和收录版本还存在些许不完善之处。

(四) 对正祖时期政治文化背景和正祖个人的研究

这类研究虽未必直接关注官方史学,但对于理解正祖时期官方史学的政治文化背景大有裨益。因正祖时代的特殊地位,韩国学者

---

① 张伯伟:《朝鲜时代书目丛刊》,中华书局 2004 年版。

② 朱光立:《〈奎章总目〉初探》,《山东图书馆季刊》2007 年第 4 期。

③ 赵望泰、蔡丹:《〈内阁访书录〉为〈浙江采集遗书总录〉之节抄》,《文献》2012 年第 2 期。

④ 《域外汉籍珍本文库》编纂出版委员会:《域外汉籍珍本文库·第 1—4 辑》,西南师范大学出版社、人民出版社 2008—2014 年版。

⑤ 《域外汉籍珍本文库》编纂出版委员会:《域外汉籍珍本文库——域外所见中国古史研究资料汇编·域外汉籍朝鲜编》,人民出版社 2013 年版。

⑥ 周斌等:《朝鲜汉文史籍丛刊·第 1—6 辑》,巴蜀书社 2014—2018 年版。

从不同角度,对其研究颇多,这里仅做举例。一些学者将英、正祖时期作为一个时代,对相关政治文化背景进行贯通考察,如对庶孽疏通策、荡平策的考察:배재홍《朝鲜后期英、正祖代庶孽疏通策》[①]分析了"英、正时代"实行的提高中庶人地位的一系列政策的原因、过程和政治意义。박경민《英祖代荡平策研究》[②]论述了英祖朝荡平策的实施背景和政治意义。有对这一时代的政治思想文化、王权构造的考察:如이범직《英祖·正祖代王室构造研究》[③]论述为加强王权,英、正祖所实行的政治、经济、文化各项政策。李鍾日《英正时代的思想与文化》[④]分析了"英、正时代"新的社会和法制思想文化,并谈及了部分书籍的编修意义。

还有韩国学者通过论述英祖时期的政治举措和书籍编印活动,分析其对正祖的影响,박광용《英祖和正祖的国家》[⑤]一书体现了这一研究视角。김영민《壬午祸变的发生和正祖代的思悼世子再评价》[⑥]对"壬午祸变"的原因研究做了梳理及辨析。姜顺爱《朝鲜英祖朝的图书编撰及刊行的书志研究》[⑦]从"书志学"角度,分析了英祖时期的书籍编印活动及特点。윤정《18世纪国王的文治思想研究:祖宗事迹的再认识与继志述事的实现》[⑧]论述了端宗王位的追复过程与"继述"的关系,论及"英、正时代"大讲圣学的原因和正祖"君师"心态的形成。

韩国学者对正祖个人的研究,多关注正祖的学术、思想及施行文化

① [韩]배재홍:《朝鲜後期 英·正祖代 庶孽疏通策》,三陟大學校《論文集》第29辑,1996年。

② [韩]박경민:《英祖代 蕩平策에 관한 研究》,인제大學校2002年硕士学位论文。

③ [韩]이범직:《英祖·正祖代왕실구조 연구》,《인문과학논총》第36辑,2001年。

④ [韩]李鍾日:《英正時代의思想과文化》,《丹豪文化研究》1997年第2期。

⑤ [韩]박광용:《영조와 정조의 나라》,푸른역사1998年版。

⑥ [韩]김영민:《壬午祸變의 발생과正祖代의思悼世子재평가》,한신大學校2005年硕士学位论文。

⑦ [韩]姜顺愛:《朝鲜 英祖朝의 圖書編撰및刊行에 관한 書志的 研究》,成均馆大學校1982年硕士学位论文。

⑧ [韩]윤정:《18세기 국왕의文治사상 연구:祖宗事蹟의 재인식과繼志述事의 실현》,首尔大學校2007年博士学位论文。

政策的原因和意义。如辛良善《朝鲜后期正祖的读书观》①分析了正祖的读书习惯和内容。백민정《正祖的学问观与学习方法论》②分析了正祖文化理念的学术、政治意义。안희연《正祖的教育政策研究——以"君师论"的侧面为中心》③分析了正祖"君师论"的内涵,并从其对人才的教育培养政策和书籍编纂事业两方面进行分析。김호《正祖的俗学批判与正学论》④阐述正祖的正学论和对"俗学"的批判。与正祖有关的代表性研究,还有:이태진《正祖:儒教启蒙大君主》⑤提出了正祖是"启蒙君主";金文植《正祖的帝王学》⑥从"帝王学"视角解释正祖的学问和政治;郑玉子《正祖时代的思想与文化》⑦整体考察正祖时代的思想和文化。特别是김정진《读书大王正祖》⑧通过正祖与读书的关系,较为全面地反映了朝鲜正祖时期的政治文化面貌,讲述了正祖的成长过程和即位前后所发生的各类政治事件,并分析这些对他心态、执政理念和文化政策的影响,还对奎章阁的设立、《明义录》《日得录》《日省录》等史书的纂修背景、影响等有一定的说明。

以正祖记录的《日得录》为文本,考察正祖学术思想的研究较多。如郑玉子《正祖的随想录日得录研究》⑨专门关注《日得录》研究。李奎镐《由〈日得录〉看正祖的文学论》⑩通过《日得录》分析正祖的学问观、文学评论和文化政策的动向。孙贞先《正祖的经学思想考察——以〈日得录〉为中心》⑪以《日得录》为中心,分析英祖的教育对正祖的学问观

---

① [韩]辛良善:《朝鲜後期 正祖의讀書觀》,《역사와실학》第3辑,1992年。
② [韩]백민정:《正祖의의 학문관과 공부 방법론》,《東洋哲學》第34辑,2010年。
③ [韩]안희연:《正祖의교육정책 연구-『君師論』의측면을 중심으로》,建国大学校2010年硕士学位论文。
④ [韩]김호:《정조의俗學비판과正學論》,《한국사연구.139》,2007年。
⑤ [韩]이태진:《정조:유교적 계몽대군주》,《한국사시민강좌13》,일조각1993年版。
⑥ [韩]김문식:《정조의제왕학》,태학사2007年版。
⑦ [韩]정옥자:《정조시대의 사상과 문화》,돌베개1999年版。
⑧ [韩]김정진:《독서대왕 정조》,자유로2013年版。
⑨ [韩]정옥자:《정조의 수상록 일득록 연구》,일지사2000年版。
⑩ [韩]李奎镐:《『日得錄』을 통해 본正祖의文學論》,岭南大学校2004年硕士学位论文。
⑪ [韩]孫貞先:《『日得錄』을 중심으로 본正祖의經學思想-考察》,庆星大学校2002年硕士学位论文。

的养成和正祖对性理学、考据学、北学、正学的学术态度。朴惠珍《正祖代文体反正的志向和意义：以〈日得录〉所见正祖的文章观为中心》①通过《日得录》看正祖的"文章观"和"文体反正"的意义。

　　一些论文关注于正祖御制《弘斋全书》和《群书标记》的研究，从而反映出正祖个人的学术思想。金文植《正祖御制集〈弘斋全书〉的书志的特征》②分析了《弘斋全书》的内容和特点。김효진《〈弘斋全书〉的引用文献分析看正祖的读书形态研究》③通过对《弘斋全书》引用文献的分析，阐释了正祖的读书生活和读书取向。김현옥《正祖的经世思想研究：以"策问"为中心》④通过《弘斋全书》中的"策问"部分，研究正祖的经世思想。신승운《〈弘斋全书〉和〈群书标记〉的编纂和刊行研究》⑤分析了《群书标记》与《弘斋全书》的编刊过程。

　　另有学者分析正祖即位前后面临的政治局面，并由此探讨正祖的政治文化理念和执政手段：如陈德奎《朝鲜王朝后期支配势力的世袭的流动性研究》⑥对正祖朝及相关时期的国家权力构造（君王、外戚、党派、权臣和被支配势力）进行了分析。郑玉子《正祖和正祖代各项政策》⑦介绍了正祖在即位前后的境遇和在位期间施行的各类政策，包括奎章阁、壮勇营的设立和华城建设等政绩。朴炫模《政治家正祖》⑧、유봉학《正祖大王的梦——改革与矛盾的时代》⑨均从当时的时代背景

① ［韩］박혜진：《正祖代 文体反正의 지향과 의의：『日得錄』에 나타난 정조의 문장관을 중심으로》，《겨레어문학. 37》，2006 年。

② ［韩］김문식：《正祖 御制集『弘齋全書』의 書志的 特徵》，《장서각. 3》，2000 年。

③ ［韩］김효진：《『弘齋全書』의 인용문헌분석을 통한正祖의 독서 행태 연구》，梨花女子大学校 2012 年硕士学位论文。

④ ［韩］김현옥：《정조의 경세사상 연구：『책문』 을 중심으로》，光州大学校 2010 年博士学位论文。

⑤ ［韩］신승운：《『弘斋全书』와『群书标记』의 편찬과 刊行에 관한 연구》，《서지학연구》第 22 辑，2001 年。

⑥ ［韩］陳德奎：《朝鮮王朝 後期 支配勢力의 世襲的 流動性에 대한 研究》，《학술원논문집（인문·사회과학편）》第 50 辑 1 号，2011 年。

⑦ ［韩］정옥자：《정조와 정조대 제반정책》，《서울학연구》2013 年第 5 期。

⑧ ［韩］박현모：《정치가 정조》，푸른역사 2003 年版。

⑨ ［韩］유봉학：《정조대왕의 꿈-개혁과 갈등의 시대》，신구문화사 2001 年版。

出发,以"圣王论"入手,分析正祖作为政治家的素养、正祖面临的政治时局。朴性淳《正祖的先代王认识及特征——以〈日得录·训语条〉为中心》①以《日得录》为例,论述了正祖的法先王意识与现实王道政治的关系。郑玉子《正祖的文艺思想与奎章阁》②论述了正祖时期的"文艺复兴"与奎章阁的关系,并通过对奎章阁抄启文臣制度和有关学术思想的研究,认为正祖是"学者君主"。

此外,中国学者也有一些关于正祖时期文化政策的研究。如张伯伟《朝鲜书目与时代及地域之关系》③简述了正祖在购书、编书和印书方面的文化举措,并从目录学视角体现正祖朝书目与时代文化的关系。任晓丽等《略论朝鲜李朝正祖的"文体反正"》④分析了正祖朝的部分社会文化背景及文风的变化、"文体反正"及其评价。

(五) 对奎章阁及其书籍编印活动的相关研究

除张伯伟外,中国学者对奎章阁的研究仍多从书目文献的视角进行:如葛承雍等《中朝汉籍交流的文化史章》⑤对奎章阁的设置和沿革作了较为详细的介绍。朴真奭等著《朝鲜简史》⑥在第 11 章中言及了"图书出版和奎章阁",认为英、正时代的图书编纂事业是"以王廷为中心的复古主义文化的繁荣时期",并指出了部分史书的价值。

奎章阁是朝鲜后期文化繁荣的代表性机构。韩国学者对奎章阁的研究更为细致,视角也更多元化。前文所述之与正祖时期政治文化有关的论著中,也多着墨奎章阁。代表性的研究还如韩永愚《文化政治的

① [韩]朴性淳:《正祖의 先代王 認識과그特徵-「日得錄」「訓語條」를 중심으로》,《溫知論叢》第 21 辑,2009 年。
② [韩]정옥자:《정조의 문예사상과 규장각》,효형출판 2001 年版。
③ 张伯伟:《朝鲜书目与时代及地域之关系》,《延边大学学报(社会科学版)》2004 年第 6 期。
④ 任晓丽、梁利:《略论朝鲜李朝正祖的"文体反正"》,《解放军外国语学院学报》2009 年第 2 期。
⑤ 葛承雍、李文遂:《中朝汉籍交流的文化史章》,《西北大学学报(哲学社会科学版)》2000 年第 3 期。
⑥ 朴真奭、姜孟山、朴文一、金光洙、高敬洙:《朝鲜简史》,延边大学出版社 1997 年版。

产室——奎章阁》①等。本书重点关注的是关于奎章阁书籍编印职能的研究论文。代表性的是姜顺爱《奎章阁的图书编撰、刊印与流通研究》②，该文从"书志学"视角补充了奎章阁研究的一个盲点，介绍了奎章阁是如何承担书籍编印任务的，包括相关书籍的编印制度、内容、版本和流通情况，其中涉及到了正祖时期奎章阁的设立、奎章阁人员在书籍编印过程中的职能和分工，并按"御制""御定""一般书"分别介绍了由奎章阁负责编印的书籍之内容、版本等基本情况，还关注了中央与地方在刊印书籍方面的互动。但该文未能进一步分析奎章阁的修史职能，也并不专注史著，仅止步于题解式的介绍，未能从史学史、政治史等角度对相关书籍的纂修背景、过程和影响等做深入研究。此外，部分书籍的分类和编印时间、版本信息等还存在考校瑕疵。

此外，对奎章阁有关人员组成、职责的研究还有：배현국《奎章阁机构研究》③分析了奎章阁的机构和组成情况。金龙德《奎章阁考——以设立事情为中心》④指出奎章阁是正祖时期统合议政府、承政院、三司机能的"超政府"的政治机构，图书保管只是其表面机能。박현욱《朝鲜正祖朝检书官的作用》⑤对奎章阁检书官的职责和作用进行了细致分析。方孝顺《〈芸阁册都录〉看校书馆藏书的研究》⑥分析了奎章阁校书馆的历史沿革和主要职能。최두진《正祖代抄启文臣教育制度研究》⑦论述了奎章阁抄启文臣制度的设立背景、目的、实行和意义等。서윤조在《朝鲜时代记录文献的情报化研究——以华城城役仪轨为中心》⑧谈及

① ［韩］한영우：《문화정치의 산실-규장각》，지식산업사 2008 年版。
② ［韩］姜順愛：《奎章閣의 圖書編撰 刊印및 流通에 관한 研究》，成均館大學校 1989 年博士学位论文。
③ ［韩］배현국：《규장각 조긱에 관한 연구》，《동양학》第 37 辑，2005 年。
④ ［韩］金龍德：《奎章閣考-設立事情을 中心으로-》，《中央大學校論文集 2》，1957 年。
⑤ ［韩］박현욱：《朝鮮 正祖朝 檢書官의 役割》，《書志學研究》第 20 辑，2000 年。
⑥ ［韩］方孝順：《『芸閣册都錄』을 통해본校書館藏書에 관한研究》，梨花女子大學校 1991 年硕士学位论文。
⑦ ［韩］최두진：《정조대의 초계문신 교육제도 연구》，釜山大學校 2009 年硕士学位论文。
⑧ ［韩］서윤조：《조선시대 기록문헌의 정보그래피화에 관한 연구-화성성역의궤를 중심으로》，京畿大學校 2005 年硕士学位论文。

了奎章阁对保存王室记录文献档案的作用。郑玉子《奎章阁的抄启文臣教育与文体政策》①讨论了奎章阁抄启文臣教育制度与"文体反正"和文风复古运动的关系。

　　韩国学界对《奎章阁志》及奎章阁书目情况的研究较为集中，并以此对奎章阁的职能有所介绍。如安光来《甲辰新编〈奎章阁志〉研究——以图书馆的机能和司书的作用为中心》②对《奎章阁志》的编纂背景、体例内容、纂修人员等有所论述。李离和《奎章阁小考——以奎章阁志为中心的概观》③分析了奎章阁的设立和职能、《奎章阁志》的版本内容及相关问题。郑万祚《朝鲜正祖代奎章总目之编纂与其特征》④分析了《奎章总目》的编纂、体例及其体现的正祖君臣的政治思想、与《四库全书总目》的关系。김희영《徐命膺三代的工具书编纂研究》⑤对徐命膺、徐浩修、徐有榘及所编《奎章总目》《镂板考》等目录书的体例、意义进行了分析说明。类似的研究还有宋日基《奎章总目考——以徐命膺、徐浩修父子的活动为中心》⑥。对于奎章阁西库书目的代表性研究，有南权熙《奎章阁西库的书目与藏书变迁分析——以现存书目为中心》⑦等。

（六）对正祖时所修《英祖实录》《景宗修正实录》的研究
　　从史学史角度，中国学者多对《朝鲜王朝实录(李朝实录)》作概识

---

① [韩]郑玉子：《奎章閣의 抄啟文臣教育과 文體政策》，《奎章閣.6》，1982年。
② [韩]安光来：《甲辰新編『奎章閣志』研究-圖書館的 機能과司書의役割을中心으로》，清州大学校1985年硕士学位论文。
③ [韩]李離和：《奎章閣小考-奎章閣志중심으로 본概觀》，《奎章閣.3》，1979年。
④ [韩]鄭萬祚：《朝鮮 正祖代 奎章總目之編纂與其特徵》，《第十届中國域外漢籍國際學術會議論文集》，1996年。
⑤ [韩]김희영：《徐命膺 三代의工具書편찬에 관한 연구》，釜山大学校2009年硕士学位论文。
⑥ [韩]宋日基：《奎章總目考-특히徐命膺 徐浩修 父子의活動을中心으로》，中央大学校1983年硕士学位论文。
⑦ [韩]南權熙：《奎章閣 西庫의書目과藏書變遷分析-現存書目을中心으로》，庆北大学校1983年硕士学位论文。

性的研究。如刘永智编《东北亚研究——中朝关系史研究》①第四部分"《李朝实录》评价"较为详细地论述了《李朝实录》的纂修、贮存、流传、内容、价值和不足。李光涛《记李氏朝鲜实录》、吴相湘《〈李朝实录〉对于明清史研究之贡献》②对《李朝实录》的纂修、内容、价值作了简略介绍。孙卫国《〈明实录〉与〈李朝实录〉之比较研究》③通过与《明实录》对比,分析了《李朝实录》的纂修过程、贮藏情况、体例与价值等相关问题,体现了中朝(韩)史学比较的视角。郭江龙《朝鲜王朝前期实录研究(1392—1608)》④为国内首部以史学史视角,系统研究《朝鲜王朝实录》的博士论文。但以上研究均未能专门关注正祖时期的两部《实录》纂修。

韩国学者对《朝鲜王朝实录》的研究极多,对朝鲜王朝的史官制度、相关史草收纳制度,对其纂修的一般流程、各史库的藏书和沿革情况等均有不同角度的研究,恕难列举。对于本书所关注的正祖时所修的《英祖实录》《景宗修正实录》,有如下研究:

姜文植《从仪轨看〈英祖实录〉的编纂体系》⑤以《英宗(祖)大王实录厅仪轨》为主要资料,考察《英祖实录》编纂的过程、人员、史料来源等。신병주《〈实录厅仪轨〉的编纂和制作物资研究——以〈英宗大王实录厅仪轨〉为中心》⑥以《英宗大王实录厅仪轨》为主要材料,阐述《实录厅仪轨》的价值、《英祖实录》的编纂过程、《英宗大王实录厅仪轨》的体例和内容,并分析"实录"制作和保存所需的物资情况。吴恒宁《正祖初期〈英祖实录〉编纂研究》⑦论述了《英祖实录》编纂的政治背景、实录厅

① 刘永智:《东北亚研究——中朝关系史研究》,中州古籍出版社1994年版。
② 董作宾等:《中韩文化论集1,2》,中华文化出版事业委员会1955年版。
③ 孙卫国:《〈明实录〉与〈李朝实录〉之比较研究》,《求是学刊》2005年第2期。
④ 郭江龙:《朝鲜王朝前期实录研究(1392—1608)》,南开大学2017年博士学位论文。
⑤ [韩]姜文植:《仪轨를 통해 본『英祖實錄』의 편찬 체계》,《朝鲜时代史学報》第54期,2010年。
⑥ [韩]신병주:《'實錄廳儀軌'의 편찬과 제작 물자에 관한 연구-『英宗大王實錄廳儀軌』를 중심으로》,《朝鲜时代史學報》第48辑,2009年。
⑦ [韩]吴恒宁:《正祖초반『英祖實錄』편찬에 대한 연구》,《民族文化》第29辑,2006年。

的设置和纂修过程、刊印和奉安等。

关于《景宗修正实录》。何汰滢《通过〈景宗实录〉和〈景宗修正实录〉的比较看老论的政治义理》①论述了《景宗修正实录》纂修的背景原因、过程,并与《景宗实录》对比,说明其中体现的老论的政治理念;他还在《通过〈景宗实录〉检讨少论的政治义理》②一文中,通过论述《景宗实录》的纂修背景和人员,分析体现的少论派的政治义理。吴恒宁《〈景宗实录〉的编纂与修正》③通过对比《景宗实录》和《景宗修正实录》,分析背后的政治文化因素,说明了少论稳健派纂修《景宗实录》的心态。

(七) 对正祖时期官修的"义理史书"和"中国史书"的个案研究

关于《原续明义录》及相关义理问题,崔诚桓《正祖代初期的荡平义理和忠逆论》④一文论述了"英、正时代"的大量政治事件和《原续明义录》纂修的政治意义,说明朝鲜王朝"义理论"与国家政治的关系,但该文只看到了《原续明义录》在正祖初期的影响,并只从"荡平义理"的角度阐释,未采用史学史的研究方法,也未作全局化的深入研究。他在《正祖代荡平政局的君臣义理研究》⑤中,论述了朝鲜后期的君主荡平、朋党斗争和"君臣义理"的关系,分析了英祖时的"辛壬义理""壬午义理"和正祖的《明义录》"即位义理"、修正"壬午义理"的政治文化内涵等。此外,一些以介绍正祖为中心的著作也多略谈及《原续明义录》,这里恕不一一列举。

关于"端宗复位"和有关史书的纂修。安承培《世祖篡夺和端宗复位运动有关的庄陵配食坛配享人物研究》⑥简述了庄陵配食坛的设立和有

---

① [韩]허태용:《『景宗實錄』과『景宗修正實錄』의 비교를 통해서 본老論의 정치 의리》,《사학연구》第 112 辑,2013 年。

② [韩]허태용:《『景宗實錄』을 통해서 본少論의 정치義理검토》,《민족문화연구》第 60 辑,2013 年。

③ [韩]오항녕:《『경종실록』의 편찬과 수정》,《民族文化》第 42 辑,2013 年。

④ [韩]최성환:《정조대 초반의蕩平 義理와忠逆論》,《泰東古典研究》第 25 辑,2009 年。

⑤ [韩]崔誠桓:《正祖代 蕩平政局의君臣義理연구》,首尔大学校 2009 年博士学位论文。

⑥ [韩]安承培:《莊陵 配食壇 配享 人物 研究-世祖篡奪과端宗復位運動과 관련하여》,国民大学校 2008 年硕士学位论文。

关背景,并对《庄陵配食录》中配享人物及其历史作用进行研究。윤정《正祖代端宗事迹的整备和"君臣分义"的确立》[①]论述了正祖朝"端宗复位"的继续、配食坛的建立和《庄陵史补》等史书的编纂,并说明其背后所体现的"继述"之意和"君臣分义"理念的宣扬。但关于《庄陵史补》纂修的背景、过程、内容、特点、意义等问题的阐述,仍有颇多可深入之处。

关于《尊周汇编》的研究。孙卫国在《朝鲜王朝尊周史书论略》[②]一文中,对《尊周汇编》的编纂动机、成书时间和编写人员、15 卷本相关内容和评价作了较全面的论述,还对朝鲜所编《国朝宝鉴别编》等其他"尊周类"史书的编纂意义作了说明。琴章泰《〈尊周汇编〉解题》[③]主要从编纂的理论根基——春秋精神;编纂的历史背景——"胡乱"和北伐论;编纂的体制和内容三个方面论述。郑玉子《正祖代对明义理整理作业——以〈尊周汇编〉为中心》[④]强调了此书的编纂动机与正祖倡导尊明义理的关系。

朝鲜官修的"中国史书"中,中韩学人围绕《宋史筌》的研究最多。

中国学者的研究。从整体上看,李光涛在《中韩民族与文化》的"著作"部分,分析了《宋史筌》的成书背景和思想价值。孙卫国《大明旗号与小中华意识:朝鲜王朝尊周思明问题研究(1637—1800)》[⑤]第六章"从史书编撰看朝鲜尊周思明观"概括了朝鲜所修宋、明史书的情况,着重探讨了《宋史筌》之纂修原因、体例特点所体现的朝鲜正统观和义理观。黄艳纯《高丽史史籍概要》[⑥]和杨渭生等《十至十四世纪中韩关系史料汇编》[⑦]对《宋史筌》的纂修和体例特点、书籍价值等方面作了一

① [韩]윤정:《正祖代 端宗 事蹟정비와 '君臣分义'의 확립》,《韓國文化》第 35 辑,2005 年。
② 孙卫国:《朝鲜王朝尊周史书论略》,载氏著《明清时期中国史学对朝鲜的影响——兼论两国学术交流与海外汉学》。
③ [韩]琴章泰:《〈尊周彙編〉解題》,《國學資料》第 34 号,1979 年。
④ [韩]鄭玉子:《正祖代對明義理整理作業-以〈尊周彙編〉을中心으로》,《韓國學報》第 69 辑,1992 年。
⑤ 孙卫国:《大明旗号与小中华意识:朝鲜王朝尊周思明问题研究(1637—1800)》,商务印书馆 2007 年版。
⑥ 黄纯艳:《高丽史史籍概要》,甘肃人民出版社 2007 年版。
⑦ 杨渭生等:《十至十四世纪中韩关系史料汇编》,学苑出版社 1999 年版。

些介绍。周海宁在《中国文化对高丽、朝鲜时代史学之影响研究——以史学体例和史学思想为中心》的第三章,论述了《宋史筌》的编撰原因,并比较其与《宋史》的体例和笔法。个案方面:有杨渭生《〈宋史筌·高丽传〉与〈宋史·高丽传〉之比较》①、姜锡东《〈宋史筌·食货志〉析论》②。台湾学者宋晞有《读〈宋史筌·高丽传〉》③《读〈宋史筌·蒙古传〉》《读〈宋史筌〉立端宗、末帝纪》④《读〈宋史筌·遗民传〉》⑤《读〈宋史筌·辽金传〉》⑥《〈宋史筌·食货志——役法、钱币、会子、商税、互市舶法〉读后感》⑦等系列论文。卞东波《〈宋史筌〉的文人传,〈艺文志〉书写——兼与《宋史》比较》⑧介绍了《宋史筌》的纂修背景和体例特点,并与《宋史》对比分析《文苑传》《艺文志》等的异同。季南《朝鲜正祖李祘的〈宋史筌〉对〈宋史〉的改编》⑨对《宋史筌》1780 年本的义例做了解读。

韩国学者的研究。从整体来看,晋永美《〈韩国文集丛刊〉对中国文献研究的意义》⑩以徐命膺《御定宋史筌后序》为例,略述了《宋史筌》纂修的背景、特点等。李成珪《〈宋史筌〉的编纂背景及其特色——朝鲜学人对中国史编撰的有关研究》⑪对《宋史筌》的纂修背景、体例内容等有

① 杨渭生:《〈宋史筌·高丽传〉与〈宋史·高丽传〉之比较》,载氏著:《宋丽关系史研究》,杭州大学出版社 1997 年版。

② 姜锡东:《〈宋史筌.食货志〉析论》,《文献》2016 年第 3 期。

③ 宋晞:《读〈宋史筌·高丽传〉》,《宋史研究论丛 二》,中国文化学院出版部 1979 年版。

④ 宋晞:《读〈宋史筌·蒙古传〉》《读〈宋史筌立端宗·末帝纪〉》,《宋史研究论丛(第 5 辑)》,中国文化大学出版部 1999 年版。

⑤ 宋晞:《读〈宋史筌·遗民传〉》,《宋史研究集(第 19 辑)》,国立编译馆 1989 年版。

⑥ 宋晞:《读〈宋史筌·辽金传〉》,《宋史研究论丛(第 3 辑)》中国文化大学出版部 1989 年版。

⑦ 宋晞:《〈宋史筌·食货志——役法、钱币、会子、商税、互市、舶法〉读后感》,《第六届中国域外汉籍国际学术会议论文》,联经出版事业公司 1993 年版。

⑧ 卞东波:《〈宋史筌〉的〈文人传,艺文志〉书写:兼与〈宋史〉比较》,《Journal of Korean Culture》第 16 辑,2011 年。

⑨ 季南:《朝鲜正祖李祘的〈宋史筌〉对〈宋史〉的改编》,《黑河学刊》2015 年第 7 期。

⑩ [韩]晋永美:《〈韩国文集丛刊〉对中国文献研究的意义》,北京大学中国古文献研究中心编:《北京大学中国古文献研究中心集刊 第八辑》,北京大学出版社 2009 年版。

⑪ [韩]李成珪著、林美英译:《〈宋史筌〉的编纂背景与特色—关于朝鲜学者编纂中国史的研究》,《韩国学报》6,1986 年。

深入论述。个案研究有：金渭显《宋史筌·西夏列传》①、何汰滢《英·正祖代中华继承意识的强化和宋·明历史书的编纂》②介绍了《宋史筌》等中国史书的纂修背景及其与朝鲜华夷观念的关系。崔해별《〈御定宋史筌〉卷8〈本纪·后妃〉体例改编的目的：由继承〈季汉书〉正统性的加强》③认为《宋史筌》中《后妃传》列入《本纪》的原因，是模仿了《季汉书》书法，并体现了朝鲜的"中华继承意识"和正统性。金文植《〈宋史筌〉体现出的李德懋的历史认识》④论述了《宋史筌》的编纂过程、体例，及李德懋所编部分和所体现的历史认识。

　　这些成果多讨论了《宋史筌》的纂修背景、义例、体例特点，与《宋史》等史书的关系等相关问题，以个案研究居多。但在细节阐述上，尚存错漏，或相互抵牾之处；也往往忽略对该书的编修过程、义例演变的论述。

　　关于《史记英选》的研究。如김소희《〈史记英选〉的编纂和刊行研究》⑤论述了《史记英选》编纂过程，并对比了各版本内容的异同。

（八）对正祖时期其他官修史书的个案研究

　　对《朝鲜王朝仪轨》的相关研究，以韩国学者为主，最全面的是韩永愚著《朝鲜王朝仪轨》⑥。该书较为系统和详尽地介绍了现存《朝鲜王朝仪轨》的来源、类型、特点、价值等情况，其中对正祖时期的各种《仪轨》的纂修情况和相关的政治文化背景，有较为细致地论述，还言及诸多官方史书的编纂问题。其他代表性的成果还有신병주《朝鲜时代仪

---

①　[韩]金渭显：《〈宋史筌〉西夏列传》，国际宋史研讨会暨中国宋史研究会第九届年会编刊：《宋史研究论文集》，河北大学出版社2002年版。

②　[韩]허태용：《英·正祖代中華繼承意識의 강화와宋·명 역사서의 편찬》，《朝鲜時代史學報》第42辑，2007年。

③　[韩]崔해별：《『御定宋史筌』권8「本紀·后妃」체례개편의 목적：『季漢書』계승을 통한 정통성의 강조》，《歷史教育》第124辑，2012年。

④　[韩]金文植：《『宋史筌』에 나타난李德懋의 역사인식》，《동아시아 문화연구韓國學論集》第33辑，1999年。

⑤　[韩]김소희：《『사기영선』의 편찬과 간행에 관한 연구》，《書志學報》2012年第40号。

⑥　[韩]韩永愚著，金宰民、孟春玲译：《朝鲜王朝仪轨》，浙江大学出版社2012年版。

轨编纂的历史》①、李昌炅《朝鲜朝的官撰史书编纂态度考察：以〈朝鲜王朝实录〉和〈王室仪轨〉为中心》②等。主要涉及正祖时期〈仪轨〉的研究有：朴廷蕙《王室的权威与统治理念的视觉体现——朝鲜时代宫廷绘画的种类和性质》③谈及了《仪轨》的价值和"班次图"、《园幸乙卯整理仪轨》的意义。还有郭喜淑《华城城役反映的正祖的政治构想》④、이옥남《18 世纪〈园行乙卯整理仪轨〉体现出的宫中宴会摆席分析》⑤、문장현《从情报设计的观点刊朝鲜时代仪轨研究：〈园幸乙卯整理仪轨〉和〈华城城役仪轨〉为中心》⑥等。这些研究从情报学、艺术学、政治史等多种角度分析了正祖时期代表性《仪轨》的价值。

关于正祖时期所修《国朝宝鉴》的研究。何汰滢《正祖的继志述事纪念事业和〈国朝宝鉴〉编纂》⑦对正祖即位初期的政局、《国朝宝鉴》的编纂与"继述"的政治意图的关系进行了论述。김정미《正祖代〈国朝宝鉴〉刊印的运用实态研究》⑧以《国朝宝鉴监印厅仪轨》为主要材料,分析正祖朝《国朝宝鉴》的刊印方式、过程、工匠人员安排和所需物资情况。김상호《〈国朝宝鉴〉1782 年版本的刻手研究》⑨以《国朝宝鉴监印厅仪轨》为资料,分析正祖朝《国朝宝鉴》刻印时的刻手募集和人员成分。

对《日省录》的研究。김경희《〈日省录〉国译的现状和问题》⑩谈及

① ［韩］신병주：《조선시대儀軌편찬의 역사》,《朝鮮時代史學報》第 54 辑,2010 年。

② ［韩］李昌炅：《朝鮮朝의官撰史書 編纂態度 考察：『朝鮮王朝實錄』과『王室儀軌』를中心으로》,《아시아민족조형학보》第 5 辑第 1 号,2005 年。

③ ［韩］朴廷蕙：《王室的权威与统治理念的视觉体现-朝鲜时代宫廷绘画的种类和性质》,《故宫博物院院刊》2012 年第 6 期。

④ ［韩］郭喜淑：《華城城役에 비친正祖의政治構想》,全南大学校 2001 年硕士学位论文。

⑤ ［韩］이옥남：《18 세기『원행을묘정리의궤(園行乙卯整理儀軌)』에 나타난 궁중연회 상차림 분석》,京畿大学校 2011 年博士学位论文。

⑥ ［韩］문장현：《정보 디자인의 관점으로 본 조선시대 의궤(儀軌)연구：〈원행을묘정리의궤(園幸乙卯整理儀軌)〉와〈화성성역의궤(華城城役儀軌)〉를 중심으로》,弘益大学 2005 年硕士学位论文。

⑦ ［韩］허태용：《正祖의繼志述事기념사업과「국조보감(國朝寶鑑)」편찬》,《韓國思想史學》第 43 辑,2013 年。

⑧ ［韩］김정미：《正祖代「國朝寶鑑」刊印의 운용실태 연구》,《書志學研究》第 44 辑,2009 年。

⑨ ［韩］김상호：《『國朝寶鑑』1782 年 板本의刻手 研究》,《書志學研究》第 44 辑,2009 年。

⑩ ［韩］김경희：《『일성록』국역의 현황과 과제》,《民族文化》第 27 辑,2004 年。

了《日省录》的意义、价值，并介绍了"国译"的有关情况。洪顺民《〈日省录〉的编纂过程和构成原理》①细致分析了《日省录》的编纂背景、人员、资料来源、内容和使用价值等方面的内容。连甲수《〈日省录〉的史料价值和活用方案》②通过比较《日省录》和《承政院日记》《朝鲜王朝实录》的体例和内容，说明了《日省录》的价值。吴恒宁《试论朝鲜后期国史体系的变动——从〈实录〉到〈日省录〉》③认为朝鲜后期史官制度发生了变动，《实录》地位下降、确立了以《日省录》为中心的国史体系。申丙周《朝鲜后期记录物编纂和管理》④提及了朝鲜后期《日省录》等"记录物"的编纂及价值。

　　其他个案研究。郑光水《增订文献备考的艺文考研究》⑤对正祖时《增订文献备考》的纂修背景、作者情况、内容特点，尤其是对其中《艺文考》的体例特点，做了考辨和分析。梁桂凤《正祖朝刊本〈春秋左氏传〉附录的索引性研究》⑥强调了正祖时所修《春秋左氏传》卷首各类图表的索引性价值。姜泰训《〈弘文馆志〉解题》⑦对《弘文馆志》的编纂、内容、意义和弘文馆的历史沿革有一定介绍，但其编纂过程之介绍完全忽视了正祖朝的情况。赵东永《正祖的〈四部手圈〉小考》⑧论述了《四部手圈》的内容、纂修意义等。辛承云《朝鲜朝正祖命撰〈人物考〉的书志的研究》⑨对《人物考》的版本和卷帙内容做了考辨。정호훈《18 世纪君

① ［韩］洪顺民：《『日省錄』의 편찬 과정과 구성 원리》，《民族文化》第 27 辑，2004 年。

② ［韩］연갑수：《『日省錄』의 사료적 가치와 활용 방안》，《民族文化》第 27 辑，2004 年。

③ ［韩］오항녕：《조선후기 국사체계(國史體系)의 변동에 관한 시론-실록(實錄)에서 일성록(日省錄)으로》，《역사와 현실》第 52 辑，2004 年。

④ ［韩］신병주：《조선후기 기록물 편찬과 관리》，《기록학연구》第 17 辑，2008 年。

⑤ ［韩］鄭光水：《增訂文獻備考의藝文考 研究》，中央大学校 1984 年硕士学位论文。

⑥ ［韩］梁桂鳳：《正祖朝刊本「春秋左氏傳」附錄의 索引性에 관한 研究》，《書志學研究》第 2 辑，1987 年。

⑦ ［韩］姜泰训：《『弘文館志』解題》，圓光大学校 教育問題研究所：《智潭 張德三教授 停年紀念 教育研究 論叢》，2006 年。

⑧ ［韩］趙東永：《正祖의『四部手圈』小考》，《韓國漢文學研究》第 45 辑，2010 年。

⑨ ［韩］辛承云：《朝鮮朝 正祖命撰『人物考』에 관한書志의 研究》，成均館大学校 1987 年硕士学位论文。

主学学习书的编纂和〈羹墙录〉》①分析了正祖朝《羹墙录》的编纂与刊行、背后的王权强化和法先王意识。우경섭《正祖代〈侍讲院志〉编纂及意义》②对朝鲜侍讲院的建置、作用,《侍讲院志》的编纂、构成、内容等做了较为细致的研究。金伯哲《朝鲜后期正祖代法制整备和〈大典通编〉体系的研究》③论及了正祖时《大典通编》的纂修过程及相关政法书籍体系的建立。延正悦《续大典和大典通编有关研究》④从法制史的角度,分析了《大典通编》对《续大典》的继承和法律意义。

此外,中国学者还对《同文汇考》有了一定的关注:如徐凯《朝鲜〈同文汇考〉中的清朝史料及其价值》⑤、刘波《〈同文汇考〉史料分类述要》⑥对该书的编纂背景、纂辑过程和内容、价值等有所梳理。

总体上看,中国学者对朝鲜王朝官方史学的关注不多,且多为概识性的介绍;偶涉及对正祖时期的文化政策、奎章阁王室书目的研究。就个案来说,仅对《宋史筌》《尊周汇编》《同文汇考》等史著有一定的涉及,或存在一些研究疏误,缺乏全面、深度的解读。韩国学者不仅热衷于对奎章阁有关政治文化制度、书籍文献的研究,在对正祖个人的学养、"英、正时代"有关政治文化背景的研究上已相对成熟,但仍未有对正祖时期官方史学的直接关注,奎章阁与正祖时期官方史学的关系还有待阐明;多部正祖时期官方所修史书,还尚待研究;即便是已有的个案研究,也存在研究内容分散,缺乏史学史的视角,使用史料单一,研究不够深入、全面等问题。此外,还存在研究盲区和相互抵牾、错漏之处。本书力争以中国学者的视角,综合运用多种史料和方法,对相关问题进行爬梳和考辨、补充和完善。

---

① [韩]정호훈:《18세기君主學학습서의 편찬과『羹墙錄』》,《韓國思想史學》第43辑,2013年。

② [韩]우경섭:《정조대『侍講院志』편찬과 그 의의》,《泰東古典研究》第26辑,2010年。

③ [韩]金伯哲:《朝鲜後期 正祖代법제정비와『大典通編』체제의 구현》,《大東文化研究》第64辑,2008年。

④ [韩]延正悦:《續大典과大典通編에關한一研究》,《漢城大學 論文集》,1988年。

⑤ 徐凯:《朝鲜〈同文汇考〉中的清朝史料及其价值》,清代政治制度与民族文化学术研讨会论文集,2010年。

⑥ 刘波:《〈同文汇考〉史料分类述要》,东北师范大学2011年硕士学位论文。

第一章

正祖时期的政治文化
背景与官方史学

　　18 世纪的朝鲜王朝,在朝鲜半岛历史上,是一个经历社会变革和文化转型的时期。这一时期统治朝鲜的,正是朝鲜后期的两位"圣君明主"英祖、正祖。[①] 为应对当时国家的政治、经济、文化变革局面,两君王的为政理念、文化思想等方面呈现出继承性,学界一般将这一时期称为"英、正时代"。"英、正时代"的朝鲜王朝民生有所恢复,社会趋于稳定;王权一定程度上得到伸张,政治制度出现改革;更是朝鲜后期文化的大繁荣、大总结时期,同时新的阶层开始成长、新的思潮得以萌发,也是朝鲜王朝学术文化的嬗变期。在学术思想层面,学界多给予这一时期极高的评价,誉之为"朝鲜后期的中兴期""朝鲜后期的文艺复兴时期""朝鲜后期的文化黄金期""以王廷为中心的复古主义文化的繁荣时期"等[②]。继承和发展英祖朝文化政策的正祖,恰是推动朝鲜后期这一文化顶峰形成的关键人物,这一时期的官方史学成就也是正祖时期文化成就中的重要代表。本章拟对这一时期复杂的政治、文化背景做基本的梳理和阐述,并分析正祖本人的成长经历与学术性格,以及尝试整

---

① 朝鲜王朝的"肃宗""英祖""正祖"三国王,被称为"17 世纪后半期后,几乎连续出现的三英主"。[韩]정옥자:《정조와 정조대 제반정책》,第 1 页。

② 如[韩]李鍾日:《英正時代의 思想과 文化》,第 63 页;[韩]李丙燾著,许宇成译:《韩国史大观》,第 368 页;[韩]이범직:《英祖·正祖代실구조 연구》,第 87 页;[韩]정옥자:《정조와 정조대 제반정책》,第 2 页;朴真奭、姜孟山等:《朝鲜简史》,第 353 页等。与正祖时代文化研究有关的论著,亦多有此类评价。

体介绍这一时期的官方史学成就。

第一节 "英、正时代"与正祖时期的政治文化

欲深入理解正祖时期的官方史学之背景,就不能不先谈及"英、正时代"与正祖时期的政治与文化。

一、正祖的生平与"英、正时代"

(一) 正祖的生平

英祖[①]李昑(1724—1776 在位),字光叔,号养性轩,母淑嫔崔氏,肃宗(1674—1720 在位)之庶子,为朝鲜王朝(1392—1910)第 21 位君主。肃宗二十年(1694)九月生于昌德宫宝庆堂,肃宗二十五年(1699)被封为延礽君。其兄景宗李昀(1721—1724 在位)为张禧嫔所生,体弱无子,英年早逝。在金昌集、李颐命等老论大臣的推动和仁元王后的保护下,延礽君于景宗元年(1721)被册封为王世弟,景宗四年(1724)八月继承大统,英祖五十二年(1776)三月,以 83 岁高龄升遐。英祖中殿先为贞圣王后徐氏,英祖 65 岁时又迎娶金汉耇女贞纯王后金氏(1745—1805)。英祖无嫡子,靖嫔李氏生孝章世子李緈(1719—1728)早逝,暎嫔李氏又诞下庄献世子李愃(1735—1762),于 28 岁时被英祖关入柜中处死,英祖晚年赐其名"思悼"。孝章世子无后,庄献世子与正妻惠嫔洪氏(惠庆宫,1735—1815)生下懿昭世孙李琔(1750—1752)和李祘(1752—1800)。懿昭世孙亦早夭,李祘成为王世孙,后继承孝章世子(真宗)之法统,成为朝鲜第 22 位君主正祖[②](1776—1800 在位),在位 24 年。祖孙二人统治 18 世纪的朝鲜长达近 80 年,这一时期被称为"英、正时代"。

正祖李祘,字亨运,号弘斋。他是英祖之孙,庄献世子李愃次子,母

---

① 本为"英宗",高宗二十六年(1889)十二月,"英宗"被升格为"英祖",后世一般称为"英祖"。
② 本为"正宗",大韩帝国光武三年(1899)被正式追崇为"正祖宣皇帝",后世即称之为"正祖"。

亲为丰山洪凤汉之女惠嫔洪氏。兄长懿昭世孙 3 岁早夭,有恩彦君李裀、恩信君李禛、恩全君李禶三个庶弟。英祖二十八年(1752)九月,李祘于昌庆宫景春殿出生,正祖二十四年(1800)在昌庆宫迎春轩升遐,葬于其父陵显隆园之东健陵,终年 48 岁。

因兄长早夭,李祘于英祖三十五年(1759)被封为王世孙;英祖三十八年(1762)与金时默女金氏(孝懿王妃)行嘉礼。是年五月,庄献世子卷入党派倾轧,被指谋反;加之世子自身的精神疾病和长期与英祖的紧张关系,被英祖赐死,史称"壬午祸变"。幼年丧父,成为正祖一生摆脱不掉的阴影,西人老论和南人两党也重组为时派和僻派。唯一的世孙即成为英祖选定的王位继承人,英祖四十年(1764),其在法统上成为已故孝章世子之子。但世孙的储君之路并不平稳,英祖晚年疾病缠身,即命世孙代理听政,但屡屡遭到洪麟汉、郑厚谦等戚臣极力阻挠,最终在英祖和东宫宫僚的保护下,才得以顺利交接王权。

英祖五十二年(1776)三月,英祖薨,正祖即位。虽然正祖对反对势力金尚鲁、洪麟汉、郑厚谦、洪趾海、沈翔云、尹养厚、尹泰渊、淑仪文氏、和缓翁主等人进行了清算,但王位依然时时受到威胁。正祖元年(1777),宫中还发生了洪相范一党主导的刺杀正祖,拥立恩全君李禶的谋逆事件;正祖三年(1779),又发生了戚臣洪国荣(1748—1781)与贞纯大妃勾结,拥立恩彦君李裀之子完丰君李湛的事件。这使得正祖意识到册封世子的重要,而宜嫔成氏于正祖六年(1782)生下文孝世子,被册封后却很快夭折;正祖十四年(1790),绥嫔朴氏生下元子(纯祖,1801—1834 在位),直至正祖逝年(1800),元子才同时行冠、册、嘉三礼。

世孙是至孝之人,祖父病重时,他日夜陪护,甚至大小便都由他亲自侍弄。英祖弥留之际,对当年杀死儿子一事流露出悔意,同意洗草记载其"谋反"事迹的《时政记》,并允许世孙拜垂恩墓,世孙也表示服从祖父的判决,不会翻案。但正祖即位后仍致力于为亡父洗脱冤屈,将思悼世子的尊号又改为"庄献",其墓垂恩墓改为永祐园,祠堂垂恩庙升格为景慕宫,并多次上尊号追崇;因庄献世子死于五月,并在柜中度过了八天,所以正祖于每年的五月十三日至二十一日,均搁置政务,居宫悲痛;

且每年要去祭拜其父至少一次①。不过,正祖对其父的追崇均在法理所允许的范围内,未有破例和违背礼法。其母惠嫔洪氏因无法成为王妃,也仅被封为惠庆宫,且终生未能升格为大妃。此外,他于正祖十三年(1789)决定迁葬永祐园至水原花山显隆园,特制《显隆园志》;并以此为基础,于正祖十八年(1794)开始修筑水原华城,两年后告成,还曾于正祖十九年(1795)在华城检阅壮勇营,并为惠庆宫举办了周甲宴,成就了朝鲜史上著名的华城园幸,成为正祖彰显王室威望的标志。

正祖崇尚俭朴,衣物等往往使用到很旧也不更换,还编制各殿宫的《贡膳定例》节俭开支。他也是爱民之主,不仅时常视察民情、询问民瘼、发展农业,还重视对百姓的赈灾抚恤,将自己平日节省下来的钱款名为"保民库",用于赈灾;对因建华城而造成的移民,他自己出资为其安置;编《字恤典则》,要求对遗弃道路的婴孩实行救助;制定《钦恤典则》《审理录》,减轻刑律,亲核死刑。在人才政策方面,他继承了英祖打破"庶孽永固"的用人理念,广纳贤才,又平衡各党的利益,推进荡平政治,一些中庶人得以在当时发挥了重大作用;他提倡纳谏,广开言路,对于不作为的言官反倒予以革除。此外,他宣布禁止奴隶推刷、实行"辛亥通共",一定程度上废除了垄断商人的"禁乱廛权",促进了商业发展,保护了小生产者,削弱了两班和富商;并以迁葬其父为名,兴建了水原华城,削弱了京城两班对土地的控制,促进了京畿新城市的形成。

正祖自小聪敏好学,酷爱读书习字,长大后更是整日手不释卷,书读百家,被誉为"读书大王"②。即位后,他正式设立了奎章阁,使其成为朝鲜后期的一个重要学术文教机构,该机构不仅是安奉王室御制和存放书籍的"图书馆",且日益扩大到集铸字、编书、印书于一体的文化

---

① 从 1772 年 2 月访问永陵、弘陵开始,直到死亡前 3 个月的 1800 年,正祖一直继续了陵行,达到每年 3 次。其中生父的永祐园、显隆园频率最高,每年都要去,占全部陵行一半的 31次,具有要为在权力斗争的漩涡中含冤死去的生父伸冤和阐明自己血统的政治目的。见[韩]金文植:《正祖的陵行和首都圈的成长——18、19 世纪首都圈实学者的成长背景》,载中国实学研究会编《中韩实学史研究》,中国人民大学出版社 1998 年版,第 250 页。

② 见[韩]김정진:《독서대왕 정조》,자유로 2013 年版。

机构和负责年轻官员培养的教育机构、分担诸司权力的政治机构,进一步成为正祖发布传教、彰显王权的权力中心,并以此为依托,更好地实现其"右文政策"。正祖"在文章与经学方面,主张纯粹性与正统性"①,一方面针对稗官小品之流行,通过"文体反正"②来进行矫正文风;另一方面则通过大力宣扬朱子学、《春秋》经学、禁止西学来引领"正学"。正祖为好学能文之王,富于著作,有御制文集《弘斋全书》184卷,观其《群书标记》所载录,共有"御定""命撰"书籍达153种,涵盖经、史、子、集四部,不乏与中国文献有关的书籍③。在储君之时,他就开始了《海东臣鉴》《宋史筌》《宋史撮要》《资治通鉴纲目续编》《历代纪年》《全史评铨》等史书的著述。官方修史事业至正祖朝达到繁盛,也体现了他借助编印书籍来达到教化群臣、彰显义理、维系王权的决心。

军事方面,为应对"两乱"以后国防空虚的局面,以及保障自己对军权的控制,正祖精简了兵制,裁撤五军营,设立了听命于国王的壮勇卫,即后来的壮勇营,还建立了五千余人的步兵和骑兵部队,又在华城设立了新的防御体系。他注重武艺训练、国防建设和武器上的改革,重视戚继光《纪效新书》的再版,并编撰《武艺图谱通志》等兵书。正祖时,朝鲜与清的关系较之英祖时更为融洽。这样,没有了边虑,可以放手国内的改革。然而,正祖却也是大讲"尊周思明"的朝鲜国王,并汇历代尊明反清的史实编纂了《尊周汇编》,续编了《国朝宝鉴别编》。

父亲早亡、兄弟四散、反叛尽出,倍感危机四伏的正祖,希望通过自身学养的提高和纵横捭阖的为政策略,建设王业永固、君臣同心、国富民强的理想国家。他毕生致力于"荡平""镇安""振风""矫俗",但其效果不佳。正祖晚年(1800),他对诸臣做了"五晦筵教",批评士大夫们始终不能体谅他的苦心,并否定了自己早年成为"圣王"的抱负,承认了

① [韩]李丙焘著,许宇成译:《韩国史大观》,第371页。
② 关于"文体反正"的相关研究:仁晓丽等:《略论朝鲜李朝正祖的"文体反正"》简论了"文体反正"的背景和过程;陈冰冰:《〈四库全书〉与李氏朝鲜后期的文坛动向》分析了《四库全书》编修对正祖实行"文体反正"的影响。
③ 见赵睿才:《朝鲜李朝正宗李祘所纂中国文献类考》,第72—77页。

"矫俗"失败,后浑身长满火疖而死。可以想象,这位毕生致力于经营王权的国王的失落心情。因正祖终生拒绝为自己上尊号,其谥号极短,为"正宗文成武烈圣仁庄孝大王"。

总之,正祖不仅有勤政爱民、节俭至孝、敦勉好学之品格,还是非常睿智的国王,他制定的内外政策,绝大多数都能通过"民有所从"来自下而上、巧妙地制衡两班,扩大王的影响力。通过大兴文教、置阁编书,在其主导的官方史学之方面,也体现了彰显王权和宣扬义理的因素。他未来设想的居住华城、"上王监国"的政治形态,也有消除戚臣专政的可能。但他的早逝,使得朝鲜的国运发生了巨大转折,纯祖冲龄即位,贞纯王后金氏垂帘听政,老论僻派掌权,进入了"势道政治"时期,朝鲜王朝走向衰世。

(二) 朝鲜"英、正时代"的内、外环境与政治文化境况

16世纪末和17世纪初,朝鲜王朝先后遭遇了日本和后金(清)的威胁,即"壬辰、丁酉之役"和"丁卯、丙子之役",朝鲜人将其分别称为"倭乱"和"胡乱"(统称"两乱")。"两乱"不仅使朝鲜的经济和人口遭到重创,还在社会经济、阶级结构层面改变了朝鲜的面貌。进入18世纪,朝鲜面临着各种矛盾的同时,还伴随着新阶层、新思潮的冲击。这一时期的英祖和正祖,为适应国家、社会在政治、经济、文化等各方面的变化,灵活施行各类统驭政策,一定程度上稳定了中世以来形成的社会矛盾和危机,调整了阶级关系,促进了文化事业的繁荣,形成了社会变革与为稳定王权之改革并存的时代,为朝鲜的近代化奠基。"英、正时代"局面的形成,首先来源于外部环境的稳定。

首先是日本威胁的基本解除。丰臣秀吉死后,德川家康于1603年建立了德川幕府的统治,同时修好与朝鲜的关系。"英、正时代"大约相当于德川幕府的第九代将军德川家重(1712—1761)、第十代将军德川家治(1737—1786)统治时期。此时已进入日本江户时代的成熟期,英祖在英祖二十四年(1748)、英祖三十九年(1763)曾两次派通信使赴日,贺将军袭位。其间,朝、日官方交善,官私贸易不绝。朝鲜还作为中、日

贸易的转口商,用从日本贸易得来的白银到中国购买丝等物,再将中国的丝出口到日本换取白银。

更重要的是对清关系的好转和稳定。朝鲜在第一次被后金征服后,仍长期保持着对明的效忠,自觉维系着宗藩体制。朝鲜被迫臣服于清后,仁祖(1623—1649 在位)一面迎接明使,一面又压制激进反清言论,体现了他一方面守护仅存的华夷观,一方面不得不承认现实的矛盾心态。而后的孝宗(1650—1660 在位)则高举"北伐论"旗号,使得王室重获威严和加强了正统。显宗(1660—1675 在位)、肃宗时期,国王对现实情况有了清醒认识,更加为现实利益考虑,朝鲜的反清意识已经开始淡化。此外,清朝对朝鲜采取的怀柔、笼络、德化政策①,也减少了朝鲜的反清之意。

至"英、正时代",清、鲜关系进一步转变。② 英祖时期君臣对待清的态度已然趋于理性,实质是现实条件下维护其国家利益的理性选择。③ 英祖以后,朝鲜和清朝的文化交流明显加强,使节往来不绝,清帝与朝鲜国王间赋诗等交流屡见不鲜。英祖多次购求中国书籍、培养翻译人才、整理外交文书等。正祖时,两国关系更为和谐。虽然清已大大缩减朝鲜的入贡次数,正祖还屡派使节来北京、盛京问安,并携带贡物,他甚至不忘亲自检查贡物情况;有清使赴朝,还要亲自迎送郊外。清高宗乾隆(1736—1795 在位)特允许朝鲜使臣进入圆明园等处游览,对其高规格接待;正祖还多次和乾隆通过诗文交流,乾隆赞赏正祖的文采,还赏赐玉如意和亲笔所书之"福"字给他,正祖君臣对此感恩戴德。这背后是清朝灵活处理对外关系的政策转变,更有助于以

① 见孙卫国:《试论清朝对朝鲜国王与使臣的优礼》,《当代韩国》2003 年第 4 期。
② 张礼恒在《在传统与现代性之间:1626—1894 年间的中朝关系》(社会科学文献出版社 2012 年版)一书中,认为 1626—1860 年是中朝"宗藩体制的典范",并又划分为"被迫臣服,相互怀疑时期(1626—1644)""怀柔为主,高压为辅时期(1644—1722)""宗藩关系典范(1722—1860)"。(第 38—126 页)"英、正时代"即在最后一个阶段里。杨昭全、何彤梅:《中国-朝鲜·韩国关系史》(天津人民出版社 2001 年版)中,将 1736—1840 年归入"清、鲜关系的平稳时期"(第 596 页),而此时期也大致相当于"英、正时代"。
③ 见张倩倩:《试析朝鲜英祖时期的对华观》,山东大学 2012 年硕士学位论文。

正统王朝的姿态统驭中原。朝鲜统治阶级通过对清的"恭顺",重新获得了正统的来源,大大地削弱了来自内部的威胁;[①]边衅不起,更获得了安定的外部环境,为这一时期内政改革的实行和文化事业的发展奠定了基础。

再看此时朝鲜的内部环境。经历了"两乱",朝鲜统治体制的弱点就更为暴露,战争使得经济严重崩溃、国防空虚、王室地位下降,一定程度上撼动了以大土地所有制为基础的两班贵族阶层地位,朝鲜的身份等级与奴婢制度也开始动摇[②],但这更引起了两班统治阶层对有限利益的争夺和斗争,并反抗国王下令施行危及自身利益的政策。为重新调节国家经济和民生,光海君(1608—1623 在位)时颁布的"大同法"、英祖时推行的"均役法"、正祖时的"辛亥通共"等,虽也都遭到了两班的强烈抵抗,但一定程度上削弱了门阀大族对国家命脉的控制,部分恢复了民生,促进了商品经济发展,使得"英、正时代"几乎未发生农民暴动。

朝鲜王朝中后期,其政治的一大特点就是士林党争。朝鲜党争产生于宣祖(1568—1608 在位)时期,一直持续到朝鲜后期,概括为"四色"[③],大约持续 200 年,其间,各朋党党内有党、派中有派、分裂不断、无休止:"韩自中世以来,四党分立,各持其论,圣于东者狂于西,忠于南者逆于北,纷纭错乱,莫执其一。"[④]党争与学术文化息息相关,因学脉、门派和对学问道术理解不同而产生对立。更突出的是,在政治层面,标榜士林"义理精神"的各党派,又以"国是""公论"为旗号,相互攻

---

① 张礼恒:《在传统与现代性之间:1626—1894 年间的中朝关系》,第 69 页。
② "李朝末期各种身份间的界限日趋模糊。许多良人因破产丧失土地而成为佃农、游民;一些两班在激烈的社会动荡和党争中没落,相反部分闲良和富商则变为庶民地主,也挤进两班营垒……作为身份制度的一个等级的公奴婢的解放亦势在必行。"(曹中屏:《韩国古代两班制度刍议》,《韩国研究(第十二辑)》,浙江大学出版社 2014 年版,第 304 页)
③ 大体是由东人党分裂的"南人""北人";由西人党分裂的"老论""少论"四党。
④ [朝鲜王朝]金泽荣:《韶濩堂文集定本》卷 3,《诗文集总名曰合刊韶濩堂集○花开金泽荣于霖著韩史綮序癸丑》,韩国民族文化推进会编《影印标点韩国文集丛刊》,2005 年,第 347 册,第 257 页。

击,实质是对官职和执政权力的争夺。① 党争不仅危害国家,也客观上限制了王权,造成君臣间的矛盾、冲突和博弈,这即是朝鲜王朝"士林政治"的主要面向。如正祖近臣蔡济恭(1720—1799)言:"党色之添出奇奇怪怪之号……而其害终归国家……其朝象不靖,私意横流,渐至莫可整顿之境。士夫志趣,日渐污下。"②英祖、正祖也先后面临西人党分裂的老论、少论和老论一党多个派系纷争的复杂局面,王位受到威胁,王室成员多被卷入其中。

朝鲜后期,科举制度更丧失了严格与公正。年轻士子荒废书业,不读圣经贤传,转而迷恋稗官小品之文。科场舞弊现象层出不穷,科举制的权威性受到了打击。特别是在"英、正时代",老论一派长期专制之时,"科举制度已不再是任用考试,而变成了资格考试"③。国家的用人机制基本被老论垄断,这严重影响了正常的人才流动和士人的向学态度。两班大臣为私利而进行的频繁党争,也动摇了国家纲纪,统治阶级整体上堕落腐化,士风、文风、学风不振。如正祖近臣金钟秀(1728—1799)所言:"近年以来,世道人心,可谓末如之何矣……急于趋利甘心背义。背义之不足,至于忘君负国,而小无忌畏,树党营私而看作妙诀。"④朝鲜之士人,早就成了背义趋利、无君无父之人。可见当时的所谓道统已到了何种地步,可谓"名教斁而国纲弛"⑤。

---

① 关于朝鲜党争的分析介绍,可参见李岩:《朝鲜朝中期四色党争的文化性格》,北京大学韩国学研究中心编《韩国学论文集》(第22辑),中山大学出版社2014年版、[韩]李元淳、崔柄宪、韩永愚著,詹卓颖译:《韩国史》,第200页等。吕正理:《东亚大历史:从远古到1945年的中日韩多角互动历史》(群言出版社2015年版)中,认为朝鲜党争持续两百余年的根源是"书院制度",其分裂原因在于争权夺利和重大政治问题不断发生。(第417—419页)蒲笑微在《朝鲜朝与明朝党争特征之比较》(《延边大学学报(社会科学版)2015年第2期》)一文中,认为党争"更是因朱子学者之间的理念差异而造成的斗争",强调其学术性方面的矛盾。

② 《朝鲜王朝正祖实录》卷47,二十一年十月丁未,韩国国史编撰委员会编刊,1955—1958年,第47册,第48页。

③ [韩]高丽大学校韩国史研究室著,孙科志译:《新编韩国史》,山东大学出版社2010年版,第148页。

④ 《朝鲜王朝正祖实录》卷46,二十一年二月丙子,第47册,第7页。

⑤ 《朝鲜王朝正祖实录》卷10,四年十月癸亥,第45册,第190页。

朝鲜王朝规定了"庶孽禁锢"和"限品叙用"制度,即便是两班中的庶出,也不享有文科的应试权。朝鲜后期,以两班为中心的身份体制从基层开始动摇,加速阶层流动,一些中庶人等由于经济地位的上升,社会地位也提升。于是,他们开始谋求政治权力和地位,推动人才政策的改革。试图打破传统的人才制度,成为"英、正时代"的一个重要标志。

"英、正时代是近世后期中最富有文艺复兴的气象,非仅重视发扬旧文化的精华,且因西洋新文化的流入,而使学界与思想界,发挥多方面的光彩。"[1]朝鲜后期,一些士人开始反思程朱理学,批判其对思想的束缚。特别是借助于从中国传入的实学思想、清朝的考据名物之学以及西方科技的书籍,积极寻求解决现实问题的对策,力主学以致用,强调"经世致用"(重农主义)和"利用厚生"(重商主义),倡导制度改革和技术导入,从而形成了朝鲜的实学思想。代表人物有丁若镛(1762—1836)、柳馨远、李瀷、李家焕(1742—1801)等,部分实学者在英、正祖时期得以入仕,发挥了积极作用。作为正祖的亲近势力之一,客观上也成为正祖牵制或剪除保守政治势力的工具。实学者有大量经世著述,涵盖历史、地理、科技等学术领域。如在官方的水原华城城役的推进上,就贡献颇多。

最有代表性的群体为"北学派"。"北学"士人多出身不高,受英祖、正祖的开明政策影响,出使过清朝,对清有更为客观清醒的认识,重视工商业的流通、生产器具和技术层面的革新,对立于传统的"尊周派",而主张学习中国的技术文化,也可看做是清、鲜关系改善的一大助力。代表人物有洪大容(1731—1783)、朴趾源(1737—1805)、李德懋(1741—1793)、柳得恭(1749—1807)、朴齐家(1750—1805)等。商品经济的发展,出现了经济和阶级关系的新变化,推动了"北学派"的形成。他们以燕行为契机,产生对清朝经济文化的仰慕,更加理性清醒地认识对清关系,开始了对崇明反清、性理学至上的反思;中庶人阶层地位上升后,谋求政治话语的需要;加之带有民族主义和爱国意识以及实学、

---

① [韩]李丙焘著,许宇成译:《韩国史大观》,第368页。

西学的影响等因素共同作用，①推动了"北学派"的形成。"北学论者的基本立场是既坚持性理学的传统观点，又开始接受清朝先进的技术文明。"②事实上，"尊周思明"和恪守传统的"华夷观"仍乃朝鲜君臣一贯之心态，"北学"士人亦如此。明清鼎革之后的朝鲜，自上而下笼罩在"尊周思明"的思想氛围中，朝鲜并没有"心悦诚服"地服膺于清朝的德化政策，其自主意识之生长从未停止。其所标榜的"小中华主义"本身，就是其民族意识的滥觞，甚至孕育了开化思想。"北学派"与华夷观的坚守也并无本质冲突，在心理上，仍然将清朝视为夷狄。③ 不应夸大其"亲清"的一面，将其视为朝鲜对清态度所谓彻底转变的例证。

　　针对朝鲜内、外的政治、经济、思想文化局面，英祖和正祖的统治，一面维护王位正统和王权稳定；一面致力于朝鲜后期的政治、文化改革，为当时的社会改革奠定学问性的基础。基于此，"英、正时代"的政治、文化政策有如下特点：第一，大力倡导学术文化，提高儒家"圣学"的地位，推进"右文政策"。例如国王对经筵④、夜对等传统研习学问方式的重视；奎章阁作为学术、教育机构的建立和大量经、史书籍的编印，对"正学"的大力宣扬等，这些是将学术与"王道政治"相结合的努力；第二，以"君师"之姿，注重对臣民的教化。在激烈的党争中登上王位的英祖，难以调整老论、少论的纠葛，开始从王道政治的儒家经典和历史书籍之中，来寻求名分；通过与儒臣、政党在学问上、义理上的争辩，推动政治安定。⑤ 正祖也严格以"君师"身份律己，在引领士大夫"振风""矫

① 参见李英顺：《朝鲜北学派实学研究》，中国社会科学出版社 2011 年版，第 41—78 页。

② ［韩］崔英辰著，邢丽菊译：《韩国儒学思想研究》，东方出版社 2008 年版，第 304 页。

③ 类似表述参见朱云影：《中国文化对日韩越的影响》，第 193 页；王鑫磊：《同文书史—从韩国汉文文献看近世中国》，第 124—125 页；孙卫国：《大明旗号与小中华意识——朝鲜王朝尊周思明问题研究(1637—1800)》，商务印书馆 2007 年版，第 380—417 页；［韩］崔英辰著，邢丽菊译：《韩国儒学思想研究》，第 306 页。

④ 经筵是主要由弘文馆负责的，每天为国王讲授儒学经典和历史著作的形式。世宗时十分发达，成宗以后还具有了政治协商机构的功能。一日三讲的频繁经筵中，朝中弘文馆、议政府、六曹、台谏等主要机构高级官吏全部参加，君臣在讨论经史的同时，也论证议事，是国王勤学、勤政的标志。

⑤ ［韩］이범직：《英祖・正祖代王室구조 연구》，第 88 页。

俗"等方面不遗余力,其根本目的也是为了维系统治;第三,针对长久的党争,推行"荡平策"。英祖、正祖时,都提出了君主应荡平党色,建立"皇极"的观念,一直致力于平定叛乱或强化自身正统,尽力消除党派斗争对王权的威胁和限制;第四,改革人才政策。英祖、正祖大力推进"庶孽疏通",促进了庶、孽差别的缓和。庶出身份上升,还有专门的文武科选拔考试;奎章阁设立检书官制度和地方宾兴取士等。在野知识分子话语权上升,促进了新思潮开始萌发;第五,实行各种财政的节约政策,行"均役法""辛亥通共"改革国家经济制度,一定程度上促进了商品经济发展;第六,带有民本思想的为政观念。英祖、正祖时常在"巡幸"时直接聆听"民瘼",还为百姓设立"击净"制度;规范案件的审理程序、取消酷刑、改革刑具;重视农业、关爱老人等。有助于社会稳定,也体现国王站在民本的制高点上,绕开两班对国家政治的操控;第七,以恢复朝鲜王朝前期强大局面、富国强民为己任,通过法制化推动改革。如纂修《续大典》《大典通编》《文献备考》及各类官署志等,将相关的政治、经济、文化制度变革进行整理,出现了国家制度性典籍的大繁荣。总之,在"改革"和"稳定"的权衡中,英、正祖都是相对成功的朝鲜国王。

"英、正时代"的政治与文化实质上是互为相关的。英祖、正祖推行的崇学尚儒、左贤右戚的"右文政策",以及在相关书籍编纂、义理宣教等方面的大量努力,其目的是为了强化正统、消弭党争和伸张王权,也引领了部分士大夫的向学之志,促成了官方学术文化的又一高峰。身份制度的松动、较开明的人才政策,使得中庶人开始活跃于政治、文化舞台上,又反过来推进了文化事业的繁荣。尤其是正祖选拔各界人才参与到国家编纂事业中,包括当时代表最高学术水平的学者-负责管理编纂的奎章阁阁臣,负责资料收集、书籍校刊的检书官、抄启文臣等,部分汉城和地方儒生等也为部分书籍承担了编纂工作。这均促进了"英、正时代"的书籍出版文化以及各种启蒙思潮的发展,推动了社会进步。正祖主导下,奎章阁编刊的数万卷书目现今成为韩国、乃至世界的文化遗产,奎章阁现已成为知名的学术机构。总之,"英、正时代"文化事业的发展,得益于朝鲜当时诸多的贤能饱学之士,也离不开英祖、正祖个人的作用。

（三）正祖对英祖"遗产"的继承和正祖朝相关政治文化背景

在了解"英、正时代"宏观的政治文化背景后，还有必要从微观的角度，再将正祖时期的某些相关政策和文化理念进行阐释，这也有助于更全面地认识正祖时期的政治文化背景对学术文化的影响。这集中体现在正祖对英祖政治模式的某种继承和改革，这也是"英、正时代"的重要内涵。

失去儿子的英祖对孙子满怀期待，遂重视对世孙的教育和培养。[①] 李祘不仅接受了传统王世子的严格教育，也接受了祖父强力地监督和磨砺。他 3 岁时，英祖就设立了辅养厅，设辅养官；4 岁时就学《小学》；8 岁被册封世孙后，接受讲书院教育；11 岁后开始接受侍讲院[②]教育。英祖多方挑选饱学之士，如闵钟烈、黄景源（1709—1787）、南有容等为侍讲官，让世孙同他们研讨经史。英祖本人也为世孙编制《四书三经正文》《御制书示世孙文》《御制祖孙会讲》《御制追记潜邸自叙仍戒冲子文》《御制读书录》《御制祖孙同读大学文》《御制八旬向九旬翁静卧慷慨书示孝孙》等教材，进行王道教育。英祖不仅亲自考察世孙的学养，叩问其书之文义，世孙成为东宫后，英祖还时常让他在旁听政或一同外出倾听民瘼，在谈论政务时，还时常询问世孙的看法。朝夕在祖父身旁学习，这让正祖自小就耳濡目染其为政之道。

英祖是出身卑微的宫女所生，在被封为王世弟之前，一直在宫外私邸过着平民生活，因此他深知民间疾苦，即位后，则施行贴近平民百姓的政策，他不仅出宫巡察民瘼，还将百姓招进宫内赐馔，加以救助；并三令五申要荡平党争、戒奢侈之风、任用庶出。这些体现了"英祖意欲将自己的形象提升为治统、道统兼备的圣人君主"[③]，用"民意"制衡两班，

---

① 世孙的教育情况，参见［韩］孙贞先：《『日得錄』을 중심으로 본 正祖의 經學思想-考察》，第 7—17 页。

② 又名"春坊"，负责对储君的教育。

③ ［韩］韩永愚著，金宰民等译：《朝鲜王朝仪轨》，第 116 页。

英祖的政策对正祖产生了极大影响。

正祖的亲民政策,是继承了英祖。正祖设立暗行御史,巡幸时倾听民瘼,也加强了对民间的控制。例如针对民间的《纶音》及《五伦行实图》《乡礼合编》等,被用谚文(谚解)的形式大量颁布,便于百姓理解和学习。此外还有对逆乱平定的说明、国家重大事务的宣教之书等,如《原续明义录》《增修无冤录》都有谚解。每次宣教的书籍,都从中央到地方各道大量刊布,有助于儒家的人伦观念和乡村秩序之维持。

"皇极""荡平"出自于《尚书·洪范》,其文曰:"凡厥庶民,无有淫朋,人无有比德,惟皇作极。"又曰:"无偏无党,王道荡荡。无党无偏,王道平平。然则极者,天道也。建极者,君之道也。"①是一种理想的君臣均衡政治模式。英祖为稳定王权同时限制党争,推进了"荡平策"。"荡平策"以老论清流和少论稳健力量为主,带来了政局的整顿、人才的起用以及王权的安定等效果,但同时也存在诸多弊端,并未真正抑制党争,还造成了外戚门阀势力的成长,②演成新党争的继起,庄献世子之死即与之有关,正祖时也出现"外朝颛宠权,则怵彼嗳嚅"③的局面。

推进荡平,重建"皇极",也是正祖"正俗矫瘼"的一个重要方面。他追忆道,英祖曾"每教予小子曰:'予之五十载,苦心血诚,惟是荡平二字'。"④英祖荡平策虽然起到一定效果,但是皇极仍未建成,如赵济鲁所言:"我先大王诞敷皇极之治,丕变淫朋之弊,五十年荡荡平平之化,实为吾东方无疆之休。而窃覸十数年来,世道乖激,人心陷溺,前之革面者,今焉攘臂,昔之俔首者,今焉扬眉,或虚张声势,或假托义理,或勇于遂非,或巧于趋势。"⑤党争再起,舞权弄政,危害国家。掌令尹弼秉

① "皇极"出自《尚书·洪范》。《洪范》是一篇具有政治纲领意义的经典文献,相传为殷商遗民箕子向周武王所陈的治国施政的根本大法。从人君治国施政的角度,突出了"皇极"在"洪范"九畴中的中心位置。作为一个根本的政治原则,"皇极"贯彻于政教的各个方面,居于政治中心的地位。
② 见[韩]박경민:《英祖代 蕩平策에 관한研究》。
③ 《朝鲜王朝正祖实录》卷45,二十年十一月辛酉,第46册,第681页。
④ (朝鲜王朝)正祖:《弘斋全书》卷17,《行录》,韩国民族文化推进会编《影印标点韩国文集丛刊》,2001年,第262册,第283页。
⑤ 《朝鲜王朝正祖实录》卷23,十一年四月丁巳,第45册,第645页。

曾上疏曰:"王者奉天行道,则曷不以建极二字,为去朋党之本,而从古朋党之祸人国家,亦何限哉?远而汉之党锢,唐之牛李,近而宋皇明之事……夫其时君世主,苟能知五皇极之义,建以为不易之准则,定以为一代之规模,则偏党何由而作,乱亡何由而至乎……今欲知先大王一副当规模,则不过曰建极二字也。自有洪范之道,得之者箕子也,传之者武王也。以建极而成平荡之治者,惟先大王行之……我朝党比之祸……可否之变而为角胜,角胜之变而为倾夺,倾夺之变而为杀戮,毕竟之祸,至于滔天,国之不亡,其亦幸矣。"①疏文一方面解释皇极的来历,以中国汉、唐、明时的朋党乱政,说明建皇极、克淫朋的重要意义。同时,又以英祖的荡平政治和重申朝鲜党争已达到可让国家灭亡的的严重程度,以此提醒正祖,通过建立皇极,才能不悖天道义理,形成大臣拱卫君王,即君臣相辅的理想政治。正祖实行荡平策的基本方向与英祖时期不同,强调的是义理和公论,实施所谓的"峻论荡平"。②正祖还自号"万川明月主人翁",通过编颁书籍和义理宣教等手段来分化、教化两班。

朝鲜时代实行严格的身份制度。18世纪以后,随着生产力提高和商品经济发达,社会分化加剧,中人阶层倡导实学,主张废除门阀制度、嫡庶差别等,加之天主教传播的平等思想和底层社会意识的进步,都促进了身份体制的动摇。庶孽参与乡村政治,展开政治、社会、文化等改革运动。③英祖本人出身卑微,也倡导"立贤无方"的人才理念,同时为推行荡平策限制老论,也给了中庶人地位上升的契机。英祖曾下教:"中庶亦有优于两班者甚众,而或登科第,沮抑不用。中国虽奴隶,及第

---

① 《承政院日记》,正祖三年十二月二十日。据韩国国史编纂委员会《承政院日记》检索系统:http://sjw.history.go.kr/main/main.jsp,下同。
② [韩]高丽大学校韩国史研究室著,孙科志译:《新编韩国史》,第151页。
③ 随着首尔和地方急剧形成分化,经济力和资讯力量集中在首尔和其周边地区,乡村社会和基于乡村社会的士族影响力减弱。反面,商品货币经济的发达,一般民的经济力和意识的提高,动摇了一直维持中世社会的两轴中的其一两班身份制。[韩]高英津:《朝鲜时代的国法和家礼》,载高明士编:《东亚传统家礼、教育与国法(二):家内秩序与国法》,华东师范大学出版社2008年版,第311页。

则为翰林,此莫非我国规模狭隘之致矣。"①于英祖四十八年(1772)又亲自主导了"清职疏通""庶孽通清"。在人才流动上,正祖即位后,也曾与金钟秀谈论朝鲜取士之法:

> 上曰:"我国取其门地之俗,难变矣。"钟秀曰:"我国士夫所尚者门阀,故自来如此,已成不易之规,猝难变改,而我国则取门地外,无他道矣。"②

这说明朝鲜根深蒂固的门第取士,遏制了底层人才的向上流动。对此,弘文馆曾上札言:"人才之不兴,岂无故乎……只视门阀之高下,不问才器之能否……而韦布之贱,草野之士,虽有真箇才能,何尝搜访,而试用乎? 伏愿博求朝野,量能授任,以为兴人才之本。"③这符合"英、正时期"的人才观。正祖即位(1776)后,命大臣制定了《庶孽疏通节目》,即"丁酉节目"。规定,庶孽可以出任京官要职、外职和牧使。正祖三年(1779),奎章阁设立四员检书官,位卑而职重,均为清要。随着王权的强化和王位稳固,奎章阁成为其亲近势力。壮勇营成立后,正祖进一步提高中庶人待遇,提供部分官位对其优先考虑,如"特差"或"加设职"。这受到了利益官僚和太学儒生的强烈反对,正祖也不得不妥协,因此效果有限,但在推进"荡平""右文"等方面有一定的积极意义。④ 从整体上看,正祖在前期重用宾客元老,中后期重用检书官和从抄启文臣培养起来的官员。奎章阁建立以来,不太排斥目色和出身,也体现了用人观的进步。

前文已多次提到英祖、正祖的仁政和民本思想。如倾听民瘼、陵行时的巡游⑤等,扩大了与百姓的接触,体现国王试图把自己作为国家运

---

① 《朝鲜王朝英祖实录》卷62,二十一年七月壬午,第43册,第187页。

② 《承政院日记》,正祖二年闰六月十八日。

③ 《朝鲜王朝正祖实录》卷10,四年十月癸亥,第45册,第190页。

④ 参见[韩]裴재喜:《朝鲜後期 英·正祖代 庶孽疏通策》。

⑤ [韩]金文植:《正祖的陵行和首都圈的成长——18、19世纪首都圈实学者的成长背景》一文中,指出正祖通过陵行,提高了王室的权威,强调了自身的正统性;选拔地方人才;与"暗行御史"制度结合,直接解决民间矛盾纠纷等作用。

营的中心,与百姓直接联系起来,削弱传统阀阅的政治权力。此外,处在老论、少论党争夹缝中的英祖,即位后相继爆发了"乙巳士祸"和"戊申之乱",面临叛乱,他一直标榜"继述"①,即继承和光复历代国王的业绩,实则为巩固王位正统,例如屡次祭拜先代国王陵寝、修订多部国之要典等。"继述"本身是国王施政的有力名分,英祖一方面在诸方面继述列朝王业,同时于文物制度方面多有所创新和开拓。在文化史、学术史上,是正祖"文艺复兴"的温床时期。② 英祖大量编制、颁印仪礼规范、法度义理等方面的书籍,也尤其注重纂修体现"继述"和鉴戒的史书,特别是对儒家经典、中国史籍的编印等③,且发布书籍的谚解来教化百姓。这些书籍纂修,体现了"右文政策"的理念,对现实政治的鉴戒和经世意识,表现了对政治、经济、民生改革及外交、军事各领域的重视。④

"予小子夙夜一念,以先王之心,追列朝之心,以列祖之心,体圣祖之心。纪陶复之基,阐长发之祥,以永贻万子孙无疆惟休者。"⑤正祖的"继述"理念,是对继承先祖王业的期待和决心。再度遭遇正统困境的正祖,也经常访问太祖、肃宗、英祖的陵墓,是仿效英祖,强调继承了正统。在"继述"方面,正祖不仅在为政上仿效英祖,也效法其他先王,从此获得名分。例如,正祖对孝宗与宋时烈事迹的回顾,就与现实政治有关。宋时烈(1607—1689)是孝宗的近臣,三朝元老,高举尊明贬清大旗,设立华阳洞万东庙,是西人老论的领袖人物,几次卷入礼议和党论之中。正祖在《两贤传心录》中将其与朱子并立,宋时烈后被奉为"海东朱子",配享孝庙。正祖不断提高宋时烈的地位,通过指明宋时烈与孝

---

① "继志述事"来源于《中庸》。子曰:"武王周公,其达孝矣乎? 夫孝者,善继人之志,善述人之事者也。"

② [韩]姜顺爱:《朝鲜 英祖朝의 圖書編撰및 刊行에 관한 書志的 研究》,第 1 页。

③ 据不完全统计,英祖朝共编撰书籍 277 种,其中史部书籍就有 157 种。([韩]姜顺爱:《朝鲜 英祖朝의 圖書編撰및 刊行에 관한 書志的 研究》,第 155 页。)《芸阁册都录》反映了校书馆藏书的特征,记录了 382 种 6725 册的书籍和 26 种、3265 板的册板。其中英祖朝所成书籍最多。见[韩]方孝顺:《『芸閣册都錄』을 통해본校書舘藏書에 관한研究》。

④ 参见[韩]姜顺爱:《朝鲜 英祖朝의 圖書編撰및 刊行에 관한 書志的 研究》,第 149—154 页。

⑤ 《朝鲜王朝正祖实录》卷 52,二十三年十二月甲辰,第 47 册,第 224 页。

宗的君臣情谊之事迹,用"鱼水"比喻君臣关系,暗示老论应该恪守君臣之义,劝导其忠心于己。① 同时,他也通过学习孝宗,推崇"左贤右戚"的政治模式,进而为奎章阁政治提供了名分。

另一个层面,正祖时大量的官方书籍编纂事业,也很好地体现了"惟祖宗是继是述"之意。英祖时官修《国朝宝鉴》《祖鉴》《阐义昭鉴》《续大典》《(东国)文献备考》《增修无冤录》《皇坛仪》等,对正祖产生了深刻影响,促成他日后在官方史学方面的诸多倾注,如正祖时所修《皇极编》《钦恤典则》就分别继承了英祖的荡平意志和仁政宽刑思想。此外,《大典通编》和修订《文献备考》、修正《景宗实录》、续补《国朝宝鉴》的、纂修《羹墙录》《庄陵史补》等,均是直接体现对英祖及列圣心法的继承,完成其未成之遗业。这在巩卫正祖自身王统方面发挥极大作用,也客观上促进了官方史学及相关文化事业的发展。总之,所谓"继述"的落脚点,总是为了现实政治服务的。有大臣总结道:"恭惟我殿下,临御二十有余年……以继述我列圣朝志事……其所以褒尚节义,扶植伦纲者,靡不用极。"②即生动说明了正祖的一切政策,无不通过继志述事,体现义理教化,目的均为重振朝纲。

正祖时期文化繁荣的动力,关键在于他的"振风矫俗"之志。正祖时,出现"风俗大坏,所谓士大夫,多与贵戚权奸,混无分界……不复知礼义廉耻,毕竟生出许多凶逆,几成滔天之祸"的局面,"原其始,则皆由于士大夫风俗之坏也"。③ 由此,"振风矫俗"成为他一生努力的目标。"振风"就是通过振作学风、文风来提升士大夫的士气,正祖曾言:"目今急务,无出于破淫朋、振人才、严科场。"④即通过荡平党争,打破老论对人才登用的垄断,整肃学风、考风,以求达到人尽其才的局面。"矫时救俗之道,莫先于正士习……而矫时正俗四个字,亦当兼著载胸中耳。"⑤

① [朝鲜王朝]正祖:《弘斋全书》卷177,《日得录十七·训语四》,第267册,第445页。
② 《承政院日记》,正祖二十二年九月一日。
③ 《承政院日记》,正祖六年一月三十日。
④ 《承政院日记》,正祖三年十二月二十日。
⑤ [朝鲜王朝]正祖:《弘斋全书》卷178,《日得录十八·训语五》,第267册,第470页。

针对士林群体一面肆意操控国家政治,反在义理学术方面暴露出种种不堪之相,"振风"必须根本上通过"矫革俗习""矫时改俗"来完成,主要表现为正祖行"君师"教育下的"文体反正"和"正学振兴"。

当时,士人迷恋稗官小品文,而不读儒学经典,西学和"北学"的新体文代替了国初的醇正文体。正祖为达到文风振作、科文改革、诗文生活化的目标,大量编印中朝经史、文学中的范文之书、正学文章来指导文风的转变,被称为"文体反正"("文体策"),以复古质朴的文风。之所以要扶正文风,是认识到了文风即国运。① 从文章中寻找正学的根源,批判稗官小品文,要求士大夫改变"变质"的文体,才能扶正世道,这在正祖当代获得了一定的实效,至纯祖以后仍有一定的影响。它是为"构建社会秩序而实施的一项政策,但这一政策却扼制了人们的积极进步思想"②,但在当时却不失为正祖振作学术的一大助力。正祖担心"正学日微,士趋日卑耳"③,士风日下,乃正学之衰颓所致。正祖曾批判士人的读书习惯:"近日嗜杂书者,以《水浒传》似《史记》,《西厢记》似《毛诗》,此甚可笑。如取其似而爱之,何不直读《史记》《毛诗》?"④连最有学养的翰林经筵官,其水平也常遭到正祖的挑剔:"今日经筵官登筵者,或曰小臣不解经术,或曰此章无可陈,懵经是何等羞耻,而恬然自居……直使人面热发赤,予之罕御经筵,诚欲为经筵藏拙。"⑤士大夫皆无向学之心,正祖便通过重读经、史经典的教育来实现学问振兴。为此,奎章阁的教育资料和学者们的读书资料,都是以经学、历史、性理学等书籍为中心。"文体反正"是"学问振作"的一个方面,二者也相互促进。

"矫俗"实则是重申君臣义理、讨伐乱逆,根本上追求的是理想君臣关系的重新确立,即正祖一生所要追求的重振王权的抱负。正祖一生屡遭坎坷,所行矫革之政也多困难重重,收效甚微,在弥留之际的"五晦

---

① 郑玉子认为,"文体反正"也是正祖打击老论时派的一种政治权谋。见氏文:《정조와 정조대 제반정책》,第 16 页。

② 陈冰冰:《〈四库全书〉与李氏朝鲜后期的文坛动向》,第 79 页。

③ [朝鲜王朝]正祖:《弘斋全书》卷 162,《日得录二・文学二》,第 267 册,第 168 页。

④ [朝鲜王朝]正祖:《弘斋全书》卷 163,《日得录三・文学三》,第 267 册,第 191 页。

⑤ [朝鲜王朝]正祖:《弘斋全书》卷 162,《日得录二・文学二》,第 267 册,第 185 页。

筵教"中,他浑身长满火疖,怒斥朝中的反对势力,充满愤懑和绝望。[1]
这是正祖对一生所要构建的荡平政治的最后挣扎,也标志着一个所谓
"中兴"时代的结束。这些文化政策的背后,是他对国运纲纪的深深忧
虑,也是其"君师"素养的生动体现,带来的积极意义也不容忽视。

二、"学问君主"正祖

正祖是朝鲜史上著名的"学者型"君主,是"学问能力和君主资质兼备
的理想帝王"[2]。他深厚的学养,也成为影响其性格与左右统治政策的因
素,客观上促进了这一时期文化的繁荣和发展,为后世留下了大量遗产。

(一) 正祖的读书与治学

正祖自幼天资聪颖,爱好读书习文,似天性使然。据记载,他在满
周岁的"周抓"时,就直接去触碰笔墨和书籍,并"端坐展书读之";而后
"好写书,二岁能作字……四五岁则日将月就,殆无可以学于人者"。儿
时的正祖常天不亮就起床,怕母亲担心而掩灯晨读。9 岁时,甚至能把
进讲《小学》的老师考住。14 岁时,已然通达《四书》《三经》[3]。英祖也
惊叹孙子有如此好学之性,曾言:"世孙性度绝异……日以读书为事,非
勉强而然也",在辅导世孙时,发现他能"闻一知十,过目不忘"。[4] 正祖对
"圣经贤传"的酷爱,自幼即始,为其日后的读书、讲书、编书打下了基础。

正祖一生手不释卷。他常彻夜读书,不觉困意:"夜则读书,必至四
五更,心之所好,不知其为疲。"[5]在正祖眼中,读书本就是休闲之事:
"予癖于看书……清燕之暇,时时批阅,亦自有味矣"[6],"读一遍书,胜
饮一椀茶,今人鲜能知此味"[7],读书已经融入其生活之中。读书可以

---

① 《朝鲜王朝正祖实录》卷 54,二十四年六月丁卯,第 47 册,第 282 页。

② [韩]정옥자:《정조와 정조대 제반정책》,第 1 页。

③ "三经"为《诗经》《书经》《易经》。

④ 参见《朝鲜王朝正祖实录·附录》,《行状》,第 47 册,第 294 页。

⑤ [朝鲜王朝]正祖:《弘斋全书》卷 164,《日得录四·文学四》,第 267 册,第 212 页。

⑥ [朝鲜王朝]正祖:《弘斋全书》卷 161,《日得录一·文学一》,第 267 册,第 148 页。

⑦ [朝鲜王朝]正祖:《弘斋全书》卷 165,《日得录五·文学五》,第 267 册,第 245 页。

明智明理:"不资读书之功,而曰志立理明,予未闻也。"①

正祖读书贵在坚持和勤奋,如其自言:"予自幼少,每读书必设程课,除非疾病不盈,课则不止也。即临御后,亦未尝废焉。或当竟夕应接之余,虽值夜深未或少息。必引烛取书,看到几板,准课而后,寝乃安焉。"②其读书必坚持做计划,"予于书,必有课程,日读某书几遍,日看某书几行,虽在忽忙,未尝或废"③、"自予冲年,先大王逐日勤课,每讲一书毕,继续他书,则使之温绎已读之书。课讲与兼读,皆有一定番数,自为程式,虽于多事之时,未或废却矣"④。从幼年时,他就坚持学习一书后再学习他书,温故而知新。即位后,更是坚持利用各种时间读书,从不懈怠,如他所说:"读书者,最贵日课……工夫积累……与一时间读得累卷书,而旋即间断而忘之者,其效不啻倍蓰矣。"⑤注重日积月累地读书,大大提高了他的学习成效。

在学习的同时,记录日记有助于他坚持读书的习惯:"盖一日万机,虽有《政院日记》及《日省录》,而外此如读书游艺之事,亦欲逐日记录……每月分书三十日,每日分作四架,以课务、课读、课述、课射为目,课务则就每日政务中举其大者而录之,课读则以每日所读某书录之,课述则以每日所编定批圈之……"⑥即便有了官方的《承政院日记》和半官方性质的《日省录》每日记载有关事务,他自己还要亲自记载每日学习和政务的情况,这种极强的历史记录和自省意识是十分罕见的,这也解释了正祖时期多部史书都发端于其日记的原因。

喜点吐和选抄是正祖读书的最大特点。"读书册子点吐最好,上下句读之间,作者之用意,益可究赜契,悟大有胜于泛览漫诵读"⑦,读书

---

① ［朝鲜王朝］正祖:《弘斋全书》卷165,《日得录五·文学五》,第267册,第232页。
② ［朝鲜王朝］正祖:《弘斋全书》卷161,《日得录一·文学一》,第267册,第145页。
③ ［朝鲜王朝］正祖:《弘斋全书》卷161,《日得录一·文学一》,第267册,第146页。
④ 《朝鲜王朝正祖实录》卷12,五年十二月乙亥,第45册,第285页。
⑤ ［朝鲜王朝］正祖:《弘斋全书》卷165,《日得录五·文学五》,第267册,第230页。
⑥ 《承政院日记》,正祖二十一年十二月二十九日。
⑦ ［朝鲜王朝］正祖:《弘斋全书》卷164,《日得录四·文学四》,第267册,第215页。

必成诵,有助于理解。他还认为"抄集之工,大有助于学问"①,"予平日看书,则必抄辑。盖所以提事实之紧要掇,文词之精英,此亦博文约礼之工也。自春邸时藏之巾箱者,不知为几卷帙"②。由于抄录成为一种习惯,其读书笔记也都有了相当的规模,由此产出《史记英选》《陆奏约选》《五经百选》《朱书百选》《八字百选》等经过正祖选编的中国典籍,后来又在此基础上进一步圈选,变成了相应的"手圈"类书籍。这些书籍一般由他亲自圈选,但具体的誊写、校印由奎章阁负责,可见,这种读书习惯,也直接促成了正祖时期的书籍编印事业。他本人抄圈了大量经、史、子、集之书,加入了其个人理解,也带有宣教、劝学色彩,如《朱书百选》编印的目的,就是成为"近世新学小生"学习性理之书的教材,"蓄欲简其卷帙,使学者便于省览,而专于致力也"③。正祖对自己所选编之书颇为自信,认为其"或专主乎义理,或兼取其文章,存拔与夺各有权衡。有非浅见薄识,所可轻议"④。正祖"欲辑古今四字各体为一部书,俾作冑筵课颂之资"⑤的念头由来已久,想按照四部对其一生所读进行收录和品评,成为毕生学术的精要之书,其晚年所成之《四部手圈》正是这一理念的体现。

正祖读书量大面广,涵盖四部典籍。在储君之时,就有藏书、购书的习惯:"予在春邸时,素癖储书,闻有燕市所购,故家所藏,辄令贸来。"⑥皆有窝原为东宫,正祖即位后仍将其作为书房,所藏书籍皆认真阅读。从对正祖御制《弘斋全书》引用文献的分析来看,正祖所读之书绝大多数为中国典籍,其中宋代典籍最多;四部中史部、子部书最多,但引用回数为经部、史部最多,经部中对《四书》《六经》引用最多。史部中,政书类引用尤其活跃。这些读书倾向,体现了对历史的反思和新的

---

① [朝鲜王朝]正祖:《弘斋全书》卷163,《日得录三·文学三》,第267册,第196页。
② [朝鲜王朝]正祖:《弘斋全书》卷164,《日得录四·文学四》,第267册,第215页。
③ [朝鲜王朝]正祖:《弘斋全书》卷164,《日得录四·文学四》,第267册,第207页。
④ [朝鲜王朝]正祖:《弘斋全书》卷164,《日得录四·文学四》,第267册,第213页。
⑤ [朝鲜王朝]正祖:《弘斋全书》卷164,《日得录四·文学四》,第267册,第215页。
⑥ [朝鲜王朝]正祖:《弘斋全书》卷161,《日得录一·文学一》,第267册,第148页。

历史编纂意识、为统治秩序的确立和王权强化的努力，也有为解决现实问题的改革倾向。① 正祖对自己编印的书籍也"轮回读过"，如正祖十九年（1795）到正祖二十三年（1799）间，他先后研读了《朱书百选》《五经百选》《史记英选》《八字百选》、新印《春秋》等。② 他对书籍之熟悉、理解之深刻，自是功夫使然。

正祖尤其偏好经、史之书，重视阅读原典，推崇"正学"。首先，他对《六经》十分看重，认为："为文之道，当本之六经，以立其纲翼。"③正祖的治学根本是"三代之治"的原始儒学，提倡宗经复古，复兴朝鲜的文物制度，实现王权强化。④ 因此，他把学习《六经》，当做学问之本。此外，他进一步巩固朱子学的地位，"学者欲得正，必以朱子为准的"⑤，甚至认为当时中国"邪学之横流，亦由于正学之不明，明正学，莫先于尊朱子"⑥，希望通过朱子学来反对西学在朝鲜的传播。正祖一生尊崇朱熹，他曾言："予于朱子，尊慕而表章之者，靡所不用其极，于其书，有百选辑要等手所编述者，大全集与遗书语类诸书，反复庄诵，拳拳服膺，尝为之手校，为之手钞……每欲勤为一通之书，集其大成。"⑦正祖一生亲撰或主持编修了大量朱子学书籍，有《朱书百选》《朱子书节约》《朱子选统》《圣学辑略》《朱子会选》等，晚年时，还想修成一部"朱子全书"。⑧朱子学经典的注释书，为现实政治发挥了作用，有助于扶助"正学"。⑨

---

① 详见［韩］김효진：《『弘齋全書』의 인용문헌분석을 통한正祖의 독서 행태 연구》。

② ［朝鲜王朝］正祖：《弘斋全书》卷165，《日得录五·文学五》，第267册，第244页。

③ ［朝鲜王朝］正祖：《弘斋全书》卷163，《日得录三·文学三》、卷161《日得录一·文学一》，第267册，第193、153页。

④ 参见［韩］김효진：《『弘齋全書』의 인용문헌분석을 통한正祖의 독서 행태 연구》，第1—2页。

⑤ ［朝鲜王朝］正祖：《弘斋全书》卷165，《日得录五·文学五》，第267册，第230页。

⑥ ［朝鲜王朝］正祖：《弘斋全书》卷165，《日得录五·文学五》，第267册，第231页。

⑦ ［朝鲜王朝］正祖：《弘斋全书》卷165，《日得录五·文学五》，第267册，第234页。

⑧ 正祖对朱子学的崇奉，亦可参见陈祖武：《〈李朝实录〉所见乾嘉年间中朝两国之文献与学术》，第257—258页。［韩］柳铎一：《朱子文集在韩国接受过程之研究》，载《第一届中国域外汉籍国际学术会议论文》，联经出版事业公司1987年版。

⑨ 参见［韩］안희연：《正祖의 교육정책 연구-『君師論』의 측면을 중심으로》，建国大学校2010年硕士学位论文，第9—10页。

此外,他还特别推崇纲目体书法,"予则自幼时,用工于纲目最多"①,曾按照纲目体编纂了《新订资治通鉴纲目续编》《日省录》《春秋左氏传》《原续明义录》等书,对中国传统史书体例有所沿袭和变革,另对"春秋笔法""尊王攘夷"也十分推崇。

朝鲜后期朱子学衰落,动摇了以传统名分论为中心的秩序。与推崇"正学"相反,正祖对于清朝流入的稗官小品和西学之书,则是一概禁断。他批道:"明清文集及稗官杂记之害,尤难胜言……适足以坏人心,病文风,害世道耳"②"进来士趋渐下,文风日卑,虽以功令文字观之,稗官小品之体,人皆仿用……全无古人之体……不似治世之声,有关世道……以予矫捄治若心至意"③。正祖认为"彼洋学者,却欲外君亲而直接于天,此其罪反归于慢天也"④。因破坏了传统的朝鲜社会伦理秩序,所以西学也成为禁毁对象。"邪学"之盛行"实由于正学不明"⑤,"莫如诸士大夫各饬其子弟,多读经传……则所谓邪学,不待攻斥而自期止熄也"⑥。士大夫不读正学之书,则文风不振,需要从读书上矫正文风。压制"邪学"的方法,同样是重归圣经贤传的"正学"。

正祖极力推行的"右文政策"根本为扭转社会局面,其宗经复古思想,也带有极大的经世致用性。他曾言:"学无益于正道,不如无学;文无当于实用,不如无文。"⑦体现将"正学"应用于解决国家实际问题的态度。"予意必欲因科文之体,寓实学之用"⑧,读书科考虽用经学之体,却应是经世之学。他对奎章阁抄启文臣的培养即是一个重要的体现,抄启文臣既要读经史典籍,又被考察时政策论。正祖本人也让经典激发的义理学问得到实用,成为一种"实学",也体现在他对诸多经典和

① [朝鲜王朝]正祖:《弘斋全书》卷165,《日得录五·文学五》,第267册,第230页。
② [朝鲜王朝]正祖:《弘斋全书》卷162,《日得录二·文学二》,第267册,第165页。
③《朝鲜王朝正祖实录》卷36,十六年十月甲申,第46册,第349页。
④ [朝鲜王朝]正祖:《弘斋全书》卷165,《日得录五·文学五》,第267册,第244页。
⑤ [朝鲜王朝]正祖:《弘斋全书》卷167,《日得录七·政事二》,第267册,第291页。
⑥ [朝鲜王朝]正祖:《弘斋全书》卷164,《日得录四·文学四》,第267册,第211页。
⑦ [朝鲜王朝]正祖:《弘斋全书》卷162,《日得录三·文学三》,第267册,第195页。
⑧ [朝鲜王朝]正祖:《弘斋全书》卷162,《日得录二·文学二》,第267册,第181页。

学术思想的重新解读和融通，以求实用、活用。

清朝的文化流入，促进了朝鲜后期的文化发展。正祖对清朝学术十分关切，屡次派燕行使节从中国购书。正祖初年，就曾命进贺兼谢恩使购《四库全书》。但经过使臣在中国打探，《四库全书》卷帙浩繁，尚未毕印，只以聚珍版刊印于武英殿少部分，抄写之本四件，存于大内等处。朝鲜使臣认为《四库全书》是来源于《图书集成》，于是就先购买了《图书集成》5200 卷回国。[①] 之后，仍多次打探《四库全书》的消息。直到正祖九年（1785），谢恩使汇报《四库全书》缮写，前年冬告竣，分藏文渊、文源、文津、文溯等阁。[②] 与正祖同时代的清高宗也是嗜读书、编书之人，这是一个很有趣的现象。[③]《四库全书》对正祖时期的学术文化产生了积极影响，正祖设立奎章阁后的文献整理、书籍编印活动以及《奎章总目》等目录学著作对"四部分类"的服膺，创制"生生字"、编印读书精华《四部手圈》等，都可能与其有关。[④] 此外，《四库全书》对书籍筛选的原则也和正祖实行的文体改革政策存在一致性。[⑤]

从整体上看，正祖对动摇国家秩序的学问、思想，从统治者的立场，加以禁止。他主张以《六经》为根基、以朱子学为法的纯粹性的学问，强调复古性，与"邪学"对立，反对"名物考证之学"，但又体现出相对开放的一面。首先，受清朝学术影响，他自潜邸时就大量购入清朝出版物。在书籍编撰、目录学发展等方面，输入了考据方法，是对清代文化的一种吸收。如其主持纂修的《春秋左氏传》采用了大量考据方法，却坚持用朱熹所创的纲目体书法，被认为是对"汉宋学折衷"的一种努力。[⑥] 第二，正祖以崇奉朱子来推进性理学，但没有参与"理气"之辩，而由老

① 《朝鲜王朝正祖实录》卷3，元年二月庚申，第44册，第653页。

② 《朝鲜王朝正祖实录》卷19，九年四月戊戌，第45册，第524页。

③ ［韩］辛良善：《朝鲜後期 正祖의 讀書觀》，第157页。

④ 见陈祖武：《〈李朝实录〉所见乾嘉年间中朝两国之文献与学术》，第302—306页。

⑤ 《四库全书》的宗旨是"朱子尊崇""崇尚雅醇"，凡是与此宗旨相违背的书籍则全部销毁，只在存目中留有记载，这一点和李朝统治者为禁止"稗官杂记"的传播而实行的"文体反正"的宗旨是一致的。为正祖进行文体改革提供了重要的思想基础和理论依据。见陈冰冰：《〈四库全书〉与李氏朝鲜后期的文坛动向》，第78页。

⑥ ［韩］孙贞先：《『日得錄』을 중심으로 본正祖의 經學思想-考察》，第1页。

论先辈宋时烈来理解朱子,通过提高其地位,编成《两贤传心录》,以作为君臣关系的标杆来抑制老论的膨胀,体现经学为现实政治服务。第三,正祖对待新思想,带有开放性的视角。他对"北学"思想大体接受,通过奎章阁客观上声援了"北学",但其底线是在经学的限制下。他虽有汉宋兼采的学风,但也称"吾所深戒而甚恶者,明清考证之学也"①,对名物考证、训诂仍有所批判。②

正祖一生读书、研书、编书无数,不枉"读书大王"的美誉。通过读书养成的学术思想,是其"右文政策"的支点和重要表现,促成了文化繁荣期之形成。从其读书观和治学态度来看,他发扬了古典主义的修身、齐家、治国平天下的为学理念,由读书到经世,也有积极意义,体现正祖在转型期的历史现状中,对社会矛盾积极应对,适应社会变化的要求,而进行了托古改制。

(二) 正祖的"君师论"与书籍编著

正祖的勤学,缘于天性,也受英祖教育的影响。更重要的,是他想成为学养深厚的"学者型"君王,以"君师"之姿,成为教化两班、儒生、百姓的圣君贤主。

正祖曾言:"今之天下,即三代之天下,日新于变之化,即不过转移间事耳。予虽否德,乃所愿则窃以为当仁不让于师。"③又言:"三代以降,师道虽在于下,然礼乐刑政,君道之所自出,而治而教之,义实均焉。今日君师之责,予敢不自任乎?"④朝鲜后期世道日下,正祖渴望恢复到中国"三代"时期的理想君主时代。主张成为"三代"之后,唯一同时掌握政界和学界的学者君主,担负起君师的责任,指引国家走向正途。为了"师"的地位,正祖完成了将儒学的道统从三代、孔子、朱子到自身的

---

① [朝鲜王朝]正祖:《弘斋全书》卷122,《鲁论夏笺一》,第265册,第522页。
② [韩]孙贞先:《『日得录』을 중심으로 본正祖의经学思想-考察》,第36页。
③ [朝鲜王朝]正祖:《弘斋全书》卷177,《日得录十七·训语四》,第267册,第456页。
④ [朝鲜王朝]正祖:《弘斋全书》卷170,《日得录十·政事五》,第267册,第343页。

继承。朝鲜国王本人成为了儒学道统的继承者。① 即"要求自己成为学问研磨和人格修养都是最高的统治者"②。"帝王学的这些变化都反映在正祖时期编纂而成的《大学类义》这本帝王学教材之中。"该书汇集并选编了《大学》《大学衍义》《大学衍义补》三书,特别是《大学衍义补》"侧重于国君主导型的政治体制",是正祖"帝王学"的代表。③

大体上,正祖的"君师"形象,主要表现为:第一,重视对人才的教育和培养;第二,发展书籍编印事业。两者相辅相成。其"君师"形象的三个层面:第一,对百姓,通过谚文为主的书籍的宣传,塑造正统,进行人伦纲常和社会秩序的宣教。第二,对两班、儒生,提倡读书学习,扶正文风。在中央设立奎章阁抄启文臣和检书官制度,大量编印书籍;在地方宾兴儒生;改革人才培养和选拔制度,亲自参与官方教育活动。第三,本人勤奋好学,标榜对儒学学统的继承,提倡"正学"、斥"邪学"和"俗学",期望成为圣王。

正祖自己勤于读书学习,其实也为引领士人向学:"予于三余,辄课一秩之书,岁以为常,而手选诸书,必印颁中外,盖亦振文风、矫俗习之苦心也。书既颁,躬先诵习,为一世准。"④正祖将读书抄书日常化,还将所编抄之书印颁之举,显示出其教化大臣、儒生的"君师"姿态,是为"振风""矫俗"。正祖也三番五次劝学儒林,新近之臣多称无时间读书,正祖教道:读书"是不为也,非未能也……立课日以为度,则一年可了数帙经籍。行之不息,计以数岁七书,自当读遍……为士而不能诵习经书,无以为士也"⑤。督促当时的士大夫理应抽时间读书,是为"学问振作"。朝鲜时代,两班通过书筵和经筵,给君王展示如何成为臣民典范,而在经筵、夜对等诸多场合,正祖更乐于同诸臣讨论学术:"且予素癖于

① [韩]안희연:《正祖의교육정책연구-「君師論」의측면을중심으로》,第12—13页。
② [韩]정옥자:《정조와정조대제반정책》,第1页。
③ [韩]韩国奎章阁韩国学研究院编,王楠等译:《朝鲜国君的一生》,江苏人民出版社2016年版,第119页。
④ 《承政院日记》,正祖二十三年十二月八日。
⑤ [朝鲜王朝]正祖:《弘斋全书》卷162,《日得录二·文学二》,第267册,第169页。

文墨间从事,每于机务之暇,聊于阁中诸臣,凡经史讨论,生民疾苦,治政得失,前代理乱,随意搜猎,实有隣哉之意也焉。"①大臣由于经筵,也接受教育,尤其随着奎章阁的设立,君臣间的学问研磨和相互讨论常态化,是正祖"君师"地位的一种体现,如郑志俭(1737—1784)言:"殿下临君师之位……导多士于绳墨之中。"②正祖所表现出超凡的学养也令大臣折服:"如我殿下者有几……窃伏闻筵席讲讨,深文奥义,毫分缕柝,发前未发……是固前世帝王之所罕有。"③通过奎章阁的设立,正祖朝的"右文政策"被推向顶峰。一方面,"丙申(1776)以后,屏黜戚里,日接士大夫,欲与之讨论文学,谟猷治道"④,正祖得以亲近士大夫;另一方面,设立奎章阁抄启文臣制度,按照正祖的学术意志制定教育和考核方案,培养年轻的后备人才。同时,以奎章阁为中心,编印各类书籍,用以宣传正祖的学术文化理念,直接服务于人才培养和官民教化。

正祖对读书的重视也影响到士人和奎章阁的抄启文臣,以此扩大"右文政策"的影响,成为主导后期"文艺复兴"的源动力。⑤ 他不断督促,并亲试、逐条赐批,赏罚优劣,乐此不疲。奎章阁抄启文臣课程教育的主要成果是《经史讲义》,是从应试的抄启文臣条问中,选出优秀的内容而成,以《四书》《三经》等中国经典为主。此外,正祖还亲自颁题试成均馆儒生,文臣讲制和成均馆儒生应试所作内容的优秀部分亦被编次、刊印。正祖前期的官方教育,侧重于奎章阁、成均馆等,在王位稳固以后,又开始扩大至地方儒生的宾兴取士。"宾兴"原为中国周代时的人才选拔制度,宾兴科考试的科目包括讲经和制述,正祖亲自出题,但多数时不能亲临,所以命奎章阁近臣去地方代为选拔人才。宾兴科有助于应对"西学"在地方的传播和对地方儒生"正学"的引导;有助于选拔优秀的地方精英;京试官也代正祖搜集地方情报,反映出地方儒生乃至

① 《朝鲜王朝正祖实录》卷13,六年五月乙丑,第45册,第309页。

② 《承政院日记》,正祖二十一年十二月二十一日。

③ 《承政院日记》,正祖三年十二月二十日。

④ [朝鲜王朝]正祖:《弘斋全书》卷169,《日得录九·政事四》,第267册,第328页。

⑤ [韩]신승운:《『弘齋全書』의 인용문헌분석을 통한 正祖의 독서 행태 연구》,第16页。

百姓的需求和对地方时务的认识。

集中体现正祖"君师"姿态的，是其主导的卷帙浩繁的书籍编纂与记录事业。最具代表性的是个人御制集《弘斋全书》和毕生读书之精华《四部手圈》。

与朝鲜国王升遐后，再由大臣辑成有关著述成《列圣御制》不同，正祖即位后，即命奎章阁诸臣负责编制其御制，进行会粹、缮写后按类整理，大致十年一帙。这是一种史无前例的举动，是正祖"学问权力"的体现。作为"朝鲜国王中唯一一位出版了文集①的"学者君王"，正祖有着庞大的著述体系，体现其一生的政治关切和学术导向。一般认为，正祖御制的形成共经历了四次编次。第一次，为正祖十一年（1787）编成60卷，为即位年（1776）至正祖九年（1785）的御制，由吴载纯（1727—1792）、徐浩修、李秉模（1742—1806）等负责；第二次，正祖二十二年（1798），李晚秀（1752—1820）、金祖淳（1765—1832）、李存秀（1772—1829）等奉命校正。次年（1799），由徐荣辅（1759—1816）续编校写，郑大容、沈象奎（1766—1838）、金近淳（1772—?）等分校，完成缮写本191卷，为从世孙至1799年的御制全文，比第一次增删了篇目；第三次，为纯祖元年（1801），经过再次调整，成写本184卷，100册；第四次，纯祖十三年（1813），又拟重新刊定正祖御制，纯祖命其标题为"正宗大王御制书"②。又续编调整后，用整理字刊行30件，于纯祖十四年（1814）三月完成，命名为《正宗大王御制弘斋全书》，卷册数未变。由金载瓒（1746—1827）、金祖淳、沈象奎、南公辙（1760—1840）等负责校正、监印，御览用本和活字本卷次略有不同。后奉藏于奉谟堂、宙合楼、望庙楼、华宁殿、文献阁、五处史库、奎章阁、内阁、玉堂、春坊各一件。《弘斋全书》刊出后，甚至有太学儒生要将其列入《诗经》《尚书》《论语》《孟子》这类的经书之中，③虽难掩夸大奉扬之意，但也不可轻视该书的学术价值，的确体现了正祖一生学术观点和为政理念之精要。

---

① ［韩］정옥자：《정조와 정조대 제반정책》，第2页
② 见《朝鲜王朝纯祖实录》卷17，十三年六月癸亥，第48册，第49页。
③ 《朝鲜王朝纯祖实录》卷17，十四年四月甲申，第48册，第61页。

　　从该书的内容来看。从正祖世孙时期(1765—1775)的诗文《春邸录》和即位以后之诗文都被收录,而后为"序、引",是正祖亲自编纂或命令编成的书籍和参考书目的有关序跋等;还收录了《万川明月主人翁自序》(卷 10)、洪凤汉给英祖上疏的奏议文集《(洪)翼靖公奏稿》;"志、行状"中收录正祖为庄献世子所作《显隆园志》(卷 16)、《显隆园行状》(卷 18);"行录"收录亲制的英祖行录,体现对祖父和父亲的纪念;卷 19—25 的"祭文"中,"恩信君禛致祭文"体现对流配而死庶弟的思念;卷 30—36 是"教"223 篇,为敦谕给承旨、经筵官的训谕。有对抗党争的《廷臣祛党申敕教》、体现人才改革政策的《庶流疏通教》等;卷 42—46 的"批"是对臣下的疏札的回应;卷 48—52 的"策问"是与国家政治有关的大型考试的试题与对策答案的记录。以成均馆儒生、翰林、抄启文臣、部分官僚和地方儒生为对象,以儒家经典和性理学书目为主;卷 54—63"杂著"收录部分正祖与著述有关的御制文。其中包括庄献世子迁徙陵墓的《迁园事实》、园幸华城的《舟桥指南》等;卷 64—119 为与抄启文臣研讨经典、条对之后的《经史讲义》,抄启文臣徐滢修(1749—1824)、徐有榘(1764—1845)等于 1785—1798 年间编次。其内容除了《四书》《三经》外,还包括《近思录》《心经》《资治通鉴纲目》等;卷 120—126 为正祖与阁臣金近淳,抄启文臣徐俊辅、尹行恁(1762—1801)等讨论四书的《邹鲁春记》《鲁论夏笺》《曾传秋录》;卷 129—134 为"故寔",是他与抄启文臣对《大学》《朱子大全》《国朝故事》的讨论和问答。这些都体现了正祖的学养和"君师"姿态,主导经世致用的政治学问。卷 135—160 为"审理录",是正祖对 1100 余件邢狱的审理,由抄启文臣洪仁浩和金熙朝等纂成;卷 161—178 为《日得录》,是经筵阁臣记录正祖圣语后,分类汇编之书;卷 26—29 为"纶音"69 篇,是正祖对官吏和国民所下的训谕,内容包括劝农、斥邪、褒忠、救恤、养老、督役等,对象从官僚到庶民,一定地域的观察使、守令或大小民人等。因《纶音》的重要性,用铸字刊印,广布的情况很多,甚至用韩字谚文颁布,还有多部刊印成册的情况。正祖朝的《纶音》中,与荡平有关的 7 种,救恤有关的 3 种,风俗教化的 2 种,恩典有关的 2 种。如《御制纶音》《御制褒忠纶音》

《御制论大小臣僚纶音》《御制济州民人纶音》《御制养老务农颁行小学五伦行实乡饮仪式乡约条例纶音》《御制王世子册礼各道臣军布折半荡减纶音》等。

卷179—184为正祖御制的目录书《群书标记》，按照"御定""命撰"分类，书目顺序大体逐年载录，由内阁检校和直阁徐荣辅、沈象奎校阅。[1] 至纯祖初年才完全成书。值得注意的是，《群书标记》虽作为《弘斋全书》的一部分刊印，但是其中所载诸书中，一部分在正祖时期并未完成。它收录的时限是英祖四十八年（1772）—正祖二十四年（1800）。正祖一生参与纂修的约4000卷的庞大的书籍目录，共153种（部）书籍的情况，他在储君时所编之书也有部分收录，其中有刊本，也有写本。分为"御定"（正祖亲自参与编纂或阁臣代撰）4卷和命撰（正祖命臣下所撰）2卷。其中，"御定"书89种，2490册；"命撰"书64种，1501册。[2] 解题中，记录了书名、卷数、版本、成书过程、作者等内容，也摘录了大量正祖亲撰（定）的序、教、引、题、批文等，体现了他亲自参与教育和主导编纂事业的成就。该目录未按四部分类，有学者曾试将其按四部分类，得经部18种、史部75种、子部33种、集部27种，可见史部书籍最多，说明他重视历史的经世与垂鉴作用，也体现了正祖时期的官方史学成就。该书目体现了他个人的学术理解，反映了一些实学思想，强化了正祖对儒学传统的继承，是对"君师"形象的树立。[3]

由此目录考察其编书体系的特点，可以发现：正祖前期，主要是官制书、刑政书、典制书、兵法书、外交书等制度整备之书，因为统治初期，正祖需要维护政局的安定，制度文化的政书被优先考虑，是为了树立国家纲纪、稳固王位。正祖十四年（1790）以后，则以对朱子书类、经书类（包括讲义类）、文集类的集中编纂为主，且这年之后的书籍产出量上升，这是因为正祖后半期的政局相对稳定，一定程度上推进了文化改革。[4]

---

① 《朝鲜王朝正祖实录》卷52，二十三年十一月癸未。第47册，第222页。
② ［韩］김효진：《『弘齋全書』의 인용문헌분석을 통한正祖의 독서 행태 연구》，第2页。
③ 参见［韩］안희연：《正祖의 교육정책 연구-『君師論』의측면을 중심으로》，第32—33页。
④ 参见［韩］안희연：《正祖의 교육정책 연구-『君師論』의측면을 중심으로》，第33—34页。

正祖时期,多领域庞大的书籍编纂,促进了学术振兴和人才培养。

《群书标记》中体现对中央和地方儒生教育的书目十分突出。如正祖于1798年亲自颁题试成均馆儒生,并仿世宗、孝宗之例,赏赐银杯,辑太学生与诸臣所赋诗歌而成《太学恩杯诗集》。类似的还有《琼林闻喜录》。《正始文程》《奎华名选》为抄启文臣讲制和成均馆儒生应试所作内容的优秀部分。《临轩题丛》为正祖考成均馆儒生的试题集,用以引领向学之风和规范文体。《馆阁讲义》为1781年,正祖幸临奎章阁摛文院、弘文馆,与阁臣讨论《近思录》《心经》等内容的记录。正祖十六年(1792)以后,大量的《宾兴录》开始编印,收录地方儒生在考试时的优秀文章。最早的宾兴录是《峤南宾兴录》,以后,相继有关东、耽罗、丰沛、关北、关西《宾兴录》的编纂。此外,《临轩功令》为汇集了地方御考的作品集。还有为了扶正文风和推进"文体反正",而编成的唐宋八大家文选《八子百选》;馆阁文选集《词苑英华》《文苑黼黻》及其他有关的科文、应制诗文选集;中朝奏议文《奏议纂要》和《陆奏约选》;杜甫、陆游、朱子等诗文选《御定杜律分韵》《御定陆律分韵》《御定杜陆千选》《御定雅诵》《御定诗观》;王和臣下的诗集《庚载轴》,朝鲜名人文集《讷斋集》等。

最能体现正祖学术精要和"君师"教化的,不得不提到前文言及的《御定四部手圈》①。蔡济恭曾如此形容正祖之勤学和抄圈经典的习惯:

> 惟我圣上好学之诚,实由天得,千乘非其乐也,所乐惟圣经贤传。自在铜闱,勉焉日孳孳。及陞九五之位,昼则裁决庶务,聪明所及,纤毫无遗。夜辄朗读群书,更鼓不四五下不寝也。三经四书,尽为己有,已又博观于外。若三礼,若史汉,若陆内相稿,若宋贤五子文,以至唐宋八家文钞,反复沉淹,尽得作者要旨。然后其

---

① 《域外汉籍珍本文库》编纂出版委员会:《域外汉籍珍本文库·第三辑·子部》第11册收录该书。《域外汉籍珍本文库——域外所见中国古史研究资料汇编·域外汉籍朝鲜编·史抄史选类》第2册收录《两京手圈》,"提要"中对认为《四部手圈》成于正祖二十二年(1798),并为30卷,不够准确。

尤者青以批之,尤于尤者,朱以圈之,统以命之曰手圈。[1]

《四部手圈》也分为经、史、子、集四部[2],其实质是,正祖个人对若干部中国经典的重新选定,一是书目的选定;二是篇目内容的选定,均带有浓重的个人意识,其编写和刊刻也为宣教之用。《四部手圈》为正祖晚年时始编,"上取《三礼》《史记》《汉书》、宋五子书、唐陆贽、唐宋八大家文,课日轮读,遇契意,手加圈批。命内阁诸臣分誊,汇成三十卷,命名《四部手圈》"[3]。正祖二十二年(1798),由内阁诸臣分担,大体于该年十二月,在监印所完成校正,次年(1799)二月在铸字所完成校准,由奎章阁诸阁臣及新旧抄启文臣承担。诸《手圈》完成的顺序是:《三礼》《两京》《五子》《八家》《陆稿》,初成《御定四部手圈》共30卷,正祖时并未印出,后于纯祖元年(1801)七月印颁,变为25卷,其中《三礼手圈》3卷、《两京手圈》3卷、《五子手圈》9卷、《陆稿手圈》和《八家手圈》8卷。内阁刊印,分藏于宙合楼、华宁殿、五处史库、内阁、弘文馆、华城行宫。[4] 纯祖命对一百二十六名大臣颁赐,在官私都有一定影响。该书也为诸大臣争藏和传播,并称其可谓字字珠玑:"万选其千,千选其百。一一是分金秤上称出来,而又却句琢其精,字剥其华,研朱点玄。"[5]称为"家藏正庙手圈"。

---

[1] [朝鲜王朝]蔡济恭:《樊岩先生集》卷56《御定两京手圈跋》,韩国民族文化推进会编《影印标点韩国文集丛刊》,1999年,第236册,第544页。

[2] "经"的内容是《仪礼》《周礼》《礼记》而批圈而成的《御定三礼手圈》;"史"是由《史记》《汉书》《后汉书》批圈而成的《御定两京手圈》;"子"是理学家周敦颐(周子)、程颐(叔程子)、程灏(伯程子)、张载(张子)、朱熹(朱子)文集中批圈而成的《御定五子手圈》;"集"由《御定八家手圈》和《御定陆稿手圈》组成。

[3] 《朝鲜王朝正祖实录》卷50,二十二年十一月己丑,第47册,第147页。对《四部手圈》的研究有:陈祖武:《〈李朝实录〉所见乾嘉年间中朝两国之文献与学术》认为《四部手圈》是受清朝《四库全书》的影响而成;[韩]赵東永:《正祖의『四部手圈』小考》论及了该书内容、编写目的和意义。

[4] 《朝鲜王朝纯祖实录》卷3,元年七月癸巳,第47册,第402页。

[5] [朝鲜王朝]李震相:《寒洲先生文集》卷30,《许舜歌家藏正庙手圈跋》,韩国民族文化推进会编《影印标点韩国文集丛刊》,2003年,第318册,第109页。

　　总之,荡平、王权、右文、民本是正祖执政的四个要素。① 正祖时期被称为"王朝中兴的全盛期",他也被誉为"改革君主""启蒙君主"。奎章阁的设立和庞大的著书,以及通过中央到地方的人才培养模式的革新,一方面得以不拘一格网罗人才;另一方面也通过对文治话语的主导、对老论禁锢人才的对抗,加强了对士林的控制。正祖既以学问性的政绩对应多元的现实认识,又表明了强王权、建皇极的信心。正祖在位期间,以推进"右文政策"为手段,上至文臣、下至百姓都参与了"文物整备""文艺复兴"和"社会变革",是为"正祖的时代"。② 概括起来,正祖的"君师论"就是他对传统思想的整理,对新思想的吸收之过程。他同时以国王和学者身份,与大臣、儒林的学术、思想之间产生互动和影响,并通过浩繁的书籍著述得以体现,促进了正祖时代文化的繁荣。体现了他"积极主动地寻求合理的治国之策所付出的努力"③。其施行政策的直接目的都是"正学的复兴"④,根本上是为了世道纲纪的扶正。

第二节　正祖时期官方史学的主要成就

　　本书所要探讨的,正是在以上复杂的政治、文化背景下,正祖时期官方史学的运作模式及其意义。首先概述正祖时期官方史学在朝鲜王朝官方史学中的地位,再以这一时期的官修史书为核心,详述其官方史学成就。

一、正祖时期官方史学的地位

　　朝鲜王朝的官方史学一直十分发达,较之私家史学,长期占据着主导地位。

　　高丽王朝(918—1392)设有春秋馆、艺文馆,屡次易名和分合。至

---

① [韩]裴宰弘:《朝鲜後期 英·正祖代 庶孽疏通策》,第15页。
② [韩]안희연:《正祖의교육정책 연구-『君師論』의측면을 중심으로》,第2页。
③ [韩]韩国奎章阁韩国学研究院编,王楠等译:《朝鲜国君的一生》,第87页。
④ [韩]안희연:《正祖의교육정책 연구-『君師論』의측면을 중심으로》,第4页。

朝鲜王朝太祖(1392—1398 在位)时,置艺文春秋馆,掌论议教命、国史事,主管《实录》整理、编纂。太宗元年(1401)两馆分离,艺文馆与中国的翰林院类似,与成均馆、校书馆并称为"三馆"。分离后,艺文馆官制和任务更为细致化和专门化,春秋馆史馆职能也得到了强化,按文官官阶设领事、监事、知事、同知事、修撰官、编纂官、记注官、记事官,为兼官,约 60 余名。其中艺文馆专官奉教、待教、检阅 8 人为专门的记事官,称为"八翰林",随侍国王左右,记录国王言动和每日发生的各种重要事件,负责记录史草,系清望之职。① 朝鲜对史官的任命十分严格,史官遴选曾一度为"翰林自荐制"的方式,后因为害怕史官沾染党色,难保记录公允,英祖时期改为了"翰林圈点制",②这体现了对史官人选的重视。此外,地方还设"外史",记录地方事务。

艺文馆专任史官中,"下番"检阅整理《承政院日记》,"上番"春秋馆人员编《时政记》③。兼任官员负责春秋馆《时政记》的编纂,与其他史草一起成为《实录》最主要的编纂材料。他们每日整理记录,报告春秋馆,完成时政事物的记录和报告,编成《时政记》。史草分为入侍史草、家藏史草、各司记录、日记等。广义的史草包括《实录》编纂所使用的所有资料,如《承政院日记》、各司《誊录》、个人文集、野史、朝报等。史草要纳入春秋馆,用于《实录》纂修。④ 史草一般情况下会得到妥善保管,《时政记》与史草一旦泄露,史官也会受到重罚,原则上国王不可阅览史草。不过,君王们强行阅览史草的想法十分强烈,甚至引发"史祸"。史草还受到大臣干预,史草的机密性难以完全保障。

一般情况下,后世国王例行设立实录厅编纂大行国王的《实录》,分

---

① 朝鲜王朝基层史官的设置有重要意义:第一,记事官为中央主要政治机关人员组成,有助于将各官厅材料广泛收集,而成《时政记》;第二,弘文馆人员全部参与修史,并兼管经筵史官,使得春秋馆同时带有历史编纂机关、学术机关和政治机关的属性;第三,体现朝鲜国王对史官的态度越来越积极,历史意识增强。史官本人的对史实记录的积极态度也有所增长。

② 详见[韩]吴恒宁:《조선후기 국사체계(國史體系)의 변동에 관한 시론-실록(實錄)에서 일성록(日省錄)으로》,第 268—277 页。

③ 对朝鲜《时政记》的研究,见孙卫国:《论朝鲜王朝〈时政记〉之纂修及其特征》,《郑州大学学报(哲学社会科学版)》2012 年第 3 期。

④ 见[韩]方惠珠:《朝鲜时代史草研究》,江原大学校 2011 年硕士学位论文。

设纂辑厅、校正厅、监印厅等,设立都厅和各房堂上、郎厅等,事后纂《实录厅仪轨》。《实录》印后分藏于各处史库,还要洗草《时政记》和有关史草。朝鲜王朝实录为最具代表性的官方修史项目,在正祖以前共有先朝21位国王的23部《实录》,其中《改修(修正)实录》2部。《高丽实录》只有一部,毁于战火,不复存在,而至今我们仍能得见《朝鲜王朝实录》的全貌,要归功于朝鲜对国史的史库分藏制度。[①]《朝鲜王朝实录》存鼎足山1181册、太白山848册,五台山残本27册。由于多个史库分藏,躲过了数次兵祸和灾难,得以完整保存下来,实属不易。

除《实录》外,持续性的官方修纂本朝史项目众多,如《承政院日记》。承政院是定宗(1398—1400在位)时设立的政府机构,相当于国王的秘书室。1894年以后,承政院历次更名,但《日记》一直坚持编写。《承政院日记》是承政院搜集与国王有关的官书中之事件综合整理而成,在承政院中保管,用于政务参照和情报流通。因"倭乱""李适之乱"和1744年的火灾,导致1721年前的《日记》1796卷完全烧毁。英祖二十二年(1746)设日记厅,补修了仁祖朝以后至景宗元年(1721)的99年《日记》548卷。现存有仁祖元年(1623)三月至隆熙四年(1910)的3245册记录。[②] 其文献体量为《实录》的近十倍,是《实录》的重要史源。《承政院日记》一般每日记录,每个月写出一册,由被称为"承史"的承旨和注书共同担当。内容为与国王活动有关的启禀、传旨、呈辞、上疏、宣谕、传教等,同时还记录内殿动向、承政院的管理和业务状况及人事关系等,可以说包含了所有国家政治、经济、文化、外交、军事的材料。与《实录》相比,《承政院日记》记录、编纂同步;记载更为详细、内容广泛,使事件的生动性和鲜活性得以感知,但一些非国王主体的事件、地方事务的记录,可能反不如《实录》。

再如《备边司誊录》[③]。备边司为中宗朝(1506—1544在位)所设,

---

① 朝鲜王朝《实录》贮藏与史库变迁的专门研究,参见[韩]김기태:《조선사고(史库)의 역사적 변천에 관한 연구》,《畿甸文化研究》第29、30合辑,2002年;韩国国史编纂委员会编《史库址调查报告书》,시사문화사1968年版。

② 1623年至1894年(仁祖元年—高宗三十一年)270年的《日记》,合计3047册。专门研究见吴静超:《〈承政院日记〉的编纂、存补与史料价值》,东北师范大学2017年硕士学位论文。

③ 专门研究见宋宪超:《〈备边司誊录〉史料价值初探》,东北师范大学2011年硕士学位论文。

明宗(1545—1569 在位)时成为正式机构,总领中外军国机务的从一品衙门,简称"备局""筹司"。"壬辰之役"后,其权力一度凌驾于议政府,至后期更是登峰。《备边司謄录》作为朝鲜备边司讨论和处理问题的会议记录,其记事上起光海君八年(1616),下至高宗二十九年(1892),内容涉及朝鲜边防、军机、外交、财政等内容,是研究朝鲜历史的重要史料。现存抄本 273 册,与《承政院日记》均为中央的官署日记。

在通史编撰方面,太宗(1401—1418 在位)曾命权近、李詹等编撰首部编年体通史《东国史略》。世祖(1455—1468 在位)时命编另一部编年体通史《东国通鉴》,成于成宗(1470—1494 在位)时期,徐居正等纂成,1485 年刊行,其体例仿中国的《资治通鉴》和《资治通鉴纲目》。

前代史方面,朝鲜初期把对高丽历史的编撰作为第一要务,体现取代高丽的正统性。从朝鲜建国之初,历经太祖、定宗、太宗、世宗(1419—1450 在位),文宗元年(1451)完成。大体分五个阶段:一、太祖元年(1392)—四年(1395),郑道传、郑摠等撰写《高丽国史》;二、太宗十四年(1414)—世宗三年(1421),领春秋馆事河崙、卞季良等纂定《高丽国史》;三、尹准等人世宗五年(1423)—次年(1424)成《雠校高丽史》;四、世宗二十年(1438)—二十四年(1442)命申概、权踶等人修纂《高丽史全文》;五、世宗三十一年(1449)—次年(1450)成《高丽全史》,世宗亲自监管,金宗瑞、郑麟趾等受命纂修,文宗元年(1451)成。《高丽史》的刊印还促进了朝鲜官方铸字技术的发展,至世祖时,《高丽史》才开始了大量传播,还一度成为国王经筵、夜对的教材。金宗瑞又精简了纪传体《高丽史》,撰成了《高丽史节要》。《高丽史节要》除了采用编年体,且删节较短,还增加了大量史论,体现了性理学的融入。《高丽史》编撰事业,历经50 年,流传后世的只有纪传体《高丽史》和编年体《高丽史节要》。[1]《高

---

[1] 有关《高丽史》编撰过程及有关史学史方面的研究,可见:《从高丽史的编印看朝鲜初期史学》,王小盾著《从敦煌学到域外汉文献研究》,商务印书馆 2013 年版;赵杨:《朝鲜王朝〈高丽史〉纂修研究》,南开大学 2006 年硕士学位论文;曹中屏:《朝鲜朝历史学与编纂学考》;崔岩:《朝鲜王朝官修〈高丽史〉与中华传统史学》,《西北师大学报(社会科学版)》2012 年第 4 期;杨军:《朝鲜王朝前期的古史编纂》,社科文献出版社 2013 年版等。

丽史》也是正祖以前朝鲜王朝唯一的官修纪传体史书。此外,成宗七年(1476)还完成了由申叔舟、卢思慎、徐居正等人相继编修的编年体史书《三国史节要》。

典制书方面,太祖三年(1394)命汇编《朝鲜经国典》,开始出现了六典模式,1397 年成《经济六典》。世祖时期开始撰写,成书于成宗十六年(1485)的《经国大典》,标志着朝鲜王朝的基本制度已经定型。沿袭六典体制,又有成宗二十三年(1492)李克增编撰的《大典续录》、中宗三十八年(1543)尹殷辅等编撰的《大典后续录》、肃宗二十四年(1698)李翊编撰的《受教辑录》、肃宗三十二年(1706)崔锡鼎等编撰的《典录通考》、英祖十九年(1743)弘文馆、艺文馆编撰的《新补受教辑录》和英祖二十年(1744)编成的《续大典》。《经国大典》与《续大典》构成了朝鲜的基本法典。此外,英祖时编成《(东国)文献备考》,是效仿马端临《文献备考》而成的典制之书。

地志书方面,世宗时通过对全国的测绘,编有《世宗实录地理志》。历经世宗、世祖、成宗,有《八道地理志》。经世祖、睿宗(1469—1470 在位)、成宗、燕山君(1495—1506 在位),于中宗二十五年(1530)增补而成的《新增东国舆地胜览》代表了朝鲜官方地理志的最高水平,是受到中国方志影响而形成的内容最丰富、门类最齐全的朝鲜王朝地理志。成宗十二年(1481)先完成了一部《舆地胜览》,仿《大明一统志》等,朝鲜多次对其进行了增补和续修,最终命名为《新增东国舆地胜览》,将全国11 个行政区划分布于其中,是朝鲜时代前期地理志的集大成之作,有着重大影响。从内容上看,它不仅仅是一部地理书,还涉及朝鲜时代地方的政治、经济、历史、行政、军事、社会、民族、艺术、人物等。①

官署志方面,《通文馆志》②是肃宗时开始编纂的一部与外交相关的资料集,历经英祖、正祖、纯祖、宪宗(1834—1849 在位)、哲宗(1849—1864 在位)、高宗(1864—1907 在位)。初编时的纂者是金指

---

① 参见梁英华:《〈新增东国舆地胜览〉述论》,《中国地方志》2011 年第 4 期。

② 详细研究可见宣艳丹丹:《〈通文馆志〉研究——以朝鲜与清朝朝贡关系为中心》,东北师范大学 2012 年硕士学位论文;[韩]李承姬:《〈通文馆志〉考述》,复旦大学 2010 年硕士学位论文。

南、金庆门父子，都是朝鲜史上著名的译官。此书实际刊行的时间是景宗即位年(1720)，后屡次重修①，纳入官修轨道，1888 年成 12 卷，为从景宗元年(1721)至高宗二十五年(1888)的外交大事记。《通文馆志》提供了司译院这一机构的资料，记录朝鲜对清朝和日本等外交关系的各种例规、程式和文书格式等重要事件，补充了《同文汇考》和译官事迹，提供了物质文化史、经济史和书籍交流史的史料。《通文馆志》的编纂是朝鲜后期官署编纂"志"的先例，对英、正祖时期的官署志的大量编修影响较大。

此外，与本朝历史有关的其他官修书目，有世宗时的《龙飞御天歌》《五礼仪》《三纲行实》；世祖时的《后妃明鉴》《国朝宝鉴》；睿宗时《武定宝鉴》；明宗时《续武定宝鉴》；肃宗时《宣庙宝鉴》《宫阙志》；英祖时《肃庙宝鉴》《祖鉴》《列圣志状》《戡乱录》《阐义昭鉴》《续五礼仪》《续五礼仪补》《丧礼补编》《度支定例》《良役节目》《太常制》等。还有与中国帝王言行有关的史书，多用于朝鲜君王鉴戒，如世宗时的《治平要览》《皇明诚鉴》《训义纲目》《丝纶全集》；成宗时的《帝王明鉴》等，均是正祖以前，朝鲜王朝代表性的官方修史成果。

概而观之，朝鲜王朝的官方史学在史书体裁、体例、史学思想等方面，整体上仍未超出中国古代官方史学的特点。从记史、修史任务的提出，修史机构、史官的设立，修史制度的调整，史书编纂的内容、体例等，大多受到统治阶级意志的影响，是学术与政治相结合的产物。正祖前的朝鲜王朝官方史学呈现出以下特点：第一，以史馆为基础，建立了较之前代更为完备的修史制度，使官方修史长期不辍；第二，以修本朝国史为主，但当代国史不多；出现少量的官修通史和前代纪传体国史；第三，体裁较为多样，但类型并不十分丰富。以编年体史书为主，纪传体史书极少；典制类政书、地志书等不断增补和完善；第四，史学的实用色彩比较强烈。史学背后体现君臣冲突和党派利益的对决，官方史学难

---

① 由李湛撰写序文的最初的重修本，刊行于正祖二年(1778)。该书先后历经了 17 次的增补（正祖时期就有 3 次之多）。《域外汉籍珍本文库·第三辑·史部》第 25 册收录这一板本，"提要"中认为作者为金庆业是不当的。

以获得独立于政治的地位;第五,建立了经学化的性理史学和王室为中心的史学观。① 国王的史学意识愈来愈强,希望能掌控史书的修撰过程和对于史官的任免,保证史书修撰符合自身意图,君臣在学术与政治间存在纠葛;第六,广泛搜集和积累史料,为史书修撰提供保证,官方修史一向不排斥采用私家、地方的资料文献,促进了官方史学的日渐繁荣;第七,通过史书纂修,推崇祖宗之法。以为现实统治提供借鉴,注重治术总结为主要目的,也以此确立国王的正统地位。还特别注重从中国历史中寻求借鉴;第八,史书编纂强调纲常教化,重新整顿伦理道德体系,以儒家的伦理思想和道德观念宣扬忠君思想;第九,英祖时的史书编修数量明显增多,为正祖时官方修史的繁荣局面奠定了基础。

至正祖时期,朝鲜的官方史学已走向成熟,对此,正祖曾表达了对朝鲜数百年来官方修史的看法:

> 大抵史之作久矣,上以人主之言动政令,下而时人之贤邪是非,莫不直书而昭载,着为不刊之书,遂成作范之规,褒贬严于一世,劝惩垂于百代,是以有国以来,各有史焉。藏之于金柜石室,用以为周柯殷鉴,列于域中之大,权以作天下之大信,此所以表里六经,日星千禩者也。夫何世级渐降,史书多舛,人乏南董之直,笔少迁固之良,雌黄或随其爱憎,朱墨各任其闻见,不足以为后来之权衡也,古人立史之意,岂其然乎?

正祖由此表达了对史官秉笔直书精神的信任和赞赏,以及对史书垂鉴后世之功效的褒扬,即史学"求真"与"致用"的统一。但笔锋一转,指出当时的朝鲜史官中已并无"南董""迁固"一样的良笔之人,史官往往裹挟各自私见和党派利益,危害了史学的公正性和其治鉴效用,认识到了官方史学中存在的积弊。而后,他又继续言道:

---

① 《从〈高丽史〉的编印看朝鲜初期史学》,第485页。

惟我东方，最重史事，春秋起居之职，掌其记注。内史外史之官，仿于成周。置史之方，若是其备，修史之道，宜得其要，观乎实录之纂次，而可知史法之蔑裂。噫！时政之记载，既设其官，国史之编纂，更属别人，开局备员，几尽一时之士，属辞比事，未必三长之材，既难专心而致志，殆同余事文章，从以旷日而留时，祇令虚损经费，已失精约之道，安望著述之工？此未必不自于史学之不明，史才之难得而然也。何以则阐明春秋之义，而深求笔削之旨，作成苟袁之才，而俾任编摩之责，使史学日兴而史才辈出乎？

此处，正祖对朝鲜的史学传统做了总结介绍，认为其修史制度多仿效中国，渐有成熟的机构和史官等制度保障，特别是《实录》《时政记》等国史记录十分完备。但朝鲜后期，官方修史制度和人员的层面，都"积重难返"。国家虽重视记史、修史，却耗费日久，失精约之道。于是，他对史官提出极高的要求，希望其至少拥有史家"三才"中的史学、史才，作史能体《春秋》笔削之意，使得"史学日兴、史才辈出"。[1] 这体现了他对官方修史活动的重视和殷切希望。事实上，面对长期以来形成的种种政治、经济、文化危机，官方修史制度也亟需革新和纠弊。对此，正祖也做了一些努力。

第一，关于传统的史官选拔制度。正祖即位当年（1776），同春秋赵玹（1727—？）即上疏，提出将史官的选拔制度化、规范化，即到底是沿用英祖以来改革的史官圈选，还是一遵于古，恢复史官自荐。赵玹本人极力推崇恢复翰林自荐制。正祖虽认为古法之"翰荐之胜于圈"，但更指出"荐之为弊，亦有甚焉"，随后指出荐法的随意性和专断性，认为士人品格，今非昔比，而都堂会圈之法更为公正，同时反对"既试又圈"的繁琐选拔方式。[2] 实际上，维持了英祖时的翰林会圈制度的改革，一定程

---

① 以上引文，均自《承政院日记》，正祖二年闰六月二十八日。

② 《朝鲜王朝正祖实录》卷2，即位年十月辛亥，第44册，第631页。

度上强化了历史记录的客观性,有一定的积极意义,也体现了君臣对历史书写权力的博弈。

第二,改革传统史官修史。右承旨赵时伟曾启言:"《事变日记》,详录边情状启,以备日后考据,而近来《日记》,全不成样。请申饬当该注书,从今以后,凡系边情状启,随有尽录,俾无如前踈忽之弊。"①这说明朝鲜后期庞大的修史活动中,史官已经出现严重问题。正祖一次出行谒陵时,却发现"上下注书及左右史之任,无一人随到",他怒斥失职史官不守国纲:"渠辈皆以小官,若知一分国纲,宁有如许前所未有之事乎?"随后"上注书李集斗、兼春秋张显庆,为先削职"②。正祖惩处史官,说明了他极强的史学意识,以表明其将官方记史看做是国家之根基、朝纲之所在。

正祖时,通过《日省录》《内阁日历》的编纂,他多次斥责注书记史不仅疏漏过多,且文笔粗草,尤其是未记录"筵话",成为编纂两书的名分。并通过奎章阁主导修史活动,一定程度上削弱了传统史官的作用。史官还被下放到地方调研,如正祖七年(1783),因京畿地区大旱,正祖就遣史官金健修"察畿邑农形"。既带有御史的特征,将考察情况如实汇报正祖,同时也负责将正祖的安抚赈济之意传播给民人,③这是史官职能的某种迁移。对于部分中央官司的日记、誊录编写的混乱情况,正祖要求对其进行了部分补修和规范,为官方修史活动的程序化、史料的完备化做出了贡献。

第三,对外史制度也进行改革。朝鲜诸道设立兼史,用于采访记录地方善恶之事、灾异祥瑞之事等,以备中央修史采录,可以"广其闻见,补其阙漏",是为"外史"。但至朝鲜后期,"此法浸坏,并与阴晴而不为修送"。外史制度形同虚设,正祖随即要求"自今以后,凡道内之灾祥,民俗之善恶,详载细记,每于四季朝上送之意,定式施行为宜"。④ 正祖

① 《朝鲜王朝正祖实录》卷11,五年十月戊申,第45册,第231页。
② 《朝鲜王朝正祖实录》卷11,五年二月丙辰,第45册,第206页。
③ 《朝鲜王朝正祖实录》卷16,七年七月庚寅,第45册,第375页。
④ 《朝鲜王朝正祖实录》卷8,三年十月癸酉,第45册,第131页。

还多次严饬外史,要求"外史更勿袭谬,必务记实,以重史法"①,还重申要求"各令侍从守令之时带兼春秋者,从所闻见,详录于月修之外史,上送春秋馆"②。由此,加强了对外史的监督,使得这一时期宫外的史料得以被更多地记录,这对官方修史而言,显然是有积极意义的。

第四,史库为存放官方重要典籍之所,朝鲜后期时,史库管理日渐松懈。史库存在漏雨,或史书长期没有曝晒,甚至导致书籍腐烂的现象。③ 正祖规范了史库曝晒,设专官定期负责,曝晒前要做好"形止案",史书才能在曝晒时不丢失、损坏,也能在曝晒后,复原书籍的位置。一次,正祖发现"今夏赤裳山城形止案,不但字画莫辨,御制册子名号,误书甚伙。事之骇然,莫此为甚"。随即将此翰林从重推考,修正以纳。④

第五,对官修史草私密性的关切。正祖对《承政院日记》不满,因其不记录"筵话",同时对其保密不严的行为提出批评,认为:"《政院日记》,即宋朝日历之体。其当秘而不当泄,无异史草之严,则近年以来,一任吏胥之手,全无典守之实,大失记注之责。"命注书别作一册,要详细记录承旨等考见的时间和事由,注书存回库中的时间等。⑤ 这体现官方史籍秘密性的提升。还发现"政院吏有私取《堂后日记》誊出筵话者",命将注书拿处。⑥ 这也反映出了当时的史书私密性的确不好。

第六,正祖时期的官方史学是由正祖所主导的,王权对朝鲜官方史学的干预达到了一个顶峰。正祖通过奎章阁等机构部分控制了官方修史,同时亲自任命、培养新的史职人员,新增修史项目。他全方位参与官方修史活动,严格监督修史过程和史书内容,削弱传统史官的作用等。并把从国史修撰史料的积累,到史书的编纂,全部置于他的亲自审查和监督之下,国王的权力和意志通过一系列制度程序,渗

① 《朝鲜王朝正祖实录》卷10,四年八月辛酉,第45册,第181页。
② 《朝鲜王朝正祖实录》卷50,二十二年十二月庚寅,第47册,第148页。
③ 见《承政院日记》,正祖十一年七月一日,十四年五月十一日条。
④ 《朝鲜王朝正祖实录》卷8,三年11月癸巳,第45册,第135页。
⑤ 《朝鲜王朝正祖实录》卷16,七年七月庚寅,第45册,第375页。
⑥ 《朝鲜王朝正祖实录》卷24,十一年七月丙寅,第45册,第657页。

透到史书修撰的各个环节。这也是正祖时期官方史学异常繁盛的重要原因。

与朝鲜前代的官方史学相比,正祖时期的官方史学有许多新的特点,是朝鲜王朝官方史学的最后一个高峰,其史著、史体之多,类型之全,史职人员参与之众,国王对史学的控制之深等都达到了极致。这一时期的官方史学成果,体现了对前代史学的继承、发展和总结。奎章阁的设立,不仅在朝鲜官方史学的改革上,在朝鲜后期政治和其他文化领域也产生了极其深远的影响。这一时期的官方史学,无疑是朝鲜后期文化繁荣的一个重要体现,在朝鲜半岛史学史上,也是浓重的一笔,有代表性的地位。后文将致力于对其特点进行深入解析。

二、正祖时期官修史书的成就

正祖在位仅二十四年,却著作等身,且亲自参与了大多数官修史书的撰作。这一时期官方史学的成就,主要通过大量的官修史书体现。笔者依据代表性目录书《群书标记》《增补文献备考·艺文考》和相关史料作粗略统计,正祖时期的官修史书约有 100 余部(种)。这里以两书所录之书为基础,加以添删,并试图将其分类①,简要介绍正祖时期官修史书的基本情况。因篇幅所限,各类型中,仅选取相对重要的书目介绍,于后文章节中将做重点个案剖析的史书,此处亦将不作题解。

(一) 诏令、奏议类
有关书目情况如下表所示:

---

① 统计时,如遇到有某书有《谚解》或《别编》,则另计入。较之《群书标记》,《增补文献备考·艺文考》中缺少 36 部(种)书目,但 4 部(种)书在《群书标记》中未见。此外,两书中,还存在卷数、书名不一致的现象。因相关目录书中,均非按照四部分类法进行收录。逐笔者对其中史部书的择取和分类,带有一定的主观色彩,恐有不当之处。因资料所限,亦难免有所遗漏和错误之处。

表 1.1　正祖时期官修诏令、奏议史书情况

主要著者	书名	卷数	板本	完成\刊行时间	性质	备注
正祖、诸臣	御制纶音	1 册	壬辰字	1777	御制	
奎章阁阁臣	奏议纂要	8	写本	1780	命撰	取自宋朝三贤和朝鲜九贤奏文
金钟秀，正祖亲撰序	名臣奏议要略	16	写本	1782	命撰	金钟秀藏《奏议要略》基础上命续成
正祖、诸臣	谕海西纶音	1 册	丁酉字	1782	御制	
正祖、诸臣	御制谕入庭宗亲文武百官纶音	1 册	丁酉字	1782	御制	
正祖、诸臣	谕中外大小臣庶纶音及谚解	1 册	丁酉字	1782	御制	
正祖、诸臣	谕湖南民人等纶音	1 册	丁酉字	1783	御制	
正祖、诸臣	御制谕原春道岭东岭西大小士民纶音及谚解	1 册	丁酉字	1783	御制	
正祖、诸臣	御制谕济州民人纶音	1 册	木板本	1784	御制	
正祖、诸臣	御制谕大小臣僚纶音	1 册	丁酉字	1784	御制	
正祖、诸臣	御制王世子册礼后各道军布折半荡减纶音	1 册	丁酉字	1784	御制	
正祖、诸臣	御制褒忠纶音	1 册	丁酉字	1784	御制	
正祖、诸臣	御制饬谕武臣纶音	1 册	丁酉字	1785	御制	
正祖、诸臣	御制表忠纶音	1 册	丁酉字	1788	御制	
诸臣	章札汇编	60	写本	1788	命撰	汇录英祖朝五十年公交车奏牍

续表

主要著者	书名	卷数	板本	完成\刊行时间	性质	备注
正祖、诸臣	御制谕杨州抱川父老民人等书及谚解	1册	丁酉字	1792	御制	
正祖、诸臣	御制养老务农颁行小学五伦行实乡饮仪式乡约条例纶音及谚解	1册	丁酉字	1797	御制	
正祖、徐有榘等	御定陆奏约选	2	丁酉字	1797	御定	正祖手选唐代陆贽《陆宣公奏议》之文
正祖、诸臣	陆稿手圈①	2	木板本	1798\1801	御定	正祖手圈《陆宣公奏议》
李时秀\李性源、李书九等	庙谟汇编	75	写本	1799	命撰	1724—1776年英祖在位期间的教批奏启属于庙谟者,以六曹类汇辑
李性源、徐龙辅等	筹谟类辑	75	写本	1800	命撰	1776年以后正祖在位期间的教批奏启属于庙谟者,逐年增修。义例同《庙谟汇编》
诸臣,正祖亲撰题	公交车文丛	93	写本	1800	命撰	正祖朝诸臣的上疏之言,分年辑录
洪凤汉、正祖等	(洪)翼靖公奏稿	35②		1800	御定	英祖时曾任领相的洪凤汉之筵对和奏议文字

---

① 后收入《御定四部手圈》。

② 《增补文献备考·艺文考》中作17卷,据奎章阁藏版本《翼靖公奏稿》(奎1146)则为35卷。

续表

主要著者	书名	卷数	板本	完成\刊行时间	性质	备注
奎章阁阁臣	纶綍	237	写本	1777后连续	御定	阁臣编年记录正祖丝纶诸作。载教谕、批判、纶音、备忘等各体。自1775—1900年

正祖时期的官修诏令、奏议类书籍以御制《纶音》和中朝两国的奏疏汇编为主。《纶音》既有针对大臣的,也有针对百姓的;本国奏疏以英、正时期为主,中国奏疏则体现对《历代名臣奏议》《陆宣公奏议》的重视,表现出正祖自省鉴戒、资政教化、广开言路的用意。

《纶綍》属御定之书,编纂贯穿正祖一朝。自奎章阁设立以后,阁臣请裒集正祖的"丝纶诸作","每于月终,辄净书以进,凡教谕、批判、纶音、备忘等各体。年经月纬,该载无遗",也用于正祖闲暇时做"省览之资"。[1] 实质上该书仅为资料汇编的性质,与《承政院日记》《日省录》等史书之记录重复,部分内容还收入《御制弘斋全书》之中,后成为持续修史项目,至1900年。

《奏议纂要》为中、朝奏议文集。正祖命阁臣取宋朝三贤(明道、伊川、晦菴)和朝鲜九贤(赵光祖、李滉、成浑、李珥、赵宪、金长生、金集、宋浚吉、宋时烈)之"奏议之最剀切尤鉴戒者"和"疏札以外奏御文字之可观者",仿《朱书节要》例,亦删节以录而成。[2]

《(洪)翼靖公奏稿》为御定之书,但并未收录于《群书标记》。正祖于正祖二十四年(1800)亲撰《翼靖公奏稿总叙》,可知该书应成于是时。该书为英祖时曾任领相的正祖外祖父洪凤汉(1713—1778)的筵对和奏议文字内容,来源于起居注及中外掌故文字。"体例为分门立

---

① ［朝鲜王朝］正祖:《弘斋全书》卷182,《群书标记四·御定四》,第267册,第548页。
② ［朝鲜王朝］正祖:《弘斋全书》卷183,《群书标记五·命撰一》,第267册,第556—557页。

目,目以类会",共 6 类、59 目,附别考一篇。该书并非与阁臣合作完成,而是"与叔舅氏往复商订",体现对经历几次打击的丰山洪氏戚族的安抚,也是对王室和睦的渴望。内容为典礼、黜陟、法纪、财赋、军旅、营缮。该书一方面可用于鉴戒资政,一方面是对英祖的褒扬和政治理念的继述。此外,正祖还认为是书在语言叙述上如同《陆宣公奏议》般"陈指纤畅";又整理了"朝章国范",如同杜佑《通典》,这是对该书地位的标榜。①

据《群书标记》,《名臣奏议要略》乃正祖看金钟秀私纂有《奏议要略》,遂命其续成 16 卷,并亲撰序文,内容主要是抄出朝鲜名臣文集中之奏议。② 体现对纳谏和广开言路的倡导。而笔者考《朝鲜王朝实录》《承政院日记》相关记载,存在抵牾之处。如称《名臣奏议要略》为金钟秀受命所编,因明代《历代名臣奏议》止于宋、元,所以加入"皇明奏议"的部分,又别为一编为"罗、丽奏议",其后为本朝奏议。③ 那么,该书就不应只是朝鲜奏议了。又称金钟秀待"皇明奏议"誊抄删节、各随门目后,"添附成书"为《历代名臣奏议》,而《国朝名臣奏议》则所抄之本"犹多未备",需要广加搜访。④ 正祖六年(1782)三月,金钟秀进《历代名臣奏议要略》8 卷,该书正是补充明代奏议的中国奏议。此时,《国朝名臣奏议》未成,正祖未作序文。⑤ 次年(1783)十月,金钟秀又上札进《国朝名臣奏议要略》:"圣上于《历代奏议要略》进御,命下之日,申命臣以《国朝奏议》之役。"⑥正祖做序文于卷首。据此,《历代名臣奏议要略》《国

---

① 参见[朝鲜王朝]正祖:《弘斋全书》卷 11,《序引四·翼靖公奏稿总叙》,第 262 册,第 167—168 页。

② [朝鲜王朝]正祖:《弘斋全书》卷 183,《群书标记五·命撰一》,第 267 册,第 557 页。

③ 《朝鲜王朝正祖实录》卷 11,五年四月庚戌,第 45 册,第 231 页。

④ 《承政院日记》,正祖五年三月二十七日。

⑤ 《朝鲜王朝正祖实录》卷 13,六年三月辛酉,第 45 册,第 301 页。

⑥ 《朝鲜王朝正祖实录》卷 16,七年十月戊寅,第 45 册,第 400 页。据金钟秀《进国朝名臣奏议要略札》所言,该书最初本为金钟秀私抄《历代名臣奏议》,而后他开始遍寻诸家文集和野乘,希望编成《国朝奏议》以传之后世。但资料难寻、精力不备,遇到诸多困难,于是搁置了十年。正祖最喜奏议之文,观看奏议,如谏臣朝夕相伴,听闻后即命金钟秀撰进该书而成。[朝鲜王朝]金钟秀:《梦梧集》卷 2,《进国朝名臣奏议要略札》,韩国民族文化推进会编《影印标点韩国文集丛刊》,2000 年,第 245 册,第 496—497 页。

朝名臣奏议》应为分别纂成,很可能是最后合称为《名臣奏议要略》,
该书为补充《历代名臣奏议》以外的明代部分,加上朝鲜奏议之文
而成。

《章札汇编》为正祖十二年(1788)始编,正祖命诸臣取《承政院日
记》分编抄录,详其要语,删其支辞成书,并亲撰序文,文中称英祖时"上
自宰执,下至韦布。人无不言,言无不尽",①体现对广开言路、虚怀纳
谏的倡导。该书录有英祖朝五十年的上书文,其中有十四年为庄献世
子代理听政时期,也体现了正祖对父亲的追崇。而《公交车文丛》则记
录正祖即位以来诸臣进言的札疏,类似《章札汇编》的形式,为分年辑
录,随进随录,札疏内容全文载录,有续编之意。正祖亲撰"题",体现了
对士大夫之风气日下的不满和对广开言路的期待,并希望以此书
自省。②

《庙谟汇编》为英祖时期的批答、奏启中有关国计民生内容的汇编。
按六典分类,备边司堂上李时秀(1745—1821)负责编次。③ 分为吏典、
户典等总 75 目。④《筹谟类辑》的体例与《庙谟汇编》相同,乃是续其而
成。从 1776 以后,逐年增修正祖时期的有关批答、奏启之文。1783 年
以前的部分,由筹司堂上李性源(1725—1790)编,1784 年以后由备边
司堂上徐龙辅(1757—1824)编,仍分为天、地、春、夏、秋、冬官六典共
82 目。⑤

(二) 编年类

有关书目情况如下表所示:

---

① ［朝鲜王朝］正祖:《弘斋全书》卷 183,《群书标记五·命撰一》,第 267 册,第 567—568
　页。
② ［朝鲜王朝］正祖:《弘斋全书》卷 184,《群书标记六·命撰二》,第 267 册,第 583—584
　页。
③ 《正祖实录》中称最初是命备局堂上李性源始汇辑六典,后又命李书九等续成。《朝鲜王朝
　正祖实录》卷 52,二十三年十二月癸丑,第 47 册,第 227 页。
④ ［朝鲜王朝］正祖:《弘斋全书》卷 184,《群书标记六·命撰二》,第 267 册,第 579 页。
⑤ ［朝鲜王朝］正祖:《弘斋全书》卷 184,《群书标记六·命撰二》,第 267 册,第 582 页。

表 1.2　正祖时期官修编年类史书情况

主要著者	书名	卷数	版本	刊行\完成时间	性质	备注
郑存谦、李徽之等	英宗大王实录	83		1781		
郑存谦、蔡济恭等	景宗大王修正实录	3		1781		老论派改修少论主修的《景宗实录》
奎章阁阁臣、检书官等	内阁日历		写本	1781 后连续，至 1883		1779—1883 年间奎章阁有关的事物之记载，还涉及有关的君臣召对、国王言动、政务处理等
金尚喆等诸臣	国朝宝鉴	68	木板本\丁酉字	1781\1782	命撰	续补十三朝《宝鉴》,合成十九朝《国朝宝鉴》
奎章阁诸臣	国朝宝鉴别编	7	丁酉字	1782	命撰	仁祖朝以后国王尊周思明事实
奎章阁阁臣、检书官等	日省录	675	写本	1785 后连续	御定	记录朝鲜后期(1752—1910)历代王言行的纲目体史书
蔡济恭、李秉模、李书九等	春秋左氏传	28	春秋纲字、丁酉字	1797	命撰	依朱子《通鉴纲目》凡例,《春秋》为纲、《左传》为目

这里特别介绍《春秋左氏传》。《春秋》一般被认为是最早的编年体史书。刘知幾《史通》中,《六家》之一即"《春秋》家",认为即便是纪传体的"本纪"也是取法《春秋》的。"二体"中,《春秋》为编年之始祖。[1] 正祖即位当年(1776),就开始经筵进讲《春秋》,如通过"郑人伐卫"学习交邻之道,也留意"尊王攘夷"之大义。[2] 学习人君是非,治乱得失,认为《春秋》"字字斧钺,辞旨隐微"[3]。《春秋左氏传》创新性地采用纲目体,

---

[1] (唐)刘知幾撰,(清)浦起龙通释,吕思勉评,李永圻、张耕华导读整理:《史通》,卷1《六家第一》、卷2《二体第二》,上海古籍出版社 2008 年版,第 8、21 页。

[2] 《承政院日记》,正祖即位年九月十九日。

[3] 《承政院日记》,正祖即位年十一月五日。

《春秋》大字为纲,《左传》小字为目,其修撰有多重用意。

第一,正祖最反对读经书使用唐本,"今若依我国刊印《紫阳纲目》例,经则大书,传则分注,不但于看读甚便,又有合于圣人大书特书之本意矣"①。他在春宫之时,就曾纂《新订资治通鉴纲目续编》《资治通鉴纲目新编》等纲目体中国史书。这既体现正祖本人对朱子的尊崇和对纲目体书法的挚爱,也反映出其中的义理意味。朝鲜人编撰"明史"的正当性是"周礼尽东",如同孔子作《春秋》,尤其注重尊周大义,是"义则窃取于两夫子之大旨"②。第二,长久以来,《春秋》经、传分离,不相统属,造成"世之学者或专治传文,反昧经旨,抱遗经而究终始者,盖无几矣"。这与正祖对学术要追根溯源,提倡学习原典的学理相悖。而《春秋左氏传》经为纲、传为目,"如日月丽乎天而星辰环拱也,皇王建其有极",③符合《春秋》大一统之意,也体现了荡平政治的理想时局。同时,"既已立纲分目,删烦撮要,则使后之读者,开卷了然于心目之间然后,可为丕变文风之一助"④,该书之体也有助于士人学习《春秋》。第三,纲目体《春秋》的编纂实际上滥觞于宣祖时期,宣祖就曾命副提学申钦等掌其事,缮写以进,未能刊行。世宗时,也曾命集贤殿副校理李季甸等注解《通鉴纲目》,名曰《思政殿训义》。正祖认为此次编纂是"寔符两朝故事,是亦继述之意也"⑤。第四,现实关照。正祖认为,《春秋》成后,"乱臣贼子"仍然层出不穷,是因虽有《春秋》而不知《春秋》之义,是当时的君主"不能敷教"所致。就"尊攘大义",正祖认为维系尊攘秩序的根源在于君主之身,学习《春秋》,即"明伦立纪,在于教化"。⑥ 他也曾自言:"近来《春秋》之义,亦已扫地,今此新印,予意有在。"⑦"又此新

---

① ［朝鲜王朝］正祖:《弘斋全书》卷164,《日得录四·文学四》,第267册,第209页。
② ［朝鲜王朝］正祖:《弘斋全书》卷179,《群书标记一·御定一》,第267册,第488—489页。
③ ［朝鲜王朝］正祖:《弘斋全书》卷184,《群书标记六·命撰二》,第267册,第575—576页。
④ 《承政院日记》,正祖二十一年三月四日。
⑤ ［朝鲜王朝］正祖:《弘斋全书》卷184,《群书标记六·命撰二》,第267册,第575页。
⑥ 《承政院日记》,正祖二年二月十二日。
⑦ 《承政院日记》,正祖二十一年十二月二十一日。

刊《春秋》,重揭日星,固宜人心底定,世道归正。"①《春秋》新印,正是取其尊王之义理。

该书内容依次为:杜预序、后序,卷首1卷(诸儒姓氏;凡例;纪年图、地图、世系图;类例;国名谱、人名谱)、经传27卷。该书编于正祖二十年(1796)冬,正祖命成大中(1732—1809)、李书九(1754—1825)、沈象奎等校正《春秋左氏传》印行本和有关注解、义例等。次年(1797)闰六月底,《春秋左氏传》校正完成,开始印刷,校印后下送两南地区翻刻。十二月二十日,铸字所用丁酉字印进,所进《春秋》一本,藏于春秋馆史库,监董诸臣,各颁一件。该书总裁为奎章阁提学蔡济恭、直提学李秉模,编校为李书九、成大中,参校为李翼晋(1747—1819)等,曹允亨缮写,成海应(1760—1839)、李晚秀、金祖淳等监印。大部分编校人员兼带春秋史官之职,由奎章阁抄启文臣、检书官监印。之后,还命李晚秀、尹光颜重订了谚文本和悬吐本。此外,正祖还命成《春秋注解考异》,专门考订《春秋》之有关注解。正祖认为杜注、林注虽盛行于世,但不是缺乏义理就是过于繁杂,于是在正祖二十年(1796),命宰臣李书九将两注删繁补阙刊出。正祖二十三年(1799),又命李书九与检书官成海应"具着诸家笺注取舍之义",作《考异》2卷,称这是仿司马光之《通鉴考异》之例。② 这一定程度上是受到了清代考据学的影响。

除用纲目体外,该书的特点还有:第一,选用《左传》,是因为"左传叙事有极铺张处。行文有极妙处……以三传中左最可读"。但也对"左氏之说,或多违经害义"的地方,"博采先儒之说而是正之,并着其姓氏"③。虽然取《左传》为目,但仍按正祖君臣的理解做了修正,也参考了《公羊传》《谷梁传》二书有关读音和字句解释;第二,注释采用杜预之注,但也指出:"而传说之乖谬者,杜氏牵合曲从,殊非通论……而皆强抒己见,有关大义。"对于这些部分则"或删而不录,或改从他说"。其余

---

① 《承政院日记》,正祖二十二年九月一日。

② [朝鲜王朝]正祖:《弘斋全书》卷184,《群书标记六·命撰二》,第267册,第580页。

③ [朝鲜王朝]正祖:《弘斋全书》卷164,《日得录四·文学四》,第267册,第209页。

注释中"如有考据欠详而他义为长者,亦取其说而正之"①。即不仅修改杜注,还添加了其他人的注疏。这都被认为是正祖采用了汉学考据的方法;第三,书写格式上,对于有传无经之处,加大圈区别之。经文单书春夏秋冬,传不叠书。经传同文时,删传文;经、传时间不同时,移传就经,传文不可避免重复时就两存之。②"每卷第一行书册名处,书以春秋,第二行低一字,书以左氏传。"注释则参照各类注释,也如纲目例,"尽书本文,继书后儒所论之如某氏曰云云"。注重"四时义例"等;③第四,正文前面的卷首部分,其有关目录能够有助于找出《春秋》中繁杂的内容。卷首中的诸儒姓氏、纪年图、地图、类例、世系图、国名谱、人名谱等,对检索和理解《春秋》的文本有重要帮助。④

《春秋左氏传》颁行次日,右议政李秉模上札,述《春秋》重修体现了正祖"继述"列圣之法,也体现其"君师"之位。同时指出:"居泮儒生数十人中,治《春秋》者,才一二。"恐《春秋》之学将成为绝学,希望"先从日次殿讲等试,从自愿讲以《春秋》,以为渐摩成就之道",⑤即把《春秋》逐渐纳入太学儒生学习和考试的内容。次年(1798),沈焕之又启言,不应将新印《春秋》束之高阁,请"用于儒生殿讲及文臣专经之讲",左议政李秉模不仅赞同,还指出应用于科试。⑥ 从此,《春秋》正式成为朝鲜官方规定的学习和考试内容。对于新印《春秋》,正祖也希望得以广泛传播:"板本在于内阁,虽新件,许令来印,以为次第广颁之地。"⑦为了广布,还允许私印该书,以为应讲。此外,馆学儒生应制后,成绩居首诸人,正祖也往往赏赐给新印《春秋》。正祖本人也将该书作为时常研读的对象,正祖二十三年(1799)十二月,正祖研读该书二十日,读罢告知母亲惠庆宫。如同儿时

---

① [朝鲜王朝]正祖:《弘斋全书》卷184,《群书标记六·命撰二》,第267册,第576页。

② [朝鲜王朝]蔡济恭等:《春秋左氏传》,《卷首·凡例》,日本早稻田大学图书馆藏,1797年丁酉字小字完营本。

③ 《承政院日记》,正祖二十年十二月十二日。

④ 详见:[韩]梁桂凤:《正祖朝刊本「春秋左氏傳」附錄의 索引性에 관한 研究》,第135—153页。

⑤ 《朝鲜王朝正祖实录》卷47,二十一年十二月丙辰,第47册,第57页。

⑥ 《朝鲜王朝正祖实录》卷50,二十二年年十一月戊子,第47册,第136页。

⑦ 《承政院日记》,正祖二十二年十二月十三日。

仿朱子"洗书礼"的场景,惠庆宫奖赏他酒饼,正祖遂召集该书的编印诸臣同食并回忆此事。[1] 这说明《春秋》一书对于正祖本人的重要意义。

(三) 别史、杂史类

这一类史书的类型各异,体例不同。有关书目情况如下表所示:

表 1.3　正祖时期官修别史、杂史类史书情况

主要著者	书名	卷数	版本	完成\刊行时间	性质	备注
奎章阁诸臣	皇极编	13	写本	1784	御定	记录几百年的党争事实和破朋党之说
奎章阁阁臣等	日得录	18	写本[2]	1783 后连续	御定	经筵阁臣记录正祖圣语后,分类汇编之书
李福源、金尚集、尹蓍东等	羹墙录	8	丁酉字	1786	命撰	列朝国王朝治法政谟,以类汇分
正祖、徐命膺、李德懋等诸臣	宋史筌	150	写本	1791	御定	改修元脱脱《宋史》而成的纪传体宋史
尹光普、李义凤、李书九、李义骏等	庄陵史补(志)	10	写本	1796	命撰	根据官私资料,整理、记载端宗及相关忠臣事迹

《皇极编》为御定之书。自朝鲜宣祖时,党论四起,由东、西两党,先后再分南、北人,老、少论,每党得势后往往又会继续分裂,如北人党,就曾分为大北、中北、小北,甚至细化为骨北、肉北、皮北。朝鲜党争持续了二百余年。英祖时推行荡平政治,正祖一方面继承了祖父遗志,有着加强王权的现实考量;另一方面,也因父亲庄献世子因党争而死,对党争充满厌恶。正祖在亲撰《序》中,历数了党争祸乱国政之罪。《皇极编》即为荡平党争,建立"皇极",加强王权而编,正祖曾解释道:"此编即朋党纷争之说也。奚以名皇极也,惟皇极可以破此说,故名也。"其内容

---

① 《承政院日记》,正祖二十三年十二月八日。
② 收入《御制弘斋全书》中。

为所抄辑的公私文迹,详细收录朝鲜正祖以前历朝党争的有关事件,以及历朝名臣关于解决党论的上言和疏札。收录的原则是,不收录言论中"只关一己利害"和"凶论中悖理文字",体现中立性和对君臣义理的标榜。篇目为《东西(附南北)》《西南(附大北小北)》《老少(附峻荡)》,清晰地反映了朝鲜王朝党争的各阶段之特点。体现建立"同我世臣,保合大和"的理想君臣政治的愿望。①

特别要提到的,还有《羹墙录》一书。正祖在翻阅内藏书籍时,偶见英祖时故宰臣李世瑾所撰进的《列圣朝羹墙录》,希望续载"英宗圣祖盛德大业"。加之正祖在储君时,札记英祖"圣训",也名《羹墙录》,遂命大臣汇集而成官修的《羹墙录》。该书修纂有如下意义:第一,书名之意为"夫舜之见尧于羹,见尧于墙",集中体现了正祖"承列圣之基业,传列圣之心法",即"继志述事"和对王统的强化;第二,因正祖提供手记内容,对英祖时的事迹"靡不密察而细记……多有外人之所不敢知,史臣之所不能书",很多史官不得书之事,也由此得以补入官方修史之中;第三,该书可用于正祖观省,以期"以笃我列圣度越三代之休"。② 其内容有助于正祖法祖而做齐家治国之资。

正祖九年(1785)十月十九日,正祖在珍藏阁查看列朝御制、御笔等物时,发现了4卷本《羹墙录》,遂有续修之意。③ 二十一日,便正式下教命纂,李福源(1719—1792)为总裁,户曹判书赵㻐、行司直郑昌圣(1724—?)、汉城判尹徐浩修及副司直、兵曹参知李家焕抄出资料。④ 二十六日,正祖命设立校正厅,考校之役均由奎章阁负责,日后由芸阁活印。⑤ 十一月二日,以行副司直洪良浩(1724—1802)、行都承旨金尚集(1723—?)、刑曹参判尹蓍东(1729—1797)为《羹墙录》纂辑堂上。⑥

---

① 参见[朝鲜王朝]正祖:《弘斋全书》卷180,《群书标记二·御定二》,第267册,第501—503页。
② 参见[朝鲜王朝]李福源:《双溪遗稿》卷10,《羹墙录跋》,韩国民族文化推进会编《影印标点韩国文集丛刊》,1999年,第237册,第214—215页。
③《朝鲜王朝正祖实录》卷20,九年十月乙未,第45册,第541页。
④《朝鲜王朝正祖实录》卷20,九年十月丁酉,第45册,第541页。
⑤《承政院日记》,正祖九年十月二十六日。
⑥《朝鲜王朝正祖实录》卷20,九年十一月戊申,第45册,第542页。

君臣经过多次商讨凡例、目次和校正事宜,至次年(1786)二月,中草已出;十三日,始印,纂辑堂上金尚集、尹蓍东,监印堂上差下。[1] 监印堂上要轮看校正疏漏之处,印本校准依照御制校正。在印刷阶段,诸臣发现"右文条"中,肃宗"乙未"(1715)、"丙申"(1716)御制前后矛盾的现象,李福源认为异于《实录》不载,郑存谦(1722—1794)主张按《朱子语类》两存。[2] 四月二十五日,《羹墙录》印成,正祖于重熙堂受书,后分藏于奉谟堂、外奎章阁、西库、玉堂、春坊、承政院、五处史库等处,并将该书颁赐给诸臣。[3]

《羹墙录》是从朝鲜太祖到英祖时期,君主治国理念和方法的整理。通过朝鲜历史的现实背景,来践行圣学论的修身、齐家、治国的蓝图,是君主学习书的一种。英祖时,曾命编纂了多样的君主学习书,如赵显命撰《祖鉴》、郑恒龄撰《常训辑编》、李世瑾撰《圣朝羹墙录》等,突出"法祖宗论"的政治理念。[4] 这对正祖所修《羹墙录》影响很大,其凡例、内容多有继承。该书分"元、亨、利、贞"四册,君主所应具有的德行和知识,都丰富而生动地展现其中,继承了"法祖"的理念。主要从列圣御制、志状、《国朝宝鉴》《龙飞御天歌》《经国大典》《五礼仪》《文献备考》等中摘录。此外,对《续大典》、英祖时《御定羹墙录》《续五礼仪》及野史、朝臣文集等也有所参考。《羹墙录》每段后均标出引用原书,尽力做到文字精约,采用汇分类目的方式,仿《唐会要》《圣政录》等书。但每目类仍是按相关王序的编年体叙述方式,共十九朝事,分为 20 目。[5] 与内容相

---

[1]《朝鲜王朝正祖实录》卷21,十年二月丁亥,第45册,第554页。

[2]《承政院日记》,正祖十年四月十日。"右文条"中,对于少论尹拯疏批及御制诗是否应该载录产生了分歧,少论认为应该保留,而老论认为应该删去。这涉及到肃宗对尹拯政治和学术活动的全面否定,体现了老论的政治反映,但在《国朝宝鉴》修时未能体现,引起老论的不满。而正祖主张载入"丙申处分",但少论却指出了肃宗初年相矛盾的文字。最后满足少论的意志,将肃宗初年的文字与丙申处分文字一并删掉,这体现了党派斗争在史书编纂中的作用。

[3]《承政院日记》,正祖十年四月二十五日。

[4] 详见[韩]정호희:《18세기君主學학습서의 편찬과「羹墻錄」》,第 219—236 页。

[5] 参见(朝鲜王朝)李福源等:《羹墙录》,《元·凡例》,韩国学中央研究院藏书阁(史部2—161\4—1),丙午纂外阁刊本。

似的编年体《国朝宝鉴》互为"表里之书"①。

最先编成的《羹墙录》"中草本"原有 24 个目次②，而后删减到 20 个：创业、敬天、笃孝、治梱、裕昆、敦亲、典学（附怡德量）、来谏、用人、勤民（附劝农桑）、毖祀（附礼前代）、定制、右文（附斥异端）、诘戎（附柔远人）、化俗（附辨淑慝）、懋功、恤刑、理财（附崇节俭）、接下、建中。该书虽然主要是抄节，史料价值有限，但却是对 18 世纪朝鲜政治思想史之理解十分重要的文本：

第一，强化了君主的作用，标榜政治的主体是君主。与之前的君主学习书不同，这部君主教科书是国王亲自主导编定，以血缘为纽带，降低了两班大臣的影响，不仅有助于加深对本国历史的认识，也是对自己正统的再确认；第二，该书体现了对主体性独立国家形象的设定。尤其是"事大""交邻"被删去，而增加了"诘戎（柔远人）"，体现传统对外意识的改变和强化对外部入侵的军事对应，即朝鲜国家中心的意识；第三，"勤民"不同于"恤民"，是强化国家经济力的表现，体现对民众生产力的重视。"理财"继承和扩大了英祖时期崇尚节俭的思想。同时记录了铜钱的制作和流通，大同法、均役法等国家财政运营、税收政策有关的法制和改革变化，强调了财富的积极生产；第四，该书编纂中也体现了对党论的克服。国政运营方面，体现"调剂保合"，有效调动各种政治势力，"建中于民，建极于上"，荡平党争。总之，书中体现对仁政、文教、军事、经济的重视。特别是关于"勤民""理财""建中"等有关经济、政治和对民政策的新变化，在以往朝鲜国王通用的君主学著述中，是难以见到的新要素。正祖以后，该书又被纯祖、宪宗、高宗用作学习教材，多次阅读或修订。③

---

① ［朝鲜王朝］李崑秀：《寿斋遗稿》卷 5《日得圣语录·乙巳录》，韩国民族文化推进会编《影印标点韩国文集丛刊》，1993 年，第 106 册，第 698 页。

② 依次为：创业、继序、尊祖、敬天、圣德、圣学、家法、裕昆、勤政、恤民、崇儒、从谏、任相、用人、礼乐、经制、文教、武略、重农、恤刑、节俭、去党、事大、交邻。

③ 参见［韩］정호훈：《18세기君主學학습서의 편찬과『羹墙錄』》，249—256 页。

(四) 传记类

正祖时期的官修传记类史书,以对各类人物事迹的整理为中心,尤其注重对端庙诸臣和抵抗外来入侵的忠臣事迹的整理和宣扬。有关书目情况如下表所示:

表1.4 正祖时期官修传记类史书情况

主要著者	书名	卷数	板本	完成\刊行时间	性质	备注
阁臣、徐龙辅等	金忠壮遗事	5	木板本	1789	命撰	壬辰之役时,义兵的组织者金德龄的诗文事迹合编
尹行恁等	林忠愍(将军)实纪	5	丁酉字	1791	命撰	明季抗清将领林庆业将军传记
馆阁诸臣	庄陵配食录	2	写本①	1791	御定	记载端宗之庄陵配食诸臣事迹、褒赠始末等
亲授义例、奎章阁诸臣编	人瑞录	4	生生字	1794	御定	记载各地老年人的人口簿
尹行恁等	(李)忠武(公)全书	14	丁酉字	1795	命撰	朝鲜抗倭名将李舜臣事迹和文集
正祖亲撰义例、诸臣	司勋考	1	写本	1799	御定	汇录朝鲜勋臣爵里22类人事迹
诸臣、正祖亲撰题	俎豆录	2	写本	1799	御定	朝鲜文庙、书院享食之事迹
正祖、沈晋贤等	(国朝)人物考	130	写本	1800	御定	增补英祖朝李宣显所编《人物考》,为朝鲜国朝人物事迹
金近淳等	梁大司马实纪	10	木板本	1800?	命撰	壬辰年间义兵将领梁大朴的事迹、褒奖事实和文集

---

① 后收入《御制弘斋全书》中。

《司勋考》属御定之书，汇录了朝鲜王朝自开国以来共 22 类勋臣爵里的事迹。正祖亲撰义例，将其又按照宗英、仪宾、相臣、将臣、文章、忠节分类。[①] 体现正祖对忠君理念的宣扬。

《(国朝)人物考》属御定之书。因不满英祖时政丞李宜显（1689—1745）私纂《人物考》过于简略、体裁不当，正祖取柳馨远《舆地志》、金堉《海东名臣录》、宋成明《国朝名臣录》、金始炜《汇言》与凡太常所载谥状等，互相参照、补充脱漏。其分类则"会稡历代诸史而折衷之"，依次为宗室、辅相、卿宰、侍从、儒林、文苑、武将、功臣、外戚、庶僚、荫宦、忠孝、党锢、遗逸、方技、考余。体例上，参用大量中国史书，以邵经邦《弘简录》、郑樵《通志》之例，每一朝人物各为一编。一传之为一编，用"班史"之例。总书姓名于前，分叙事实于后，用"欧史"之例。指授阁臣等编摩。[②] 该书始纂时间不详[③]，正祖曾批评"今人固陋，不识我东典故"，遂"故欲抄此书，以为博古之资"。其凡例大体为：先抄出《名臣录》诸人事迹；次以《人物考》补其阙漏；再取《相臣考》《登坛考》《文衡考》《湖堂考》等书并录无遗。人名下，录其生卒履历，详细严谨，抄启文臣负责抄出。[④] 该书由正祖主导，由沈晋贤（1747—1799）等抄启文臣负责，但并未完成。

《人物考》中收录朝鲜前期到英祖前半期的主要人物约两千人，多为西人（老论、少论），编纂方式为碑铭等个人传记的资料类辑。人物的分类特征能够体现正祖时期的历史认识。所谓《群书标记》中的《人物考》130 卷，是正祖升退以后随之中断纂修的《人物考》，即当时纯祖时内阁收藏的三种人物考的合并数量（沈晋贤等编《人物考》26卷、丁若铨等编《岭南人物考》17 卷、李宜显本《国朝人物考》87 卷）。因《人物考》以西人系列的人物为中心，为了补足，正祖于正祖二十二

① ［朝鲜王朝］正祖：《弘斋全书》卷 182《群书标记四·御定四》，第 267 册，第 537 页。
② ［朝鲜王朝］正祖：《弘斋全书》卷 182《群书标记四·御定四》，第 267 册，第 544—545 页
③ ［韩］辛承云：《朝鲜朝 正祖命撰『人物考』에 관한 書志의 研究》认为始于正祖十八年（1794）。
④ 参见《承政院日记》，正祖二十二年七月二十六日。

年(1798)又命成《岭南人物考》,以南人系人物为主,同样随着正祖的升迁和南人的退朝而中断,未能完成。其编纂强调忠节观,也体现了对中人、平民等的关注,如又加入画家、星历、阴阳、医学等中人阶层的人物,扩大了人名事典的收录范围,是一部较为完整的综合传记资料。虽未能完成,但其编纂方法、分类项目、人物选择等对后世影响很大。①

《金忠壮遗事》是壬辰战争时期,义军忠勇将军、全罗道光州人金德龄的诗文事迹之合编,正祖亲撰序文。正祖十二年(1788),正祖命内阁分编勘校,内容为诗文、年谱、纪传碑状,以其兄德弘、其弟德普事迹附之,体现"家传之重于国史",次年(1789)春完成。② 正祖读罢金家的家藏遗稿、手迹,十分动情,又因忠臣曾为"党私"小人戕害,有为其伸冤昭雪、重振风气的打算,于是命湖南营模刻。③ 同一类型的还有《梁大司马实纪》,记载壬辰战争时,率先举起义兵大旗之人梁大朴事迹。因官方恐其事迹无人知晓,又因梁大朴及其两子被誉为"海东三苏",皆能作诗,残存之作为正祖所读,正祖遂与内阁商议,将其内藏文集重新厘正为一书,由直阁金近淳负责,卷首为教批、祭文,先叙倡义事实、次叙大朴诗文、儿子诗文、后人赞述,下送湖南营刊印。④ 两书体现正祖对勤王义兵的褒奖。

《林忠愍实纪》为纪念朝鲜抗清名将林庆业所编。正祖十三年(1789),正祖就曾下教于壮勇营,将褒赠、祭祀忠愍公林庆业的事迹大书特书,以此将林庆业树立为忠君爱国的典型,用于宣教自己的亲卫队。⑤ 正祖"念其忠义名节……而苟无一部传记之书",而命阁臣尹行恁旧辑其遗闻、年谱及后人撰述之文。复以正祖亲撰碑文、祭文于卷首,丁酉字印颁。⑥ 该书成书于正祖十五年(1791),同时湖南道臣刊

① 详见[韩]辛承云:《朝鲜朝 正祖命撰『人物考』에 관한 書志的 研究》有关研究。
② [朝鲜王朝]正祖:《弘斋全书》卷183,《群书标记五·命撰一》,第267册,第568—569页。
③ 《朝鲜王朝正祖实录》卷26,十二年十一月甲戌,第46册,第15页。
④ [朝鲜王朝]正祖:《弘斋全书》卷184,《群书标记六·命撰二》,第267册,第581页。
⑤ 《朝鲜王朝正祖实录》卷27,十三年五月壬午,第46册,第37页。
⑥ [朝鲜王朝]正祖:《弘斋全书》卷184,《群书标记六·命撰二》,第267册,第572页。

行,后于高宗二十七年(1890)重刊,以示"卫正斥邪"。李舜臣是朝鲜的
抗倭名将,曾任全罗左道水军节度使,一度卷入南、北党争而下狱。后
复位统制使,与明将陈璘合阵,亡于露梁海战。正祖于正祖十六年
(1792)下纶,加赠其领议政,又建尚忠旌武之碑,并下御制碑铭,评价其
"以基我烈祖中兴之功者,维忠武一人之力是赖"①。正祖将忠武公李
舜臣和忠愍公林庆业看做朝鲜两大忠臣,与内阁商讨后,也要为李舜臣
编纪述之作,后命阁臣尹行恁博采公私记籍而成《(李)忠武(公)全书》。
内容为教谕、赐祭文、图说、世谱、年表,诗文、状启、《乱中日记》、碑状、
祠记及后人纪述之篇章等。正祖十九年(1795)九月书成,由正祖私人
内帑钱印制,用丁酉字摹印。② 由柳得恭负责监印,后分藏内阁、五处
史库、弘文馆、成均馆及顺天忠愍祠、海南忠武祠、统营忠烈祠、南海忠
烈祠、康津遗祠等多地。同时,正祖在阅览李忠武遗事时,发现与其"同
死"的明朝老将邓子龙,《明史》中称其庙食朝鲜,而事实上并未有庙食。
正祖随即命将邓子龙配享于康金诞报庙,遣官致祭。③ 该书完成后,还
有地方幼学上言,称在《忠武全书》中,记错其先祖在壬辰战争时的就义
时间、地点,正祖遂命内阁考公私文迹厘正。④ 这体现了该书流传之广
及宣扬忠义的效力。

(五) 地理类

正祖时期的官修地理书,情况如下表所示:

表 1.5　正祖时期官修地理类史书情况

主要著者	书名	卷数	板本	完成时间	性质	备注
徐命膺等	南汉志	2	写本	1779	命撰	南汉山城地志

---

① [朝鲜王朝]正祖:《弘斋全书》卷15,《碑》,第262册,第258页。
② [朝鲜王朝]正祖:《弘斋全书》卷184,《群书标记六·命撰二》,第267册,第574页。
③ 《朝鲜王朝正祖实录》卷35,十六年八月乙酉,第46册,第325页。
④ 《朝鲜王朝正祖实录》卷47,二十一年八月乙卯,第47册,第40页。

续表

主要著者	书名	卷数	板本	完成时间	性质	备注
正祖亲撰序，诸臣	道里总考	2	写本	1797	御定	朝鲜边疆地理志
正祖亲撰题，诸臣	城图全篇	10	写本	1799	御定	朝鲜四都八路营阃邑堡之城图
正祖亲撰题，诸臣	梵宇考	1	写本	1799	御定	朝鲜寺庙情况
李书九等	海东舆地通载（海东邑志）	60	写本	1799	命撰	朝鲜全国的地理志

《南汉志》是一部南汉山城附近的地理志。北汉城有《志》，而独南汉城没有。南汉山城是百济时期到新罗时代的长城，朝鲜王朝依照高丽旧制设广州牧。仁祖二年(1624)设行宫，肃宗九年(1683)设留守兼守御史。南汉山城不仅军事地位重要，"胡乱"时仁祖即受困此地。正祖三年(1779)，正祖拜谒仁祖英陵、孝宗宁陵时，"取见旧传邑志"，发现"殊芜杂疏牾，不可征信"。遂命守御使徐命膺(1716—1781)就加釐栝，包括分野、疆域、山川、坊里、田结、郡名、城池、宫室、坛庙、陵寝、学校、营制、户口、物产、仓廪等凡 27 目，对其地理沿革、物产风俗、军事经济等诸方面都有关注。该书实际并未完成。[①] 至宪宗十二年(1846)，由丰山洪氏的洪敬谟（时为义禁府事、行中枢府事）等添入国乘、野史，对南汉城的地理沿革做了详细考述，补充了《新增东国舆地胜览》中的不足，命名为《重订南汉志》，卷首附有详细的"叙例"，后被印刷出版。《道里总考》是正祖御定的朝鲜边疆地理志，并亲撰"序"。其体例"仿贾耽之《郡国志》，则书列郡之境界。依桑钦之《水经》，则书四沿之程站。取茅元仪之《边防考》，则书烽燧驿拨之第次。以至潮汐之信、风雨之候、场市之名，历历纪载"[②]。

正祖还有再次大规模编纂全国地理志的愿望，曾命奎章阁续编《舆

---

① 参见[朝鲜王朝]正祖：《弘斋全书》卷 183，《群书标记五·命撰一》，第 267 册，第 556 页。
② [朝鲜王朝]正祖：《弘斋全书》卷 181，《群书标记三·御定三》，第 267 册，第 524—525 页。

地胜览》,最初命名为《海东邑志》。命诸文臣(李家焕、李书九及抄启文臣)分工取诸道《邑志》,编纂、校正,未成。① 据李书九年谱,正祖十三年至十四年(1789—1790),正祖命内阁纂《东国邑志》,李书九负责发凡起例,校书馆校正。以上书名可能都是《群书标记》中《海东舆地通载》的别称,该书仿效中国地志书体例:"各详其疆域远近,宫殿制置,盖仿《三辅黄图》之例也……各详其地名沿革、山川关阨、人物田赋、形胜题咏,盖仿《太平寰宇记》之例也。"正祖认为,徐居正《舆地胜览》多诗赋序记,而山川道里、关阨险要却很疏略,"不为考证地理也",所以他希望编成集地理考证和诗赋文集于一体的地志之书,于正祖十二年(1788)命编,"而篇帙浩穰,藁尚未完"。②

(六) 职官类

正祖尤其重视"志"体之书,一方面坚持"有官必有志",同时又希望打破习惯性将"官府之志"纳入"职官",而不称其为"志"的目录分类。正祖时期的官修职官类书,主要特点是以完善和补充中央各主要官署之志为主,包括奎章阁、弘文馆、成均馆、侍讲院、六曹中的礼、户、刑等重要部门,其他则为奎章阁最初设立时的有关制度。正祖主导了诸多官署志的编纂工作,体现了国王对"右文政策"的推进、对国家事务的应变和掌控,也体现了荡平理念。但事实上,仍难以做到"六曹皆有掌故"。主要书目情况如下表所示:

表1.6　正祖时期官修职官类史书情况

主要著者	书名	卷数	版本	刊行时间	性质	备注
金钟秀等	文臣讲制节目	1	丁酉字	1781		奎章阁抄启文臣讲制的条例

① 《承政院日记》,正祖十三年六月十六日。
② 见[朝鲜王朝]李书九:《惕斋集》,《惕斋先生年谱》,韩国民族文化推进会编《影印标点韩国文集丛刊》,2001年,第270册,354—355页。

主要著者	书名	卷数	版本	刊行时间	性质	备注
奎章阁诸臣	内阁故事节目	1		1781		规定奎章阁的仪式
李福源、李徽之、黄景源、徐命膺等	奎章阁志	2	丁酉字	1784	御定	记载奎章阁仪制
李鲁春等	弘文馆志	1	丁酉字	1784	命撰	总结弘文馆规制
柳义养	侍讲院志	6	写本	1784	命撰	整理侍讲院的沿革和功能,以书筵为中心所展开的世子讲学活动等
闵钟显	太学志	14	写本	1785	命撰	成均馆掌故之书
柳义养	春官通考	96	写本	1788	命撰	礼典,对《续五礼仪》的再续
朴一源	度支志	22	写本	1788	命撰	整理户曹管辖之各种事务、案例的书籍
金鲁镇、朴一源	秋官志	10①	写本	1791	命撰	辑录刑曹管辖之各种事务、案例的书籍
正祖	显隆园志	12	写本②	1791	御定	庄献世子墓园之志

弘文馆在朝鲜时代与司宪府、司谏院并称"三司",别称"玉堂""玉署",官员为清要之职,是朝鲜时代名义上最高的文化机构、学问研究和国王教育的中心,对现实政治有极强的影响力。设置领弘文馆事、大提学、提学、副提学、直提学、典翰、应教、副应教、教理、副教理、修纂、副修纂、博士、著作、正字共 20 人,均参与经筵和兼春秋馆职。其规模远仿中国唐制,近仿朝鲜世宗设置集贤殿之制。弘文馆负责"掌内府经籍""治文翰""备顾问",具体来说,对王的教育、经筵、意见发策、收议等;官员充当外交文书等各种文书的制成的治制教、记录史草的史官、试官和

---

① 《增补文献备考·艺文考》中记载为 8 卷。
② 后收入《御制弘斋全书》中。

外交使臣等;通过经筵干政,行使政治影响力和上疏等言论活动等,都是其主要的职能。[①] 但其和春秋馆、艺文馆之间的兼官和职务交叠非常严重,奎章阁成立后,其职能被大大削弱。

不同于御定《奎章阁志》,《弘文馆志》为命撰之书。弘文馆作为禁中的重要机构,却在三百年来没有一部志书,且朝廷掌故多出自弘文馆,而弘文馆怎可无《志》?[②] 于是正祖命编《奎章阁志》后,随即也命应教李鲁春(1752—?)等仿其义例,取出旧《志》厘正而成《弘文馆志》,于正祖八年(1784)与《奎章阁志》一同由校书馆印出颁行,"以追宋朝馆阁志之规模",体现了馆阁并重。该书共分六目:建置、职官、进讲、馆规、书籍、事实,每目下分若干小目。正祖还亲撰了序文,"弘文馆之掌故备焉"的同时,正祖也想通过《弘文馆志》重振士风:"则今之学士,不若古之学士何也。噫! 文治之不弘。"即通过斯《志》,唤醒学士之风、弘文之志。[③]《弘文馆志》中历数历朝礼遇翰林文士之风,突出弘文馆在文治国家的重要地位。该书也体现正祖发扬了"列圣朝崇重是馆之盛意",提高了翰林士人的地位。[④] 该书参考了《经国大典》《龙飞御天歌》《舆地胜览》《国朝宝鉴》《大典前续录》等国家典籍,也有《笔苑杂记》《丙子录》《海东野言别集》《芝峰类说》等野史、笔记。[⑤]《弘文馆志》的内容反映了朝鲜时代的政治制度、问询和国王教育的变迁过程,是重要的史料。

《侍讲院志》[⑥]原名《春坊志》。春坊即储君受教之所,大概起源于唐高宗时期,后名侍讲院。正祖曾言:"有官辄有志,春坊无之。予在春邸,界一二宫僚,编成之工未就。"可知,早在正祖为储君之时,就曾召集宫僚编纂此《志》。工曹参判柳义养(1718—?)最终于正祖八年(1784)九月完

---

① 弘文馆的介绍,参见了［韩］赵尹嫓:《조선 정치의 성격과 특징 교육 연구-홍문관을 중심으로》,성신여자대학 2011 年硕士学位论文。

② ［朝鲜王朝］徐滢修:《明皋全集》卷7,《弘文馆志序》,韩国民族文化推进会编《影印标点韩国文集丛刊》,2001 年,第 261 册,第 138 页。

③ ［朝鲜王朝］正祖:《弘斋全书》卷183,《群书标记五·命撰一》,第 267 册,第 562—563 页。

④ ［朝鲜王朝］金钟秀:《梦梧集》卷4,《弘文馆志跋》,第 245 册,第 550 页。

⑤ ［韩］姜泰训:《『弘文馆志』解题》,第 6 页。

⑥ 该书为《域外汉籍珍本文库·第二辑·史部》第 13 册收录。

成,并进书。① 该书并未收入《群书标记》和《增补文献备考·艺文考》中。《侍讲院志》有多个版本②,从其内容上看,以侍讲院有关历代故事、世孙和世子等的教育有关的叙述为中心,引用的资料由于"两乱"损毁,大部分在仁祖以后的叙述更为充实,尤其重视英、正祖时期的内容。

该《志》编纂的意义:"英、正时代",侍讲院的地位和功能得到强化,因为在围绕王位继承而展开的激烈党争下,这是一个负责世子教育和保护职责之所。该书纂修也缘于正祖作为世孙时,对春坊资料(《春坊故事》)的整理。《侍讲院志》重新整理了其沿革和功能,所记录的内容是以书筵为中心所展开的世子讲学活动,包括了册封、入学、冠礼、嘉礼等,以及对世子所有正式的和非正式活动的规定和仪节。世子在作为元子时的辅养厅、讲学厅,以及世孙讲书院等官署业务也一一收录。因此,该《志》集中体现了朝鲜王朝培养储君的制度建设。

太学即为成均馆,编《太学志》③也体现右文之风:"我朝右文,教学为先……予自临御以来,惓惓于造士兴贤",而"太学旧无掌故之书,每有考稽,徒凭传闻"。因文献尚阙,正祖命大司成闵钟显(1735—1798)广搜博采而撰此书。共设建置、享祀、礼乐、职官、章甫、教化、饩廪、选举、事实九门,每门下分设若干条,最后还有四学、乡学、书院等事实附编。④ 闵钟显汇编撰次《太学志》,不仅将"列圣朝谟训之关于学校者,几尽载录",正祖御极后"丝纶之凡系崇儒重道兴学造士者"也要载入,奎章阁阁臣参与考出。⑤ 据《太学志》卷首闵钟显之进书笺,该书进奉于正祖九年(1785)二月。⑥ 但在正祖二十年(1796),闵钟显称:"《太学志》编出事,臣之承圣教者,已十余年矣,前后纶綍、御制,一一考出,然

① 《朝鲜王朝正祖实录》卷18,八年九月壬戌,第45册,第468页。
② 藏于首尔大奎章阁(奎907、911、912)及韩国学中央研究院藏书阁(K2‐2031)。奎907为善本,6卷6册。没有序跋,文本与目录存在多种龃龉,内容也有错误。
③ 《域外汉籍珍本文库·第二辑·史部》第12册收录该书。
④ [朝鲜王朝]正祖:《弘斋全书》卷183,《群书标记五·命撰一》,第267册,第564页。
⑤ 《承政院日记》,正祖八年八月十二日。
⑥ [朝鲜王朝]闵钟显:《太学志·一》,卷首,奎章阁写本(奎15217‐1)。

后可以无漏编入。"①可知是时,《太学志》仍在编摩,1785 年的本子很可能只想被作为一个草本而已。

《春官通考》②是对《续五礼仪》的再续,补充了《国朝五礼仪》有关仪注的不一致。因原有礼制典籍"惟仪注图式耳",而缺乏制度源流、因革的说明,缺少列朝丝纶、诸臣奏牍中可备掌故的内容,无汇通记载之编,正祖八年(1784),正祖命礼曹参议柳义养辑英祖以来仪节,参考《经国大典》《续大典》厘正,与英祖时所成《续五礼仪》合为《五礼仪通编》,后又扩大规模,"凡公私载籍之及于王朝礼者"都收录,部分类汇,成一部文献,仿《大明集礼》,共 2000 余条。正祖十二年(1788)成,没有刊印是因"自不妨细目之随加修润"。③

《度支志》④为户曹之《志》,涉及国家财政、邦计。朝鲜设版籍司(掌户口土田赋役贡献)、会计司(掌京外储积)、经费司(掌京外支调)是仿唐、宋之制,三司总于户曹。该书分为内、外两编,按三司分 12 目,前有官制 8 目。由度支郎官朴一源成,该书主要取材于"胥吏簿书",故"文不厌繁,例不嫌蘸,盖草创而未润色者也",但"细大不遗,亦足以资考据"。⑤ 该书体现对国家经济、财政的重视,是了解朝鲜后期社会经济的宝贵资料。正祖希望该书应缮写一件藏于户曹,并曾称赞朴一源能文,特别夸奖其与原刑曹判书金鲁镇(1735—1788)所编《秋官志》"可谓善编"。⑥《秋官志》即刑曹之《志》。正祖即位初,就颁刊《钦恤典则》以厘正刑具,而后又命内阁辑审理资料整日阅览,召会筵臣研讨编秋曹志书,并对体裁淘削,加入金吾文献。该书于正祖六年(1782)修润、正祖十五年(1791)成,共设官制、职掌、属司、吏隶、馆舍、经用、律令、禁

① 《承政院日记》,正祖二十年七月八日。
② 《春官通考》并非《春官志》。《春官志》应为英祖时命编成的记载礼曹各项事务的志书,正祖即位后,多次命柳义养、户曹判书李时秀继续编辑《春官志》,疑似未成。
③ [朝鲜王朝]正祖:《弘斋全书》卷 183,《群书标记五·命撰一》,第 267 册,第 566—567 页。
④ 《域外汉籍珍本文库·第二辑·史部》第 13 册收录该书。
⑤ [朝鲜王朝]正祖:《弘斋全书》卷 183,《群书标记五·命撰一》,第 267 册,第 567 页。
⑥ 《朝鲜王朝正祖实录》卷 45,二十年七月辛亥,第 46 册,第 660 页。

条、奴婢、杂仪等 14 目。① 该书收录朝鲜历代的典章、教令、大臣事迹，对律令禁条进行了整理分类。《秋官志》对从朝鲜建国到正祖时期编纂的诸法典、历代诸王传教的立法内容和法律运用上的相异之处，做了统一的整理，提高了法律的运用效率和准则性，成为朝鲜后期的法律指南。同时禁止了酷刑的实施，规范了审理顺序、刑官职责和工作效率，严禁侵害平民的人身和财产利益，②是了解朝鲜中后期刑法沿革和裁判情况的重要资料。

（七）政书类

正祖时期的官修政书，主要包括国家法典、典制书、坛仪类及政务文书汇编等。书目情况如下表所示：

表 1.7　正祖时期所编政书类情况

主要著者	书名	卷数	版本	刊行时间	性质	备注
诸臣	谷簿合录	10	写本	1776	命撰	记载京外谷仓情况。
有司、阁臣为跋	钦恤典则	1	丁酉字	1778	御定	厘正刑具、对司狱的改革等的法典
奎章阁诸臣	字恤典则及谚解	1、1	丁酉字	1783	御定	灾年官府收养十岁以下行乞儿童和三岁以下路边弃婴的法律
李福源、柳义养	宫园仪	4	丁酉字	1779、1785	命撰	正祖即位后，为父亲上庄献尊号，升格墓园后的礼仪
金致仁等	大典通编	6	木板本	1785	命撰	按《经国大典》的体例编成，收录了《经国大典》《续大典》的内容，以及新的谕旨和现行法令等

----

① ［朝鲜王朝］正祖：《弘斋全书》卷 184，《群书标记六·命撰二》，第 267 册，第 571 页。
② 参见［韩］延正悦：《秋官志에關한一研究-聽訟을中心으로-》，第 243—254 页。

续表

主要著者	书名	卷数	版本	刊行时间	性质	备注
承文院、郑昌顺等	同文汇考	129		1788、1791 后三年一印	命撰	朝鲜的外交文书集、事大交邻文字。1784 年以来，不断增修至 1881 年
奎章阁编	植木便览	4	写本	1789	命撰	显隆园植木补土事实
阁臣徐荣辅等	城制图说	3	写本	1794	御定	集中、朝筑城制为图说
授义例于阁臣徐浩修、徐荣辅等，正祖亲加裁定	咸兴本宫仪、永兴本宫仪	2、2	木板本	1795	御定	祭祀穆祖、翼祖、度祖、桓祖(咸兴)，太祖(永兴)的仪礼
李万运等	增订文献备考	246	写本	1796	命撰	增订英祖时所修《(东国)文献备考》
具宅奎、具允明、徐有隣等	增修无冤录及谚解	2、2		1796、1792	命撰	对中国王与著法医学书籍《无冤录》的持续性修补
奎章阁诸臣	星坛享仪	1	写本	1797	御定	祭祀灵星(农)和寿星(老人)的礼仪
奎章阁诸臣	宫园展省录	1	写本	1785—1800 连续	御定	正祖展拜景慕宫的日程记录
抄启文臣洪仁浩、金熙朝等	审理录	26	写本①	1800	御定	即位以来，编年分类记载狱案及审理过程的书籍。1100 余件案例收录
刑曹郎二人	祥刑考	28	写本	1800	命撰	记载正祖亲自复核的定刑案例之书。分日该载、立纲提要。逐年修正
景慕宫宫官	植木实总	1	写本		命撰	景慕宫植木事实

———————

① 后部分收录于《御制弘斋全书》之中。

《钦恤典则》按罪责的大小,厘正了刑具的类型,规定了使用方法,共分设 11 目。该书命编于正祖元年(1777)六月,完成于次年(1778)元月,馆阁之臣为跋文,正祖亲撰序文,属御定之书。后芸阁用丁酉字刊出,印本下送湖南、岭南、关西营,翻刻藏板。① 正祖认为:"寡人以为赵宋屡百年基业之绵远者,未必不基于斯矣。"该书体现了对宋代宽仁为政思想的仿效。诸臣在编纂时,参互了《大明律》《经国大典》《续大典》诸书。②《字恤典则》是对在荒年时不满 10 岁的行乞儿童、3 岁以下弃婴的官方救助之规定,也体现了正祖的仁政惠民思想。该书成于正祖七年(1783),丁酉字刊印,颁布于五部八道,③另有谚解颁布。

朝鲜缺少对掌故之书的会通集成,英祖曾命洪凤汉等 25 人编撰而成《(东国)文献备考》,成于英祖四十六年(1770),全书分 13 考(象纬、舆地、礼、乐、兵、刑、田赋、户口、财用、市籴、选举、学校、职官)。但因编纂仓促,体裁抵牾,事实疏误之处甚多。正祖想"继述"英祖之志,于正祖六年(1782),命李万运(1723—1797)、柳义养等④重订该书,正祖也亲自指出各"考"存在的问题。"规模则一遵原书,叙述则博考群籍,勘证其讹谬,补苴其阙略。"历经十余年则粗编成《增订文献备考》,未能刊出。⑤ 该书增加了艺文、物异、宫室、王系、氏族、朝聘、谥号 7 目,共 20 考。其参考文献也十分浩瀚,如李万运言:"臣之所已见者为一千一百余卷,而欲见者文集三四百卷及各司誊录累百卷矣。"此外,还要参考《高丽史》《三国史记》《三国遗事》、弘文馆册子等。⑥ 该书对《文献备考》脱漏的内容前加"补"字,并对字句修正、补充事迹,对干支、人名等方面的差误进行再检和修正。内容参考马端临《文献通考》的体系,"象

---

① [朝鲜王朝]正祖:《弘斋全书》卷 179,《群书标记一·御定一》,第 267 册,第 495 页。
② 《朝鲜王朝正祖实录》卷 5,二年元月癸酉,第 45 册,第 3 页。
③ [朝鲜王朝]正祖:《弘斋全书》卷 179,《群书标记一·御定一》,第 267 册,第 498—499 页。
④ 据[韩]郑光水考察,该书的著者有四人,分别是咸平李万运及其长子李儒準、广州李万运、柳义养。见氏文《增訂文獻備考의 藝文考 研究》,第 404—414 页。
⑤ [朝鲜王朝]正祖:《弘斋全书》卷 184《群书标记六·命撰二》,第 267 册,第 577 页。
⑥ 《承政院日记》,正祖七年九月九日。

维"在"物异"之前,"宫室"在"舆地"之后,"王系、艺文、氏族、谥号、朝聘"在"礼考"之后。此外,也参考了王圻《文献通考续编》的体系。① 该书于纯祖九年(1809)成草稿,高宗时又组织朴容大、赵鼎九等继成《增补文献备考》,成为朝鲜王朝最为完备的文物制度之书。

随着与清朝关系的缓和及外交关系转变,朝鲜后期对外交、军事日益关注,正祖八年(1784)开始了一项外交文献整理汇编的工作,即《同文汇考》。该书资料来自掌管外交文书撰写和管理的机构——承文院,包括诏、咨、表、奏,使臣的名单,译官的手本等资料。当年,正祖指派礼曹判书洪良浩、咸镜监司李崇祐等修辑,誊录承文院所藏外交文书,吏曹判书郑昌顺(1727—?)、行副司直李在学(1745—1806)等参与校正和监印。正祖十二年(1788)九月初步告成,外阁活印,刊行 60 册,李福源作序,存于议政府、史库等处。正祖又命《同文汇考》每三年续刊一次。其后的纯祖、宪宗、哲宗、高宗时,又有补编,分为原编初修、别编、附编、补编、原编续修、原续编、补续编、附续编八类,共 96 册,129 卷。收录了自仁祖十四年(崇德元年,1636)—高宗十八年(光绪七年,1881)朝鲜与清朝、日本的往来文书。《同文汇考》编纂共有 32 次,其中正祖朝就有 17 次。该书也采用按目汇分,编年叙事的编纂方式。该书对朝鲜王朝的外交影响甚大,以致正祖以后,每逢处理外交事务皆要考检此书。书中收录清代中朝和朝日间各种往来文书和相关记录,可以增补中、日史料之不足,具有较高的价值。

前文已述,《经国大典》之后,朝鲜官方持续对既有法典进行了增补,先后编成《大典续录》《大典后续录》《受教辑录》《新补受教辑录》。英祖二十年(1744)编成了《续大典》。正祖又对前修法典进行整理和统一,同时补充"英、正时代"的法制改革内容而成《大典通编》,同样受到《大明律》及《明会典》的深刻影响。它记录了朝鲜后期政治、经济、文化的变动情况,成为朝鲜王朝后期的代表性法典。

李福源在《大典通编序》中提及了该书的编纂缘由:"然而原典为大

---

① 参见[韩]鄭光水:《增訂文獻備考의藝文考 研究》,第 414 页。

全,续典为补编。而编帙既异,不相联属,秖见其补,则无以得其全也。自甲子迄今日,丝纶之属于关和者,亦非一二,而诸司誊录,漫无统纪,寻流而或昧于源,稽往以或遗于来。举行易眩,舞弄多端,此《通编》之所以不得已也。"①概括起来:第一,各时期的法典各自为书、不相统属,相互矛盾,有司不便考检法条;第二,英祖《续大典》成书之后到正祖即位的时间,教令还未有收录。正祖即位后的政令也未能收录,影响了施行。此外,该书之成也是针对朝鲜后期国法废弛,体现"继述"先祖,恢复古法之意:"挽近以来,法度之坏废,纪纲之解弛,莫不由于祖宗朝良法美制之不能修明也。"由此,可享太平之治,为"东方金石之宝鉴"。②

在正祖八年(1784)三月,副校理李翼晋就曾上疏指出修订法典的重要,正祖也有了再编之意。③ 二十二日,正祖即命礼曹判书金鲁镇等"合《经国大典》《大典续录》,通为一书"。④ 最初采用了"增补受教辑录""续受教辑录""受教辑录续编""大典增补编"等名,七月,正式定名为《大典通编》。正祖九年(1785)初,草本完成。正祖先后差出郑昌圣、金鲁镇等负责校正和监董印役。正祖命各司要逐条校正六典之内容,多加厘正,尤其新增部分一定要"详而无略"。⑤ 二月,因金在鲁去世,总裁更为金致仁(1716—1790)。⑥ 六月,该书开始印刷,正祖仍对内容进行细致入微的校订。对于众臣传览后的意见,要在原文处贴上标签,即"付签"的形式,由正祖亲自裁定。正祖甚至逐条修改,对于有添删之处的法典条目,他还要召大臣逐条商讨,⑦例如"黄口儿弱充定之律"就足足商讨了五天,才最终定下。同《国朝宝鉴》之例,该书印刷由奎章阁阁臣和检书官参与,也采用木板刻印,因刻手不足,调用了关西刻

---

① [朝鲜王朝]李福源:《双溪遗稿》卷9,《大典通编序》,第237册,第207页。
② 《承政院日记》,正祖九年元月十一日。
③ 《朝鲜王朝正祖实录》卷17,八年三月己亥,第45册,第431页。
④ 《承政院日记》,正祖八年三月二十二日。
⑤ 《朝鲜王朝正祖实录》卷19,九年二月癸卯,第45册,第501页。
⑥ 《朝鲜王朝正祖实录》卷19,九年二月甲辰,第45册,第501页。
⑦ 《承政院日记》,正祖九年六月二十日。

手帮助刊刻,于八月底完成。九月,《大典通编》最终完成,增加了吏典212条、户典73条、礼典265条、刑典60条、工典12条,共723条。芸阁刊印后,编辑诸臣具笺进书,正祖在仁政殿受书,颁赐中外,命地方翻刻藏板。后因颁赐件数量不够,又命监印厅加印白纸件。[1] 其编成速度之快,实属罕见。[2] 该书由奉朝贺金致仁总裁,纂辑堂上为行司直金鲁镇、江华留守严璹(1716—1786)、庆尚监司郑昌顺;监印堂上为汉城判尹郑昌圣、郎厅奉常正李家焕、副司果申大年;监董官为校书校理柳弘之,检书官有李德懋、朴齐家、柳得恭、徐理修(1749—1802),[3]正祖亲撰“小引”。《大典通编》是用于广泛传布的国家法典,在未刊出之时,郑昌圣就提醒正祖要“送于各道监营,自监营又当刊板留置,以为永久广布之地”,后正祖命芸阁刊出,印本下送湖南、岭南、关西各营翻刻藏板。该法典颁行后,自次年(1786)的正月开始使用。[4]

正祖曾夸赞该书比《续大典》“更加纤悉,可谓善成”[5]。《大典通编》的特点是:第一,分门类目,按原、续、增标明。标注“原”即为《经国大典》的法条;“续”为《续大典》;“增”为新增内容;第二,尊重原典内容,存旧官;第三,改横看为直行;第四,删繁归类,便于考检;[6]第五,“简而无漏,详而不费”“开卷了然,如指诸掌”。[7] 在内容上,将英祖后半期和正祖前半期的法制改革内容编入大典体系,体现对官僚体系的改革、对国库的充实和民生改善、国防的强化和兵器的改良、学问振兴有关的各种制度等。如“吏典”中,提升了良贱子孙的地位,可以授官,加入有关奎章阁的制度、铨郎法的复古等。“户典”中纳入了《度支定例》对国家

---

① 《承政院日记》,正祖九年九月十一日。
② 《大典通编》从纂辑厅设立到最终印制,只用了一年半的时间,而英祖时修《续大典》,却用时19年有余。
③ 《承政院日记》,正祖九年十二日。
④ 《朝鲜王朝正祖实录》卷20,九年九月戊午,第45册,第539页。
⑤ 《承政院日记》,正祖九年二月二十三日。
⑥ 参见[朝鲜王朝]正祖:《弘斋全书》卷183,《群书标记五·命撰一》,第267册,第563—564页。
⑦ [朝鲜王朝]李福源:《双溪遗稿》卷9,《大典通编序》,第237册,第208页。

财政的运营体系的法制化内容;改革均役法,防止对民田的侵占;增加灾害时抚恤和赈济、减除奴婢的身贡等。"刑典"中体现宽刑主义,禁止酷刑,保障被囚者的人身权利,国王通过监督审理过程监督司法权等。① 总之,《大典通编》有助于提升王室形象,重树纲纪礼法;另一方面,借重修法典的机会,也推行了"英、正时期"的政治主张。该法典是正祖对英祖立法精神的反映,其中也体现他个人政治意识的渗透,对国家安危的重视,王权的德化力和对人伦的尊重。②

《大典通编》并非是正祖时期法制体系改革的唯一成果,该书完成后,正祖又命具允明(1711—1797)续撰《典律通补》,该书于次年(1786)完成,除参考大典类书目外,对《无冤录》《五礼仪》《续五礼仪》《钦恤典则》《丧礼补编》《通文馆志》等"英、正时代"的典籍也有参考,对《大典通编》以外增加的内容用"补"字表示,仍按六典构成。③ 透过朝鲜时代遗留下来的典章我们不难发现,几乎每一个政治部门的运作、每一项政治制度的形成、每一种重大仪式的举行,都会严格遵照既有的程序来处理,且基本上都会通过典章将它们记录下来。④《大典通编》《典律通补》及前文提及的《春官通考》《奎章阁志》《弘文馆志》《太学志》《度支志》《秋官志》《钦恤典则》《字恤典则》《审理录》《增修无冤录》等书目,体现正祖时期各种法律和制度类书籍的持续性编纂和刊行,尤其是大量的官署志书,对原有的六典机制进行了补充,是一种持续化的法制改革思想,并为后世法典的编纂了打下基础。⑤

(八) 其他类

其他类的官修史书,主要包括史抄、目录、史论、史评、仪轨及其他不便归类的史书。书目情况如下表所示:

---

① 详见[韩]金伯哲:《朝鲜後期 正祖代법제정비와『大典通編』체제의 구현》,第 346—359 页。
② [韩]延正悦:《續大典과大典通編에關한一研究》,《漢城大學 論文集》,1988 年,第 18 页。
③ 参见[韩]金伯哲:《朝鲜後期 正祖代법제정비와『大典通編』체제의 구현》,第 359—368 页。
④ 彭卫民:《朝鲜王朝政书考略——从政制典章看中国礼学的朝鲜化》,第 176 页。
⑤ 高宗二年(1865),制成了朝鲜王朝最后的法典《大典会通》。

表 1.8　正祖时期其他类史书情况①

主要著者	书名	卷数	版本	完成\刊行时间	性质	备注
正祖、丁若镛、李晚秀等	史记英选	6\8	丁酉字	1796、1797	御定	正祖抄节自《史记》《汉书》篇章
正祖、奎章阁诸臣	两京手圈	4	木板本②	1798\1801	御定	正祖手圈《史记》《汉书》《后汉书》文字
徐命膺、徐浩修等	奎章总目	4	写本	1781	命撰	奎章阁皆有窝华本目录,采用四部分类
奎章阁诸臣	西库藏书录		写本	1790?		奎章阁西库朝鲜本为主的藏书目录
徐有榘等	镂板考	7	写本	1796	命撰	取中外藏板簿,分门类次成目录,部分采用四部分类
正祖、奎章阁诸臣	群书标记	6	木板本③	1799\1814	御制	正祖时期御定、命撰书情况
正祖	内阁访书录	2	写本		御定	一部正祖制定的导购书目,采用四部分类
诸臣	大畜观书目		写本			昌德宫书库在英祖到正祖时期的藏书
金致仁等	原续明义录及谚解	4、3	壬辰字	1777、1778	命撰	分别用纲目体记录丙申治狱、丁酉治狱事实
俞彦镐、李福源等及宗室、正祖亲制序文	璿源系谱纪略	8		1782\1783	命撰	改修朝鲜王室的谱牒。删去以前每次补刊的旧本凡例,成总凡例和总叙。成宗改书承嗣睿宗等

---

① 如算上修于正祖朝,成于纯祖元年(1801)的《华城城役仪轨》,正祖时期共有47种仪轨。因篇幅所限,这里恕不再重复叙述和列表。正祖时期的"仪轨"书情况见[韩]韩永愚著,金宰民、孟春玲译:《朝鲜王朝仪轨》,第182—218、484—490页。

② 收入《御定四部手圈》。

③ 收入《御制弘斋全书》之中。

续表

主要著者	书名	卷数	版本	完成\刊行时间	性质	备注
正祖	历代行表	6	写本	1796	御定	中国历代帝王名表。依次为姓讳、谥号、庙号、尊号、陵号、年号
正祖、阁臣	御定监兹	1	写本	1799	御定	正祖从传记中,将可称为"法语"的内容选出
李义骏、李书九、成海应等	尊周汇编	15①		1825\1826	命撰	从仁祖到正祖时期,历代朝鲜君臣、斥和殉节志士等崇明事大、贬斥清朝的史实和崇祀明朝的仪礼等

  《历代行表》是正祖御定整理的中国历代帝王各类"号"之年表。依次为历代帝王姓讳、谥号、庙号、尊号、陵号、年号之考。"正统"则为正文,"僭伪"则附庸,各以其世附之。该书体现了正祖对中国帝王各类"号"的考订及对朱熹正统观的服膺。从正祖亲撰序文中,提出两种观点;一是明朝一些皇帝不知道其古有伪号相符,表示上号需博识谨慎;二是赞同唐陆贽所论"人主轻重,不在名称,人既好谦,天亦助顺"之语,②并不十分迷信帝王之号,所以正祖一生都拒绝为己上号。

  《谱略》始于肃庙朝,英祖朝曾修正过,为表示郑重,原只印出一件为敬,奉安于赤赏山史库。一般由宗簿寺人员修改。正祖即位当年,就几次修改谱略,例如加书惠庆宫、清除文女昭仪号、去除赵泰忆官衔等。之后,每次王室成员信息变动,还要修正,如正祖庶弟李禶被赐死后删去爵号,为贞圣王后、贞纯王后上尊号等。修正时,书写官、校正官都由宗室担任,有时会设厅举行,宗簿寺派出郎厅和别工作监役官几人。外奎章阁修成后,谱略与列圣志状、御制等被移奉。《璇(璿)源系谱纪略》作为王室谱牒的详细说明,肇自肃宗己未年(1679)。因王室成员不断

---

① 《群书标记》载"20 卷",卷数的考辨详见第六章第三节。
② 参见[朝鲜王朝]正祖:《弘斋全书》卷181《群书标记三·御定三》,第267册,第521—522页。

变更,百余年间屡次校补,多有疏略;也因为正祖喜得元子,感念祖先眷顾,遂于正祖六年(1782)命文任与宗簿寺诸臣广考文献订正而成,并亲制序文。在修校过程中,众臣发现了大量有违礼法或格式错误的内容,一一禀告正祖裁定。此外,还有有跋无序、悬注凡例不一、如何处理本无嗣的正祖法统上的母亲——伯母孝纯王后和生母惠庆宫等细节问题。其凡例单独成为别编的处理,方便了日后修改和补入。次年(1783)四月,宗簿寺印进《璿源系谱纪略》等,正祖赏赐编校诸臣,参修人员主要是阁臣、宗簿寺与宗室。①

　　该书内容依次为:正祖御制序、目录、总叙、凡例、璿源先系、列圣继序之图、璿源世系、列圣八高祖图、璿源系谱纪略 21 卷(包含了后追认的德宗、元宗、真宗和庄献世子),体现了国王对《谱略》编纂主导权的掌控,以及王室家谱范围的逐渐紧缩,标志着王室地位的提高。② 该书主要有以下几个新特点:第一,因以往每次修补都有凡例,导致有 36 篇凡例,正祖命将旧本凡例皆删去,改撰凡例与总叙,这种凡例方式对于官方续修性质的书籍,有很大意义;第二,规定了睿宗是承继成宗王统,③中宗传位仁宗等王室统序之争;第三,根据《实录》《国朝宝鉴》修订了许多细节问题,例如自己的出生日期、上号即位年月的错误等,很多阙文也做了修改。④

　　"仪轨"⑤是一种朝鲜特有的档案文献,也具有重要的史学记录意

---

① 《朝鲜王朝正祖实录》卷 15,七年四月戊辰,第 45 册,第 363 页。

② 参见[韩]서명균:《조선후기 왕실기록관리의 법제화과정 연구》,木浦大学校 2002 年硕士学位论文,第 24—26 页。

③ 该书修正时牵扯出"书德宗嗣成宗,于睿宗下不书嗣成宗"的错误,德宗、睿宗都是世祖之子,德宗未能即位即暴毙,其弟睿宗即位不久病逝,德宗次子成宗即位,但其礼法上应继承睿宗。大臣们大体认为,应该书成宗嗣睿宗,体现的是王室血统与法统之争,这在朝鲜王朝国王之中是很常见的。其凡例即按照"不敢以叔伯为序,是即以世系书法而言也"。这件事讨论了许久,恐与正祖被迫嗣真宗后,个人的感情有关。

④ 参见[朝鲜王朝]正祖:《弘斋全书》卷 183,《群书标记五·命撰一》,第 267 册,第 560—562 页。

⑤ 韩国学者对"仪轨"的研究极多,代表性的学者是韩永愚。他认为:"编纂仪轨这种模式书籍的,首先是从朝鲜王朝开始的。朝鲜王朝之前有关编纂仪轨的记录尚未发现,而中国及其他所有国家,编纂过仪轨的事实也尚未得到确认。我们首先应该认识到仪轨是朝鲜王朝所孕育出来的独一无二的文化成果。"(见氏著《朝鲜王朝仪轨》,第 1 页。)

义。它是以国家和王室主要礼仪为对象,在事后进行制作的官撰"综合报告书"。宫中的重要活动之后,仪轨厅编纂以文字、图画的形式详细记录其全貌的仪轨。完成的仪轨中,一件会作为御览进献,剩余的四到七件会分散到相关官府与史库,以供后世参考。其记录的信息涉及政治、经济、建筑、美术、科学、语言、服饰、饮食等众多领域,是探究朝鲜时代宫中文化不可或缺的重要史料。此外,众多官方修史项目的编纂过程都有详细的仪轨记录,对于历史编纂学研究和政治、文化因素的解读都有极高价值。朝鲜王朝仪轨的制作约有 300 年的历史,主要藏于首尔大学奎章阁和韩国学中央研究院藏书阁。奎章阁收藏仪轨 546 种,2940 册;藏书阁收藏仪轨 295 种,529 册,以此作为世界文化遗产。此外,韩国国内大学图书馆、巴黎国立图书馆、日本官内厅也有收藏。①英、正时期,仪轨文化达到了鼎盛。正祖时约有 47 种仪轨,并呈现出与前朝不同的特点:第一,大量制成活字本仪轨,而以前的都是写本;不仅王室官方保存,还颁赐给个人,这有助于大量传播,彰显王室威仪;第二,各类图式大量增多,为展现当时仪式的盛景提供了鲜活的可能,尤其是彩色"班次图";第三,对活动相关部门业务的详细分工都有叙述;第四,设外奎章阁后,将仪轨御览件移入集中保管。后在"丙寅洋扰"(1866)时,外奎章阁为法国人破坏,仪轨因此被焚毁和掳走;第五,将为庄献世子建造祠堂的过程也纳入王室仪轨,体现对其父地位的提升。

正祖时期最具代表性的仪轨莫过于《乙卯园幸整理仪轨》和《华城城役仪轨》。乙卯年,即正祖十九年(1795),正祖携母亲惠庆宫巡幸了水原华城一带。"园幸"的意义在于:一为纪念惠庆宫周甲和庄献世子

① [韩]신병주:《조선시대儀軌편찬의 역사》,第 291 页。朝鲜王朝仪轨在中国也有遗存,万明曾撰《明代后期中朝关系的重要史实见证——李朝档案〈朝鲜迎接天使都监厅仪轨〉管窥》(《学术月刊》2005 年第 9 期)《中国藏李朝档案孤本〈朝鲜迎接天使都监厅仪轨〉新探》,(《历史教学》2015 年第 3 期),该仪轨存于中国第一历史档案馆中。文中对光海君时朝鲜《迎接天使都监都厅仪轨》进行了研究,指出其意义价值。该《仪轨》叙述了《明实录》与《李朝实录》所不载的明后期中朝外交的实际运作过程,向我们揭示出特定历史时期两国关系鲜为人知的史实以及两国邦交的鲜明特色,指出光海君时期两次应接明使活动的不同。

的旧甲（两人同岁），提升庄献世子的地位。同时是正祖即祚二十年的
纪念；二与华城的建设有关，同时展示王权和训练军队、笼络民心。正
祖等的园幸日期为当年闰二月初九日至十六日八天。途中，正祖一行
千余人通过"舟桥"浩浩荡荡渡过汉江，著名的《舟桥指南》即成于此时。
其路线为先祇谒显隆园，然后还御华城行宫，除了在此举办宴会，还有
行城操、御史、赐米、养老宴等活动。早在前一年（1794），正祖就设了整
理所，负责相关出行、经费、后勤、记录等事宜。回宫后，命仪轨堂上李
晚秀、整理堂上尹行恁等编《整理仪轨》十卷，由铸字所用整理字摹
印。[①] 该仪轨并未成于当年（1795），而是成于正祖二十二年（1798）四
月，由整理所进书。之所以如此之缓，是因为经过了严格的考校，还做
了悬吐和谚本的翻译。仪轨一般都是深藏宫中或官署，而此次却翻译
谚本，即是广布之意。特别指出的是，内入件给当事人惠庆宫一件；收
藏件中，园所斋室、景慕宫斋室、华城行宫也各藏一件，体现对庄献世子
的纪念。除了中央各处史库、官署以外，各军营和地方府县也要收
藏。[②] 参修人员为总理大臣左议政蔡济恭，校正堂上行左参赞郑民始
（1745—1800）、兵曹判书李时秀、行护军徐龙辅、李晚秀等。郎厅为行
副护军李始源、副司果金近淳。监印阁臣为检校直提学李晚秀、原任直
阁金祖淳。抄启文臣曹锡中等。[③]

《乙卯园幸整理仪轨》共有 10 卷 8 册，其中卷首、附编 4 卷。包括
行次的各种仪式节次，行次中重要饮食的种类、数量，舟桥建设的情报
等，特别是对八日间移动路线、行次主要事项的情报都按时间记录。其
中"图说"长达数百页，"班次图"体现写实性的空间表现，使得整幅画呈
现出强烈的现场感，对 19 世纪绘制君王举动的"班次图"（类似于行幸
图或动驾图）起到了重要的范本作用。[④] 仪轨一般手制 5—9 部，但从

---

① ［朝鲜王朝］正祖：《弘斋全书》卷 181，《群书标记三·御定三》，第 267 册，第 519—520 页。
② 《承政院日记》，正祖二十一年三月二十日。
③ 《承政院日记》，正祖二十二年四月十日。
④ ［韩］朴廷蕙：《王室的权威与统治理念的视觉体现—朝鲜时代宫廷绘画的种类与性质》，
　　第 35 页。

该仪轨开始,除其中的"班次图"等是木板本之外,仪轨开始出现活字本,并大量印刷至几百部,反映正祖向天下万民炫耀其稳固的君主形象的心态。

另一部重要的仪轨为《华城城役仪轨》。水原华城建设的重要名分是正祖父亲庄献世子的迁陵,同时带来了行政、军事、经济设施的改变。华城的建设是正祖时代荡平政局的产物,也实践了实学派学者的价值。虽然耗费了大量人力物力,但体现了正祖的改革理想,有助于正祖对军权的掌控、对"畿辅重地"的重视和开启"上王政治"的设想。但正祖的突然离世和安东金氏代表的戚家掌权,华城的都市化发展也由此中断。① 现在的水原华城以及附近正祖的健陵(作为朝鲜王陵的一部分),已经被列入世界文化遗产。

正祖二十年(1796)九月,华城城役告完。十一月,据《正祖实录》载:"《华城城役仪轨》成。此书刊行,使举世人,晓然知城役本末。"②事实上,该仪轨当时还没有正书,也未入印。按正祖的要求,该仪轨的内入件、分藏件之刊行费用从城役费中出,实际仍是正祖的内帑。收藏件要藏于三处史库、内阁、政院、备边司、兵曹及内外营,以整理铸字印出。但正祖未及看到正式的刊本就去世了。至纯祖元年(1801)七月,李晚秀启续印《华城城役仪轨》,由洪元燮负责。后于九月二十八日完成印刷 154 件。③

《华城城役仪轨》也为 10 卷。前有《仪轨》凡例、总目,卷首内附有图说的内容,正文共有 6 卷、附编有 3 卷。其体例、类目多仿照了《乙卯园幸整理仪轨》。华城承载着正祖的政治性、军事性意图,有着强烈的王权象征意义。正祖希望将这巨大花费的华城建设,作为国家性的事业被详细地记录,昭示天下。其价值不仅是历史性的,文学性、艺术性、科学性也被融入到历史文献之中,是了解朝鲜后期建筑艺术和科学技

---

① 华城城役建设的背景、经过、意义可参见[韩]郭喜淑:《華城城役에 비친正祖의政治構想》。

② 《朝鲜王朝正祖实录》卷45,二十年十一月庚戌,第46册,第678页。

③ 《承政院日记》,纯祖元年七月二十八日、九月二十八日。

术的窗口。

以上是对正祖时期官方修史成就的简要分类和择要概述。后续章节中,将介绍正祖时期的政治文教机构奎章阁及其在官方史学活动中的作用,并对正祖时期重要的官方修史项目和史书编纂,作较为细致的个案剖析。

第二章

奎章阁的设立与正祖
时期的书籍编印

  "奎章阁"一名始见于中国,由元文宗天历二年(1329)设立于京师,而朝鲜王朝的奎章阁则正式设立于正祖时期。"要理解正祖时期的政治与文化,就必须要研究奎章阁,它是王权强化和文化促进政策的核心机构。"①奎章阁一度成为朝鲜后期最重要的政治机构和文教中心,并存续至王朝覆灭。由奎章阁编印和奉藏的大量汉籍均属于王室书籍,部分被保存至今,其中一部分,还成为韩国的国宝级档案和世界文化遗产。出于对民族文化的珍视,韩国学者对奎章阁及相关研究一直十分重视,论著可谓汗牛充栋。时至今日,韩国首尔大学仍设有"奎章阁韩国学研究院"这一知名研究机构,收藏有原奎章阁之部分书籍,并持续对其进行文献(书志)学、学术史、文学、历史学等视角的韩国古典文化研究。因日帝殖民的客观历史,部分日本学者也有一些研究,主要集中于目录文献的整理和研究。相比之下,中国学者则对其关注不多。

  笔者管窥,东亚学人对奎章阁的有关研究主要集中在以下几个方面:第一,在研究朝鲜正祖时期(或"英、正时代")的政治、学术文化时,作为其中的一个重要背景介绍;第二,以《奎章阁志》等文献为中心,对奎章阁的建置、职能、人员等之介绍;第三,对奎章阁的藏书和有关目录学的研究;第四,对奎章阁的教育制度及有关政治文化背景的研究;第

---

① [韩]정옥자:《조선후기문화운동사연구》,일조각 1988 年版,第 58 页。

五,对奎章阁书籍出版事业的"书志学"研究;第六,对朝鲜铸字印刷史的相关研究。虽然研究视角日渐丰富,且不断微观化,仍存在一些不足。比如,对正祖时奎章阁之设立的有关文化背景之研讨,还不够深入全面;对奎章阁书籍编印职能的研究较少,只有"书志学"视角的概说性研究,缺乏对其政治文化内涵和典型的个案研究;部分研究间,存在相互抵牾,尚缺乏梳理等。本章试图在以上不足的方面有所突破,注重从史学史、政治文化史的视角,更深入地解读奎章阁设立的意义和奎章阁的书籍编印职能,并首次尝试论述奎章阁的设立与正祖时期官方史学之关系。

第一节 奎章阁的设立及其职能

本节以朝鲜正祖时代为中心,试分析奎章阁设立的背景原因,并介绍其相关建置和人员设置情况,总结出奎章阁的四大职能。

一、奎章阁设立的原因

正祖在即位当年(1776)的九月,就于昌德宫禁苑之北设立了奎章阁。之所以在即位之初,他就命设立奎章阁,这与朝鲜王朝的政治文化背景密切相关。

首先,奎章阁的设立以"继述"先王为名分。早在世祖朝时,同知中枢府事梁诚之就曾建言设阁,"世祖亟称其可行,而设施则未遑也";肃宗朝时,为奉安列朝御制、御书,于宗正寺别建小阁,并御书"奎章阁"三字,"而规制则未备也"。① 在奎章阁设立几年后的正祖五年(1781)时,《国朝宝鉴》正在纂出,需要考出《实录》,诸臣在考阅时,发现了世祖时拟建奎章阁之故事,直提学沈念祖(1734—1783)上言曰:

臣等在艺文馆,考出《实录》时,伏见光庙癸未年,以奎章阁设

---

① 《朝鲜王朝正祖实录》卷2,即位年九月癸巳,第44册,第629页。

置事,廷臣梁诚之陈疏建请。而有允可之命,创置内阁,名以奎章。又有大学士、直提学、直阁、应教等官,应教,即今之待教也。其阁号与官制,脗合于今日之制,前后圣规模之相符,诚非偶然矣。

由此,通过《实录》记载,奎章阁之创立确可追溯至朝鲜前期世祖时梁诚之的建议,当时所设置的奎章阁官制名称,竟然与正祖时所设立的多有暗合。这令正祖十分激动,感叹道:"其时规模,与今日不谋而同,此诚异事。"①而"前后圣规模之相符,诚非偶然",更为奎章阁之设立增加了正当的名分。

除了与世祖时之制暗合,奎章阁的称号在肃宗时也曾再度出现:"奎章阁之号,始于肃庙甲戌,而御书扁额,至今在宗正寺。予小子嗣服后,追述建阁,诚非偶然。"②肃宗曾手书"奎章阁"三字匾额,可见其当时建阁的决心。正祖即位后,首先命诸臣编次英祖御制,后拟设立安奉列圣御制的"御制阁",因为发现了肃宗所题写的御匾,而更名"奎章阁"。正祖后命宗正寺将匾额移入奎章阁,肃宗御书三字从此被后世沿用,这同样也成为正祖继志绍述先王的名分。从奎章阁的基本职能来看,其作为奉藏朝鲜王朝列朝御制、御书、御笔、训谟等的专门处所,也体现了正祖对列圣的"继述"之意。正如金钟秀之言:"殿下(正祖)继志述事之孝,受之英宗(祖),英宗受之肃宗,肃宗受之列祖,其心相感而无间。"③

第二,奎章阁之设立还是对中国制度的效仿与继承。"馆阁之称,昉于宋时。"④奎章阁的核心部分被称为"内阁",即同弘文馆并称"馆阁"。奎章阁的设立与朝鲜王朝仿宋朝文治制度有关:"国朝设官,悉遵宋制,弘文馆仿集贤院,艺文馆仿学士院,春秋馆仿国史院,而独未有御

① 《朝鲜王朝正祖实录》卷12,五年八月戊子,第45册,第260页。
② 《朝鲜王朝正祖实录》卷11,五年二月丙辰,第45册,第210页。
③ [朝鲜王朝]李福源、李徽之等:《奎章阁志》卷2,《宸藻第八》,1784年丁酉字本,韩国学中央研究院藏书阁影印。
④ 《朝鲜王朝正祖实录》卷41,十八年十二月甲寅,第46册,第526页。

制尊阁之所,如龙图、天章之制。"可知,奎章阁乃是仿宋代之龙图、天章诸阁,最初的名分即为安奉列朝御制。正祖曾说道:"列朝御制累万卷,建阁藏之,即宋朝龙图等诸阁之义也。"①在奎章阁设置之初,正祖还屡屡命弘文馆考《宋史》,以更好地效仿宋制。在奎章阁官员设置上,正祖命"仿之宋制,参以我朝官名,令吏曹开政差拟"②,也是仿宋之制。

另外,奎章阁的多种仪式制度也继承宋制,如据奎章阁《故事节目》,"本阁提调以下至待教,肃拜依宋之龙图阁学士","本阁起居,亦依龙图阁学士赴内殿起居之例"等。③ 取阅书籍时,采用牙牌制度:"此后内入册子牙牌书下,阁臣之取阅时牙牌取出,作为定式。"这种方式是"遵仿宋朝故事,且符我朝典章,可谓不偶然"。④ 再者,因"宋朝文治极盛,赏花、钓鱼之宴,引接近臣,从容赐对",在有关礼制上也仿宋代,"诸阁臣进笺称谢,上御奎章阁亲受"。⑤ 连奎章阁官员的任免机制("除拜")也"依宋朝龙图阁故事"⑥。

除宋制外,在奎章阁的藏书方面,"皇明之华盖殿文渊阁、文华殿弘文阁,与我朝奎章阁之制同欤异欤"⑦,还有仿明制之处。且据正祖所论,其所设立的六人内阁阁臣官制,甚至还远溯唐制:

> 我朝提学即宋之学士,直提学即宋之直学士,又于堂下置直阁、待教,以仿宋之直阁、待制……是举也,可以宏前谟,可以振文教。有阁则有官,以典守之,不可已也。于是仿唐翰林院学士之例,置六人。⑧

① 《朝鲜王朝正祖实录》卷2,即位年九月癸巳,第44册,第629页。
② 《朝鲜王朝正祖实录》卷2,即位年九月癸巳,第44册,第629页。
③ 《朝鲜王朝正祖实录》卷11,五年二月丙辰,第45册,第211页。
④ 《朝鲜王朝正祖实录》卷13,六年六月丁丑,第45册,第313页。
⑤ 《朝鲜王朝正祖实录》卷7,三年三月辛卯,第45册,第95页。
⑥ [朝鲜王朝]李福源、李徽之等:《奎章阁志》卷2,《院规第七》。
⑦ [朝鲜王朝]李福源、李徽之等:《奎章阁志》卷2,《宸藻第八》。
⑧ [朝鲜王朝]李福源、李徽之等:《奎章阁志》卷1,《职官第二》。

朝鲜王朝对中华文物制度最为仰慕,尤其认同宋代的政治模式和治国理念。奎章阁的设置和制度、仪式多效仿中国唐、宋、明之制度,且奎章阁存放御制本身也是效仿中国,这都成为奎章阁顺利设阁的一大助力,得到了朝鲜统治阶级的公认。由以上可知,正祖设置奎章阁之意"不但远仿唐、宋、明已例,试以我朝言之⋯⋯今此建阁,即不过承光庙(世祖)已行之制,追肃祖未遑之典而已"。然而"此犹属设阁之外面少节也,予之本意,别有在焉",[①]正祖设置奎章阁的真正用意远非如此。

第三,是正祖通过奎章阁重振国家纲纪的政治目的。正祖即位前后,曾多次遭到外戚为首的反对势力谋害,或阻碍其代理听政、或阻挠其顺利即位、或预谋刺杀他而推戴其他宗亲。这些人还多与英祖时的发生的"壬午祸变"有所瓜葛,让正祖自小饱尝丧父之痛。此外,朝鲜后期,多有朝中党派与宦官暗中勾结,干预政治,英祖作为储君时,就险些丧命于宦官之手,而正祖即位前后,参与谋逆的事件中,也有宦官。[②]由是,正祖专门论道:

> 噫,粤在贰极,备经百艰⋯⋯盖当日之甘心国家,雠视君父者,戚里也;谋危国本,必欲沮戏者,戚里也;毕竟天祐吾东,次第夷灭者,亦戚里也。戚里之祸人家邦者,自古已然,而未有若当日之凛乎如一发者也。至于宦侍,则居大内深密之处,通戚里幽阴之迳,声气相遭,首尾互结者,固非一朝一夕之故也⋯⋯平日之最所亲信者数宦,内外交联,先后相应,或通挟匕之贼而暮夜入室,或通占房之谋而暗地埋凶⋯⋯仗为爪牙,结为腹心,凡予之动静云为,饮食起居,作为烂报,传若简牒,骇机毒锋,迫在呼吸。予于是时,实不知税驾于何地,而幸赖我先大王日月之明,得保有今日,到今追理,噭,亦危矣⋯⋯每念戚宦二字,辄觉齿酸而心寒。

① 《承政院日记》,正祖六年五月二十九日。
② 具体研究,可参见[韩]张熙兴:《朝鲜时代 宦官 研究》,东国大学校 2003 年博士学位论文。"金一镜事件和宦官朴尚俭"(第 177—180 页)、"睦虎龙告变和宦官张世相"(第 180—182 页)、"正祖代洪相范事件和宦官"(第 182—184 页)。

在中国历史上，外戚或宦官专权时有发生，均构成对皇权的极大威胁，这种情况在朝鲜王朝也时有出现。即位后，正祖有着"除戚畹之一番浊乱者，必欲使朝着清明世道底定者，即予之一副苦心也"的满腔抱负。于公于私，他都绝不能允许戚里和宦侍再祸乱朝政，危害王室。正祖认为，扫荡戚里和宦侍的方式，就是亲近士大夫，如他自言："支得我四百年宗国者，惟士大夫是已。高尚风栽，矜式朝廷者，士大夫也；维持清议，扶植正气者，士夫也；参赞訏谟，纲纶黼黻者，亦士夫也。我朝立国，专尚士夫，则人君为治，舍此士夫而何以哉……参古酌今，不得已有内阁之别置矣。"

朝鲜后期，王政衰颓、士风日下，正祖建立奎章阁的主要目的，就在于重振士大夫之"士风"，以期"左贤右戚"，将"右文政策"推行至极致，以求恢复王朝治教鼎盛的局面。通过奎章阁的设立，正祖可以与阁臣（士大夫）切磋文艺，讨论国政，评点古今治乱兴衰："每于机务之暇，聊与阁中诸臣，凡于经史讨论，民生疾苦，治政得失，前代理乱，随意搜猎……惟予建阁之本意，职由是也。"奎章阁设立后，正祖也确实长期浸淫于和亲近之臣诵阅经史、编摩书籍，并提拔、厚待年轻学士。这与他追忆世宗时所设集贤殿之举大有关系："粤在集贤盛际，或字呼儒臣，或步临月夜，貂裘玉杯之赐，御膳黄封之颂，传为胜事，留作美谈。"世宗是朝鲜著名的圣君，在正祖眼中，世宗时，以集贤殿文臣集团为代表，其文化之繁荣，君臣之融穆，士大夫之正气，都是国力强盛的体现。奎章阁即如同昔日之集贤殿，成为正祖施行"学问政治"，寻求王业复兴的一个"理想国"。

然而，士大夫也非皆为理想化的贤人，相反，却多被俗气沾染，需要引领士人走向"正学"之路，振"文风"才能正"士风"。由是，正祖曰："且予之设阁，又有深意存焉。大抵今世之人，萎靡颓惰，便成俗习，淬励无望，振作无期，士大夫名节文学，其将扫地而无余。予以一分矫捄之道，特置内阁，崇奖文华，则要为他激劝之道也，设置华贯，则要为他耸动之资也。"正祖设立奎章阁的另一要义，就是将其打造成朝鲜最重要的文化和教育机构,以期望引领士大夫之正气,寻求"矫俗"之道,并培养一批儒士,成为日后合格的可造之才。这种理念,奠定了奎章阁在文教和人才培养方面的地位。

此外,奎章阁官员的选拔也体现了一定的现实关照。特别是提拔一批中庶人阶层为检书官这样的"任重位卑"之职,体现了正祖继承英祖"庶孽疏通策",促进人才流动的努力;另一方面,"提学,虽大官亦兼之,直提学则自堂上而至于亚卿,直阁则自堂下而至于堂上,待教则自参下而至于参上,而必以色目参互进用"①。奎章阁官员地位极高,其高官之选拔,还体现了荡平党色的特点。由此可见,奎章阁设立的更深层次用意,乃是欲将其打造成正祖笼络权臣、培养亲近势力、荡平党争和促进人才培养的政治权力中心,并希望由此实现王权伸张和王朝复兴的抱负。

二、奎章阁的建置和人员设置

奎章阁共由三大部分组成:内阁、外阁和外奎章阁。(图 2.1 所示)其主体的建造时间为正祖即位年(1776)的三月到七月。② 事实上,最初营建的只是内阁,乃是其核心部分,具体为宙合楼、奉谟堂、阅古观、皆有窝、移安阁、西库、摛文院几个部分。

奎章阁本阁分上楼下轩,匾额采用的即为肃宗御墨,正祖又题"宙合楼"之匾揭于南楣,用于安奉他自己的御真、御制、御笔、宝册、印章等。此外,西南设奉谟堂,奉列朝御制、御笔、御画、顾命、遗诰、密教及璇谱、世谱、宝鉴、志状。正南设阅古观,上下二层,又北折为皆有窝,皆藏华本(中国本)图籍。正西设移安阁,为御真、御制、御笔移奉曝晒之所。西北设西库(又称"西序书库"),藏东本(朝鲜本)图籍。③ 奎章阁事物的中枢管理机关称为"摛文院",即为奎章阁的办公单位,是奎章阁阁臣"坐会""豹直"之所。摛文院原设于禁苑之中,正祖五年(1781)三

---

① 以上引文,均出自《承政院日记》,正祖六年五月二十九日。
② [朝鲜王朝]李福源、李徽之等:《奎章阁志》卷1,《建置第一》。
③ 参见《朝鲜王朝正祖实录》卷2,即位年九月癸巳,第44册,第629页。

月,由俞彦镐(1730—1796)建议,移设于永肃门外局别将厅,接于昌庆宫旧府的都总府。正祖御书"摛文之院"四字于正厅,[①]以体现重视。昌庆宫旧弘文馆为当时的监印所,后来又名"铸字所","凡编书、印书皆于是"。[②] 由此可见,摛文院移入此地,即是为了方便管理奎章阁的书籍编印工作。

与内阁对应的是外阁,外阁的设置起源于校书馆,又名"芸阁"。校书馆继承了高丽的秘书省制度,朝鲜太祖元年(1392)设立,称为"秘书监";太宗时,书籍院与校书监合署为校书馆,并设立了专门的铸字所;世祖六年(1460),又将铸字所和校书馆合署。正祖六年(1782),校书馆称为"外阁",正式编入奎章阁,设置于昌德宫敦化门外,对朝鲜王朝官方的书籍文化事业贡献颇大。具体表现在:第一,校书馆(外阁)刊行的书籍主要是集贤殿、弘文馆、奎章阁等官方学术机构所编之书和御制、御定之书,刊出之书除奉藏于奉谟堂、宙合楼、望庙楼、华宁殿、文献阁、五处史库等中央各处,还往往颁赐给地方官府、朝臣和儒生,地方有时还要翻刻、翻印;第二,铸造活字用于印刷。从太宗设铸字所,直到正祖十八年(1794)与铸字所分离,校书馆(外阁)都是承担活字铸造的;第三,印刷时收藏活字、册板。校书馆并入奎章阁后,活字收藏被移入内阁,印刷时由监董阁臣按王命输送相应活字至外阁,印完后,再送回内阁保存;第四,一定的藏书职能,校书馆所藏之书均有"校书馆藏""芸阁藏""外阁藏书之印"等印。这项职能在并入奎章阁后,大大削弱。此外,校书馆还有培养铸字、刊印人员的任务。[③]

与外阁极易混淆的是"外奎章阁",也是奎章阁的一个组成部分。外奎章阁又名"江都外阁",设于江华岛,正祖五年(1781)三月修建,建成于次年(1782)二月,"所奉金宝、玉宝、银印、教命、竹册、玉册、皇明钦赐书籍、列朝奉安书籍、流来藏置之书籍及自史库移奉御制、御笔等书

---

① 《朝鲜王朝正祖实录》卷11,五年三月癸未,第45册,第217页。
② 《朝鲜王朝正祖实录》卷41,十八年十二月戊寅,第46册,第534页。
③ 参见[韩]方孝顺:《『芸閣冊都錄』을 통해본校書館藏書에 관한研究》。

籍,录成册子,分藏于内阁、外阁及西库"①。即用以协助分藏奎章阁的御制和其他王室书籍,包括正祖本人的宝册,列圣御制、御笔,古今图籍等,算是奎章阁的一个宫外分阁、别库。所藏定期一年曝晒,由奎章阁直阁、待教负责。共收藏762种书籍。

图2.1 奎章阁建置示意图

正祖设立奎章阁的同时,设置了奎章阁官职,标志着奎章阁的制度、仪式开始完善。奎章阁内阁官员设置也多依中国之制,并沿袭朝鲜的惯例。

奎章阁设置六名阁臣,其中提学、直提学各两人,是奎章阁阁臣的核心成员。提学、直提学均为堂上官,提学为从二品至从一品的高官;直提学为从二品至堂上正三品的高官。提学一般由国王亲自任命,有着弘文馆和艺文馆提学的地位;直提学则由吏曹从弘文馆举荐,国王落点选出。直提学、提学兼任外阁提调,一般不入直,负责抄启文臣的培养,国王动驾时以"检校提学"做守宫阁臣。提学还多兼任弘文馆、艺文馆等机构的大提学之职,提学与弘文馆、艺文馆两馆提学"通同掌试"②。直提学兼任外阁副提调,有每月六日的"豹直"任务,"入直"时修正《内阁日历》,并与检书官对校缮写的御制,择日奉安,还要参与纂修《日省录》。直提学、直阁、待教例兼知制教,担任"备考问、稽典故"之职,有考史之任,兼"春秋"之衔,这就一定程度上分担了弘文馆和春秋馆的职能。黄景源、李福源为奎章阁首任提学,洪国荣、俞彦镐为首任直提学。③

① 《朝鲜王朝正祖实录》卷13,六年二月辛巳,第45册,第298页。
② 《朝鲜王朝正祖实录》卷11,五年三月丙子,第45册,第216页。
③ 《朝鲜王朝正祖实录》卷2,即位年九月癸巳,第44册,第629页。

　　阁臣中还包括两名堂下官，为直阁和待教各 1 人，官阶分别为堂下正三品至从六品、参外正七品至正九品，"以翰圈注荐说书通望人"经提学、副提学会圈产生。[①] 即由奎章阁高级官员选出翰林，"无独自专任之嫌"[②]，这体现了奎章阁人员选拔的一个特色。他们为奎章阁的低级阁臣，却承担更多的实质性工作。"入直"时，需修正《内阁日历》，与检书官对校缮写的御制，择日奉安；还要将朝报、政目、传教、批答等内容抄出、净写，纂修《日省录》；主管曝晒御制、御书、世谱等。阁臣需要在摛文院值守，一般每月直提学每人 2 日，直阁、待教每人 3 日。

　　总之，阁臣有国政议论、王命出纳，一定的人事权、制述权等特权，并主管或负责书籍的编印事务，例任多个机构的兼职，有重要地位。正祖朝近六十名阁臣，主要为老论时派，体现正祖通过奎章阁培养亲近势力、集中王权的用意。本阁阁臣置六员之外，还置检教一职，"依宋朝检校太师本朝检校政丞之例"[③]，实际上是一种临时性职务，用于临时顶替阁臣的人员缺口。担任检校的官员从一品至正九品，官阶和人数不定。正祖常在原任阁臣中任命临时阁臣，担任相应的检校（提学、直提学、直阁、待教等职），体现他对阁臣人事权的保留。

　　阁臣以外，负责具体事务的人员包括"杂职"和"属吏"。"杂职"包括阁监 2 人，负责守直；司卷 2 人，负责向承政院的有关传命；写字官 8 人，负责缮写御制；监书 6 人，负责校书馆应制文字的唱准。还设有检书官 4 人，领笺 2 人，检律 1 人，书员 10 人，句检、生徒 2 人。"属吏"包括书吏、书写吏、兼吏、朝报吏、阁童等 70 人。基层文员多选用学识出众的名门庶出子弟担任，代表性的属检书官[④]。

　　检书官是奎章阁中的基层文员，其选拔既看门第，又看才学，要求

<hr>

① ［朝鲜王朝］李福源、李徽之等：《奎章阁志》卷 1，《职官第二》。
② 《朝鲜王朝正祖实录》卷 11，五年四月壬申，第 45 册，第 236 页。
③ ［朝鲜王朝］李福源、李徽之等：《奎章阁志》卷 1，《职官第二》。
④ 关于正祖时期检书官的研究很多，最具代表性的为［韩］박현욱：《朝鲜　正祖朝　检书官의役割》以李德懋为例，结合多种文集、史料，对正祖朝检书官的职能作用做了较为细致地分析。

甚高,由奎章阁提学以下官员考核,吏曹任免。[1] 检书官群体多出身为中人阶层,协助阁臣从事奎章阁的具体业务,一般担任地方官员,承担正祖命编或御制书籍的编修,还多次出使中国。他们不仅才学兼备,还具备开阔的视野,深受正祖器重,成为"北学"的核心力量和正祖推行"庶孽疏通策"和"右文政策"的桥头堡,与阁臣和抄启文臣一道,在奎章阁所主导的学术文化振兴上,发挥了很大作用,在朝鲜后期文坛、政坛上产生了不小影响。李德懋、柳得恭、朴齐家、成海应等是检书官中的代表人物,他们与洪大容、朴趾源等皆是当时"北学"思想的重要代表人物。

检书官并非设阁之日起设,正祖三年(1779)三月,奎章阁提学洪国荣建议:

> 见今一名人中,有文识者,不为不多。但局于仕路,未试其蕴,良可惜也。况芸阁既属本阁,外阁则其考准之任,亦甚繁重,芸阁唱准窠中,除出四窠,名以检书官。参校本阁编书之任,似不害于懋实之政。下询大臣后,成节目举行,如何?[2]

于是,当年六月,才首次设立四名检书官:"外阁检书官四员启下,幼学李德懋、生员柳得恭、幼学朴齐家、幼学徐理修。"[3]检书官制度成为正祖朝事实上最成功的中庶人身份改革。检书官为五品参外的品阶,随品付军职,这在正祖时所成的《大典通编》中也有明文体现,是对英祖以来"庶孽疏通策"的进一步落实,推动了人才的流动。检书官职务繁多,随机性大,大体有如下几项:(1)内阁的勤务:作为奎章阁的属官在内阁承担出勤、入直、代直等日常勤务。最初,检书官办公之地在外阁,正祖五年(1781)元月,移入摛文院。正祖七年(1783),又在摛文院以左设

① 《朝鲜王朝正祖实录》卷 11,五年三月丁酉,第 45 册,第 229 页。
② 《内阁日历》,正祖三年三月二十七日。据韩国国立首尔大学奎章阁韩国学研究院:http://kyujanggak. snu. ac. kr/index. jsp,下引均出自此。
③ 《内阁日历》,正祖三年六月一日。

立检书厅。检书官四人轮值,一人一般每月"豹直"六到八日。国王"动驾"时,负责传达守宫阁臣的草记、状启等。且还因阁臣、待教有事,需要"代直",后来竟演变至全由检书官代直的场面,正祖发现后及时纠正,要求阁臣不可一日阙直,有事则差下检校顶替。[①] (2)担任临时性官职。检书官之职来源于校书馆中的唱准小官,并非实职。正祖多临时派给官职,如李德懋就曾任承文院吏文学官、司饔院主簿、积城县监、掌院署别提等职。当然,其所担任的实职多为象征性的,相对来说并不受重视,连正祖本人也更看重检书官在奎章阁承担的职务,还多次责怪一些检书官担任外职时,影响了内阁书籍的编修进度。(3)参与奎章阁御制、御定、命撰诸书和内阁史籍的编印或管理。检书官要参与有关书籍的改定、改撰、撰述、撰辑、编纂、修正、正书、校正、校勘、编校、监印、监董等事务[②],甚至参加部分书籍的直接编修,尤其是奎章阁负责的《内阁日历》和《日省录》。在御制及各类书籍的整理和维护方面,检书官要负责奉安、奉审、奉藏、藏书、曝晒等。同时为奎章阁编制了大量书籍目录,促进了书籍的体系化管理。(4)差备官,负责临时事务。一,国王亲自参与抄启文臣试讲、试制时,担任给册官、呼名官等,并要担任记录;二,担任内阁奉书官、执事官、展笺官等,还负责传达阁臣任命的教书;三,宫中各种行事,如祭官、奉俎官、内军物差使员等;四、负责与内阁有关的王命或各种文书之传达。如国王外出,检书官负责联络内阁:"守宫阁臣城内以草记,授检书官呈行在所。"[③]"阁臣凡有意见之可以陈闻者",检书官负责将阁臣札疏呈递承政院。[④] (5)任国王的侍从,如制进、问安、燕射、扈从、卫内、祗迎等职。随从国王左右时,也往往要随身记录。检书官没有实职的名分,很可能是正祖害怕守旧势力反对而进行的妥协。但检书官职低责重,人数又少,正祖一度命设"兼检书官"

---

① 《内阁日历》,正祖五年九月二十七日。
② [韩]박현욱:《朝鲜 正祖朝 检书官의 역할》,第 219 页。
③ [朝鲜王朝]李福源、李徽之等:《奎章阁志》卷 2,《院规第七》。
④ [朝鲜王朝]李福源、李徽之等:《奎章阁志》卷 2,《院规第七》。

之职,柳得恭、李德懋也曾当过兼检书官。[①] 这是为了补充时任检书官因为在外任职,奎章阁出现的人员缺漏,这与检校阁臣的制度类似。

相应的,负责印刷的外阁也设置官员,有提调 2 人,由内阁提学兼任;副提调 2 人,由内阁直提学兼任;校理 2 人,为从五品,其中 1 人为内阁直阁兼任,1 人由文臣中差出校书分馆人担任。也就是说,内阁阁臣 6 人中,有 5 人兼任外阁事务。另有博士 2 人(正七品)、著作 2 人(正八品)、正字 2 人(正九品)、副正字 2 人(从九品),其中 1 人为和待教随品平级的官员兼职,1 人为文臣中差出校书分馆人随次单付的形式。同样设"杂职"和"属吏",杂职有司准(唱准)10 人、司监(补字官)1人;属吏包括书吏、库直、使令、军士 20 人。

三、奎章阁的主要职能

第一,奉藏、管理列朝御制和王室书籍。"两乱"以后,朝鲜国王对史库的认识和管理更加倾心,特别是肃宗以后对王室记录的关心大大增加,奎章阁的设想即是此意。[②] "奎章阁所以奉安列圣之御制而并储天下之图书,其规模制置欲饰右文之治也。""大抵书以载道,阁以藏书,铺张列朝之谟烈,兴起四方之文化。此帝王之先务,而历代之所重也。"[③]前面已述,正祖将存放列朝的御制等作为其"继述"先王和仿宋代制度的体现,成为设阁的重要名分。内阁中,本阁和宙合楼即存放正祖的御真、御制、御笔、御墨等;奉谟堂存放列朝的御制、御笔、顾命、遗诰、密教、璿源谱系、宝鉴、志状等;还又设立了江都外阁,用以分藏。《奎章阁志》专设"《奉安》"[④],记录安奉列朝御制诸物的仪式和对其管理的有关情况。除御制类之外,奎章阁设有多个书库,收藏了大量历代王室书籍,藏书的部分主要是昌庆宫内苑奎章阁西南的阅古观,收藏中国本书籍(华本);阅古观之北的西序书库(西库)则收藏朝鲜本书籍(东

---

① 见《内阁日历》,正祖十年八月十四日、十五日。

② [韩]서명균:《조선후기 왕실기록관리의 법제화과정 연구》,第 28 页。

③ [朝鲜王朝]李福源、李徽之等:《奎章阁志》卷 2,《宸藻第八》。

④ 参见[朝鲜王朝]李福源、李徽之等:《奎章阁志》卷 1,《奉安第三》。

本），书籍量十分浩大，总三万余卷，奎章阁因此也被称为朝鲜的"王室图书馆"。

奎章阁的皆有窝和西库书库所藏的书籍，大体上被按照四部来分类，甲部9类、乙部8类、丙部15类、丁部2类，此法"盖取宋朝太清楼、皇明文渊阁之遗制"①。"经用红签，史用青签，子用黄签，集用白签，汇分类别，各整位置。"②这些藏书主要来自正祖多年的搜藏、弘文馆的旧有藏书及通过在中国购买、中国皇帝的赐书、善本翻印、外阁刊印和地方的献书。其中代表性的两类，第一，为正祖作为储君时的藏书："上雅尚经籍，自在春邸，购求遗编，拓尊贤阁之傍而储之。"第二，正祖即位后，汇总了明朝所赐诸书，并多次命燕行使在清朝购买书籍，其中最大部头的数《古今图书集成》："首先购求《图书集成》五千余卷于燕肆，又移旧弘文馆藏本及江华府行宫所藏皇明赐书诸种以益之。"后又仿唐、宋故事，撰《内阁访书录》二卷，"使内阁诸臣，按而购贸。凡山经、海志、秘牒稀种之昔无今有者，无虑数千百种"③。另外，正祖御定或命撰的大量书籍，编好后不论刊刻与否，都要存于奎章阁一份。阁臣、检书官等除负责编校之外，还要负责"进书"和"晒书"，即进呈和管理所修之书。④ 为更好地管理奎章阁所藏之书，正祖还命阁臣和检书官编成《奎章总目》等目录书籍。

奎章阁馆藏王室书目，历经正祖至高宗五朝。高宗五年（1868），奎章阁的内外阁皆搬迁至宗亲府，新编《奎章阁书目》。"甲午更张"时，开化派将奎章阁改称"奎章院"，并将宗亲府所管文献重新回归奎章院，失败后，守旧派于建阳二年（1897）又恢复了奎章阁名称。光武九年（1905），对奎章阁图书重新编目，完成《奎章阁书目》三册。隆熙元年（1907），改定宫内府官制，废弘文馆，大量官方档案、地方史库的藏书也

---

① ［朝鲜王朝］李福源、李徽之等：《奎章阁志》卷1，《书籍第五》。
② 《朝鲜王朝正祖实录》卷11，五年六月庚子，第45册，第249页。
③ 《朝鲜王朝正祖实录》卷11，五年六月庚子，第45册，第249页。
④ 参见［朝鲜王朝］李福源、李徽之等：《奎章阁志》卷1，《书籍第五》。

都归奎章阁管理。① 1910 年,日本侵吞朝鲜后,废止了奎章阁,次年(1911)将奎章阁图书强行没收,附属于朝鲜总督府藏书,并加盖"朝鲜总督府图书之印"。1923 年,京城帝国大学(现首尔大学)设立,朝鲜总督府分三次将奎章阁图书移入,期间导致奎章阁图书减少,他们对其又加盖"京城帝国大学图书章"之藏书印。1946 年,奎章阁图书都归入汉城大学校附属中央图书馆。按照六十年代初的统计,奎章阁藏朝鲜本书籍 19708 种,73442 册;中国本 5912 种,65568 册;另有未整理的图书约 5000 册。②

第二,教育培养职能。奎章阁以培养人才,改革士风为重要任务,以"右文之治,作人之化"为理念,其重要的实践方式即为抄启文臣制度。该制度始于正祖五年(1781),正祖颁下《抄启文臣讲制追节目》。③抄启文臣由议政府选拔(后来正祖本人也参与选送,这方便下层和地方儒生进入中央学习),从参上(堂下正三至六品)、参下(七品以下)的未满 37 岁的官员中选出。在正祖的主导和亲自参与下,奎章阁对其进行培训和考核。正祖曾言:

> 文风不振,由培养失其本也。近来,年少文官才决科第,不复从事文字,习俗转痼,矫革未易……有关于世道之污隆,今欲仿古设教以为作成之道……若就文臣堂下中,限其年广其选,月课经史,旬试程文,考勤慢,行赏罚,未必不为振文风之一助。④

奎章阁以年轻文官作为培养对象,体现了正祖对年轻士人不读经史、不习文学风气的担忧和矫正。与朝鲜前期实行的"湖堂制"不同,抄启文臣接受的是带有强制性的教育。正祖曾亲临亲讲,他在奎章阁讲课的

---

① 参见张伯伟:《朝鲜时代书目丛刊》,第 12—13 页。
② 参见葛承雍等:《中朝汉籍交流的文化史卷》,第 34 页。
③《朝鲜王朝正祖实录》卷 11,五年三月癸未,第 45 册,第 217 页。
④ [朝鲜王朝]李福源、李徽之等:《奎章阁志》卷 2,《抄启第六》。

记录《摛文讲义》还于正祖五年(1781)三月,由检阅金载瓒编进。① 抄启文臣受讲时,以传统的经典《四书》《三经》《史记》和程朱之文等书作为培训资料,正祖还亲自改编一些书籍作为教材,如《大学类义》《朱书百选》《八子百选》《史记英选》《陆奏约选》等,其内容都由正祖选定②。抄启文臣还要学习写作各类文章,有论、策、表、排律、序、记、说、议、辨、题跋、咨文、奏文、笺、启、诏、制、诰、颁教文、教书、批答、上梁文、檄、铭、颂、律诗、赋等。

抄启文臣要定期"试讲"和"试制"(合称"讲制"),由阁臣主持,甚至正祖亲临,考核内容既有对相关经典的讲读,也有以诗或文章形式所作的论策笺启、关乎时政之文等,是一种经世的理念和实用性的人才培养方式。有关考核的过程还被检书官整理记录,正祖亲自阅览受试者的文章,有助于改进教育内容,更好地培养和使用人才。亲试诸臣的"御制条问"和"对答",被整理为《经史讲义》,收入《弘斋全书》之中。从正祖五年(1781)起的二十年间,整个正祖朝共实行了 10 次抄启文臣选拔,共 138 人被抄启。约三分之一抄启文臣出身的官员,后来都担任了三品至一品的高官,有约八分之一的年轻官员,后来也成为奎章阁的阁臣。③ 事实上,从中央到地方,从事奎章阁学术或外交活动的官吏,大多都有抄启文臣的经历,奎章阁成为朝鲜后期的后备人才中心。但抄启文臣制度在纯祖时,就因势道政治而中断了。宪宗时,为强化王权,于 1847—1848 年又实行了两届,抄启 56 人。④

大臣赵锡穆对奎章阁抄启文臣制度赞誉道:"今之奎章阁,若汉之白虎观,唐之瀛洲,宋之迩英殿,我朝集贤殿。其选则一代之英才,其荣则三接之宠眷。傍置左右,月课月试。殿下优劣其才品,词臣相尚其藻

---

① 《朝鲜王朝正祖实录》卷 11,五年三月辛丑,第 45 册,第 229 页。

② [韩]최두진:《정조대의 초계문신 교육제도 연구》从《文臣讲制节目》来看正祖对经典学习内容的选定和顺序的安排。见氏文第 21—25 页。

③ 笔者根据[韩]姜顺爱:《奎章閣의 圖書編撰 刊印및 流通에 관한 研究》,第 21—23 页、[韩]安光來:《甲辰新編『奎章閣志』研究-圖書館의 機能과司書의 役割을 中心으로》,第 65 页、[韩]최두진:《정조대의 초계문신 교육제도 연구》,第 58—64 页相关内容整理统计。

④ [韩]최두진:《정조대의 초계문신 교육제도 연구》,第 49、39 页。

艺,此非不盛矣。"①18世纪后半期主导朝鲜文坛的大部分是抄启文臣,并协助阁臣参与奎章阁的部分书籍编印,多负责书籍的抄节和校雠工作,为文风振作和朝鲜后期的"文艺复兴"做出了贡献。因老论限制了人才的正常流动,抄启文臣是正祖主导的人才培养模式改革的又一次尝试,从抄启文臣大量成为后备官员,甚至成为日后的高官来看,其的确有助于促进人才的公平选拔。

第三,奎章阁的政治中心的职能。前面已介绍了奎章阁设立的政治背景及奎章阁职官的工作内容。事实上,奎章阁阁臣多由议政府三相和六曹官员担任,并多兼职弘文馆、艺文馆、春秋馆等中央机构的官职。奎章阁官员不仅通过"例兼"或正祖任命,具备一定的史职、顾问之职,负责日常的国王进讲、经筵等政治性的学术活动,还参与书籍编印、文臣教育等学术职能。正祖将才华出众的文臣选为阁臣,与其谈论生民之疾苦、治政之得失,反思自身的施政,同时发布诏命、进行宣教。阁臣有许多的政治特权,而成为新的亲王势力。由此,不难发现奎章阁已成为正祖集中王权,维系"君臣共治"理念的政治权力中心。"彼出入喉院者,强半是出入内阁之人也。"②从奎章阁的各项制度中,可以看出,奎章阁事实上统领了多个分散部门的政务,已分担了朝鲜当时的两馆(弘文馆、艺文馆),两司(司谏院、司宪府)及议政府、春秋馆、承政院、成均馆等部门之职。③ 正如原任提学金钟秀所言:"外假礼貌,内寄腹心。"④奎章阁是以学术性为"外假礼貌",而以其政治性为"内寄腹心",体现了正祖对理想化圣王政治的实践。

第四,奎章阁的书籍编印职能。实际上,由正祖主导的奎章阁的书籍编印,大多是为了服务奎章阁的教育职能,正所谓"教化之本具于书,治乱之原鉴于书"⑤,这体现了奎章阁学术机关的地位。张伯伟曾专注

---

① 《朝鲜王朝正祖实录》卷34,十六年二月庚戌,第46册,第275页。
② 《朝鲜王朝正祖实录》卷11,五年二月丙辰,第45册,第211页。
③ [韩]李离和:《奎章閣小考-奎章閣志중심으로 본概觀》,第151页。
④ [朝鲜王朝]李福源、李徽之等:《奎章阁志》跋。
⑤ [朝鲜王朝]李福源、李徽之等:《奎章阁志》卷1,《书籍第五》。

于对朝鲜王朝目录的考察,他也指出:"书目中反映出的这一时代的文化,集中反映在购书、编书和印书上。"①正祖一生不仅藏书、读书无数,更亲撰、参与或命撰了经、史、子、集大量书籍,这些书籍或体现"继志述事";或为彰显王权、义理教化;或为矫革文风、振作士风。无论是御制、命撰,还是御定类书籍,大多和奎章阁有关,内阁人员或是负责整理、誊抄、校对,或是在正祖的指示下参与直接的书籍编修,包括内容和凡例的议定等。此外,在刻板、铸字及书籍印刷等问题上,外阁也发挥了极大作用,成为书籍生产的机构,而内阁官员在活字的使用、监印,管理外阁、进书等事物中也起到重要作用。于下节中,将做详述。

第二节　奎章阁与正祖时期的书籍编印活动

本节及以下几节,专门以奎章阁书籍编印活动为视角,试论述奎章阁对正祖朝官方史学的影响,并侧重介绍奎章阁直接参与编纂的部分史籍。

一、奎章阁人员担任史职和参与书籍编修

史职是奎章阁人员的重要职务。正祖五年(1781)三月,奎章阁制度日趋完备。正祖下教道:"内阁之职,备顾问稽典,故设有考史之事,须兼春秋之衔,可以眼同举行……此后直提学视弘文、艺文、直提学及副提学之例,付春秋馆修撰官,直阁、待教,随本品付纂修、记注、记事官,着为定式施行。"②阁臣成为国王的顾问,往往涉及到考出史书之事,以此为名分,阁臣均兼"春秋之衔",也就成为了史官。这种史职是长期的,成为一种"例兼":"直提学以下例兼知制教春秋馆";"直提学例付春秋馆修撰官,直阁、待教在承史馆职者,不必叠兼"③。直提学兼春秋馆修撰官,直阁、待教兼任纂修、记住、记事官等。"阁臣之兼春秋,如

————
① 张伯伟:《朝鲜书目与时代及地域之关系》,第5页。
② 《朝鲜王朝正祖实录》卷11,五年三月癸未,第45册,第217页。
③ [朝鲜王朝]李福源、李徽之等:《奎章阁志》卷1,《职官第二》。

翰林之兼带,无是,则无以行阁臣考稽《实录》,编摩《日省录》之任矣。"①这样,就为奎章阁分担春秋馆的修史职能打下了基础,主要体现在考史之职和参与奎章阁的书籍编修之中。

因为朝鲜王朝国史的隐秘性,所修《实录》国王亦不能翻阅,后世国王在制定仪式或政策时,需要参考先朝的成例,往往命史臣去史库、承政院等地查阅相关史书,呈报国王有关内容,是为"考史"。因正祖勤政好学,正祖一朝的考史活动相当之多,多由奎章阁阁臣代替春秋馆人员考史,值得注意的是,很多考史活动无关国家制度、仪式,是单纯的为了考出先朝某一官方史书之体例、凡例、内容的,这是为正祖朝官修史书的编纂服务。

奎章阁是正祖即位后改革政治的核心场所,王室记录管理体系的整备,关系到自己权威的高低,自然是对其王权强化策的一种体现。② 奎章阁不仅奉藏御制,官员也要负责编摩御制及各体文字,御制常由编次人代撰。按照规定,"御制各体"包括 22 种:诗、手书、谕、封书、论、序引、题跋、记、碑铭、行状、行录、祭文、杂著、策问、纶音、传教、备忘记、批答、判付、经史讲义、日省录、日得录。除此各目之外,"又有他体文字制下者,则随体立目,次第类会"。③ 可见,与国王政治活动和个人言行有关的各类记录文字、档案都属于御制的范畴,而这些均由奎章阁负责整理和编摩,如徐浩修所言:"内阁设置,专为典守列圣御制,编次当宁御制,则阁中最重之事,急先务,莫过于此。"④

正祖曾下教道:"传教、批答之移编御制册及各体文字之誉上御制册也,润色斥正等事,如古之编次人编摩之例,然后可也。然则传教、批答,或有截去头尾处,或有删去吏文体格处。各体御制,则一字一句,聚精会思,期无疵病,卿等之责也。"⑤由此可见,正祖的传教、批答等公文

---

① 《承政院日记》,正祖十九年四月十三日。

② [韩]서명균:《조선후기 왕실기록관리의 법제화과정 연구》,第 42 页。

③ [朝鲜王朝]李福源、李徽之等:《奎章阁志》卷 1,《编次第四》。

④ 《承政院日记》,正祖五年五月二日。

⑤ 《朝鲜王朝正祖实录》卷 11,五年三月丁酉,第 45 册,第 228 页。

也算作御制,由奎章阁人员记录、删削。各种御制文字被编摩时,正祖还要求阁臣字斟句酌,绝对不可出错。这些有关记录,被阁臣等整理后,收入正祖的御制文集《弘斋全书》之中。

奎章阁阁臣等记录和整理御制,虽然不能算作是严格意义的官方修史,却也可以看做是一种史学活动。第一,虽然御制体裁中史体不多,但也不乏具备史籍规格的记录物,如著名的《日得录》《日省录》《纶綍》等,《日得录》《日省录》的纂修形式,深刻体现了奎章阁对传统史官修史的挑战;《日省录》还被视为同与《朝鲜王朝实录》《承政院日记》同等地位的官修史书;《纶綍》也成为一种连续性的修史项目。第二,御制中最重要的莫过于"纶綍所载传教、备忘记、判付、批答等文字","以其系日编录,错见互出,且体裁之多寡不一,容有所去就抄辑,就中治体所关精义所寓者,一一誊书经禀,校正后汇类编入于御制册子①"。在正祖的严格监督下,御制经过了分类、编摩、删削、缮写、校雠等多个环节,是一种类似史书编纂的记录模式。这些也都成为了研究朝鲜后期历史文化所不可缺少的史料,具有极大的史学价值。第三,纶音、备忘记、批答、传教等多种公文资料都是《日省录》《承政院日记》《纶綍》等史籍纂修时,重要的参考资料,本身也是这些史籍中的重要组成内容。

由整理御制演变而来的史职是"代撰":"或有丝纶代撰之事,自上特命,阁臣则依皇明太学士代撰纶綍之制,阁臣代撰他如教诰词命,直提学以下既兼知制教,依唐宋学士承召视草之制,亦皆代撰。"②"代撰"即是替国王书写与政务公文有关的御制,主要是针对纶綍、教书、诰命等御制文体,阁臣依照王命撰写。事实上,除以上体裁,《日省录》《日得录》等御制也是属于阁臣"代撰"的性质。这种形式客观上分担了传统王命传达机构承政院的职能,曾遭到质疑,正祖却特加解释:"谕书代撰,自是内阁之任,况直学以下,皆带知制教,无庸辞焉。"他指出"代撰"

---

① [朝鲜王朝]李福源、李徽之等:《奎章阁志》卷1,《编次第四》。
② [朝鲜王朝]李福源、李徽之等:《奎章阁志》卷2,《院规第七》。

是奎章阁的史职,而并非是"侵官政院"。①

　　奎章阁阁臣积极担当王室记录的生产,编次图书和刊印御制文字都由其负责,同时又由王室记录向一般记录物的编纂扩大。② 除御制类书籍,阁臣也参与了绝大多数御定、命撰类③书籍之编纂、校对、刊印等活动:

　　　　内阁编书或因自上特教,或因自下札请。有纂辑之事,则卷袠少者,列书时原任阁臣入启受点,专管纂辑。卷袠多者,时原任阁臣分类纂辑。而抄节校雠之役,使抄启文臣佐之。每一篇成,纂辑诸臣以次登对,一取裁圣旨。④

御定、命撰之书无外乎正祖亲自参编、命编或阁臣请编三种,一般由正祖亲自任命部分阁臣承担编修。重大的官方典籍,如《实录》《国朝宝鉴》等,在纂修前,还会设纂修总裁等职,一般在奎章阁提学、直提学中选出,部分阁臣、检书官担任堂郎等职。甚至抄启文臣也要时常要承担校雠和抄写的工作,如《国朝宝鉴》最后的考准,就由抄启文臣承担;此外,正祖御编的《四部手圈》在付印之前,也是由抄启文臣在铸字所多方校准⑤。即便是命撰之书,也往往由正祖主导其凡例、内容,亲撰序、引等,阁臣需要定期向正祖汇报编印情况。所编之书中,相当一部分为史书,如《国朝宝鉴》《羹墙录》《奎章阁志》《弘文馆志》《原续明义录》《庄陵史补》《尊周汇编》《宋史筌》《史记英选》《陆奏约选》等,后文各章节中将会以奎章阁参与纂修的官修史书为例,对代表性个案做详细的探讨。

---

① 参见[朝鲜王朝]李福源、李徽之等:《奎章阁志》卷2,《院规第七》。

② [韩]서명균:《조선후기 왕실기록관리의 법제화과정 연구》,第30页。

③ 姜顺爱在《奎章閣의 圖書編撰 刊印및流通에 관한研究》中,将御制类以外的编书分为御定书和一般书两种:御定书是国王亲自选定后,命臣下编次的,或王亲自编撰,臣下担任校雠的;一般书是国王下命或者由臣下札请而撰之书。(第14页)

④ [朝鲜王朝]李福源、李徽之等:《奎章阁志》卷1,《书籍第五》。

⑤ 《承政院日记》,正祖二十三年二月十八日。

　　奎章阁中真正负责御制等编修的，主要是直提学以下的守直阁臣以及检书官等基层文员。检书官负责与守直阁臣一同将写字官缮写的御制册子与誊本对比校正、考准。① 内阁书册如有错误，"入直阁臣禀旨请出，与检书官相对校勘，仿古人雌黄减误字之例，以朱墨刊正"②。考准后的两部一部内入，一部奎章阁奉安。编印后的颁赐之书，还要由检书官分书姓名。③ 此外，在正祖的指示下，阁臣与检书官的修正作业，成为某种程度的体制。检书官在"入直"时，要同入直阁臣一同编写《内阁日历》和《日省录》，且检书官承担更为繁重的资料收纳、编校的工作。

　　检书官虽然不是专职史官，但客观上行使了记史的职能。前文已述，检书官的一个任务就是随王伴驾，事实上，也要随身记录。检书官"无异史官，凡举动殿座，必皆书。以上御何殿、行何事，幸陵阙外动驾，莫不以本事，据实直书"④。这些记录后来多收入《内阁日历》《日省录》之中，使得两书记录国王参与的仪式十分详细，如对展拜仪礼的记录，对展拜时的传教、御制、服色、仪节等详细记录，毫无遗漏，这也是其史职的体现。另一个表现，是以差备官身份，担任抄启文臣试讲的记录工作：

　　　　问答讲论之际，多说话易致遗忘，而给册官、告枉官即临席，随问撮记大纲，成草本，则试官讲员讲退取是，正其讹谬，各自修润。⑤

　　　　凡试官所问，讲员所对，检书官即席撮记大纲。分送试官及讲员，依春坊讲说、玉山讲义之例，演成讲说，送于本阁。则试官、检

① ［朝鲜王朝］李福源、李徽之等：《奎章阁志》卷1，《编次第四》。
② ［朝鲜王朝］李福源、李徽之等：《奎章阁志》卷1，《编次第四》。
③ ［朝鲜王朝］李福源、李徽之等：《奎章阁志》卷1，《编次第四》。
④ 《内阁日历》，正祖五年三月二十一日。
⑤ 《朝鲜王朝正祖实录》卷11，五年二月辛酉，第45册，第213页。

书官列名着署入启。而如有过限者,政院察推每月终讲员修送当
月所讲书,徙于本阁,以考其勤慢。①

正祖非常看重对抄启文臣的培养,所以要求检书官对抄启文臣试讲的
全过程都要详细记录。记录的内容要求检书官和试官、应试者都确认
后,方可送入奎章阁。草本经过修正之后,还要每月按时将记录送入承
政院,正祖还要御览。这些记录随后被编入《承政院日记》《内阁日历》
《日省录》等史籍之中。

除《内阁日历》《日省录》的日常性纂修和承担各类记录工作外,检
书官还多参与其他御定、命撰类的官修书籍之役。如检书官李德懋就
在 14 年间参与了 29 部书籍的编、校、刊,如《资治通鉴纲目》的校正、
《羹墙录》的监印,《奎章阁志》《弘文馆志》《大典通编》的校正和监印、
《庄陵史补》《显隆园志》的校勘等。检书官甚至直接负责纂修工作,
李德懋就曾参与了《御定宋史筌》的修撰;朴齐家、李德懋、柳得恭等
参与了《海东邑志》纂修;成大中、成海应父子参与了《尊周汇编》的纂
修等。

二、奎章阁与书籍印刷、流通

奎章阁上至阁臣、下至检书官,甚至抄启文臣都承担书籍编校任
务。一些书籍编好后,还需要经过印刷、颁藏的环节,这就不得不提到
奎章阁的外阁。正祖六年(1782),校书馆被正式编入奎章阁外阁,设置
于昌德宫敦化门外。在正祖重设"铸字所"之前,负责正祖御制及其他
官修书籍的印刷。

外阁"为本阁属司"②。从外阁官员的设置来看,外阁的提调 2 人、
副提调 2 人、校理中 1 人,分别由内阁提学、直提学和直阁兼任,"凡外
阁之印书刻书等事,皆内阁堂郎主管举行",由此,奎章阁形成了"以外

---

① [朝鲜王朝]李福源、李徽之等:《奎章阁志》卷 2,《抄启第六》。
② [朝鲜王朝]李福源、李徽之等:《奎章阁志》卷 1,《建置第一》。

阁为用,内阁为体,体必统用"的格局。① 如徐命膺所言:"自古藏书之所,必有秘阁秘府,内外相维……今馆与阁既具。可令内阁诸臣例兼芸阁……凡外阁之印书刊书等事,皆内阁主之,则庶为一内外之道。"②奎章阁内、外阁即"内外相维",内阁主书籍编摩,外阁主书籍刊印,内阁统驭外阁。校书馆书籍收藏职能进一步弱化,完全转为书籍印刷的场所。由此,奎章阁主导官修书籍编印的局面正式形成,正式成为了朝鲜官方书籍编印的中心。

　　校书馆在未正式归入奎章阁前,也习惯性被称为"外阁",以对应"内阁",阁臣和外阁人员也一直承担刊印工作。正祖五年(1781)二月,正祖就命由奎章阁人员专门负责"御编诸书或御制文字"的刊印,之后还要由其负责进书:"印役印讫,阁臣具仪进书。"③可见,校书馆已由阁臣管理,其归入外阁,实际上是实至名归之事。除御制之外,其他正祖命撰、御定等书也多由外阁负责印役,即便是《实录》纂修这样的大型国史纂修活动,如《英祖实录》和《景宗修正实录》付印之时,正祖也命"问于外阁,则守橉诸员及印出均字等匠,尽赴史局"④,即外阁也派出大量人员,参与了《实录》之印刷。

　　奎章阁阁臣、抄启文臣、检书官、外阁人员等,要受命负责监印或参与抄对、校雠有关书籍。国王不仅亲自指定监印人选,刊印出的奉安件、进献件、颁赐件数目也由国王指定。此外,内阁和外阁的另一项协作任务,就是管理和使用刻板、活字,甚至监管铸字活动。管理、使用刻板、活字等进行印刷,本是校书馆的传统职能,但归入奎章阁后,活字的收纳、管理则是由内阁负责。每有印役,由阁臣经禀,正祖决定使用刻板还是活字进行印刷,如使用活字,还要确定使用哪种字体。一经决定,活字由内阁运置外阁,阁臣照管,进行印刷,完毕后再归还内阁

---

① 《朝鲜王朝正祖实录》卷4,元年十二月癸丑,第44册,第706页。
② [朝鲜王朝]李福源、李徽之等:《奎章阁志》卷1,《建置第一》。
③ 《朝鲜王朝正祖实录》卷11,五年二月丙辰,第45册,第211页。
④ 《承政院日记》,正祖五年三月二十五日。

保存。①

朝鲜王朝深受中国文化影响,除了从中国采购和求赠书籍,亦积极自行刊印汉籍,尤其是经史之书的翻刻,有着悠久历史。朝鲜本校勘细致、雕刻、排印精工,印制书籍自然十分优良。朝鲜刊印书籍特别喜用活字②,徐命膺将其称为"本朝传国之符瑞"③。朝鲜铸字始于14世纪,太宗时设"铸字所",就命李稷等铸"癸未字"十万,但该字字大而不正,且排版由黄蜡固定,字体经常移动偏歪。太宗以后,铜活字盛行,木活字印书渐渐衰落,"李朝铜活字印本墨色如漆而有光,远胜中国明代华氏铜活字本"④。世宗时命李藏等改铸为"庚子字",后由此改良字本铸"甲寅字"二十余万字。"甲寅字"为铜活字,因字体美观,俗称"卫夫人字",被称为"朝鲜万世之宝",以后朝鲜多次铸字皆以此为基础增补。⑤除了世宗一次铅活字、显宗(1660—1674在位)一次铁活字外,均为铜活字。

正祖时期书籍刊印活动剧增,也屡次铸字。正祖尚在春宫之时,就曾命宫僚校正甲寅字,铸成十五万字藏于芸阁,印行经书正文,被称为"壬辰字"。正祖元年(1777),命平安道观察使徐命膺负责铸字,仍以

① [朝鲜王朝]李福源、李徽之等:《奎章阁志》卷1,《编次第四》。
② 关于(铜)活字的起源问题,学界有不同看法。一种认为起源于韩国,如朝鲜士人李晬光在《芝峰类说》中所言:"铸字印书,创自本朝,非中国所有也。"蒋复璁在《中韩书缘》一文中也有类似观点:"韩国人'因受中国泥活字锡活字影响而发明铜活字,转而传向中国'。"(载《中韩文化论集》二,中华文化出版事业委员会1955年版,第24—285页)另一种观点认为起源于中国,如林子雄认为:"中国是世界上最早利用铜版和铜活字印刷的国家",明代以前,中国已经有了铜活字印刷。"认为实际上是中国的金属活字印刷传入了朝鲜。(见氏文《古代中国与朝鲜铜活字印刷史的比较研究》,《图书馆论坛》2008年第6期,第265—266页)潘吉星也持类似观点:"中国金属活字技术起源于11世纪已确认无疑",并认为"韩国铸字技术是从中国传入的"。(见氏文《中、韩金属活字印刷的起源》,《当代韩国》1999年第2期,第61—65页)
③ [朝鲜王朝]李福源、李徽之等:《奎章阁志》卷2,《事实第八》。
④ 黄建国:《古代中韩典籍交流概说》,第231页。
⑤ 朝鲜王朝的六次"甲寅字系"为:1、世宗十六年(1434)甲寅本字2、宣祖十三年(1580)庚辰字3、光海君十年(1618)戊午字4、显宗九年(1633)戊申字5、英祖四十八年(1772)壬辰字6、正祖元年(1777)丁酉字。(见[韩]李钟美:《韩国朝鲜朝早期印书概况》,《中国典籍与文化》2002年第3期,第71—73页)

"甲寅字"为本,加铸十五万字以进,成于该年,称为"丁酉字"(活字是105638 字,小字 44532 字)。[①]"壬辰字""丁酉字"均是以"甲寅字"为本,也被称为"五铸甲寅字""六铸甲寅字"。正祖六年(1782),又命平安道观察使徐浩修以本朝人韩构书为字本,铸八万余字,亦储之内阁,称为"改铸韩构字"或"壬寅字"。因"前后所铸铸字,铜体不一",在印刷时造成了人力物力的浪费。在正祖十六年(1792),正祖命仿中国《四库全书》聚珍版式,取康熙字典字本,用黄杨木刻,成大小三十二万余字(大字 157200 字,小字 164300 字),其中半数为奎章阁制造,半数为平壤所刻,名曰"生生字",[②]比武英殿聚珍版还多七万个,是历史上最多的一次木活字,体现了清代学术文化对朝鲜的影响。正祖二十年(1796),为了印出乙卯园幸华城的《整理仪轨》《园幸定例》等书,正祖又命奎章阁提学李晚秀、直阁尹行恁等以"生生字"为本,铸铜字三十万(铸大字十六万,小字十四万余),谓之"整理字",藏于奎瀛新府(铸字所)。[③]四种新铸字中,最常用的当属丁酉字、壬辰字、整理字次之。在丁酉字铸后,壬辰字就减少了使用。正祖时的活字书籍,有"芸阁活印"或"外阁活印"字样的一般是壬辰字本,"内阁活印"的一般是丁酉字本,因为当时的活字已藏于内阁。生生字本就较少使用,整理字出现后,则几乎不被使用。壬寅字专门用来印制"正文",为"文体反正"服务。整理字则多用来印制仪轨类书籍。

据《大典会通》,校书馆在编入外阁后,安排活字守藏 44 人、粧册20 人、司准 1 人、司勘 1 人、治匠 6 人、均字匠 40 人、印出匠 20 人、刻字匠 14 人、铸匠 8 人、木匠 2 人、纸匠 4 人。[④]其中,"铸匠"浇筑活字,"刻字匠"专刻木模,"均字匠"专管排字,"印出匠"专司印刷,"司(唱)准"专管校对,还有"守藏"保管铸字。外阁基层人员还要接受印刷技术和学术思想的教育。政府对馆员刊印书籍的兼管,还有赏罚办法,即使是一

---

① 《朝鲜王朝正祖实录》卷 4,元年八月丙申,第 44 册,第 684 页。

② 《朝鲜王朝正祖实录》卷 44,二十年三月癸亥,第 46 册,第 637 页。

③ 《朝鲜王朝正祖实录》卷 44,二十年三月癸亥,第 46 册,第 637 页。

④ ［韩］方孝顺：《『芸閣冊都錄』을 통해본校書館藏書에 관한研究》,第 10 页。

字之差,都可能遭到鞭笞之类的刑罚,"这样严厉对待排印工匠的法律是各国少有的"。[1]

需要注意的是,奎章阁内阁负责的活字管理、外阁所承担的铸字和印役,在正祖十八年(1794)又发生了变化。这一年,正祖"命葺昌庆宫之旧弘文馆,移储铸字","凡有御定书刊印、活印之役,必于此为之,盖予所以仰述国初成宪之意,而若其名号,则予未尝肇锡,故阁臣等,姑且以监印所称之。至是,命仍用国初建置时旧号,称之曰铸字所"。[2]这一年,正祖命将活字移出,存于昌庆宫旧弘文馆处。此处追述太宗时所设"铸字所"之仪制,起初名为"监印所",后改为"铸字所",取代了外阁,成为"御定"诸书的指定刊印之所。正祖二十四年(1800),又移设铸字所于仪仗库。

正祖设立铸字所,取代外阁的原因很简单:"御定书籍铸字印役,当自外阁举行,而官吏生疏,处所稍远,不无难便不勤之患。故不得已有内阁监印所。"[3]即是因外阁旧址过远,不方便奎章阁内阁官员统辖,后就在奎章阁附近设立了监印所。归根结底,还是为了更好地完成书籍的编印作业。"铸字所,即御定册子编印之所……比之芸阁,尤有重焉。"[4]铸字所负责活字收藏、管理和御定书籍的印刷,这和朝鲜前期校书馆之职能非常相近,被认为比外阁更为重要。铸字所虽然不同于外阁,但其一度毗邻奎章阁,并同样承担着正祖朝后期御制及命编书籍的印刷,负责铸字,同样也由奎章阁官员负责,被称为"奎瀛新府"。总体看来,正祖时期官印史书机构的名称,分为三个阶段:第一,为即位初至校书馆划入奎章阁前(校书馆,1776—1782);第二,为恢复铸字所之前的奎章阁外阁(外阁,1782—1794);第三,为铸字所(1794—1800)。下表为正祖朝奎章阁外阁、铸字所所刊印的主要史书情况(表2.1):

---

[1] 张秀民:《朝鲜的古印刷》,第281页。
[2]《朝鲜王朝正祖实录》卷45,二十年十二月丙戌,第46册,第684页。
[3]《承政院日记》,正祖二十年十二月四日。
[4]《朝鲜王朝正祖实录》卷54,二十四年闰四月乙丑,第47册,第265页。

表 2.1 正祖朝奎章阁校书馆(外阁)、铸字所刊印的主要史书情况

书名	刊印机关	书名	刊印机关
原续明义录	校书馆	奎章阁志	奎章阁外阁
宫园仪	校书馆	弘文馆志	奎章阁外阁
御制纶音	校书馆	羹墙录	奎章阁外阁
钦恤典则	校书馆	林忠愍实纪	奎章阁外阁
大典通编	奎章阁外阁	整理仪轨通编	铸字所
李忠武公全书	奎章阁外阁	史记英选	铸字所
国朝宝鉴	奎章阁外阁	御定陆奏约选	铸字所
国朝宝鉴别编	奎章阁外阁	春秋左氏传	铸字所
字恤典则	奎章阁外阁	华城城役仪轨	铸字所

　　虽然绝大部分官修书籍都是采用铜活字印刷,但仍并存其他字体书籍。如铁活字本,乃后期校书馆印书字体,用于印文集。木板本除"生生字"外,还有仿《洪武正韵》大字本,用于排印《资治通鉴纲目续编》中"纲"的大字。特别是"《春秋》纲字本",正祖二十一年(1797)印出《春秋》为纲、《左传》为目的纲目体《春秋左氏传》。为印制该书,正祖特命铸字所根据世宗朝时印出《思政殿训义资治通鉴纲目》丙辰字时文本的大字,由曹允亨、黄运祚两人字本而铸成木活字 5260 字,用于印新编《春秋左氏传》的"纲",这种木刻大字被称为"春秋纲字",而该书的"目"则用"丁酉字"。① 官方刊印的书籍,很多还需要在民间广布,用以宣教,所以多有"谚解"本或原文和谚文并用的版本,这些"谚文本"也多是木活字,称为"韩字",有时与铜活字配合使用,如《明义录》《续明义录》的谚文本,就由"壬辰字并用韩字"印刷;《五伦行实图》由"整理字并用韩字"印刷等。各类活字的混用,可能也是受到清朝印刷文化的影响。②

---

① [韩]姜顺爱:《奎章閣의 圖書編撰 刊印및 流通에 관한 研究》,第 93 页。
② [韩]姜顺爱:《奎章閣의 圖書編撰 刊印및 流通에 관한 研究》,第 81 页。

除活字外,还有部分书籍是通过木板印刷。如《钦恤典则》《大典通编》《纶音》(部分)《宾兴录》《金忠壮遗事》《梁大司马实纪》《御定四部手圈》等。使用木板刊印的书籍,大多也是为了批量印刷,方便颁赐、传布,具有重要地位。还有相当一部分书籍,因种种原因,并未刊出,如需要隐秘于内府、或是连续性的修史项目等,是为写本书。其中比较重要的,如《奎章总目》《皇极编》《经史讲义》《御定宋史筌》《庄陵史补》《秋官考》《日省录》《纶綍》等。

从书籍史的角度来看,除少数书籍由奎章阁参与编修后,直接在地方印刷,如《金忠壮遗事》《梁大司马实纪》等。绝大部分的铜活字、木板刊印书籍,都要经历从中央到地方流通的过程。书籍完成刊印后,一般要藏于大内、奎章阁书库或中央各官署机构、五处史库等地,即内入件、进献件。此外还有颁赐件。第一种情况,是颁赐给参与书籍编印的群臣或有关人员,这类颁赐非常普遍。颁赐书籍由检书官写内赐记,阁臣署名,在卷首盖上内赐印,在京诸臣要亲自接受,在外诸臣由阁吏下送。第二种情况,是颁赐给抄启文臣、地方儒生等,这些书籍一般都是正祖选编的经典教材,如《史记英选》《陆奏约选》《春秋左氏传》等,用于托古改制和"振风矫俗"。第三种情况,是中央直接颁赐给地方,如《李忠武公全书》印出后,顺天的忠愍祠、海南的忠武祠、南海忠烈祠、统制营的忠烈祠、牙山的显忠祠、康津的遗祠、巨济的遗庙、咸平的月山祠、井邑的遗爱祠、温阳的忠孝堂等处都有分藏。第四种情况,也十分常见,就是命地方按照颁赐之书翻刻藏板或下送刻板翻印,用以在地方广为流传,宣扬国王的理念和教化内容。地方的书籍刻印中心,主要有湖南观察营(俗称"完营")、岭南观察营(俗称"岭营")、平安道观察营(俗称"关西营""箕营")、统制营(俗称"统营")等。地方翻刻的代表性书籍有:《原续明义录》(湖南、岭南、关西、统制营翻刻)、《史记英选》(湖南、岭南、关西营翻刻)、《春秋左氏传》(湖南、岭南营翻刻)、《陆奏约选》(湖南营翻刻)、《大典通编》(湖南、岭南、关西营藏板翻刻)、《御制王世子册礼后各道军布折半荡减纶音》(岭营翻刻)等。

第三节　正祖时期所修与奎章阁有关的主要目录书

目录乃读书治学之门径。目录中体现着编者个人的学识储备和学术能力,更直观反映出学术流派的变迁和发展,对梳理学术史大有裨益,成为一种书籍情报。朝鲜半岛目录学起源于高丽宣宗时的《新编诸宗教藏总录》和高宗时编纂的《大藏目录》。朝鲜王朝仁祖年间的《海东文献总录》,明宗时的《考事撮要·八道册板目录》,正祖时的《奎章总目》《西序书目》《镂板考》《弘斋全书·群书标记》等标志着朝鲜目录学的发展达到了成熟阶段。[①] 张伯伟也认为:"朝鲜书目以正祖时代为第一个高峰,而正祖时代也被后人视作朝鲜的文艺复兴时期。"[②]正祖朝官修的目录书籍几乎均与奎章阁密切相关。

一、《奎章总目》

其中,最具代表性的要数《奎章总目》,四卷,三册,写本,藏于首尔大学奎章阁(奎 4461),是正祖时期所修,编录奎章阁所藏王室书籍,且具有解题性质的目录书。据《朝鲜王朝实录》记载,《奎章总目》于正祖五年(1781)六月撰成于徐浩修之手,所撰书目,合《阅古观书目》六卷,《西序书目》二卷。[③] 但该书在内容、成书年代、作者上尚存在诸多疑点,前人研究多莫衷一是,这里有必要略加梳理和辨析。

从现存《奎章总目》的内容来看,只包含有"皆有窝书目",而不是《阅古观书目》和《西序书目》,均为正祖初期奎章阁所藏中国本的图书目录。学界有两种观点,一种认为《奎章总目》有两段撰修经历,原本为徐命膺纂修,现存的为徐浩修编成的后一个版本,而原本可能已经佚

---

① 参见[韩]朴文烈:《『京外镂板』과『镂板考』와의關係》,《清州大学校論文集》第 18 辑,1985年,第 91 页。

② 张伯伟:《朝鲜书目与时代及地域之关系》,第 5 页。

③ 《朝鲜王朝正祖实录》卷 11,五年六月庚子,第 45 册,第 249 页。

失。① 另一种则认为《奎章总目》只编成了一个"华本"部分,而《西序书目》则是单独编成。② 事实上,《奎章总目》的确更换过作者,据《朝鲜王朝实录》:"内阁藏书……或购求新书,或翻刻善本,藏之东二楼。又有私刊之书,令外阁官,诸道臣随即印送。摛文院内藏书籍,华本藏皆有窝,东本藏西库。命原任提学徐命膺,撰《奎章总目》。"③ 可知,最早负责《奎章总目》的是徐命膺,正祖在此列举了奎章阁几乎所有的藏书情况,推知其想纂修的可能是奎章阁所有藏书的总目之书。这一条出现在《实录》中,已是正祖五年(1781)二月,在四个月内完成《奎章总目》且更换两位作者,可能性不大。而早在正祖三年(1779),正祖就已然开始命徐命膺厘正皆有窝书目,而从该年年末至正祖五年(1781)间,正祖又转而命其子徐浩修修正"皆有窝册子"。④ 可知,从正祖三年(1779)起,徐命膺就开始着手"皆有窝书目"的撰作了,而后徐浩修实际上是继续修正。可推知,徐家父子在正祖五年(1781)完成的《奎章总目》可能就只是"皆有窝书目",《实录》恐记载有误。另外,正祖时的确又命阁臣编出了数个版本的《西序书目》,这也印证了西库书目不在《奎章总目》之中。综上,第二种说法可能更接近实际情况。

再看其纂成时间,据《实录》等史料,学界一般认为《奎章总目》即成书于正祖五年(1781)六月。但朱光立发现,《四库全书简明目录》先于《四库全书总目》而问世,便于检阅,广泛流传,成于乾隆四十九年(1784),而本应成书于1781年的《奎章总目》收入此书,置于《史部·总目类》的末尾,这说明《奎章总目》的下限不应只定于是正祖六年! 而可能是《群书标记》中所言之"继此而购得者将随得随录也"。⑤ 这一发

---

① 日本学者松末保和的代表性观点。张伯伟、朱光立等也有类似观点。
② 韩国学者姜顺爱等持此观点,见氏文:《奎章閣의 圖書編撰 刊印및 流通에 관한 研究》,第680页。
③ 《朝鲜王朝正祖实录》卷11,五年二月丙辰,第45册,第211页。
④ 见《内阁日历》正祖三年十一月二十三日条:"徐命膺以皆有窝书目,厘正事入来。"同年十二月二十七日条:"徐浩修皆有窝册子,着看检改峙事入来。"正祖五年五月九至十一日条:"原任直提学徐浩修,皆有窝书目修正事入来。"
⑤ 朱光立:《〈奎章总目〉初探》,第90页。

现,说明《奎章总目》的确是在不断修正之中的。对于日后所购之书也"将随得随录也"的确是正祖的理想,如纯祖五年(1805)时,果然又重新编汇了《奎章总目》:"而新册当入者,为九十余种矣。"① 所以,可能难以找到《奎章总目》确切的成书时间。

再略谈其作者,一般认为该书早期是由徐命膺受命始撰,而后成于其子徐浩修之手。也有学者认为,《奎章总目》的主要作者其实有三位,还有徐命膺之子徐滢修,另由奎章阁诸阁臣合力编成。② 笔者也发现,徐滢修在其文集《明皋全集》中收有《奎章总目叙例》,对该书的纂修体例做了细致说明,这或许可以佐证,徐滢修也参与了该书的撰作。

奎章阁是祕府藏书之所。这种为王室书库造册的思想,正如"周有藏史典册,鲁有御书在象魏,汉有石渠东观,宋有龙图崇文",体现"书籍之重于天下也尚矣"。奎章阁的书籍来源甚广,除了所安奉的御制书籍外,包括"又购求九流百家之昔无今有者,几数千百种"。③ 作为奎章阁的目录之书,该书共有几个显著特点:

第一,对书籍的解题十分详细。其凡例曰:"每书之下,标其撰人姓名及所着义例,或节取序跋,以见其规模之槩略。或援引评骘,以明其编摩之得失。又或以帙之废兴,俾资其沿革之考据。而至于别集之类,则人品雌黄、文章月朝,亦无不旁搜博采,一展卷了然。"④ 大体上,对所收录的书籍都有整理和评介,包括编者、义例、附记、序跋、评价等内容,甚至要费心思一番考据。

第二,采用四部分类的方式。"凡经之类六十,史之类一百二十,子之类一百四十八,集之类二百七十九。"⑤《奎章总目》缘何采用四部分类的方式,正祖有一番阐释:

---

① 《承政院日记》,纯祖五年五月六日。
② [韩]郑萬祚:《朝鲜 正祖代 奎章總目之編纂與其特徵》,第701页。
③ [朝鲜王朝]正祖:《弘斋全书》卷183,《群书标记五·命撰一》,第267册,第557页。
④ 《承政院日记》,纯祖五年五月六日。
⑤ [朝鲜王朝]正祖:《弘斋全书》卷183,《群书标记五·命撰一》,第267册,第557—558页。

书目之作，实自刘歆之《七略》始，而班固有《六略》，王俭有《七志》，阮孝绪有《七录》，许善心有《七林》。其义例损益，各有所主。至荀勖，初分四部。其后李充、谢灵运、王亮俱因之，独任昉增为五部。然唐、宋、元、明之祕阁书目，莫不以四部为纪。他如陈振孙《直斋书录》、晁公武《读书志》、马端临《经籍考》，皆从四部。则今著书目，亦当以四部为正。①

可见，正祖在分析了中国传统目录学发展的脉络后，认为四部分类是最为完备而正统的目录分类形式。当然，这或许也是受到了清修《四库全书》的影响，从正祖手圈《四部手圈》的事实来看，他本人是十分钟情于四部分类的。但也有学者指出，《四库全书总目》初刊已经是乾隆五十四年\正祖十三年(1789)，朝鲜人见到该书肯定是在《奎章总目》编纂以后，所以其编纂是具有独创性的。②

第三，在具体的纂修体例上，对中国传统目录体例做了损益，有自己的特点。《奎章总目叙例》中，概括"古今目录之家，体裁有三"，即"总记古今之图书者""通纪一代之图书者""纪一方一家之图书者"，而《奎章总目》记载书目为"通纪一代之图书"，"推崇集贤、崇文之旧例"，四部之下，又分34类(甲部8类，乙部9类，丙部15类，丁部2类)，"条门创义，损益前人。疑其似而合之者，宁失于细，不得不分。同其类而分之者，宁失于简，不得不合"。③ 可知，《奎章总目》乃是沿用中国唐、宋之旧例，但其分类依据在前人基础上有所变通。

第四，体现重宋学、轻汉学的理念，并反对乾隆对书目的取舍。《奎章总目》认为《四库全书简明目录》"评隲之际，右汉左宋，于濂洛诸贤，则阳尊阴抑，屡示不满""乃欲以一时之私讳，一人之偏见参错于其间，

① ［朝鲜王朝］正祖：《弘斋全书》卷161，《日得录一·文学一》，第267册，第151—152页。
② ［韩］郑萬祚：《朝鲜 正祖代 奎章总目之编纂与其特征》，第696页。
③ ［朝鲜王朝］徐瀅修：《明臯全集》卷9，《奎章总目叙例》，韩国民族文化推进会编《影印标点韩国文集丛刊》，2001年，第261册，第179页

难矣。"①清朝以《四库全书》为代表的大型编纂事业,展现了大一统盛世的文化繁盛。但朝鲜人对清朝以汉学整理为主的态度不满,希望以朝鲜传统的朱子学为核心,试图用宋学的方式成书,来对抗汉学。这或许也与当时朝鲜所谓"小中华"的文化自尊意识不无关系,体现了朝鲜时代士大夫的文化自负,既受清修《四库全书》的影响,而希望对抗之。② 朝鲜时代的读书人对于《四库全书》的修纂颇为关心,对其中何书不收也极为敏感,如不满顾炎武、魏禧等明遗民的文集被排除在外,想加以纠正。

　　《奎章总目》的纂修,具有如下意义。第一,《奎章总目》在朝鲜首开目录书四部分类的方式,成为朝鲜目录学的典范之作,亦王室书目中之翘楚。奎章阁日后所成官方目录著作,如《内阁访书录》《西序书目草本》《阅古观书目》《帝室图书目录》《镂板考》等大多沿袭其体例。第二,收录了许多《四库全书》出于特定目的而未收的书目,如钱谦益、吕留良、顾炎武、沈承、李贽等人的文集,其在文献学方面也有一定意义。③第三,《奎章总目》不仅深受中国传统目录学体例影响,还对其多加变通,带有朝鲜自己的特色,展现了18世纪末朝鲜学人之图书分类水准,被认为是"简化了中国目录,并不逊色于中国目录学的集大成之作《四库总目》,并树立了高水平的分类体系"④。第四,是朝鲜时代规模最大的图书目录。通过《奎章总目》,有助于掌握奎章阁设立初期藏书的规模,王室书籍收纳的取向和藏书的变化,从而判断正祖的学术取向,把握其思想文化政策和政治意图。为了解朝鲜当时的文化政策,考察其政治、思想、文学等方面的状况,提供了许多重要的信息。第五,《奎章总目》不单是对奎章阁书库所藏图书的解题和整理,从对各图书的内容分析、评价的特征来看,恰体现了从朱子学角度,进行解题的性理学支配理念的再确立,由此来强化王权和稳定动摇的社会体制,这是正祖的

① ［朝鲜王朝］徐浩修等:《奎章总目》卷2,转引自张伯伟:《朝鲜时代书目丛刊》,第39页。
② 参见［韩］鄭萬祚:《朝鲜 正祖代 奎章总目之编纂与其特征》,第682、694页。
③ 见朱光立:《〈奎章总目〉初探》,第91—93页。
④ ［韩］鄭萬祚:《朝鲜 正祖代 奎章总目之编纂与其特征》,第700页。

政治意图的充分反映,该书也是正祖君臣理想的一种具体实践。①

二、《镂板考》

《镂板考》七卷,三册,是正祖时对中央和地方册板所藏情况的总录。现存《镂板考》为转写本。②

正祖二年(1778),正祖"下谕诸道公私所藏刊书板本,并令计开录上",即汇总各地可用于刊印的书板情况,由奎章阁"考察其存佚"。正祖二十年(1796)时,阁臣徐有榘(1764—1845)③受命"取中外藏板簿,分门类次,汇成目录"。因"其专录剞劂之本",故称为"《镂板考》"。④

《镂板考》七卷,卷一为御撰 20 种、御定书 46 种;卷二为经部 47 种;卷三为史部 79 种;卷四、五为子部 119 种;卷六、七为集部 304 种,合计 610 种。⑤ 具备以下几大特点:

第一,对册板信息标记十分详细。"凡例"称:"每一书,必标其撰人姓名、义例大致。而卷帙之多寡,板本之所在,无不备着而该载"。⑥《镂板考》的解题方式一般为:书目、卷数、著者朝代、官职、谥号等,编纂动机、目的、内容、藏板地、藏板处、刓缺与否、印纸数,甚至也引用序文、跋文,从使用者的角度考虑,收入有价值的评论文字等。这种详细的解题理念,和《奎章总目》的凡例都是一脉相承的。

第二,《镂板考》纂修前所考察的地方很多,所以该书所著录的册板十分全面,一定程度上,是对《奎章总目》现存目录中册板的二次整理。其册板的调查从正祖二年(1778)开始,不仅包括校书馆、铸字所、观象

---

① [韩]鄭萬祚:《朝鲜 正祖代 奎章总目之编纂与其特征》,第 700—701 页。

② 《域外汉籍珍本文库·第一辑·史部》第 4 册中收录此书。

③ 与《群书标记》中《镂板考》的解题相比,《镂板考》凡例中提到了编纂者为"阁臣等",即可能并非只有"徐有榘"一人参与。

④ [朝鲜王朝]正祖:《弘斋全书》卷 184,《群书标记六·命撰二》,第 267 册,第 557 页。

⑤ 见[韩]朴文烈:《「京外镂板」과「镂板考」와의關係》,第 96—97 页。张伯伟在《镂板考》解题中的统计数字与之不同,为"史部 74 种",见张伯伟:《朝鲜时代书目丛刊》,第 1703—1704 页。

⑥ [朝鲜王朝]正祖:《弘斋全书》卷 184,《群书标记六·命撰二》,第 267 册,第 557 页。

监等中央官署,汉城官衙、八道监营、各府牧、郡县书院、寺刹、私家等地方册板收藏之地,也在调查范围之列。是除《大藏经》目录以外,在朝鲜最为详细的册板解题目录。[①]

第三,《镂板考》也采用四部分类的方式著录。在册板目录中,此书是唯一依四部分类的,这一方面是受到中国目录学传统的影响,另一方面也与徐有榘之父徐浩修所修《奎章总目》一脉相承。本书四部分类,每一类中又按编纂年代著录。600 多种册板中,其中朝鲜 490 种,为绝大多数。[②]

第四,将"御撰""御定"诸书列于四部之首,也同样是对中国目录学的继承。且和《群书标记》的分类方式类似,设"御撰""御定"二目。"凡例"称:"今另立御撰、御制二目,凡列朝典学之篇,宪章之书,恭录其义例概略,冠之四部之首,而亲撰曰御撰,命撰曰御定。"[③]这模仿了徐坚《初学记》、焦竑《国史经籍志》、朱彝尊《经义考》的体例,体现对君主的尊崇。

关于《镂板考》,还存在疑问,需进一步考察。《镂板考》的作者徐有榘在《林园十六志》中,收有称为"《京外镂板》"的册板目录书,其体制和内容和《镂板考》非常相像。韩国学者朴文烈经过考证,认为《京外镂板》成于正祖十四年(1790)至正祖二十年(1796)之间,徐有榘自己所编《京外镂板》在《镂板考》之前,应是《镂板考》的底本。于正祖二十年(1796)编成的《镂板考》,是由奎章阁阁臣修正和补充后的。[④] 但张伯伟不认同此种说法,认为《镂板考》完成在先,《京外镂板》还抄出了部分《镂板考》的内容。[⑤]

《镂板考》的纂修有重要意义,对册板的调查,是知识情报化的整理。从中央到地方,调查公私册板的种类、规模,可以窥知当时的文化

① 张伯伟:《朝鲜时代书目丛刊》,第 1703—1704 页。
② 张伯伟:《朝鲜时代书目丛刊》,第 1703—1704 页。
③ [朝鲜王朝]徐有榘:《镂板考·凡例》,首尔大学奎章阁写本(古 0440-1)。
④ [韩]朴文烈:《『京外镂板』과『镂板考』와의 關係》,第 117—118 页。
⑤ 张伯伟:《朝鲜时代书目丛刊》,第 1706 页。

发展程度,一定程度上也反映了当时的学术动向。尤其是对地方册板目录的著录,根据其册板的多少,我们可以了解到某一地区刻书事业的发达程度,即此地的文化程度,有助于研究朝鲜后期的地方出版文化,把握官私在印刷事业的差异等,也体现了正祖对地方文化发展和教化的重视。

三、《内阁访书录》与西库书目等

《内阁访书录》二卷,根据书名,应是一部正祖制定的导购书目。本书由奎章阁所编,按四部分类法,其中经类 134 种,史类 64 种,子类 124 种,集类 63 种。体例上,还详列书名、卷数、编者、板本、义例及得失,与《奎章总目》的解题理念相承。它不仅反映出王室求书的兴趣,也能看出当时的购书导向。虽然亦偶有讹误,但有很高的参考价值。此书目也反映了朝鲜对清"右汉左宋"态度的反对。

关于《内阁访书录》的认识,尚存较大的分歧。张伯伟认为:第一,今本《内阁访书录》,最初乃是一导购书目,但购入后又续写提要,成为藏书目录;第二,其书目皆《奎章总目》所无,其解题颇参考中国目录学著作,如经部多采朱彝尊《经义考》,集部多采陈振孙《直斋书录解题》,其他如《郡斋读书志》《文献通考·经籍考》《千顷堂书目》等以多采撷。[①] 而赵望泰等却认为,第一,《内阁访书录》大多节抄《浙江采集遗书总录》而成,造成该书多采撷《经义考》《直斋书录解题》《郡斋读书志》《文献通考·经籍考》《千顷堂书目》的原因,恰是因为《浙江采集遗书总录》的编撰者参考了这些书籍;第二,《内阁访书录》中书目也并非"皆《奎章总目》所无";第三,《内阁访书录》就是一部待购书目,并非藏书目。[②]

前文提到,《奎章总目》主要是"皆有窝书目",而正祖也命阁臣编纂了西库的书目。张伯伟指出:"西库主要是收藏东本,但并非皆是朝鲜

---

① 参见张伯伟:《朝鲜时代书目丛刊》,第449—451 页。
② 参见赵望泰、蔡丹:《〈内阁访书录〉为〈浙江采集遗书总录〉之节抄》,第77—82 页。

之书，而是就其刊印地而言，所以此书目中包括了不少中国书籍的朝鲜刊本，甚至专列中国文集一目。每种书分别著录其书名、件数、册数、存佚、板本、有无悬吐、编者、朝代等，尤其注重书籍纸质的纪录。"①西库书目其实并非一种，而是由多种书册构成。现存代表性的有《西库藏书录》《西库书目笺录》《西序书目草本》《西库书目》等，其中所列都是正祖时期所修。

《西库藏书录》大概是正祖十四年（1790）著成，采用非四部分类的方式，但仍与四部分类法有极大的相关性，它将所有藏书分作32类，分类大多依据书籍内容，特别记录了"江都移来件""内下旧件""奉谟堂移来件"。《西库书目笺录》约成书于正祖十六年（1792）至正祖十七年（1793）之间，采用四部分类法，可能与徐浩修、徐有榘父子的目录编纂思想有关，用四部装缥法，以红、青、黄、白笺代表四部，共分36类。其表面上参考了马端临《文献通考·经籍考》，各部的内部类目则是仿《浙江采集遗书总录》，卷末《西序别录》别置图书有追加目录的形式：有"西库旧件杂帙""内下别置帙""宙合楼下移来帙""不帙""蠹破不用帙"。《西序书目草本》最迟成于正祖十九年（1795），也采用四部分类的方式，但在经部之前设立了"御制御笔类""璿谱璿牒""御定类"，突出了王室书目的特点。集部以后也另设了"别峙类""杂纂类"等四类，使用的是《西序书目笺录》的体系、《四库全书总目》和《奎章总目》的类目。《西库书目》的分类体系和记述方式，也受《西序书目草本》的影响。②总之，奎章阁西库书目的目录编纂持续至高宗时代，各目录书间关系较为复杂，韩国学者南权熙的研究，或有助于理解西库书目各种书册的关系，③此处不再赘言。

与奎章阁有关的目录书还有很多，如《摛文院奉安总录》《书香阁奉安总录》《奉谟堂奉安御书总目》④等，这些均记录御制、御笔类收藏情

① 张伯伟：《朝鲜时代书目丛刊》，第603—605页。
② 参见［韩］南權熙：《奎章閣 西庫와그書目分析》，《奎章閣·7》，1983年。
③ 见［韩］南權熙：《奎章閣 西庫와그書目分析》，第163页。
④ 《域外汉籍珍本文库·第三辑·史部》第30册收录。

况。此外,还有前章提及的《群书标记》可做代表,分"命撰""御定"二目。张伯伟解释道:"前者为其亲自撰定,后者乃命阁臣编定,但也往往亲撰序引。"①事实上,所谓"御定""命撰"的区分往往十分模糊,御定书也多具体由阁臣"代撰";命撰书的体例、内容也多由正祖裁定。所以,正祖时大部分官修之书,都饱含了君臣的心血,从中可反映正祖一生在朝鲜学术文化事业上的贡献。《群书标记》涵盖四部,解题详尽,不难看出正祖时代文风之盛,以及正祖时期奎章阁书籍编印工作之繁重。

第四节　《奎章阁志》及正祖时《内阁日历》《日得录》的纂修

由前文可知,奎章阁几乎参与了正祖朝全部官修史籍的编印工作。因篇幅原因,现选出在正祖朝,由奎章阁直接负责纂修的,且与奎章阁职能密切相关的《奎章阁志》《内阁日历》《日得录》《日省录》几部代表性史籍,进行重点分析。一者,可进一步认清奎章阁的书籍编印职能;二者,有助于深入理解奎章阁在正祖朝官方修史活动中的地位。其中,因《日省录》特殊的史学地位,将另在第三章中专门研讨。

一、《奎章阁志》的纂修及价值

奎章阁设立伊始,正祖就有了修一部介绍奎章阁有关事迹和规制之书的想法:

> 奎章阁尚无誊录节目之讲定者,故凡事不成貌样,将欲集古今之事迹,定一阁之规模,作一册子,何以则为好乎……当如《弘文馆志》《春坊志》样为之则好矣。②

---

① 张伯伟:《朝鲜时代书目丛刊》,第 21 页。
② 《承政院日记》,正祖元年四月十五日。

即认为奎章阁,应该同弘文馆、侍讲院等文教机构一样,拥有一部官署"志"。

《奎章阁志》的纂修缘由可从正祖给该书所作序文中窥见。首先,正祖对"志"这种体裁的重要性,本就有着深刻的认识:"志者,志其事也,有事焉而不志则不传,传亦不远,且昨日之所行,今日忘之。则制度虽设而还废,仪式既定而复紊,曷若有志而可按哉……是故礼乐有志,山川有志,官府郡县,罔不有志,凡所按乎今而传乎远也。"第二,正祖认为奎章阁有关制度的地位应为国家之典则,具有重大的指导意义,不可不加以记载:"近参乎国朝旧典,虽微文琐节,率皆有据依斟酌者。夫以新创之职官,掌莫重之责任,必有记载之编,可作常目之资,然后庶不至临事错行。乃授义例于阁臣,撰成全志。"第三,《奎章阁志》是记录奎章阁的重要文献:"设置之始末,职官之秩序,与夫奉谟训安御真,编摩讲制之规。纲条既具,细节亦该,可按又可传也。"奎章阁的重要地位使得正祖"窃有惧焉,文献之无征",遂要编之成志。①

关于此书的敕编时间和各版本的成书年代,史料中多语焉不详,韩国学界也有不同看法。关于该书的敕修年代,安光来据《奎章阁志》中载:"戊戌(1778)秋,上命阁臣等编撰《阁志》"②,认为该书始编于正祖二年(1778)③。但据《承政院日记》正祖元年(1777)八月,正祖与判府事徐命膺商议:"予尝留意于《奎章阁志》,每于机务之暇,随思辄记,略有所构草者,从当送送,卿须因此而添删润色,以为成书好矣。"④可见,正祖实自即位时,已经为纂修《奎章阁志》做了充分的准备。

该书"完成本"编成前,还有"初草本""再草本"⑤两个草本,但它们

---

① [朝鲜王朝]正祖:《弘斋全书》卷180,《群书标记二·御定二》,第267册,第501页。

② [朝鲜王朝]徐命膺、李徽之等:《奎章阁志》(再草本)下编,首尔大学奎章阁影印本(奎贵734)。

③ 见[韩]安光来:《甲辰新编「奎章閣志」研究-圖書館의 機能과司書의役割으로中心으로》,第10页。

④ 《承政院日记》,正祖元年八月二十日.

⑤ 《域外汉籍珍本文库·第一辑·史部》第4册收录《奎章阁志》的"再草本"。

的具体编成时间不详。安光来认为该书"初草本"成书于正祖三年(1779)①,笔者考《承政院日记》,见这年八月,正祖曾云:"《奎章阁志》尚未成焉,可闷",并迫不及待地为该书作草序:"序文略已构草,而甚为草率",并"出示御制序文,命下番翰林读之"。② 这说明至迟到是年八月,《奎章阁志》仍未成书,但正祖已然作序,可见进展极快;又见次年(1780)八月,新任提学金钟秀曰:"《阁志》与阁记,今才出草矣。"③"初草本"极有可能成于正祖四年(1780)。关于"再草本"的成书时间,据《承政院日记》,正祖五年(1781)二月,原任直提学徐浩修就向正祖汇报:"《奎章阁志》,已为撰成,行将印颁。"④随即刊印了 40 册,正祖将其颁赐给众阁臣和令有司收藏。李离和认为"这也是个草本"⑤。从"再草本"已有跋文和撰修诸臣名录来看,已相当成形,但为何要"印颁"一个草本,还不得而知;安光来以"正祖五年至六年以后,奎章阁的制度和仪式才成为定制"为由,认定"再草本"成书于正祖七年(1783)至八年(1784)之间⑥,还尚待考证。该书的最终"完成本"是在正祖八年(1784)六月才修好,有明确记载:"《奎章阁志》成·亲制《序文》。原任提学李福源、李徽之、黄景源、徐命膺,提学金钟秀,各制跋文,命外阁刊进。"⑦

　　该书修成历时近八年,经过三个版本的修订,足见正祖对此事的重视。期间,正祖不仅多次关心编纂事务,还亲自把关:"每草成一编,辄亲加裁定",至于为何"阅屡岁工告讫",乃"不惟属纂之缓,制度仪式,未立故也"。⑧ 即编纂的拖延,是由于奎章阁的制度和仪式尚未订立所

---

① [韩]安光来:《甲辰新编『奎章阁志』研究-圖書館의 機能과司書의役割으로中心으로》,第10页。

② 《承政院日记》,正祖三年八月二十四日。

③ 《承政院日记》,正祖四年八月六日。

④ 《承政院日记》,正祖五年二月二十九日。

⑤ [韩]李離和:《奎章阁小考-奎章阁志중심으로 본概觀》,第154页。

⑥ 见[韩]安光来:《甲辰新编『奎章阁志』研究-圖書館의 機能과司書의役割으로中心으로》,第10页。

⑦ 《朝鲜王朝正祖实录》卷17,正祖八年六月甲申,第45册,第444页。

⑧ [朝鲜王朝]正祖:《弘斋全书》卷180,《群书标记二·御定二》,第267册,第501页。

致。《内阁故事节目》1 册，是由正祖认可并初步设定的奎章阁有关规章制度，该书于正祖五年（1781）才完成，可以佐证这一原因。《奎章阁志》最终刊印是在该年（1784）六月六日①，使用新铸活字"丁酉字"。至十一日，《奎章阁志》与重修的《弘文馆志》一同印完，定于次日进书，正祖欲亲临。② 该书用进呈后，藏于奎章阁及各地史库。

　　除正祖本人外，该书的参修人数众多。从该书"再草本"的"奉教编阅时原任阁臣"的名录来看，共有包括校阅人员的共 13 人参与纂修，他们是（原任）提学徐命膺、蔡济恭、黄景源、李福源、洪国荣；直提学俞彦镐、郑民始；直阁李秉模、郑志俭、金熹（1729—1800）、金宇镇；待教徐龙辅、金勉柱。其实该版本书成之时，阁臣职位已经发生了变动，如当时的提学已经是金钟秀、俞彦镐了，但依然按照该书初编时的情况所录。除此之外，徐浩修、金宇镇还作为监印阁臣，还有检书官李德懋、博士柳弘之等参与③。如前所述，该书"完成本"由原任提学李福源等五人做了跋文，一般即把他们作为《阁志》的最终编成人员。从五人参与《阁志》的纂修情况来看，正祖最早是与徐命膺商议该书纂修的，徐命膺应有类似总纂的地位，全程参与了该书各版本的纂修工作；李福源、黄景源作为最早的奎章阁提学，也自始至终参与了纂修；金钟秀和李徽之虽然均未在"再草本"的名录中出现，但金钟秀自正祖四年（1780）成为新任提学，必定要受命承担该书的纂修工作；李徽之也在正祖四年（1780）、五年（1781）对该书的有关内容提出过建议，④所以他也应参与了"再草本"的纂修。

　　《奎章阁志》三个版本的内容、体例均有较大差异。就首尔大学奎章阁所藏三版本的情况略作对比，可概观《奎章阁志》三个版本内容的一些特点。首先，三版本都大致分为两个部分："初草本"（卷之一、二）、

---

① 《承政院日记》，正祖八年六月三日。
② 《承政院日记》，正祖八年六月十一日。
③ 《承政院日记》，正祖八年六月十二日。
④ 见[韩]安光来：《甲辰新编『奎章閣志』研究-圖書館的 機能과司書의役割을中心으로》，第28 页。

"再草本"(上、下编)、"完成本"(卷一、二);第二,"初草本"和"完成本"均有较系统的八到九个目次,相比作为过渡的"再草本",这两个版本的体例却更为相近,分卷方法和条目名称都相同或相似,都按照名称与数字编序,其中都设有建置、职官、奉安、编次几目①;第三,三个版本的连续性似并不明显,每一个版本的内容体例都有较大的变动;第四,"初草本""再草本"都没有刊记和跋,"完成本"的"御制序"为新撰,与"初草本""再草本"的"草序"不同;第五,只有"再草本"附有纂修阁臣名单,而"完成本"是唯一序、跋俱全的版本;第六,该书各版本基本都涵盖了奎章阁的建置沿革、奎章阁的职能、奎章阁相关制度和仪式这三个方面的介绍,但叙述模式和详略各有不同;第七,"完成本"比其他两个版本更加强化了职官的权利和义务,对相关制度和仪式的描述更为精准,这也验证了《阁志》数年未成是因奎章阁制度与仪式未定所致。

以《奎章阁志》"完成本"为例,共分两卷、八个部分,后附阁臣五人跋文。卷一五个部分:《建置第一》介绍奎章阁的建置沿革和本阁与各属阁的功用;《职官第二》介绍奎章阁人员的职位和任免规则;《奉安第三》是安奉朝鲜列朝御制诸物的仪式和有关记录;《编次第四》是对编藏御制诸文过程的概述;《书籍第五》是有关书籍分类、编纂、保存等的有关规定。卷二共三个部分:《教习第六》是对奎章阁文职人员的培养、考核细则和相关职责的要求;《院规第七》是奎章阁的制度规则,也是对阁臣等权利和义务的规定;《事实第八》记录正祖和群臣围绕奎章阁学术诸事的一些事件和评价。

《奎章阁志》具有重要的价值。第一,它是研究中朝古代文化交流的重要文献。如前所述,奎章阁的设置本就是模仿中国宋制,而其具体的制度、仪式也多仿唐或明,如正祖所言:"其设施规模,无不远溯乎宋明古制②。正祖时,与清的关系非常稳定,文化交流也十分频繁,日本学者藤塚邻在《李朝的学人与乾隆文化》一文中即认为:"奎章阁的

---

① 或许是基于此特点,安光来甚至认为"初草本"与"再草本"的先后顺序应该调换。见氏文《甲辰新编「奎章阁志」研究-图书馆의 机能과 司书의 役割을 中心으로》,第10、63—64页。
② [朝鲜王朝]正祖:《弘斋全书》卷180,《群书标记二·御定二》,第267册,第501页。

设立,与当时清朝乾隆皇帝编纂《四库全书》的大文化事业的影响密不可分"①;陈祖武也指出,正祖在"当政的二十四年间……历年不间断之文献整理、图书编纂、刊印、奉藏……皆折射出清修《四库全书》之积极影响"②。所以,《奎章阁志》也可作为研究中朝古代文化交流的一个生动实例。第二,《奎章阁志》是研究奎章阁的重要文献。它记录了奎章阁的建置、制度、仪式等诸多方面内容,是了解和研究朝鲜王朝这一重要机构的钥匙。由《奎章阁志》进而了解奎章阁,才能更好地理解朝鲜后期的政治历史之变动。第三,《奎章阁志》的几个版本本身就具有一定的价值。该书历经较长时间的纂修,"初草本""再草本""完成本"现都存世,各版本内容对奎章阁的叙述各有侧重,存在互补的关系,其内容和体例的变化也是奎章阁制度演变的一个反映。所以,不应忽视对"完成本"以外的其他两个版本的研究。

弘文馆与奎章阁职能互有浸染,《奎章阁志》与《弘文馆志》一同印出,体现"馆阁"同为朝鲜王朝重要的学术机构,也体现着正祖对国家文教的重视,有着一定的象征意义。刚刚设立的奎章阁即有如此地位,也标志着对奎章阁合法性的再确认。李福源在《奎章阁志》跋文中说道:"夫志也者,史体也……所谓读其书,知其世者也。然后欲观我圣朝右文之治,作人之化者。其将有得于斯志也。"③这段评价《奎章阁志》的话语,打上了鲜明的烙印,标志着正祖通过奎章阁推行"学问政治"的时代的到来。

二、正祖时期《内阁日历》的内容、纂修及意义

在正祖时期,由奎章阁直接负责撰作,且具有连续纂修性质的史籍,代表性的要数《内阁日历》《日得录》和《日省录》。朝鲜中央各官署往往都有各自机构的记录之书,如承政院有《承政院日记(喉院日记)》、承文院有《槐院誊录(日记)》、备边司有《备局誊录(备边司日记)》,甚至

---

① [韩]李離和:《奎章閣小考-奎章阁志중심으로 본概观》,第151页。
② 陈祖武:《〈李朝实录〉所见乾嘉年间中朝两国之文献与学术》,第305页。
③ [朝鲜王朝]李福源、李徽之等:《奎章阁志》,跋文。

世子学习的侍讲院都有《春坊日记》。《内阁日历》则是奎章阁的专门记录物。

《内阁日历》，初名《内阁日记》，1245 册，奎章阁现存写本，记载了正祖三年(1779)一月到高宗二十年(1883)一月，百余年间奎章阁的有关历史，由每日的入直阁臣修正、检书官编写，内容不仅包括奎章阁的日常事务，还涉及有关的君臣召对、国王言动、政务处理等。与《日省录》一样，成为朝鲜王朝后期重要的历史文献。虽同为编年体，不同于《日省录》的纲目体形式，《内阁日历》只是正常的逐日记录。《内阁日历》在正祖以后，又历经纯祖、宪宗、哲宗、高宗时期的续修，也可算作是官方的一项持续性修史项目。

《内阁日历》内容起于正祖三年(1779)，却开修于正祖五年(1781)，这大概与奎章阁检书官有关，因检书官于正祖五年由外阁搬入摛文院，有了固定的"豹直"之所，才有条件开始纂修《内阁日历》。正祖五年(1781)二月，正祖多次与阁臣讨论《内阁日历》的纂修凡例。十三日，正式命编《内阁日历》，大体上定下凡例仿《承政院日记》，由奎章阁每日入直阁臣修正、检书官编写。① 凡例"多有掣碍之端，尚未定规例"的部分，正祖都命考《承政院日记》，"凭照为之"。② 但因《承政院日记》"太甚烦琐"，正祖与沈念祖商议后，还要求"依春坊凡例，只书所当录之事"，③即仿正在纂修之《侍讲院日记》的凡例，只记载重要事务。之前，奎章阁的"日记"记录并非由检书官负责，正祖五年(1781)二月二十九日，正祖正式下令由检书官负责"修正丙申以后本阁日记"④。同时，将《内阁日记》改称为《内阁日历》。

《内阁日历》的记录内容由正祖规定，而正祖最为重视的是君臣"筵话"。正祖时期，阁臣负责日常的"经筵"，期间君臣对国务的讨论，要被记录于《内阁日历》之中。而事实上，"筵说"的记录应是由传统史官注

① 《朝鲜王朝正祖实录》卷 11，五年二月丙辰，第 45 册，第 211 页。

② 《承政院日记》，正祖五年五月二日。

③ 《承政院日记》，正祖五年二月二日。

④ 《内阁日历》，正祖五年二月二十九日。

书负责,而后史草编入承政院的《承政院日记》之中。为了纂修《内阁日历》,正祖特别制定要求:

> 《内阁日历》,仿《政院日记》之例。每日入直阁臣修正,使检书官编写。而筵话之事系本阁者,入侍注书录送于本阁,或注书不即录送,则阁臣直请推考,或检书官过三日不为书纳,则阁臣直请拿处。本阁设置之初,上命立日历之法……凡事系本阁者,勿论紧漫,入侍说话史官录出一通。付兼吏传于阁臣,该载《日历》。史官所录,如有疏漏,则入侍阁臣就加润色。[1]

可知,有关于奎章阁的“筵话”,须由注书按时录送给奎章阁,交由入直阁臣修正、检书官编入。注书录送是否及时、检书官是否及时纳修,则均由阁臣监督,一旦有误,要受到处罚。阁臣等在载入《内阁日历》时,还要对史官所记内容加以补充润色。值得一提的是,《内阁日历》中对经筵时“座次”的书写方式,也由正祖钦定:“此是内阁《日记》,当以阁臣为先,列书诸阁臣后,承史则以小注,双书承旨某史官某某,可也。”[2]充分体现了阁臣的崇高地位。

　　除有关“筵说”外,“他如御制之下本阁者,必谨书之。阁臣之应制文字及所进章疏之类,亦悉著之。务从精核,俾无阙遗”[3]。即有关御制下送的情况,阁臣奉命应制、上呈的疏章文字等与奎章阁政务有关的事件、文字都要准确无遗的记录。其中的“阁臣应制文字及所进文字”,即便事虽不关于本阁,也要“一一载录《日记》”。[4] 另外还记录奎章阁负责的进书之事:“凡进书,如进《明义录》,进《宋史筌》,皆书其撰修本末及撰修诸臣姓名。”[5]

---

① ［朝鲜王朝］李福源、李徽之等:《奎章阁志》卷 2,《院规第七》。

② 《承政院日记》,正祖五年五月二日。

③ ［朝鲜王朝］李福源、李徽之等:《奎章阁志》卷 2,《院规第七》。

④ 《内阁日历》,正祖五年五月二十七日。

⑤ 《承政院日记》,正祖五年五月二日。

前文在叙述检书官的职能时,曾提到他们在抄启文臣试讲时,需要做记录工作。事实上,这种记录在经过整理后,不仅留存于奎章阁,还要一度要记入《内阁日历》之中。因抄启文臣"讲说"活动频繁,《内阁日历》中大量收录,加大了其分量。正祖五年(1781)八月,郑民始由此上疏曰:"考见本阁《日记》,则试讲时讲义讲说,俱为载录,讲义讲说既有编录册子,则入载《日记》,似涉重叠,且事役浩繁,自多相妨,此后则只为详于册子,而日记中勿为载录,似好。"①至此,讲说内容才不再重复录入《内阁日历》。

《内阁日历》在正祖时期的纂修,存在诸多困难,其背后也暴露出一些问题。

第一,是纂修人员的问题。正祖命《内阁日历》必须按日纂修,原则上,检书官翌日必须完成前日"日记"的修正,否则"该检书本阁直请拿处"。在纂修质量上,也十分严格:"若此而有疏漏之弊,则不独检书官之罪而已,责有所归阁臣。"②而检书官人少事多,除了繁重的编役,还有轮值、差备、修纳讲说内容等任务,常难以按时完成工作。郑志俭就曾对正祖说:"《内阁日记》,检书官以为修纳,而昨日"日记",今日不修,则例有论责之规,而若值讲试之日,则修纳讲说,自无暇隙,不可以定日致责,以为宽限,似宜矣。"③然而正祖却并不通情达理,表示无论检书官多繁忙,仍要保证每日"筵说"的正常录送:"凡系阁臣入侍时说话,使之当日内修送,而虽值多事之时,无得蹦翌日事,定式施行。"④正祖对《内阁日历》如此高度重视,这是一般官署日记纂修中,极少见到的。

第二,注书不能按时报送"筵说"。正祖在审看《内阁日历》过程中,就发现"近来阁臣入侍筵话,全不录送,阁中《日记》,以此疏略",遂申饬要求注书"详悉录送"。同时,因"注书皆是未经阁职之人,阁事酬酢,易

---

① 《内阁日历》,正祖五年八月一日。
② 《内阁日历》,正祖五年五月二十七日。
③ 《承政院日记》,正祖五年闰五月二十二日。
④ 《承政院日记》,正祖五年九月十七日。

致错听",还要求"阁臣入侍筵话,个别照管,录送本阁",①即对"筵话"做好保密工作。一方面,这再次体现正祖本人对"筵话"的重视;另一方面,也体现阁臣在史草收纳、编录上的地位,已一定程度上超越了传统史官。

第三,注书不仅送"筵说"不及时,其记录质量也存在问题。正祖六年(1782),直提学郑志俭抱怨道:"近来筵说,注书每每草略书送,故臣虽敷衍载录,而或于臣未经入侍筵话,不得详录,且注书或有只书座目以送之时矣。"②由于注书记载"筵说"过于草略,甚至到"只书座目"而无内容的程度,即使加入阁臣自己的载录,也难以完全。这也说明了《内阁日历》纂修难度之大,同时,体现了对传统史官记史能力的进一步质疑。

《内阁日历》由奎章阁阁臣、检书官纂修,检书官还负责各类资料的收纳甚至记录。正祖参与制定纂修的凡例、内容、流程,一定程度上也撼动了传统史官的地位。正祖在规范了《内阁日历》纂修流程后,曾言:"自是,内阁之兼春秋,不为虚衔。"③体现了对奎章阁人员史职的认可和强化。《内阁日历》成为直接由奎章阁负责纂修,常态化的一项官方修史活动。因阁臣多兼职各馆要职,《内阁日历》之记录也随之辐射至各馆,记载朝政事物十分宽泛,不拘泥于奎章阁之事。因奎章阁多负责书籍编印,有关进书之事也被特书。特别是对"筵话"内容的收录,是其他官署日记中鲜见的,正祖甚至认为《内阁日历》可补充《承政院日记》之记载:"《政院日记》之略而未详者,亦得以互相备焉。"④除了奎章阁的业务和文化事业,《内阁日历》也记载了国王的起居和一般的政事,超过了一般官署记录的地位,这些都提升了它的价值。但因其与《日省录》同为奎章阁人员纂修,纂修资料的收纳方式雷同,内容与《日省录》也多有重复,且其史学地位不如《日省录》,这对其价值造成了局限。因

---

① 《承政院日记》,正祖五年九月十七日。

② 《承政院日记》,正祖六年三月五日。

③ [朝鲜王朝]李福源、李徽之等:《奎章阁志》卷2,《院规第七》。

④ [朝鲜王朝]李福源、李徽之等:《奎章阁志》卷2,《院规第七》。

尚未完成韩文"国译",韩国学界对《内阁日历》的研究和利用也不多。但作为朝鲜王朝后期的重要史籍文献,它对于当时的历史文化研究、奎章阁研究的积极意义是显而易见的。

三、《日得录》之纂修

《日得录》是奎章阁负责编修的二十余种"御制"文体之一,也是奎章阁直接负责纂修的代表性史籍之一,共18卷,写本,时间跨度为正祖七年(1783)以后的正祖一朝。后被作为"御制",收入《弘斋全书》之中。

《日得录》之纂修,源于正祖七年(1783)八月,内阁直提学郑志俭、徐有防(1741—1798)和待教尹行恁之札言:

> 人主有言,必书诸策者。不但欲人主有所惮而必慎其言。言之善者,赖以流布四方,诏迪后人,为天下法。故曰圣谟洋洋,嘉言孔彰,此古史氏职也。我殿下圣学贯天人,睿智洞古今,凡于理气性命,治乱成败,礼乐刑政,文物度数,靡不剖析微密,融通本末。而见于施措,发于丝纶者,固已度越百王矣……第未知祕史所记者果如何,而臣等既不得各自识录,则愈久愈忘,势所必然。设令有默识而私录者,亦无以裒成一通,传示久远。臣等谨按宋洪迈在孝宗朝,乞令讲读官各以日得圣语,关送修注官,使谨录之。[1]

首先,札文中指出史官记载君主之言为其天职,其意义在于使"人主有所惮",从而使得君主择善言、行善政;另一方面圣君之嘉言也得以流传后世,为天下所法;第二,指出正祖聪颖睿智,关乎国政治乱,"靡不剖析微密",政法措施也多"发于丝纶"。即奉承正祖的嘉言谟训极多,而这些恰是史官应该大书特书、用以传世的内容;第三,因为难以看到史官所录,作为大臣也会忘记正祖的嘉言,所以阁臣也应仿史官之例,私录圣语,"裒成一通,传示久远";第四,"正史之外,又有记注。而登筵讲读

---

[1] ［朝鲜王朝］正祖:《弘斋全书》卷182,《群书标记四·御定四》,第267册,第547页。

之臣,皆得各记圣语,此实昭代之令典".① 筵臣在经筵时记录帝王之语,这种形式在中国也有先例,即想仿宋朝洪迈所主修的"日得圣语",作为对史官修史的一种补充。

此外,札文中还指出:"孔孟程朱之言,赖群弟子各记所闻,故后人得见圣人之大全,诚以其涵负浩穰,非一二人所能尽者。况记注之体,记动易,记言难。记期会涣汗之号易,记燕闲精微之语难。以若是之难,而不思所以广录而详载,则其于流布四方,诏迪后人之图,不其疏乎?"②即通过举例,说明史官记载圣语之难。这就指出传统史官记史的缺憾和难以避免的疏漏,通过《日得录》则可以广录、详载记言。

正祖之所以马上同意了札请,还出于对奎章阁官员史职的认可。阁臣修史的名分是因例兼"春秋":"虽以我朝官方言之,自银台、玉署,以至三曹、槐院、宗簿等官,皆兼春秋之衔者,盖欲广录而详载,纤悉而无遗也。此即祖宗朝故事,当其设法之初,必有纪事之实,而今特废而不举耳。臣等俱以无似,猥叨阁职,得此银台例兼春秋,则各记日得圣语,顾其职耳,不啻如宋朝之讲读官而已也。"③按此种说法,从朝鲜国初之时,就给予多个衙署职官史官之衔,就是为了将各方面的国史巨细无遗地载录,而"今特废而不举耳"。恰阁臣例兼史职,记录圣语也是行使其职而已。如札文中就指出,修《日得录》之举"既无侵官之嫌,正史垂后世之方,或不无少补者矣"④。阁臣修《日得录》可以弥补官修正史的不足,并没有干涉史官的记史活动。这是阁臣履行史职的集中体现,也是对朝鲜传统史官修史模式的一种有益补充。这就将阁臣纂修《日得录》的名分正当化了。

之后,《日得录》的纂修方式、凡例得到制定,如下:

　　　　自今伊始,时原任阁臣,每于登筵之时,凡传教、备忘等正史所

① ［朝鲜王朝］李福源、李徽之等:《奎章阁志》卷1,《编次第四》。
② 《朝鲜王朝正祖实录》卷16,七年八月乙亥,第45册,第389页。
③ 《承政院日记》,正祖七年八月十六日。
④ 《朝鲜王朝正祖实录》卷16,七年八月乙亥,第45册,第389页。

必记之外,圣语之及于义理、经史、治法、政谟者,皆各专心谛听,退
则谨识之。及至岁终,各出所记,互相证正,参仿《贞观政要》《朱子
语类》之例,藏于本阁,岁以为常……于是时原任各记所得圣语,岁
末会辑成编,而前此圣教有能追记者亦许入录。会辑之次,则以阁
职品秩为先后,而每人所录末条之下,注以臣某谨录。及其稍成卷
帙,则立目分类,附录于《日省录》之下。①

概括起来,其纂修特点如次:第一,《日得录》的纂修责任者是奎章阁的
阁臣,因纂修与任职期限可能存在冲突,所以包括时任和原任的阁臣。
与《日省录》和《内阁日历》不同,检书官并不直接参与编写;第二,记录
时间和纂修时间存在差异,阁臣完成记录是在每次"登筵"后,也就是参
加经筵之后。而真正汇编成《日得录》则是要固定为"岁终",即每年一
次,汇编时要根据阁臣的记忆,尽量补充完备;第三,内容上,除了传教、
备忘记等御制内容、史官需要记录的内容外,特别要留心记录"筵话"中
国王有关"义理、经史、治法、政谟"的圣语。这再次说明正祖对"筵话"
记录的重视,也体现了阁臣分担史官记录的趋势;第四,阁臣每人所录
内容之后,都要标注记录时间和署名,格式一般为:"官职+臣+姓名+
年份+录",如"检校直提学臣徐有防壬子录";第五,不同于传统史官的
记注和修成的《实录》,也不同于奎章阁负责的《内阁日历》和《日省录》。
《日得录》不是逐日记录的编年体体裁,而是分类汇纂的形式,后设二十
一目来记录正祖圣语,分别是学、知行、性命、理气、经史、礼、乐、治、道、
敬天、勤民、用人、理财、崇儒、讲武、恤刑、历代、本朝、诒谟、训臣僚、诗
文,但其每一分类中仍按照时间顺序;第六,初定《日得录》附于《日省
录》之下。

在正祖九年(1785),缘于御制校正的契机,《日得录》同《日省录》一
样,成为"阁臣代撰"的御制内容。《日得录》得到正祖如此重视,缘由有
五。一是"盖以近来所谓记注,多有爽误,皆失本旨,至如经义问难、时

---

① [朝鲜王朝]李福源、李徽之等:《奎章阁志》卷1,《编次第四》。

政酬酢,近臣之所领会,胜于新进",即是对传统史官记载不当的不满,以及对阁臣记史的信任;二是前文所述郑志俭等人的札文,提出了纂修《日得录》的名分和意义,既可充分屡行阁臣史职,又可补正史记录之疏漏;三则是"仿有宋故事",即洪迈主修的"日得圣语";四是"窃欲以此为观省之资,且以其记录之际,亦可见诸僚文辞言议",通过经筵记录,既重视自己之言,用以观省,也重视大臣的文辞言议;第五,正祖要求"今若务从溢美,但欲铺张,则直一状德之文,岂特违予编录之本意? 后之观此录者,谓今时当如何,谓阁僚又当如何,此意阁臣不可不知也。"①要求其记载详实,且对正祖嘉言不吝褒述,体现了正祖对奎章阁为中心的"右文政策"模式的推广,希望将此法记录,传之后世。通过命筵臣记载正祖的政法言论,也能使大臣更好地理解和贯彻他的政治、文化举措,扩大其言行对臣下的影响。

《日得录》载入御制集,需要经过奎章阁官员的会粹、校正、缮写,主要是由阁臣李晚秀专管编次。② 当年(1785),李秉模及赵兴镇、郑东浚、李崑秀多名检校直阁、待教等也受命校正《日得录》。③ 校正时,正祖还要观览,指出问题。事实上,正祖在《日得录》纂修的过程中,也起到了很大作用。

第一,正祖对阁臣纂修《日得录》的情况加以监督:"近日则诸阁臣,多不致意,潦率塞责,疏略莫甚。乃其常时登筵,未尝留意听认,及到修纳临限,依俙臆记而然也。尚记故直提学常于怀褒中置笔札,每有承聆,辄于前席录之而出。此虽小事,其心力诚勤,今人无以及之矣。"④此言中,正祖批评了诸多阁臣将《日得录》修得十分疏略,态度敷衍塞责。这也暴露了《日得录》纂修流程中存在的问题:因为《日得录》为阁臣经筵后凭记忆所录,部分阁臣经筵时不用心聆听和记忆,事后又不及时记录,待到年终需要修纳之日,竟靠胡乱回忆来拼凑内容,这就影响

---

① [朝鲜王朝]正祖:《弘斋全书》卷182,《群书标记四·御定四》,第267册,第548页。
② [朝鲜王朝]正祖:《弘斋全书》卷182,《群书标记四·御定四》,第267册,第548页。
③ 《承政院日记》,正祖五年五月十日、二十日。
④ [朝鲜王朝]正祖:《弘斋全书》卷165,《日得录五·文学五》,第267册,第235页。

了《日得录》的价值。同时,正祖也表彰郑志俭在记录《日得录》时的模范态度,这些说明正祖对《日得录》时常阅览,且平日就注重观察阁臣的修史情况。

第二,"《日得录》,亦日省之义也。阁臣予所朝夕,无异左右史。"①正祖认为,《日得录》可以用以观省,平日就经常翻阅。虽称负责纂修的阁臣为"左右史",而他对《日得录》的纂修内容有决定权。例如君臣一次对六曹、三相权力的评论,正祖特要求"此等说话,宜载《日得录》,使后之览者知予意可也"②。另有一次,阁臣特书正祖常睡破烂的褥席,以彰显其节俭,正祖阅后,却命将其删去,称:"予欲借阁臣口,夸予昭俭之实乎?"③这些也体现了他对《日得录》记载内容的干预,而对于《实录》的记载,国王是难以轻易阅览和干涉的,这也是《日得录》纂修不同于传统史官修史的一面。

《日得录》的纂修,具有重要的史学意义。第一,《日得录》由奎章阁阁臣直接负责纂修,是其史职的集中体现,其对国王传教、备忘记和"筵说"等内容的记录和传统记注官重叠,同样是对传统史官职能的分担;第二,《日得录》为正祖本人观览,并可以随意干预其记载内容,也是对传统官方修史模式的一种挑战;第三,《日得录》还成为纯祖时修《正祖(宗)实录》的重要资料,在修《正祖实录》时,纯祖曾命:"自内阁抄出《日得录》,载诸《实录》,可也。"后即由阁臣专门抄出。④ 第四,《日得录》展现了正祖对臣下和百姓的教化,可见正祖的政治哲学,体现了正祖的教化思想、社会统合思想、学艺思想等。根本上反映了他为君主权力的强化而追求富国强兵的政治性目的。该书对于了解正祖本人的学问观、对历史人物的评价、在位期间的执政理念、为政方针,以及其对明清学术的批评等,具有极高的史料价值,是研究正祖时代文化,乃至朝鲜王朝后期史不可不读的资料。

---

① [朝鲜王朝]正祖:《弘斋全书》卷162,《日得录二·文学二》,第267册,第165页。
② [朝鲜王朝]正祖:《弘斋全书》卷166,《日得录六·政事一》,第267册,第264页。
③ [朝鲜王朝]正祖:《弘斋全书》卷175,《日得录十五·训语二》,第267册,第407页。
④ 《承政院日记》,纯祖三年二月三日。

　　综上可知,奎章阁自设立以来,即成为朝鲜的政治文化中心,有着书籍奉藏与管理、教育培养、政治中心和书籍编印的职能,正祖通过奎章阁施行各类文化政策。奎章阁的设立对正祖时期的官方史学也有莫大影响。第一,正祖不仅屡次强化了阁臣参与官方史学活动的正当名分,还通过日常职务和差备等形式,给予检书官以实质上的史职;第二,奎章阁几乎垄断了正祖时期官修书籍的编修任务,阁臣、检书官等直接参与各类御制、御定、命撰类书籍的编修,其中自然包括各类史籍和史学文献;第三,在正祖时期,校书馆被并入奎章阁,后又恢复铸字所。其间,不仅大量铸字,内阁还统摄外阁进行书籍刊印,部分书籍还得以在中央、地方大量传播,使得奎章阁成为正祖时期书籍生产和流通的中心,大量的官修史书也得以编印和广布;第四,奎章阁对藏书的管理,促成了正祖时期大量目录学书籍的纂修,促进了朝鲜后期书籍文化的发展和朝鲜半岛目录学的进一步成熟;第五,《内阁日历》《日得录》《日省录》等史籍由奎章阁人员负责纂修,其内容、体例多由正祖指定,记录修史多与传统史官交叠,体现了奎章阁修史对朝鲜传统史馆修史、史官记史模式的一种挑战。正祖时期的官方史学,正是在这样的文化制度下开展的。

第三章

正祖时期官修《日省录》之发端

　　前文已述,《日省录》属阁臣代撰的"御制"之一,也是由奎章阁直接负责纂修的代表性史籍,在朝鲜半岛史学史上,具有十分重要的地位。《日省录》发端于正祖时期,而后成为朝鲜王朝后期重要的官方修史项目。它记录了英祖二十八年(1752)[①]至大韩帝国隆熙四年(1910),即英祖以后的约150年的历史,采用纲目体,以日记的形式收录了每天国政的运营情况,现传唯一抄本,共2329册[②],其中21个月的书册缺失。从1982—1996年,奎章阁陆续完成影印本86册刊行。《日省录》现藏于首尔大学奎章阁,为韩国国宝第153号,并与《朝鲜王朝实录》《承政院日记》(后文简称"《日记》")《朝鲜王朝仪轨》等一同被列为世界文化遗产。

　　几百年来,以《朝鲜王朝实录》为中心,加上《日记》等为代表的各官司(厅)日记、誊录,构成了朝鲜王朝的"国史体系"。而《日省录》的纂修,对这一体系做出了补充和修正。《日省录》体现国王的立场、围绕国王为中心,记载体例颇具特色;且收录资料详尽和富于时代性,是朝鲜后期最重要的国史资料之一,被誉为"朝鲜后期史的宝库"[③],产生了深远影响,具有极大的研究和利用价值。因此,尽管《日省录》卷帙浩繁,

---

① 据正祖御制《群书标记》载,该书应是从壬申年(英祖二十八年,1752)起编,至正祖二十四年(1800),共有675册。但现存《日省录》最早只能看到英祖三十六年(1760)的记录。

② 此外,正祖以后所成的《日省录别编》2册(奎12812)、《翼宗代听日录》51册(奎12842)、《日省录凡例》1册(奎6321)一般也被看做是《日省录》的组成部分。

③ [韩]金庆姬:《『일성록』국역의 현황과 과제》,第87页。

韩国学者仍做了一些整体性的研究,对其有极高评价,并对《日省录》的韩语"国译"颇具热情。《日省录》之官修发端于正祖时期,既是其体例和内容等纂修定式的形成时期,也是奎章阁真正发挥其编修职能的关键时期。本章首先考察《日省录》的发端原因和一般纂修定式的形成;再结合与《实录》《日记》的比对,概述《日省录》的体例和内容,进而尝试对《日省录》的影响、价值和局限性做出整体性的评价。

第一节 《日省录》发端于正祖时期的原因

《日省录》发端于正祖亲记的"日记",后又主要由奎章阁负责纂修,实际上创立了不同于传统史馆纂修《实录》的新的官方修史体系。那么,在已经有了《实录》《日记》等在朝鲜延续了几百年,且较为完备的官方记史、修史项目后,朝鲜官方为何还要增加《日省录》的纂修呢?对此,正祖曾专门谈及《日省录》纂修之用意:

> 《日省录》,方次第汇编。大抵此录之作,意岂徒然?盖以近来所谓记注,多有爽误,皆失本旨。至如经义问难、时政酬酢,近臣之所领会,胜于新进,向因故直提学札陈,特命许施,不但远仿有宋故事。予意窃欲以此为观省之资,且其记录之际,亦可见诸阁僚文辞、言议。①

在内容上,正祖首先指出了传统史官记注的错漏过多,不可不加以纠正,更重要的是,此"日记"(《日省录》)不仅可用于正祖本人观省,也同时记录了奎章阁阁臣之"文辞、言议",而这些即为"筵话"的主体,很有价值。

正祖君臣就曾不满于《日记》中不录"筵话"。即位后,正祖就曾与金尚喆(1712—1791)、蔡济恭等重臣讨论此事:

———————

① 《朝鲜王朝正祖实录》卷20,九年五月庚午,第45册,第528页。

上曰:"《政院日记》之疏略,已无可言,而昨今年《日记》,比前尤甚,良可闷也。"尚喆曰:"纂辑时见之,则筵话之入录,极其疏漏矣。"济恭曰:"筵话初不出草故,非但外人之不得见,甚至于不录《日记》中矣。"尚喆曰:"筵话之外,人不得见者,诚为可闷。筵中酬酢中,事关民国者,外人有不可不知者,而注书谓以禁令,一味隐秘,此亦变通之事也。"①

"筵话"即是在经筵时,君臣有关学问治教的讨论,且多"事关民国",甚为重要。长久以来,由于经筵时入侍的史官在记录"筵话"后,坚持将这些史草隐秘起来,国王和大臣均不得见,也不录入《日记》中。这既降低了史书的完整性,也不利于君臣用来反思议政。正祖甚至还说:"注书之不书筵说,盖因懒于出草,而敢称上教,殊无状矣。"②认为注书所谓隐秘史草,是推脱责任之举,故而决定改革这种情况,加以"变通"。从正祖命奎章阁修《内阁日历》和《日得录》的内容上,便可发现正祖本人对"筵话"的重视。而《日省录》更是把"筵话"作为主要内容,这也是《日省录》发端的一个重要原因。正祖此番既对传史官记录不周做了批判,又强调了"筵话"记录的重要,即表明了想在官方修史的内容上做出变革。

官方修史的特点之一就是史官记录史草的隐秘性,正祖对此论道:

唐宋以后,则有《起居注》,有《时政记》,有《日历》焉。然其书藏之有所,掌之有官,非有事则不得考,盖所以传信后世而已。若乃置诸屏宁之间,作为燕漠之省,则窃未之闻也。③

在正祖看来,中国古代的官修国史,虽然可以"传信后世",但深藏秘府,

---

① 《承政院日记》,正祖元年五月二十五日。
② 《朝鲜王朝正祖实录》卷3,元年五月己丑,第44册,第670页。
③ [朝鲜王朝]正祖:《弘斋全书》卷182,《群书标记四·御定四》,第267册,第547页。

不为今人所知,甚为遗憾。而在朝鲜也是如此,原则上,朝鲜国王也不得随意翻见史草和《实录》。于是,正祖就想通过另记"日记"的方式,把从春宫之时到登极之后的政务行事,加以记录,以便翻看,取曾子的"日三省吾身"之义,以资观省,此"日记"后来就命名为《日省录》了:

> 教曰:"曾子日省之训于学者,践历之工最为切要。予自幼时服膺乎斯训,今之《日省录》即此意也。而又夜则点检一日之所为,月终则点检一月之所为,岁终则点检一岁之所为,如是者屡岁而于政令事为之间,得失便否辄多默悟于心中,此亦日省之一道也。"①

正祖希望每日、每月、每岁都要以此点检所为。《日省录》的直接目的,当然是用于国王自省,他称:"予之政令注措,虽无足观省,而每日点检,亦不无身心之助。近日《日省录》之编辑,盖此意也。"②即《日省录》直接体现其对每日施政的反思,并可用于修身。甚至大臣也应通过《日省录》思考为官之鉴:"后之观此录者,谓今时当如何,谓阁僚又当如何,此意阁臣不可不知。"③可以推知,正祖不满于传统官方修史的形式,因其不便于考览和观省,就想绕开传统史馆修史的模式,自行纂修"日记",这是《日省录》纂修的重要动因。阁臣李福源在正祖九年(1785)所成《日省录序》中也说:"监乎古不如察乎今,求诸人不如反诸身,此《日省录》所以作也。"④这说明了朝鲜君臣对时政的态度,不是"以古鉴今",而是"以今鉴今",更注重对当朝国史的关注,希望发挥国史资政的时效性。

此外,正祖还以"远仿有宋故事"作为名分。《日省录》之发端似也与仿唐、宋修史制度有关。正祖言:"自唐以来,中书置《时政记》,密院

---

① [朝鲜王朝]正祖:《弘斋全书》卷161,《日得录一·文学一》,第267册,第147页。
② [朝鲜王朝]李崑秀:《寿斋遗稿》卷50,《日得圣语录·甲辰录》,第106册,1993年,第693页。
③ 《朝鲜王朝正祖实录》卷12,五年八月己丑,第45册,第528页。
④ [韩]吴恒宁:《조선후기 국사체계(國史體系)의 변동에 관한 시론-실록(實錄)에서 일성록(日省錄)으로》,第289页。

置《内庭日历》。我朝政院之有《日记》,内阁之有《日省录》,亦此义也。"[1]这就将承政院的《日记》、奎章阁的《日省录》等同于中书省《时政记》和枢密院的《日历》。但实际上,宋之《时政记》是直接为纂修《日历》而作准备的,而朝鲜的《日记》与《日省录》却几乎是两套独立的官方修史系统,也均为《实录》的上位史源;唐、宋《日历》与朝鲜《日省录》的体例和内容也都有较大不同[2]。正祖此言,或许只是为了更好地攫取名分罢了。

《日省录》之所以另行开纂,既根源于正祖君臣对传统官方修史制度中内容和形式的严重不满,又包含了君臣用于自省或资政的现实需要,还以仿唐、宋史例扩充了名分。更重要的是,《日省录》本身是一种对朝鲜传统官方修史制度的挑战,正祖的资本就是奎章阁。正祖五年(1781),奎章阁的《故事节目》定下,这标志着奎章阁有关制度已趋于稳定和完善。同年,正祖即开始命诸臣参与《日省录》编校,后来又将其交由奎章阁纂修。这再次体现了正祖时期,奎章阁渐成为朝鲜政治文化中心的时代特点,这种将国王和阁臣言行完整记录,备于后世之资的使命感,也表明了正祖通过奎章阁进行王政运营的掌控力。这些在《日省录》的纂修过程中也有充分体现。

第二节　正祖时期《日省录》的纂修过程

一、正祖时期《日省录》纂修的主要阶段

从整体上看,《日省录》的纂修大致可分为三个阶段:

---

① [朝鲜王朝]正祖:《弘斋全书》卷166,《日得录六·政事一》,第267册,第248页。

② 《日历》之修,始于唐代,由史官修撰,未有专门机构。宋代设日历所,为常设机构。《日历》体裁特殊,只是一部资料汇编,它以时间线索,按照一定的格式和规定,将所有发生的、符合记录标准的事件进行编排登录,以备修史之用。北宋时,多次更换隶属部门,缺少固定史官修撰,直到南宋才走入正轨。同为国史性质的朝鲜王朝之《日省录》,不仅是逐日记录,也汇集了大量资料编成,后来被用于《实录》编修。其采用严格的纲目体,一开始,就有固定的负责机构、编撰人员和严格的流程,其修史目的、内容等也与唐、宋《日历》有异。

> 上自在春邸，有日录，记言动、事为，以备观省之资，是为《尊贤阁日记》也。至是命诸臣，起自壬申诞降后，至《尊贤阁日记》以前，复自丙申御极以后至甲辰，取起居注所载诸司掌故及《尊贤阁日记》，系日纪事，立纲分目。乙巳以后，继此编摩，使阁臣当直者，掌其事。①

第一阶段，为正祖在春邸时所编的《尊贤阁日记》；第二阶段，为正祖在即位以后，命诸臣通过起居注和诸司史料、《尊贤阁日记》，来补充正祖出生年（1752）到正祖八年（1784）之前的史事，同时，即位以后的"日记"主体仍是由正祖本人完成的，阁臣等以校正为主。经过前两个阶段，这就将《日省录》的记载往前延长至英祖时期；第三阶段，始于正祖九年（1785），之后的《日省录》则几乎完全由奎章阁负责编摩。下面，对此略展开论述。

《尊贤阁日记》是《明义录》内容的重要组成部分，也是《日省录》第一阶段纂修所需的材料。《日省录》实际滥觞于正祖在春邸时记日记的习惯，"予自孩岁，动静云为，日有记识"②，所以《日省录》一直有着"御制"的地位。因《尊贤阁日记》为正祖即位前所记，可推知，《日省录》英祖部分的记录多来源于此。

正祖即位后，仍保留了这种记录日记的习惯，他自言："予于日记，尝有癖焉。虽值葱扰之中，必于就寝前录出，以寓日三省之义。非但省察，欲观心力，至今不废。"③多年来，他逐步完善日记的体例和内容，"规模广而义例备，凡厥注措政令，黜陟赏罚，无不分日该载"，始终坚持"虽机务鞅掌之时，必书此而后始就寝"。④ 正祖五年（1781）八月，正祖

① 《朝鲜王朝正祖实录》卷20，九年七月丁丑，第45册，第536页。
② ［朝鲜王朝］李崑秀：《寿斋遗稿》卷50，《日得圣语录·甲辰录》，第106册，第692—693页。
③ 《朝鲜王朝正祖实录》卷12，五年八月己丑，第45册，第260页。
④ ［朝鲜王朝］李崑秀：《寿斋遗稿》卷50，《日得圣语录·甲辰录》，第106册，第692—693页。

开始考虑为此"日记"定下凡例,制定凡例的意义,是考虑如何将这巨制传世,并做到不载空言,恐凡例"若不善成,则无异《政院日记》"①,说明了《日省录》不同于《日记》的定位。同年,他将此"日记"正式定名为"《日省录》",凡例由沈念祖等拟出。同时,之前"日记"的校正也在进行。年末,正祖就召见校正诸臣,"阁臣沈念祖、兵曹参判郑昌圣,承命校正《日省录》。命昌圣逐卷读奏,念祖看详凡例"②。从1781年起,正祖开始命诸臣校正、整理、补修和商讨《日省录》凡例,参与其中的除奎章阁阁臣外,还有承政院承旨和弘文馆翰林。这标志着,《日省录》由原来正祖的个人记录行为,逐渐转入官方的修史轨道。

据《实录》中所述,《日省录》正式交由奎章阁纂修是在"乙巳年",即正祖九年(1785)。但据《弘斋全书·群书标记》载,自"癸卯年",即正祖七年(1783)始,随着《日省录》"卷帙益富",正祖日理万机,无暇亲自抄录,于是开始命奎章阁阁臣编录,资料包括日常的奏启、章疏、筵话和人事安排等,均按照正祖的要求,"按例汇录,禀旨淘削",每五日汇总进书一次。③《奎章阁志》中也有类似记载:

> 癸卯,上谓直提学郑志俭、原任直阁徐鼎修等曰:"……自今阁臣出草入启以代予劳也……自是,入直阁臣日取朝报、政目、传教、批答,抄出事实,满五日净写考准,入启经览,待笔削还下后,移誊于御制之末。"④

这几种史料对《日省录》改为"阁臣代撰"的时间记载有所抵牾,但仍说明早在1783—1785年之间,《日省录》由奎章阁负责的内容已经很多,特别是主要收录内容、编录周期等已成定式,有关体例也在这一时期成熟。

---

① 《朝鲜王朝正祖实录》卷12,五年八月己丑,第45册,第260页。
② 《朝鲜王朝正祖实录》卷12,五年十二月乙亥,第45册,第285页。
③ [朝鲜王朝]正祖:《弘斋全书》卷182,《群书标记四·御定四》,第267册,第547页。
④ [朝鲜王朝]李福源、李徽之等:《奎章阁志》卷1,《编次第四》。

至迟从正祖九年(1785)起,奎章阁就正式负责了《日省录》的纂修。这年初,前两个阶段的《日省录》已进入修整阶段,由奎章阁抄启文臣等分掌抄写之役。① 正祖对诸臣修整的《日省录》非常关切,对于完成的部分,往往命诸臣"分读已修者,详准,若有误书处,付表"或"各持一卷考准讫"②。又经由承旨和奎章阁检校、直阁等校正。③ 至七月底,《日省录》首次的官修本完成。④ 八月时,已编成约 100 余卷。⑤ 此后,在正祖的持续监督和干预下,《日省录》的纂修正式步入正轨。虽然至朝鲜后期,奎章阁存覆起伏,但这种记录形式仍延续至王朝覆灭。

二、《日省录》的主要参修人员

正祖正式将《日省录》的纂修交由奎章阁负责,开始转为"阁臣代撰"的形式。参修人员主要是奎章阁的阁臣、检书官等。

阁臣中主要由直阁、待教参与纂修,品级越低实际上责任越多。阁臣的职责主要体现在三方面。首先,入直阁臣要每日取朝报、政目、传教、批答,抄出事实,每五日缮写入启,供国王御览。也就是说,阁臣要负责关键的资料收纳工作,还要将初编的《日省录》整理后报告国王。这与《实录》的纂修形式有很大不同,《实录》是以国王在位期间为单位的编纂,编纂晚于记录,而《日省录》则是一种长期的记录形式,编纂与记录几乎同时进行;第二,阁臣要负责监督和校正检书官等的书役工作,呈报给国王的《日省录》草本须尽可能精准,不然,相关阁臣还要负连带责任。此外,针对阁臣常玩忽职守,将《日省录》纂修全推给检书官的情况,正祖下令:"此后凡于立纲分目,阁臣皆自亲执,检书官则只令出草编次,申明定式,毋敢违越事。"⑥可见阁臣在《日省录》编摩中的重要地位;第三,正祖命阁臣兼带"春秋"之衔,行史官之职。阁臣甚至随

---

① 《承政院日记》,正祖九年一月十四日。
② 《承政院日记》,正祖九年一月十七日、十九日。
③ 《承政院日记》,正祖九年五月二十日。
④ 《承政院日记》,正祖九年七月三十日。
⑤ 《内阁日历》,正祖九年八月十二日。
⑥ 《内阁日历》,正祖二十一年三月九日。

侍左右,担任《日省录》记载之职:

> 阁臣中下位一员,与兵房承旨,入卫内,检书领籖,袖置纸笔,凡有可记可录之事,阁臣知委,必皆详录。①

可见,阁臣的史官之职,通过《日省录》纂修得以实现和进一步确定了。

随着《日省录》纂修的继续,正祖在御览时,时常发现"筵说"记载的疏漏,对承政院注书非常不满,因阁臣本就兼任史职,后来,他干脆要求没有讲说任务的阁臣也要入侍经筵:

> 胄筵讲说,亦不可无记载之事,此后则依召对随入例,阁臣一员许参讲席,一以尊体貌。此后,则二提学、检校直学、原任直阁轮回随入,三阁臣若有事故,他阁臣中,一二员相议入参,如或临时未及周旋,入直阁臣依召对入参例随入事,定式施行。②

这样,部分阁臣参与经筵、记录"筵说"成为定式:"盖为其有春秋兼衔,俾记筵说及文义,编入《日省录》也。"③这种记录形式和阁臣记录"日得圣语"的《日得录》相仿,阁臣实际上也有了自己的一套记史模式,形成奎章阁自己的资料,一定程度上分担了注书的职能。因承政院的注书兼任春秋馆史官,这客观上对传统史官的记史形式造成了挑战。

除阁臣外,奎章阁的检书官和书吏等的任务更为繁重。检书官负责《日省录》的大量书役和资料整理工作,发挥重要的作用,负责抄录各类材料,形成《日省录》的草本。检书官的工作直接受直阁、待教等阁臣监督,所成的《日省录》草本还要经过阁臣立纲分目、多次校正,甚至连错字也要挑出,但他们有时任由检书官完成工作,增加了检书官的工作量。检书官多兼职地方基层官员,又要负责《日省录》书役和考校,十分

---

① 《内阁日历》,正祖九年十一月五日。
② 《内阁日历》,正祖二十二年四月二日。
③ 《承政院日记》,正祖二十二年四月二日。

辛苦，正祖二十二年(1798)，因"昨年《日省录》多有错误处，使检书官徐理修，更为考校厘正"，而徐理修"方以兔山县监，径先还官，事极骇然"。正祖命将其"先罢后拿"，①这说明在正祖眼里，检书官对《日省录》纂修要远远优先于地方事务的处理。不仅如此，检书官出现错漏，入直阁臣也要受到牵连。正祖规定了一些条例，《日省录》每日卷尾，负责当日部分的入直阁臣和检书官必须署名，用于考勤和奖惩，还有更严厉的戒示：

> 此后《日省录》中，虽字句之间若有错误处，当该入直阁臣，北道极边残镇，权管差送。当该入直检书官，亦于即其地方定配，以此书揭院壁。②

阁臣和检书官稍有错误，竟会被发配，警示之语还要悬于奎章阁摘文院之壁。这也体现出正祖对《日省录》纂修的极度重视和关切。

另外，还有书写官等书吏。书写官负责协助检书官完成相关抄写书役，还负责誊写阁臣编摩后的中草、定本。书吏所写《日省录》张数、姓名等也要时常统计，用于计算工作量和追究责任。监书时而负责协助书吏完成书役，以补充人力，又随时传达国王的最新命令，并兼任《日省录》的校勘或守直等事物。

三、《日省录》的史源

初期，《日省录》的史源体系还不甚成熟，又以补修为主，所以 1785 年的官修本主要参考的是《承政院日记》和《尊贤阁日记》。之后，《日省录》的参修人员每日就要与各类资料打交道。这类资料的首要来源是承政院③。前面已述，"筵说"的内容不得见，是正祖下令纂修《日省录》的一个重要原因，正祖每每御览《日省录》之时，也最关心"筵话"的记

---

① 《承政院日记》，正祖二十二年二月二十五日。
② 《内阁日历》，正祖二十一年三月九日。
③ 承政院是王命的出纳、大臣和各官司上疏、奏启文书等上传下达的秘书机构，又称"喉院"。

载,经常挑出错误:"若非《日省录》誊进,则不得见其误矣……此后则虽非次对筵说,凡有紧关筵话,随即书进,以为一番经览。"①"筵说"的有关记录自然成了了主要内容。记录"筵说"的史官,包括春秋馆翰林和承政院的注书。春秋馆史官记录之史草用于成《时政记》,不可外泄,而只有承政院注书所记内容,可以参看。于是,正祖即命承政院注书要负责报送"筵说系本阁者"的资料给奎章阁:"入侍注书,每于筵退之后,即为修送本阁,自是定式。"②并由承政院承旨监督其报送情况,最迟不可超过三日,如果不及时送达,承旨也要付连带责任。奎章阁入直阁臣在注书的辅助下,将有关内容编入《日省录》。

除"筵说"外,"凡传教之下政院,而关系内阁者,及每日《日省录》修整文迹,兼吏使院随即传致。如或有稽忽慢缓之弊,则不能检饬之注书,自本阁论罪"③。奎章阁每日收纳承政院的资料非常庞大,至后期,因"《日省录》文书渐益浩繁,而每日各项启下公事名目多岐,辄有遗漏之虑","则依政院之出朝报例,凡系当入《日省录》者,无论状启、草记启目,以'日省录'三字,成出小条,本阁抄出时,随即印识,以为凭考之地"。④ 这样,承政院在报送资料时加以标示,有助于提高编录有关状启、公文的效率,并防止遗漏。《日省录》所要录入的疏奏等公文和国王的王命,如纶音、传教等也要仿"注书誊送筵话"之例,由相关承政院承旨"净写一通,随即招致检书官"。⑤ 这反映了承政院人员在《日省录》资料提供上的重要作用。

除了国政运营的重要机构承政院,《日省录》的史源还来自中央其他官署和地方各道。这些官衙在送递资料时,有时同时报送承政院和奎章阁,而个别只报给奎章阁。如书云观所呈报的降雨量,在《日记》和《日省录》中就均有收录,但《日省录》更为详细。值得重视的,是《日省

---

① 《承政院日记》,正祖二十年八月二十四日。
② 《承政院日记》,正祖二十年三月十六日。
③ 《内阁日历》,正祖八年八月二十四日。
④ 《承政院日记》,正祖十年二月二十六日。
⑤ 《内阁日历》,正祖九年十一月二日。

录》对备边司有关资料的收纳。正祖曾下令：

> 《日省录》中各道状启，多有遗漏者，此后则每于一年《日省录》
> 粧入启时，以备局所在状启、誊录，一一考准。①

备边司是朝鲜王朝中期设立的，勾连中央与地方政务、处理涉外事务的关键部门，甚至可以与议政府抗衡。备边司存有地方各道的状、启，并编有《备边司誊录》。因正祖认为《日省录》时常漏载地方文书，便要求阁臣考对备边司文献，这其中还包括诸多的外事文献等。此外，地方的治狱事件的审理也要上报刑曹后，报送奎章阁备案，选编入《日省录》；各道"外史"所呈报的地方情报资料，也由春秋馆交由奎章阁，录入《日省录》："本馆以外史修纳，送示本阁，考录《日省录》事，亦为定式施行。"②奎章阁通过这些资料，可以更详细地载录有关状启和地方、外事事务的情况。正祖也可以通过《日省录》，及时地获取有关的政务信息。这也反映出奎章阁在政务情报收纳上，已取代了承政院、备边司的部分职能，并进一步分担了春秋馆的修史职能。

四、正祖时期《日省录》纂修的问题与纠正

关于《日省录》纂修，早在正祖九年（1785），正祖就曾下教道：

> 《日省录》事体，与御制初无间焉。大小丝纶及诸臣举条，当无
> 遗载录。而传教之追改者，举条之追下者，本阁则不知，每多疏漏
> 处，政院设置兼吏，专为此等事役，如是怠忽，极为骇然。此后另加
> 申饬，虽一字一句，如有见漏，当该兼吏，自本阁除汰。今番申饬之
> 后入启本，万一有不察之事，又或拘于颜私，不即除汰，该阁臣难免
> 其责，以此知悉。着念举行、草本之遗漏，该检书考绩时，置之中

---

① 《内阁日历》，正祖二十年五月十一日。
② 《承政院日记》，正祖十一年十一月二十六日。

下,已有下教;该色阁吏,亦自本阁,或囚或汰;字句误书者,一字以上,书写吏科罪,用《大典》活印误准律事,亦令本阁知悉。①

正祖重申了《日省录》如同御制的地位,要求对国王的丝纶、传教、诸臣之疏札、举条等"无遗载录"。这些内容应由承政院设专人负责报送奎章阁,用于编《日省录》。但因"兼吏"人员玩忽职守,致使奎章阁难以及时得到信息,记载疏漏之处甚多。这令对《日省录》载录质量要求一向苛刻的正祖震怒,并当即规定了对此"兼吏"的处罚方式,甚至还牵连阁臣。同时,又警示了检书官在《日省录》草本纂修时,决不能有疏漏或误书"一字以上",否则,不仅影响考绩、遭致除汰,甚至还会受到刑狱。尽管正祖制定严规,《日省录》的实际纂修中,问题仍频繁出现,难免错漏之弊。

第一,有关资料在记载和报送上存在问题。首先,承政院有关资料不及时报送。承政院的承旨、注书未及时将有关传教、疏札、奏启、举条、筵说等资料呈报内阁。在正祖九年(1785),就有阁臣指出:"政院则全不照管下送,虽以举条言之,启下数日之后,始乃得见,追付当日,每有窘速之弊。"②因为承政院不及时送达资料,造成纂修延误的事情时有发生。再如正祖十五年(1791),内阁启正祖曰:"去月十六日儒生殿讲时筵说,屡度催促,终不修送,揆以事体,不可无警。"正祖将相关注书和检阅拿处。③

再者,相关部门所呈报的资料记载存在严重缺陷。正祖十八年(1794),徐荣辅上报正祖,称"近来注书,初不致意于筵说,只以草草塞责为主……筵说多有可记者,而注书趁不草送,《日省录》尚不得修正"。注书不仅不及时递送资料,其记载内容也十分不堪。正祖本人也感叹:"注书辈惟以不记事为能事。"④"筵说"的质量和送达速度屡屡影响到

---

① 《承政院日记》,正祖九年七月二日。
② 《承政院日记》,正祖九年十一月二日。
③ 《承政院日记》,正祖十五年五月一日。
④ 《承政院日记》,正祖十八年三月六日。

《日省录》的纂修质量和效率,正祖二十年(1796),奎章阁又启正祖:"近来注书,不即修送,亦不详记,以致《日省录》修正之迟滞。注书举行,已极怠慢,而以今初六日次对入侍筵说观之,模糊囫囵,尤不成样。"①正祖速命修正筵说,并拿问该注书。至正祖二十一年(1797),正祖已难以容忍筵说记载的颇多错误,"近来注书,筵说全不成样,岂可自上每每厘正乎?"他认为,这就是因阁臣不能入侍经筵亲记的缘故,"只凭注记注故,有所差误。若得登筵参听,则似可详录矣"。于是不仅要求阁臣可以登筵,连奎章阁检校也被允许"亦带春秋之衔,依兼史例登筵"。②注书记史不力,成为正祖命阁臣分担其史职的一个重要名分,也算作是对"筵说"记录不当的纠正。

　　除"筵说"外,地方"外史"记载的"日记",质量也难以过关。朝鲜后期,地方"外史"向中央提供史料的制度已近乎荒废,甚至"敢只以阴晴书纳事"③。据称:"八道中京畿、全罗、平安、江原四道,略有风俗民物之采录者;而其余四道,只以阴晴报来。"由于各道外史记录多空洞无物,影响《日省录》对地方情报的收纳,正祖屡次命"更加严关于各道外史,无复如前慢忽",又决定由文臣守令在察访时,例付外史,京畿道则由都事修送"日记",授予史职。④ 由此,"外史"制度也得到了革新。

　　第二,奎章阁参修人员的问题更为集中。检书官书役潦草、内容错漏等情况难以避免,且时有发生。对此,正祖往往加以严惩,甚至入直阁臣也因监督不力,受到牵连。如正祖十二年(1788),正祖见《日省录》错误处甚多,阁臣尹行恁被"从重推考",检书官李德懋被"拿处"。⑤ 正祖十九年(1795),因检书官李集箕、李德懋、成海应等誊写草本时,"全不致精,笔势淆乱,刀擦狼藉,不能检饬",后被义禁府"推考罪,杖八十收赎,夺告身三等",当时的入直阁臣也要"禁推"。⑥ 正祖二十一年

---

① 《承政院日记》,正祖二十年三月十六日。
② 《承政院日记》,正祖二十一年五月七日。
③ 《承政院日记》,正祖十一年十一月二十六日。
④ 《承政院日记》,正祖十八年三月六日。
⑤ 《承政院日记》,正祖十二年九月一日。
⑥ 《承政院日记》,正祖十九年七月二十二日、二十三日。

(1797),直提学李晚秀又启正祖:"伏见今二月朔《日省录》,则凡例太不齐整,字句亦何错误,甚至法筵举条之事关典式者,全不载录,疏忽不审,莫此为甚。"正祖命将入直阁臣李存秀推考,检书官李光葵、郑枻"先汰后拿",后被"各杖一百收赎,告身尽行追夺"。①

正祖曾多次表示,对《日省录》内容的记载绝不允许出现错漏,发现失职定要严惩:"向以《日省录》遗漏事……而若不别般严处,则无以惩后矣。此后入直阁臣,逐日照检,若于字句条件间,如有疏漏,随其轻重,即为勘处,以此永为定式,可也。"②但实际上,因书役过重,错漏难以避免,这类纠错和责罚阁臣和检书官的情况,几乎贯穿了始终,连李德懋、成海应这些得力干将,也被责罚过。这些处罚一般由义禁府执行,正祖甚至还动用了杖刑。正祖一生主持纂修的书籍无数,即便在《实录》《国朝宝鉴》纂修之时,也未对参编人员如此严苛,这足以反映出《日省录》的地位。另外,不仅正祖本人对《日省录》内容严格把关,因为有严格的追究机制,奎章阁对自身的监督也十分积极,及时向正祖汇报存在的问题,这对于《日省录》的规范化纂修是有积极意义的。

第三,《日省录》在纂修时,还受到了诸多客观条件的限制。《日省录》收录资料广泛,又逐日纂修,可谓卷帙浩繁。在正祖九年(1785)时,书写官只有两名,草本抄录正书时,出现"书役浩多,不能抵当"的困难,且"每日条中草及正书,以本阁书写使用之故,五日为限,每未免愆期",难以按时完成每五日一编的工作,出现了人力不够的问题。正祖虽也理解《日省录》编役"书写苟艰",但因经费问题,也只能给二人加给料布了事。阁臣也担心会因"无粮料工钱,事面亦甚苟艰……则非但渠辈之无愿之者,长时使役,不无向后掣碍之端"。因无法保证待遇,只能调用其他官署能写字的人员帮忙,甚至调用了尚衣院和司饔院的人员。③除了人员缺乏,用于纂修的纸张也一度紧缺,"近来御制缮写之役及《日省录》草本、中草本正书之役,又极浩繁,每月所用,不下于数十卷,统计

---

① 《承政院日记》,正祖二十一年三月八日、五月二日。
② 《承政院日记》,正祖二十一年三月二十日。
③ 《承政院日记》,正祖九年三月六日。

一年,几过累百卷"。因《日省录》及诸多御制书役,纸张耗费量巨大,奎章阁甚至陷入度支困境,正祖命户曹调拨纸张支援,才满足了编修所需。①

第三节　《日省录》的体例和内容

　　《日省录》是朝鲜王朝唯一采用纲目体书法的官修国史,《实录》和《日记》虽然也是按日纂修,但大体均是一般的编年体形式,纲目体就成为《日省录》体例上最大的特点。朝鲜深受朱熹思想的影响,《资治通鉴纲目》又能完整地体现出朱子正统观和"尊王攘夷"的思想,故而在朝鲜一直广为传播。朝鲜王朝史学发展过程中,纲目体十分发达,这可以说是朝鲜时期史学的一个显著特点。② 朝鲜世宗对于《资治通鉴》和《资治通鉴纲目》推崇备至,编有《通鉴纲目训义》;至正祖时,"纲目思想便风靡一世了"③。一方面,有助于宣扬大义名分,制裁乱臣贼子,维护王权;另一方面,褒贬予夺,直书不讳,亦对史学求真的发展有积极作用。正祖就利用纲目体纂修了多部中国史书,以明正统;还将自己与馆学生关于《通鉴纲目》的问答记录下来,编撰成《纲目讲义》,这体现了他在宣扬朱子学上所作的努力,《日省录》采用纲目体,应有这个层面的意义。但《日省录》采用纲目体记录本国历史,并非专为正统观和尊王攘夷的思想。《日省录》"提要以立纲,俾便其考阅。该载以系目,俾详其事实",且"每一日另占一板,每一事另占一条"。④ 正祖发现《日省录》中的疏启状奏"立纲每不分晓",立即要求阁臣重修,以便考阅。⑤《日省

① 《承政院日记》,正祖九年十二月十日、十二日。
② 部分学者已注意到了《资治通鉴纲目》在朝鲜的传播和影响的有关问题,有一些论著:如［韩］权重达:《〈资治通鉴〉对中韩学术之影响》,台湾政治大学1979年博士学位论文;杨雨蕾:《〈资治通鉴纲目〉在朝鲜半岛的传播》,《世界历史》2002年第3期;周海宁:《中国文化对高丽、朝鲜时代史学之影响研究-以史学体例和史学思想为中心》等。
③ 朱云影:《中国文化对日韩越的影响》,第17页。
④ ［朝鲜王朝］正祖:《弘斋全书》卷182,《群书标记四·御定四》,第267册,第547页。
⑤ 《承政院日记》,正祖二十年七月三日。

录》纲目清晰明辨,其实主要是为了方便查阅和考检史书,以便更好地利用本朝国史发挥资治效用。

早在正祖五年(1781),正祖与郑志俭、沈念祖等就初步定下了《日省录》的体例特点,在日期上的格式为"正月某日而注书干支";采用纲目体,"凡例可以有目有纲矣",但当时对纲目的处理还未能规范,"虽非朝廷事,不可不录者,则当别为一目""如无纲目,则别以他行书之"①。这种情况在后期时,已被更严格的体例所取代,即便无"目"也须有"纲"。此外,还定下了称国王,不书"上"字,称"予",②这也是《日省录》同《实录》《日记》等绝大部分官修史书不同的特点,一方面,《日省录》作为御制类,延续了正祖"日记"的风格;另一方面,标志性地体现了《日省录》记录以国王为中心的特性。

《日省录》的书写体例为,除每年或每月首日加书"某年某月",记录的格式均为:顶格书"干支年某月某日(小字干支)",如"丁酉年一月初一日辰戌(小字)",平日则只书"某日记",但在每页中间小字书干支年和月份,如"辛亥正月";"纲"顶格书写,"目"的内容下一格书写。有些内容只凭"纲"即可说明,则无"目",又因只按照日分页,同一天内各事件(纲目)间不空列,所以常见两个"纲"连续列在一起的情况;每页(面)最多为10行×20字,"目"因下一格,故每行19字,书写采用近似楷体的文字;记录结束,最后一行下书入直阁臣和检书官的署名③,是为一日之记录。《日省录》按日记录,每日约1—2卷,每日内若干纲目,五日一编,月别为册。《实录》是前代国王死后再修、《日记》是每月20日后修好前一整月的内容,而《日省录》需要定期为国王御览,其编写周期十分紧张。

《日省录》在内容记载的方式上,也遵循定式。在详略上,抄录疏札时从简,只"节取要语";记载正祖丝纶则"具载全文"。国王的下教、批

---

① 《承政院日记》,正祖五年八月十九日。
② 参见《朝鲜王朝正祖实录》卷12,五年八月己丑,第45册,第260页。
③ 这种形式在后来的一段时期内,没有坚持,后又参照同日期的《内阁日历》中奎章阁人员的入直情况,将署名补入。参见[韩]연갑수:《『日省錄』의 사료적 가치와 활용 방안》,第42页。

答文字全录,臣下的回复文字删录,体现以国王话语为中心。如前所述,其主要史源来自承政院和各官司(厅),总体上"文约于起注,事详于时政",即侧重记录政事。在内容上,除了包括日常的政务外,"至若祕府编书,必载其义例;内苑讲武,必书其节制;审理之,具录道启曹覆;赒赈之,详列人口米藿;辇路上言之,撮其梗概。又《堂后日历》之所未有也"。① 涉及奎章阁的编书、讲制,以及司法的审理、民政的赈济、国王的日常讲话等,《日省录》无所不包,甚至能补充一般的史草记录。值得注意的是,在正祖的监督下,《日省录》的记录内容逐渐扩大。如正祖九年(1785),正祖下教道:"外此展拜服色仪节,历临驻辇处所,一从所见,载之《日省录》。"②即阁臣要随奉国王左右,动驾之时的有关仪式要录入《日省录》。正祖十一年(1787),正祖又下送"手本"于内阁,命其抄录于《日省录》之中。③ 正祖十四年(1790),正祖命沈象奎将"动驾时筵说"也详细载入《日省录》。④ 正祖二十年(1796),正祖又要求华城行次的有关赏典由整理仪轨堂上作册,《日省录》中也要"全誊"。⑤ 可见,《日省录》内容日益多样化,充分体现了正祖个人的意志,说明了他对《日省录》记史的掌控程度。

《日省录》英祖部分的内容属于补修,史源少,记载也相对简略。因取材于正祖的"日记",英祖部分的内容多为正祖每日的侍坐、讲学之事,客观上也是以记录正祖为中心。而正祖即位后的《日省录》,记录日益全面和广博,按其记载内容的类型,大体上可以分为如下几类:天文类、祭享类、临御召见类、颁赐恩典类、除拜递解类、疏札类、启辞类、科试类、草记书启别单类、状启类、刑狱类、其他类。⑥

天文类:记录天象、天气之变化,以及国王由此的饮食起居的变化

---

① [朝鲜王朝]正祖:《弘斋全书》卷182,《群书标记四·御定四》,第267册,第547页。
② 《承政院日记》,正祖九年十一月五日。
③ 《承政院日记》,正祖十一年十一月二十三日。
④ 《承政院日记》,正祖十四年十一月二十二日。
⑤ 《承政院日记》,正祖二十年九月十日。
⑥ 参考了[韩]延甲洙:《『日省録』的史料价值与活用方案》和(韩)洪顺民:《『日省録』的编纂过程与构成原理》两文中的分类方式。

等。这类内容《日记》和《日省录》均有收录,但《日省录》只记录天文变动中的大事件;而《日记》要固定每天载录阴晴之事,遇到大的事件更要详载。

祭享类:国王参与有关宗庙祭祀等活动时,记录的各种仪礼形式。《日省录》对于日常性、反复性的仪礼记录从简,避免不必要的重复。

临御召见类:国王在日常或行次(动驾)中,对大臣的召见情况。国王在宫中召见臣下的场景——经筵、召见、次对、药房入诊等多种情况,尤其是"筵说",《日省录》记载详细;而《日记》却往往只纲列主要事项,小注书写参加讲席人员和座目,内容仅为所用的书籍名称而已。关于国王行次的春官(礼曹)仪注,只载于《日省录》中,《日记》中没有。

颁赐恩典类:记录国王对大臣的赏赐和救灾恤典等情况。《日省录》的记载体现两个特点:第一,记录具体、全面。通过对相关的具体数字、人物名单等整理,可成全局性的统计资料;第二,记录精准且唯一。对某地灾害的具体情况,如损毁建筑数、死亡人口数等之记载,连《日记》中都难以找到,这有助于中央把握具体灾情,加以处理。

除拜递解类:是对任免官员官职的记录,但是记录的对象是有所选择的。第一,六曹判书、参判,汉城府堂上官等中央高官人事得以重点记录;第二,六曹其他堂上官中,只记载吏曹参议;虽记载三司官员,但包含吏曹铨郎在内的六曹郎官人事不予记载;第三,与户曹、吏曹有关的平市署、司饔院等低级官员人事不予记载;第四,地方郡守、县监等以外的人事情况,一般不予记载;第五,对初仕且担当要职的某些小官,如参奉、守奉官、检书官、守门将、备边郎等的人事情况也都予以载录,体现正祖对人事任免的情况,善于抓住重点。《日省录》中还有补充说明人事履历的"随注",而《日记》只有个别的"附注",大部分没有记载。

疏札类:大臣的上疏、札纸和国王对此的批答等。启辞类:承政院、三司等上呈的启文或呈辞等,以及国王对此的批答。《日省录》对批答以外的大臣上疏、启辞等有所删削,极少原文收录,删削幅度没有固定的要求,大约是20%—60%不等,基本依照疏札内容的重要程度,并删去重复的仪礼性内容。同时,《日省录》还要提炼文字内容,得出"纲"的名称,列于疏札文之前,便于考检。另外,一些礼仪性的、常规的上疏只列"纲",不书"目",以示简约。相对于《日记》大多只抄录原疏札之文,《日省录》显得更有针对性,篇幅也有所节约。科试类：对各种考试情况的记录,这体现了对人才选拔的重视。

从总体上看,以上七类内容在《日省录》中的记载情况,与《日记》中也能找到的记录相比,《日省录》的记录更为简略,但更有针对性,避免了《日记》每日记录中反复的、程式化的内容;也补充了一些《日记》中疏漏的内容和资料。而下面的几类内容,却几乎为《日省录》所独载,不易在《日记》中见到。

草记、书启、别单类;状启类：多是地方官员和使节所呈报的情报,代表性的如暗行御史的书启、别单等。正祖时,由低级官员兼任暗行御史,一面监督地方官员施政,一面搜集地方的情报,这些内容也被记录在《日省录》之中。这种收录自正祖十一年(1787)起,正祖十五年(1791)、正祖十七年(1793)的部分内容只有在《书启誊录》(奎 15083)中才能找到。而 19 世纪以后的暗行御史书启、别单只有在《日省录》中可见。[1]此外,各道观察史、监司等还进呈状启,收录了许多地方的各司"誊录",一般也只能于《日省录》中找到。值得注意的还有《闻见别单》,它是燕行使臣回国后的复命报告,记载了对中国乃至世界的最新见闻和信息。这在《日记》中极少见到,朝鲜后期汇编的外交文书档案《同文汇考》中,虽然也有所收录,但缺少国王和燕行使的对话内容。同时收录《别单》和有关对话的,只有《日省录》,且较之《同文汇考》更为详细,甚至补充了《同文汇考》缺漏的内容,这体现了正祖对国外信息的高度关切。

刑狱类：首先是有关中央和地方司法机关审判的记录。正祖在司法上推崇宽仁之治,仿宋制规范了刑具、刑期,还纂修《审理录》《增修无冤录》来改革和监督审判过程。纂修《审理录》的案件资料,也要报送承政院和内阁,也成为《日省录》的重要内容。[2] 对杀狱案处理的有关情况也是《日记》中无法找到的。除了中央的案件,还有每年刑曹对地方

---

① ［韩］연갑수：《『日省録』의 사료적 가치와 활용 방안》,第 51 页。

② 《朝鲜王朝正祖实录》卷 51,二十三年五月己卯,第 47 册,第 186 页。

呈报的回启内容,包括犯人的流配或释放情况的记录。这反映了自英祖以来的亲民仁政思想,以及正祖对刑法的改革决心。其次,是记录"上言、击铮"的内容。英祖时,就有定期在街市倾听民瘼的政策,正祖加以继承和发展,允许百姓在国王巡幸时,通过"上言、击铮"的形式诉说冤情。因为百姓不识字,无法写状纸,这给予了百姓更多的言论和表达意见的自由。百姓反映的不仅是刑戮和纲常之事,还有关于社会、经济性的问题的请愿,由此记录,也可以反映出朝鲜后期的社会经济情况。

其他类:这一类内容更为繁杂。如朝鲜官方所编书籍的情况;再如汉城府及各道府年末时报告的当地基本情况,如户数、人口数,太仆寺报告的全国牲畜数等;每年所整理的上一年度汉城各司、各营的会计簿报告等。作为重要的统计数据,具有研究价值。

第四节 《日省录》的影响、价值与局限

《日省录》作为朝鲜后期的官修史书,产生了深远的影响,并因其内容和体例的创新,具有很大的资料价值和史学意义,同时也难免存在一些局限。

一、《日省录》的影响

第一,《日省录》成为了多种官修史籍、文献的重要资料来源。《正祖实录》纂修时,《日省录》就是重要的参考资料。据统计,《正祖实录》比以往的《实录》平均篇幅都要大。《英祖实录》52 年(620 月),共 2347 面,平均每年(月)是 45(3.8)面;而《正祖实录》24 年(292 月),共 1869 面,平均每年(月)是 78(6.4)面,这就是因为采用了《日省录》等新资料。而至《纯祖实录》纂修时,《日省录》就更成为最基本的资料了。[1]

---

① 参见[韩]吴恒宁:《조선후기 국사체계(國史體系)의 변동에 관한 시론-실록(實錄)에서 일성록(日省錄)으로》,第 278、281 页。

《日省录》还成为后世《国朝宝鉴》续修的重要史料,其价值甚至超越了《实录》。如宪宗时,为强化其正统地位,续修了正祖、纯祖、翼宗(1809—1830)三朝《宝鉴》,与正祖时《宝鉴》多抄录《实录》不同,宪宗听从了赵寅永的建议,"今三朝事实,不必更考《实录》,就内阁《日省录》、《政院日记》、各司掌故,可考阅搜集。"①因部分资料,仅《日省录》有所载录,《日省录》还成为《仪轨》纂修的重要参考资料。如正祖十三年(1789)纂修《仪轨》时,正祖就曾要求:"《都监仪轨》之役……内阁《日省录》考出之役,都厅专当举行。"②各司"誊录"的纂修,如《礼曹誊录》误书厘正,也要考出《日省录》。③此外,国王去世后,因"圣训之大书不一书者,莫详于《日省录》。当此揄扬撰述之际,不可不敬考该载"④,《日省录》还被优先用于先王的行状、谥状、志文等之纂修。这都说明了《日省录》在官方史学文献中的地位,以及其在本朝国史纂修中的重要影响。

第二,《日省录》以御制发端,成为国王之史,有重大的政治意义。《日省录》归于御制类,是其他官方修史项目所未有的,不仅记录内容多围绕国王之政,因《实录》藏于史库,《日记》又不便考检,记载也不如《日省录》全面,《日省录》便成为了国王的专用资料,也主要用于国王本人的自省而阅览。《日省录》之体例、内容和纂修凡例都几乎由正祖钦定,还严格监督纂修过程,希望杜绝错漏,以此满足国王对高级国政情报的利用和掌握。《日省录》是正祖通过奎章阁实行荡平政治的具体产物,有助于进一步建立以国王为中心的国政运营体系。⑤通过《日省录》的纂修,奎章阁一定程度上分担了春秋馆、承政院、备边司等重要机构的职能,奎章阁作为王政中心的地位进一步加强,正祖也进而通过奎章阁掌握了实质性的王政主导权。国王这种异乎寻常的关切,体现了《日省

①　[朝鲜王朝]郑元容:《经山集》卷12,《宝鉴总叙》,韩国民族文化推进会编:《标点影印韩国文集丛刊》,2002年,第300册,第256页。
②　《承政院日记》,正祖十三年十一月十六日。
③　《承政院日记》,正祖二十年七月八日。
④　《内阁日历》,纯祖即位年七月十一日。
⑤　参见[韩]洪顺敏:《『日省錄』의 편찬 과정과 구성 원리》,第4页。

录》之记载,从内容和形式上,都是以国王(正祖)为中心的。《日省录》可谓是"为国王而作的国王之书""国王正祖按自己的意愿,为自己而编成的书"①。

第三,《日省录》开辟了一个新的官修"国史记录体系"。首先,《日省录》是一种崭新的记录形式,一定程度上绕开了传统官修史书的流程,在资料收纳、记录纂修、收藏利用等方面有一套较为完备的体系,在体例和内容上又多有创新。与《实录》相比,《日省录》不藏之名山史库,国王可实时御览,甚至大臣也可观阅;其内容上,则对底层民众、地方和外事事务等多有关注。《日省录》的公开性、开放性、对知识阶层的重视和民权的伸张,体现了国家记录管理体系转换的可能性。② 其次,《日省录》在正祖以后,又为后世国王续修,成为朝鲜后期正式的官方修史项目,直到朝鲜王朝覆灭。此书不仅为多位国王"省览之资","亦可谓一代之大文献也"③,可谓卷帙浩繁,为朝鲜后期记录和保存了大量资料。

最重要的是,《日省录》促使了以《实录》为中心的朝鲜"国史体系"发生了变动。一者,朝鲜中后期以来,《实录》已受困于党争而频繁被改修,至后期"势道政治"开始后,《实录》更是出现了严重的不实化。在朝鲜后期,已经出现了对《实录》客观性的否定性认识。④ 然而,《实录》作为一种国家性的制度性仪式,在官方修史体系中具有象征意义,《日省录》作为后期出现的新的国史纂修形式,还尚不具备这一特性。《日省录》游离于传统的官方修史,也正因为如此,与后期的《实录》相比,《日省录》的纂修受到政治权力直接干扰,并影响到史实记录的情况相对较少,这就客观上提高了《日省录》在官修史书中的价值。二者,《日省录》除了作为朝鲜后期《实录》纂修的重要资料,还深刻影响了其体例和内

① [韩]홍순민:《『日省錄』의 편찬 과정과 구성 원리》,第 4、29 頁。
② [韩]吳恒寧:《조선후기 국사체계(國史體系)의 변동에 관한 시론-실록(實錄)에서 일성록(日省錄)으로》,第 291 頁。
③ [朝鲜王朝]正祖:《弘斋全书》卷 182,《群书标记四·御定四》,第 267 册,第 547 頁。
④ [韩]吳恒寧:《조선후기 국사체계(國史體系)의 변동에 관한 시론-실록(實錄)에서 일성록(日省錄)으로》,第 293 頁。

容。相关研究发现，从《仁祖实录》的纂修开始，大体上《实录》凡例内容维持在 14 项左右，而《正祖实录》的凡例却达到 27 项之多。突出的不同，主要体现在资料的收集、除拜、户口、吉凶诸礼、御书等项目的记载上。讲筵、宾对、入侍筵说等具体史实作为记事内容，也至《正祖实录》凡例才定下。① 这些添加的内容，恰恰多是《日省录》中所重点记录的。此外，《正祖实录》中还偶见纲目体的痕迹，明显是受《日省录》内容和体例的影响。

　　总之，《日省录》的出现改变了以《实录》为中心的"国史体系"，而转向以《日省录》为中心，而《实录》更为象征化。② 正祖以后，奎章阁的书籍编刊的机能逐渐弱化，而《日省录》《内阁日历》的纂修却得以继续保存下来。

二、《日省录》的价值

　　第一，诚如正祖所言："我国文献之可征，莫如《日省录》之详该。"③《日省录》内容充实多样，整体上，比《实录》和《日记》记载更为详实，也补充其不足。在正祖晚年时，他曾评价《日省录》道：

　　　　内阁所修之《日省录》……其记述之该详，载录之纤悉，政院之起居注，殆不及什一焉。盖自臣僚晋接、筵席酬对、官师言事、公交车章奏，内而百司簿判，外而八道启状。靡小或遗，无不汇括，诚巨典也，广记也。④

由此，足可见《日省录》收录之广、记载之详，已超越了一般的官修史书。从数据对比来看，则更为直观。以正祖一朝 24 年史事的官修史书记载

① 参见［韩］吴恒宁：《조선후기 국사체계（國史體系）의 변동에 관한 시론-실록（實錄）에서 일성록（日省錄）으로》，第 279—282 页。
② 参见［韩］吴恒宁《조선후기 국사체계（國史體系）의 변동에 관한 시론-실록（實錄）에서 일성록（日省錄）으로》，第 293—294 页。
③ ［朝鲜王朝］正祖：《弘斋全书》卷 164，《日得录四·文学四》，第 267 册，第 206 页。
④ ［朝鲜王朝］正祖：《弘斋全书》卷 165，《日得录五·文学五》，第 267 册，第 229 页。

为例,比较其篇幅可以发现,《正祖实录》(太白山本)共 56 册;《日记》(草本)共 445 册,而《日省录》(奎章阁本)则多达 646 册,①《日省录》不仅明显繁于《日记》,更是《正祖实录》册数的 10 余倍。记录朝鲜王朝约 500 年的《实录》约有 5300 面(页),而仅记录朝鲜后期约 150 年的《日省录》却多达 6000 面(页)。② 从内容上看,以正祖十年(1786)八月至正祖十三年(1789)二月这一时限的内容为例,《日省录》中约 12％的内容是《日记》中所没有的;10.5％的内容《日记》《实录》中均无。这都证明了《日省录》优于《实录》《日记》的资料性特质。

第二,《日省录》在纂修体例和笔法上也有创新和突破。在正祖的监督下,《日省录》在书写形式上实现了纲目体。从某些具体细节上看,《日省录》之内容未必都如《日记》之记载详细,但对相关内容都加以选裁、提炼;虽材料丰富,但不是无原则的资料堆砌,柳本艺在《日省录凡例序》中说:"《日省录》其法,每一事必立纲系目,删繁而取要,有丝纶批判则全录,而诸臣奏启文字无不删抄,比诸《政院日记》,文省而事详。"③《日省录》对大臣的疏札、奏启都是有所选择,删繁就简,多而不杂,简而不漏,有所章法。再通过纲目体形式,使之更为明了和易于把握;而《日记》虽记载也很庞大,但其中多是原文抄录,体裁散漫,较为啰嗦,如臣下每日对国王和各大妃殿问安等这样日常性、反复性的内容,《日省录》只书几个字的"纲"来简单记录,而《日记》却几乎每日都详细记录。《日记》不便考检和查找信息,而《日省录》不仅便于国王阅览,也便于后世的利用和研究。

第三,《日省录》表达了正祖的治国理念,客观上反映了朝鲜王朝后期的社会现实,"是用以把握 19 世纪特征的最重要资料"④。前文已述,和《实录》《日记》相比,《日省录》在内容上有很多长处,特别是几乎

---

① [韩]김경희:《『일성록』국역의 현황과 과제》,第 91 页。
② [韩]연갑수:《『日省錄』의 사료적 가치와 활용 방안》,第 39 页。
③ [朝鲜王朝]柳本艺:《瀛阁规例》(奎 6321),《日省录凡例序》,转引自[韩]吴恒宁:《조선후기 국사체계(國史體系)의 변동에 관한 시론-실록(實錄)에서 일성록(日省錄)으로》,第 288 页。
④ [韩]연갑수:《『日省錄』의 사료적 가치와 활용 방안》,第 84—85 页。

唯一记载了礼曹(春官)的仪注、地方道臣的状启、金吾和刑曹的囚供、杀狱案,民间的"上言和击铮",燕行使的"闻见别单"等内容,而这些均是体现朝鲜后期国政运行的重要资料。其一,19 世纪初及以前,朝鲜了解世界的主要通道是中国,《日省录》对外事资料的详细记载,体现了正祖对国外信息的高度关切。所以,《日省录》有助于考察朝鲜后期对中国乃至西方的认识,在中朝关系史和朝鲜对外关系史的研究上,是极为重要的史料;其二,《日省录》关注地方呈报的资料、记录王的行次和民怨的处理等,反映了朝鲜后期一般民人阶层的动向和社会现实的具体情况,体现了时代的特点和正祖的民生观念;《日省录》中记录刑狱和审理的资料,这些对朝鲜半岛社会史、法制史的研究都有帮助;通过对其记载的暗行御使资料的研究,也有助于发现正祖继承英祖的治国理念,寻求绕开"两班",直接统治和管理百姓之道。因此,《日省录》对朝鲜后期政治与社会变动的描述,比其他资料更为充实和直观;其三,从《纯祖实录》开始,也就是"势道政治"时期,《实录》出现了严重的虚名化和虚例化,其记载量大幅减少,[1]且受政治干预,记录多为不实,而《日省录》仍能维持较好程度的纂修,可以纠正《实录》中的一些记载。《日省录》是连接朝鲜半岛中世史和近代史的重要资料,有助于综合把握中世社会解体分离期的地方社会的具体实况,重新审视"势道政治"。[2]总之,《日省录》填补了朝鲜后期史上的诸多空白,具有极高的史料价值。

三、《日省录》的局限性

第一,作为官修国史,《日省录》受到国王权力的强烈干预。《日省录》发端于御制,由奎章阁编写,又可以随意取阅浏览,这使得国王对《日省录》的干预和控制,比对《实录》和《日记》更为便利和直接。这具体表现在:一者,《日省录》几乎不使用史官记史,改变了传统的国史纂修体系;二者,国王通过定期御览《日省录》,或对资料内容提出异议,或

---

① [韩]吴恒宁:《조선후기 국사체계(國史體系)의 변동에 관한 시론-실록(實錄)에서 일성록(日省錄)으로》,第 278 页。
② [韩]연갑수:《『日省錄』의 사료적 가치와 활용 방안》,第 39、84 页。

对参修人员之编修过程严格监督;三者,几乎由国王个人指定《日省录》体例、所应编载的内容和范围等;四者,国王指示对部分史事加以修改或"刀削"、重编等,并体现其意志和价值观。虽然《日省录》成为"国王专书",有助于国王实时掌控国政信息和督促国史纂修。但这种以国王为中心和主导的国史纂修,有不少弊端:容易造成纂修人员不能直书史事、内容随意被篡改的情况;因《日省录》的纂修过分依赖国王意志,一旦王权微弱时,国王对国政情报的掌控能力不强,也难以监督和完善其纂修过程,易造成空有体裁和形式,内容不确不实,价值也会下降。

第二,在纂修体例和内容上的局限。《日省录》采用了纲目体书写,具有较大的实用价值,这一点也广为韩国学者称道。然而也不应忽视,《日省录》毕竟卷帙浩瀚,仅有提纲而没有目录,仍不足以快速检索史事。如正祖本人就承认,"其(《日省录》)浩瀚之如是也,故每有考稽,动难检阅。"正祖甚至还想变通史书体例,专设一部"目录","撮录紧要,俾便观览"。① 这种另作提要的设想虽然并未实现,但也反映出了纲目体《日省录》的局限性。

其在内容上也存在局限。一者,《日省录》与《实录》,尤其是与《日记》之记载内容存在大量重复。另外,《内阁日历》同为奎章阁人员负责纂修,并记录有关奎章阁的"筵话"、图书编印情况等,这与《日省录》的纂修类似,内容也多有重合。可见,《日省录》超过半数以上的内容,根本上是一种重复记录,同时又耗费了大量人力物力,这不得不说是一个局限。二者,至近代,朝鲜文人受梁启超等人的进化史观、民众史观影响,也多批评朝鲜的古代史学,以至认为朝鲜是"无史之国"。金泽荣(1850—1927)就指出,即便是"所谓奎章阁《日省录》者,止载其朝报"②。有趣的是,百年以前,正祖自己也承认,"《日省录》所记者,即不过朝纸所出也。"③这表明近代朝鲜学人对《日省录》的评价,并非过分

---

① [朝鲜王朝]正祖:《弘斋全书》卷165,《日得录五·文学五》,第267册,第229页。
② [朝鲜王朝]金泽荣:《韶濩堂文集定本》卷3,《花开金泽荣于霖着韩史綮序○癸丑》,第347册,第257页。
③ 《承政院日记》,正祖十二年三月十日。

偏颇。

第三,《日省录》的资料价值也存在局限。虽然《日省录》对于朝鲜后期的历史研究具有重要的资料性意义,但对其也要客观辩证的看待。国王对国政情报的掌控力,决定了《日省录》的资料性价值充实与否。以其记载"上言、击铮"内容的处理情况为例,正祖时为 97.2%,纯祖时为 88.5%,宪宗时为 80.2%,哲宗时为下降为 53.4%,而至高宗时仅为 15.5%,也就是说,这些内容越到后期,越不被国王重视,也就不被《日省录》所载录了。所以,只有正祖时期的《日省录》才是资料性最强、纂修最为规范的,越到后期,王政旁落,《日省录》的资料性也越递减。①

应注意的是,《日省录》不仅因人为因素和灾害而缺失,现存本也有相当一部分被改动或重修。代表性的改动,一是"刀削",就是把史书中的有关内容用刀刮去。"刀削"主要发生于哲宗即位(1849)时。哲宗以罪人后嗣即位,为强调君统,就要为其先祖洗脱罪责,"刀削"的内容主要集中于正祖时期的记录,约 600 余卷。② 二是遭遇火灾或变故而重修。高宗十年(1873)时,火灾导致《日省录》严重受损。后来,高宗命将其誊抄和补修,但其间存在有意无意地改修、曲笔的痕迹,补充本过多,也增大了该书不实的可能性,影响了价值。之后又因"开化派"的干预,停止了《日省录》纂修。光武五年(1901)时,又再次补修,而这段时期的《日省录》却因过分强调"皇权",而造成了资料性差和不实化。③ 所以,《日省录》的史料价值也存在局限性,不应过分拔高其直笔和详实程度。《日省录》被"刀削"的部分,有些还尚可在《实录》和《日记》中找到,研究时不能偏废其他史料,应综合参考。

① 参见[韩]연갑수:《『日省錄』의 사료적 가치와 활용 방안》,第 62 页。
② 哲宗李元范的生父全溪大院君,是正祖庶弟恩彦君的第二个儿子。恩彦君起初因罪被流配江华岛,纯祖元年(1801),因镇压天主教事件被赐死,全溪君和其三子(哲宗)也就在江华岛务农为生。哲宗被安东金氏选为傀儡国王后,为打造王统,纯元王后金氏即命为恩彦君平反复爵,将《日省录》中的不利内容削去。
③ 因火灾而重修的《日省录》自高宗十一年(1874)起,一年后完成,共补修英祖至高宗年间的《日省录》492 册。因"开化派"主导的"甲午更张",奎章阁被归入宫内府,又被降级为奎章院,《日省录》纂修也一度废止,直到大韩帝国光武五年(1901)恢复。

综上,正祖时期是官修《日省录》的发端期,也是其纂修的关键时期。《日省录》的发端既根源于正祖君臣对传统官方修史制度的严重不满,又包含了用于资政的现实需要,还体现了正祖通过奎章阁进行王政运营的意志。《日省录》地位如同御制,发端于正祖"日记",大致经历了三个阶段的纂修,交由奎章阁负责后,参修人员主要是阁臣和检书官。其史源主要来自承政院,包括注书所记"筵说"和传教、奏启等公文,还来自于备边司等中央其他官署和地方各道。其收录资料广泛,可谓卷帙浩繁。虽然有极为苛刻的纂修制度,也难免在记载、呈报、纂修时,不断出现问题。

《日省录》是朝鲜王朝唯一采用纲目体的官修国史,每日一页,五日一汇,每日纲目若干,注重书法,便于更快检索情报和掌握国政信息。其记载多与国王相关,并反映国王的意志。同时,也关注地方、外事情报和民众声音。《日省录》中,比重最多的是祭享类、除拜递解类、临御召见类、状启类、刑狱类等。[①] 部分内容在《日记》等其他官方史书中记载不全,甚至没有记载。

《日省录》成为了多种官修文献的重要资料来源和国王之专书,也开辟了一个新的"官修国史记录体系",影响深远。《日省录》内容充实多样,在纂修体例和笔法上也有创新和突破;客观上反映了朝鲜后期的社会现实,具有极大的价值。但同时,《日省录》受到国王权力的强烈干预,在纂修体例和内容上、资料价值上也存在诸多局限,研究时不能过度拔高其价值,而忽略其他的史料文献。

在着重介绍了《日省录》之后,这里有必要将其与奎章阁其他两种代表性史籍《日得录》《内阁日历》再略加比照。

《日省录》与《日得录》一字之差,两者有诸多类似的特点:第一,都缘于正祖不满传统史官之记载不详,尤其是重视记录君臣经筵之语;第二,都用于正祖本人的观省之资;第三,都由奎章阁直接负责编修,对传统史官职能、官方修史模式造成了削弱和冲击;第四,都是"阁臣代撰"

---

① [韩]김경희:《『일성록』국역의 현황과 과제》,第97—98页。

御制的一部分；第五，都可补充传统官方修史的局限。但《日得录》又有不同于《日省录》之处：第一，体裁不同，《日得录》不是编年体；第二，《日得录》多是阁臣根据回忆整理，且多是"登筵"之语；而《日省录》有着更为完备的资料来源，内容更为广泛、修史过程也更为规范；第三，《日得录》只在正祖一朝保持了记载，而《日省录》则一直延续纂修至朝鲜王朝灭亡，成为连续性官方修史项目；第四，《日得录》后被载入正祖御制《弘斋全书》；而《日省录》卷帙过大，未能收入。

《内阁日历》与《日省录》同为奎章阁负责纂修，也有诸多相同之处，例如都着重记录"筵说"，资料都需要由注书报送；都是入直阁臣、检书官日常负责的纂修任务；均实际上成为一种新的官方修史项目；都为编年体，延续至朝鲜王朝末期等。但《内阁日历》是属于中央官署的"日记"性质，着重记录奎章阁事物。而《日省录》属于"御制"，且对朝鲜传统的官方修史体系造成了更大的冲击；《内阁日历》虽然和《日省录》之记载大量重合，但《日省录》的记录内容和资料收纳要远比《内阁日历》更为广泛、繁琐；《日省录》采用了独特的纲目体形式记录，而《内阁日历》只是正常的编年记事；《日省录》五日一汇，不同于《内阁日历》日日载录的周期；正祖对《日省录》的内容、纂修过程和使用十分重视，其程度也超过《内阁日历》。综上可见《日省录》在朝鲜半岛史学史上的特殊地位。

第四章

正祖时期对《朝鲜王朝
实录》的续修和修正

    实录是中国古代重要的官修编年体国史,发端于南朝梁的《梁皇帝实录》。唐代以来,史馆制度确立,新君为前朝皇帝纂修《实录》渐成定制,《实录》也成为撰作前代纪传体正史的重要依据。朝鲜半岛史学为中国史学之支流,受中国传统史学影响的同时,亦演化出其自身特色。对朝鲜《实录》的研究,亦有利于探明中国传统史学在东亚周边各国之发展和变化。

    在朝鲜半岛,高丽朝初年便设有史馆,修纂《实录》,但已不存。朝鲜王朝实录是朝鲜王朝最重要的国史记录形式,记录从朝鲜太祖到哲宗25朝国王[①],长达四百七十二年的历史,共1893卷,888册,约5000万字。这一庞大的历史记录,现为韩国国宝和世界文化遗产。它载有国王敕教、大臣疏启、法律条文、下属官厅誊录、外交文书、君臣对话、重要事件的讨论记录等,涉及朝鲜时代的政治、外交、经济、军事、法律、通信、宗教等各方面的历史,以资料丰富而著称于世,是研究朝鲜历史和这一时期东亚史的重要历史文献,极具价值。《朝鲜王朝实录》各有特征,在体例和笔法上也有特点,一位国王在位时,纂修两至三朝《实录》的情况偶有发生。此外,还有燕山君、光海君两位"废王",其《实录》被降称为"《日记》"。更重要的是,因党派利益的斗争,宣祖、显宗和景宗

[①] 哲宗以后的高宗、纯宗《实录》是日韩合并以后,由日本人主导编成,体例与史观与原有《实录》相异,不被韩国史学界认可。

《实录》还都有相应的改修(修正)本并存,体现了更加浓厚的政治色彩。

　　一般情况下,大行国王升退后,后继国王会在春秋馆,设置专门的临时机构——实录厅,负责纂前朝《实录》。一般设实录厅总裁官1人,都厅堂上3人,都厅郎厅4人。《实录》编纂的初期阶段,需要选抄史料,实行"分房兼笔",实录厅下再分房编抄,每房由堂上2人和郎厅4—6人构成,每房分担一定年数的编写任务,负责的年数不连续。各房郎厅是编纂的主力,由各房堂上指挥监督;都厅郎厅综合各房所编进行监督,最后由都厅堂上负责,各房由都厅总管。总裁官由领议政(领春秋馆事)或左、右议政(监春秋馆事)中一人担任,堂上均由高官(正三品以上堂上官)担任。堂上官掌控《实录》编纂之大局,裁定编纂方面的重要事宜,具体编纂由纂修官、记注官、记事官负责完成,即春秋馆的堂下官,是《实录》修纂中的主要执笔者,他们多担任郎厅的职务。

　　《实录》的史源,以史官所记《时政记》为主,再以《承政院日记》等政府各机关的记录和文集、地方史草等作为资料编校,《备边司誊录》《日省录》在后期《实录》编纂上也起到了极大作用。关于编纂过程,一般认为,要经过初草、中草、正草三个阶段。[①] 首先,各房删抄《时政记》及其他史草,由各房堂上确定而形成初草,初草完成后各房就减下;都厅各郎厅再对初草进行校正、增删而成中草;总裁官和都厅堂上再修正中草,统一体例而成正草。正草印出多部后,奉安于各处史库保管,国王也不得亲见。之后,要宣酝史官和洗草,洗草在彰义门外的遮日岩举行,洗草内容包括《时政记》和《实录》的初草、中草等。告成的《实录》要被奉藏于京内外各处史库。

　　《朝鲜王朝实录》因有较为完备的纂修和贮藏制度保障,虽历经数

---

① 刘永智:《东北亚研究——中朝关系史研究》第四部分《〈李朝实录〉评价》、孙卫国:《〈明实录〉与〈李朝实录〉之比较研究》,[韩]申奭镐:《朝鲜王朝實錄의 編纂과 保管》,[韩]김기태:《조선사고(史庫)의 역사적 변천에 관한 연구》等文中,均有类似论述。事实上,在有关《实录》的《仪轨》中,可以看到更为详细的过程,首先由删节厅、纂修厅完成初草、中草。校正厅校正初草、中草的体系,试印初见本、再见本,再由校雠厅的抄启文臣等检讨和校正出《实录》的完本。见[韩]張原演:《朝鮮時代古文獻의 校正記錄에 관한 研究》,慶北大學校 2008 年硕士学位论文,第 78—79 页。

次兵火之灾,仍得以存世,内容丰富,资料性强。但国王对史臣的记载横加干涉,甚至引起"史祸"的情况也并不鲜见,尤其是受到党争等政治对抗的影响,多部《实录》都并存改修(修正)本。此外,《实录》的上位史源《承政院日记》《日省录》《备边司誊录》等一手资料大多尚存。这些也影响了它的价值。

目前,国内学者虽将《朝鲜王朝实录》作为研究资料多有利用,但对其编纂过程等史学史层面的研究还并不深入。本章分别具体研讨正祖时期,官方续修《英祖(宗)实录》[①]和修正《景宗实录》的情况,[②]以求一定程度上,从细节上认清《朝鲜王朝实录》编纂的过程、"《改修(修正)实录》"这一特殊形式,考察朝鲜王朝政治文化因素对《实录》纂修的干预和影响。

第一节 《英祖实录》的纂修

英祖是朝鲜王朝最为长寿的国王,且在位时间长达 53 年,正祖时所修《英祖实录》也是较长的一部,多达 127 卷,83 册。记录《英祖实录》修纂情况的《英宗(祖)大王实录厅仪轨》也是现存《实录厅仪轨》中最为完备的一部。这有助于进一步厘清《英祖实录》的纂修过程和有关细节,并可推演出《朝鲜王朝实录》的详细纂修流程。

一、《英祖实录》纂修的准备与人员管理

正祖即位后(1776),马上命设撰辑厅,议撰英祖行状、谥状,又设校

---

① 原为《英宗实录》,因"英宗"于高宗二十六年(1889)被追崇为"英祖",后世改称《英祖实录》。相应的《英宗大王实录厅仪轨》也改称《英祖大王实录厅仪轨》。

② 除《英祖实录》和《景宗修正实录》外,正祖十八年(1794),正祖还命春秋馆修正了光海君史草。《光海君日记》只有史草,年久已有破损,"将使十六年国乘,无所凭信。名臣硕辅节行言议,同归湮晦者,诚为欠典",礼曹判书闵钟显奏请:"自春秋馆取来《日记》,趁即修正,依《燕山日记》例,刊印蜡纸,藏于各处史库似宜。"(见《朝鲜王朝正祖实录》卷41,十八年九月甲寅,第46册,第510页。)

正厅①，校进英祖御制。② 这年七月，就已想要仿列朝之制，设立实录厅，纂修《英祖实录》："先王《实录》当为设局，纂修总裁官以下官员差出事，令该曹照例举。"③但因稳定王统的时局所需，《实录》却只得让位于辨明"即位义理"的《明义录》之设厅修纂。同时将阻碍正祖即位的的洪麟汉、郑厚谦赐死，外戚丰山洪氏和庆州金氏都被攘除政界。《英祖实录》在《明义录》完成后才开纂，已是正祖元年（1777）五月时，正祖任命金尚喆为实录总裁官④，还与洪国荣商议，由奎章阁人员助修《实录》⑤；六月，任命实录厅都厅和三房堂上、郎厅，下《实录厅事目》。⑥ 正祖还想差李徽之为实录厅堂上，但他上疏要求回避修史。⑦ 然后，又出现了洪相范等人的谋逆事件，因而又有《续明义录》的编纂，又对《实录》开局有所耽搁。新君在纂修大行大王《实录》之前，先修他书，在朝鲜王朝实属罕见，这体现了朝鲜王朝中后期以来，官方史学的义理化、政治化导向，也一定程度上反映了《实录》地位的下降⑧。

　　直到正祖二年（1778）二月，《续明义录》完成，才终于正式开纂《英祖实录》。实录厅设在庆熙宫前，六日，重新任命了新的实录厅堂上和

---

① "校正厅"设立于成宗时期，最早是负责最终检讨《经国大典》而设。后来，负责对王室官修典籍的校正，所以大部分重要的官修书籍都设立过相应的校正厅，此外，还负责对典籍的谚解工作。校正步骤分为原稿、底本、印出本、完成本的校正。（详见［韩］张原演：《朝鲜时代古文献의校正記錄에 관한研究》一文。）

② 《朝鲜王朝正祖实录》卷1，即位年三月壬午，第44册，第562页。

③ 《英祖大王实录厅仪轨》上册，《删节厅謄录》丙申七月，奎章阁写本（奎14171）。

④ 《朝鲜王朝正祖实录》卷1，元年五月辛巳，第44册，第670页。

⑤ 《承政院日记》，正祖元年五月十八日。

⑥ 《英宗大王实录厅仪轨》上册，《删节厅謄录》，丁酉六月十日、十六日。

⑦ 《朝鲜王朝正祖实录》卷3，元年六月癸亥，第44册，第675页。

⑧ 英祖时期，大臣对《实录》编成后，是否应洗草《时政记》多有非议，因为这样会导致日后的修正无史料可依，这也是导致朝鲜《实录》不公不信的表现。英祖十七年（1741），还变化了史官制度，由"翰林自荐制"改为"翰林圈点制"，既是英祖为了实现荡平，主导王权运行的结果；也是对史官因党色而曲笔的警惕，是为了保证《实录》所谓真实性、公正性的一种努力。史官的被任免和正式被纳入官僚系统，标志着史官群体作为"清要"地位的弱化，相反的，官方对其控制又被加强。朝鲜后期史官懈怠而记史不周，《实录》圉于党争而难为信史。英祖以降，《实录》地位下降的重要标志，就是正祖朝始纂的《日省录》开始冲击《实录》为主体的"国史体系"。

郎厅,如表 4.1 所示①,堂上郎厅人员均兼带"春秋"之衔。随后,正祖又改革实录厅官名,因以前"实录""春秋"并用的官衔重复了史职,所以正祖"命实录厅诸臣二品以上,曰知实录事、同知实录事;三品以下实录修撰、纂修等官,随品启下,着为式"。②

表 4.1 《英祖实录》1778 年开纂时的实录厅主要人员

总裁官	议政府左议政金尚喆
都厅堂上	判中枢府事徐命膺、议政府左参赞黄景源
都厅郎厅	吏曹左郎沈丰之、礼曹左郎郑志俭、副司果沈念祖
一房堂上	兵曹判书李徽之、江华府留守李福源、吏曹判书金钟秀
一房郎厅	前修撰尹行修、弘文馆副修撰金憙、兵曹正郎赵时伟、前校理朴祐源
二房堂上	刑曹判书蔡济恭、行副司直洪乐命、开城府留守俞彦镐
二房郎厅	弘文馆修撰林蓍喆、弘文馆校理郑宇淳、前校理沈有镇、弘文馆副修撰南鹤闻
三房堂上	吏曹参判徐浩修、弘文馆副提学吴载纯、承政院左承旨郑民始
三房郎厅	副司果洪明浩、弘文馆修撰安圣彬、弘文馆副校理李儒庆、弘文馆校理严思晚

由此表可见,英祖实录厅从开始就按照惯例,分房编修,共分设三房,总裁官、都厅堂上和各房堂上均为高官。总裁官 1 人,都厅堂上为 2 人,各房堂上均为 3 人,各房郎厅为堂下官,均为 4 人。"三房"堂郎在删抄《时政记》完毕后会减下,随后设置的校正厅、校雠厅、监印厅等还要设置堂上和郎厅。据统计,《英祖实录》先后设有总裁官 6 名、堂上 36 名、郎厅 77 名,共 119 名。③ 此外,还有初草、中草书役的誊录郎厅、正书阶段的粉板郎厅。其他人员还包括书吏、库直等员役,实录厅修

---

① 《英祖大王实录厅仪轨》上册,《删节厅謄录》,戊戌二月六日。
② 《朝鲜王朝正祖实录》卷 5,二年二月乙卯,第 45 册,第 13 页。
③ 据《英祖大王实录厅仪轨》下册,《总裁官纂修校正校雠堂上郎厅并录》。但《英祖大王实录厅仪轨》上册《校雠厅謄录》辛丑七月六日条中,记录为:总裁官 5 名、都厅堂上 17 名、各房堂上 27 名、都厅郎厅 19 名、各房郎厅 58 名,共 126 名。

缮、活字制板、印出正本的各种工匠等。

总裁官由礼曹从领议政和左、右议政中选出 2—3 人，由国王落点其中 1 人而定，主要负责报告国王《实录》纂修的总体情况和传达王命、总体指导《实录》的编修，实录厅的"关文"也由总裁名义发布，《英祖实录》编纂过程中，共有六任总裁。

表 4.2　英祖大王实录厅历任总裁官任职情况[①]

姓名	金尚喆	徐命善	李溆	洪乐纯	李徽之	郑存谦
任期	1777 年 5 月 16 日—1778 年 3 月 23 日	1778 年 3 月 23 日—1779 年 5 月 25 日	1779 年 6 月 1 日—10 月 14 日，1780 年 1 月 21 日—4 月 17 日	1779 年 10 月 7 日—1780 年 1 月 8 日	1780 年 4 月 17 日—1781 年 6 月 18 日	1781 年 6 月 18 日—7 月 25 日

六任总裁中，只有李徽之的任期最长，达 124 日，他负责的任期正是《英祖实录》进入校正、校雠的关键时期。首任总裁金尚喆虽最早赴任，但《实录》实际开局已然是次年(1778)二月以后了，他只担任了一个月的总裁。因总裁官都是高官兼任，他们不必时常入仕实录厅，而是接收郎厅们的报告，并指示工作。

《实录》编纂官，大部分都担任实录厅堂上、郎厅，只有在最初删节《时政记》阶段，设三房堂上，之后的初草都由都厅堂上负责。都厅堂上又先后成为校正堂上、校雠堂上。都厅堂上主管编摩，一般由时任大提学担任，是《实录》初草、中草等编摩事物的实际负责人。郎厅则负责实录厅中最为直接和繁重的工作，各房差出郎厅 3 人，还得负责守直和夜班。后来，大部分书役分给誊录郎厅和粉板誊录郎厅负责，誊录郎厅与都厅郎厅一起，把郎厅完成的初草、中草内容，分别制成初草册和中草册，粉板郎厅把中草至粉板上正书。誊录郎厅和粉板郎厅实际上是同

---

① [韩]姜文植：《儀軌를 통해 본『英祖實錄』의 편찬 체계》，第 214 页。

一批人,一般为从九品的权知承文院副正字中差出。①

值得注意的是,由于史官多是兼职,除了中央官僚,也有地方官。修《实录》这种任命只是临时性的,在纂修过程中,因外朝官厅事务而发生转职等身份变动、身体患病等个人原因,造成了实录厅各堂上和郎厅的人员流动异常频繁。他们一边任职,一边编纂《实录》,当缺人手时,正祖会命这些官员"递除"外朝的职务,专心编摩《实录》,体现《实录》编纂的优先性。所以表4.1中各堂郎的人员经历了数次的变动,这些都详细记录在《实录厅仪轨》当中。而各堂郎经常性的缺勤,则伴随《实录》编纂的全过程。一开始,《英祖实录》纂修就面临人员短缺的问题,如三房堂上不备员:"蔡济恭引嫌而不出,李福源、俞彦镐方在任所,金钟秀陈疏在外,只三四员来会云矣。"②"连因朝家之有事,堂郎不得逐日仕进,故其间未免停撤云矣。"③尤其知实录事蔡济恭,因其党色与主持《实录》的多数老论堂上不同,多次"悬病不进,已至数朔之久"④"连日不为仕进"⑤。有时,甚至因参编人员太少,而导致被迫停工:"堂上蔡济恭,禁府坐起进,金钟秀受由下乡,赵玹以其亲病不来,余彦镐在外,今日史役,不得已姑停之意。"⑥

没能按照惯例,在第一时间修前朝《实录》,或许让正祖感到了负担,所以他对《英祖实录》的编纂极为催促,且不顾《英祖实录》之浩大,称:"至于《实录》纂辑之役,即不过抄节一事,有何难乎?"⑦设厅伊始,他就要求不可像《肃宗实录》那样长达十余年的纂修,要在一二年内完成。⑧ 正祖多次命史官前去实录厅"摘奸",对其效率低下不满:"今日送史官摘奸,则非但堂郎有顸,抄节之数极少,如此则实无可成之日,不

① 参见[韩]姜文植:《仪軌를 통해 본『英祖實錄』의 편찬 체계》,第217页。
② 《承政院日记》,正祖二年二月十九日。
③ 《承政院日记》,正祖二年五月七日。
④ 《承政院日记》,正祖三年六月二十日。
⑤ 《承政院日记》,正祖四年九月十八日。
⑥ 《承政院日记》,正祖四年八月九日。
⑦ 《承政院日记》,正祖二年二月二十四日。
⑧ 《承政院日记》,正祖二年二月十九日。

可不各别申饬矣。"①还加强了对实录厅出勤人员和抄节效率的监察："注书诣实录厅，堂郎有颀与否，摘奸以来。抄节之日字多寡知来。"②也屡屡有堂郎因"尚不出肃，无意行公，事体所在，极为寒心"，该同知实录、修撰官被从重推考。③ 对于长期抗旨不出的蔡济恭，正祖将其"从重推考"，并曾下教严格申饬：

> 纂史之开局，凡今几年，前后申饬，非止一再，而为堂郎者，初不警念，名虽不撤，实多间断，延拖抛置，汗青无期……如是申谕，而复踵怠慢之习者，勿论堂郎，直请罢职之意，使总裁官知悉。④

正祖还严厉惩治擅离职守的史官，"兼春秋金匡国，以实录厅兼史，擅离本厅，莫知去向。屡度催促，终不入来，以致入侍史官之无人"，被"从重论，笞五十收赎"。⑤ 各堂郎要"各于职姓名下，以所校所纂所写日月，每年史草讫工后，悬注入启"⑥，这便于掌握进度和监督工作量。英祖在位时间长达五十三年之久，《英祖实录》却仅耗费三年多的时间就修完，速度之快史无前例，这都归功于正祖不厌其烦地对参修人员摘奸、饬教和惩戒。

二、《英祖实录》的抄节与纂修

正祖二年(1778)二月十八日起，就由各房负责抄节《时政记》。⑦《时政记》是《实录》修纂的最核心资料，始于世宗十六年(1434)，至肃宗时，《时政记》的纂修凡例发生变化，更注重对有关国政的重要内容进行

---

① 《承政院日记》，正祖二年二月二十二日。
② 《承政院日记》，正祖二年二月二十三日。
③ 《承政院日记》，正祖二年五月二十三日。
④ 《承政院日记》，正祖三年八月二十五日。
⑤ 《承政院日记》，正祖四年六月二十二日、二十六日。
⑥ 《承政院日记》，正祖五年三月八日。
⑦ 《英祖大王实录厅仪轨》上册，《删节厅誊录》，戊戌二月十八日。

选编、整理,这为后来的《实录》纂修提供了便利。① 《时政记》奉出春秋馆,必须由翰林史官负责,以410年为单位输送至实录厅,由各房抄出。除了《时政记》,相应年份的《承政院日记》一般也会从承政院被同时移到实录厅②,在抄节《时政记》后,《承政院日记》成为《实录》记事选择的基准和参考资料。所要录入《实录》的部分要在《承政院日记》上付标,用于日后与草本对比,与《时政记》一起,成为《实录》编纂的重要资料。表4.3为"抄节"阶段《时政记》和《承政院日记》移入实录厅情况:

表4.3 "抄节"阶段《时政记》和《承政院日记》的移入情况③

次	移入日	所抄节《时政记》的年限	是否有《承政院日记》
1	1778年2月19日	4年(1724—1727)	有
2	2月27日	4年(1728—1731)	有
3	3月2日	6年(1732—1737)	有
4	3月10日	10年(1738—1747)	有
5	3月19日	10年(1748—1757)	有
6	3月23日	10年(1763—1772)	无

由上表,在"抄节"阶段,《时政记》共有6次、相应年份的《承政院日记》共有5次移往实录厅。最后一次的《日记》没有移往实录厅,正祖的解释是"或不无不可烦人眼目处,而此则虽三房罢后,都厅犹可抄节,姑勿输去"④,扣下了这十年的《日记》。"抄节"完成后,三月二十七日,三房堂郎就被减下,各房堂上行司直、副司直、郎厅、司果等裁撤。⑤

然而,由上表可见,由实录厅"抄节"的部分仅为英祖即位年(1724)—英祖三十三年(1757)的《时政记》和《日记》、英祖三十九年

---

① 参见[韩]姜文植:《仪轨를 통해 본『英祖實錄』의 편찬 체계》,第218—219页。
② [韩]姜文植:《仪轨를 통해 본『英祖實錄』의 편찬 체계》认为《承政院日记》是在"删节"《时政记》结束以后,才用来校正之用的(氏文第203页),这种说法疑似有误。
③ 笔者根据《承政院日记》中记载整理。
④ 《承政院日记》,正祖二年三月二十三日。
⑤ 《英祖大王实录厅仪轨》上册,《删节厅誊录》,戊戌三月二十七日。

（1763）年—英祖四十八年（1772）的《时政记》。而英祖三十四年
（1758）—英祖三十八年（1762）、英祖四十九年（1773）—英祖五十二年\
正祖即位年（1776）这近十年的《时政记》和《日记》都没有输送实录厅。
这是因为，这些年份的记录涉及诸多敏感的历史事件：英祖三十五年
（1759）是正祖被册封为世孙之年；英祖三十八年（1762）发生了"壬午祸
变"，正祖生父庄献世子被英祖杀死；英祖四十九年（1773）到正祖即位
年（1776），是正祖作为东宫，代理英祖听政的时期；正祖还需与洪麟汉、
郑厚谦等反对势力博弈，以求顺利即位。可见，这些时间段的记录，关
系到正祖的王统来源、父亲名誉以及宣扬即位合法性的需要，不得不慎
重处理其书写问题。这鲜明地体现了王权对《实录》纂修的一种干涉，
也反映出《实录》的政治性特点。

　　这些敏感年份的"抄节"没有交由实录厅各房，而是交给了李徽之
编纂。李徽之是在景宗时"辛壬士祸"中死去的李颐命之弟、李观命的
儿子，属于老论的清流派，是正祖信赖的近臣，曾担任大提学一职，因党
色与蔡济恭素来不和。实录厅设立后，即以行兵曹判书之职任都厅堂
上，后来曾任总裁官。在三房已撤下后，李徽之自己负责敏感部分的
《时政记》"抄节"。由大臣私纂《实录》的情况，是较为罕见的。李徽之
的编修地点最初可能也在实录厅，后来则"纂修处所，别为开局于云
观"[1]。李徽之的"抄编"工作大致在 1778 年四月—1779 年十月之间，
如表 4.4 所示：

表 4.4　李徽之负责"抄编"的《时政记》和《承政院日记》情况[2]

次	移奉日	所抄节《时政记》的年限	是否有《承政院日记》
1	1778 年 4 月 8 日	2 年（1760—1761）	有
2	1779 年 3 月 7 日	2 年（1773—1774）	无
3	5 月 2 日	1 年（1775）	无

① 《承政院日记》，正祖三年二月十一日。
② 笔者根据《承政院日记》中记载整理。

续表

次	移奉日	所抄节《时政记》的年限	是否有《承政院日记》
4	7月5日	3年(1758—1760)	无
5	9月21日	2年(1762、1776)	有

至1779年十月十四日,李徽之已完成了正祖即位年(1776)二到三月的《时政记》"抄节"和修纳。完成后,正祖命其将所编封于匮中,送于实录厅。因为李徽之是私修,《时政记》在使用完毕后,要交于实录厅,等待日后洗草。[1]

由实录厅各房"抄节"《时政记》后而成的草本,从1778年四月,就进入了下一个纂修流程。对原稿的正书需要誊录郎厅,各房减下的同时,誊录郎厅五人差下。[2] 之后就开始"纂修"的阶段。这时,纂修厅从各种资料中选拔记事,通过对其整理、综合而形成《实录》的初草[3],即是对原"抄节"本的完善过程。所需要参考的资料非常全面:

> 今此《实录》修正时,《政院日记》外,备边司状启轴、禁府推案、承文院事大文书诏勒及本朝教书、有实文书、观象监灾异及外方风雨地震等各项文书、两铨除拜及登科规式可考文书、户曹田税均役出役等文书、宣惠厅各仓田赋各年出役可考文书、刑曹汉城府狱讼可考文书、礼曹各项仪注宪章交邻可考文书、御史书启。并以甲辰(1724)八月以丙申(1776)三月至,以上文书没数收聚,待令于本厅,为有如可凭考时分付,即时捧纳本厅……甘结内辞缘相考举事:备边司、义禁府、吏曹、礼曹、宣惠厅、户曹、兵曹、刑曹、汉城

---

① 《承政院日记》,正祖三年十月十四、十五、十六日。

② 《英祖大王实录厅仪轨》上册,《删节厅誊录》,戊戌三月二十七日。

③ 也有学者认为,《时政记》抄节完毕后的本子,就是"初草",如[韩]吴恒宁:《正祖圣반『英祖實錄』편찬에 대한 연구》,第325页。而姜文植不同意此观点,他通过对《实录厅仪轨》的《纂修厅甘结秩》中只有初草的用纸情况判定,初草是成于"纂修阶段"之后。(氏文《儀軌를 통해 본『英祖實錄』의 편찬 체계》,第203页)。

府、承文院、观象监、军器寺、工曹、丰储仓、广兴仓、军资监。[①]

除《承政院日记》外，中央和地方官署，包括备边司、义禁府、汉城府、承文院、观象监、军器司、六曹等都要按要求上交英祖年间的公文资料至实录厅。而与此同时，还会定下《纂修凡例》，主要规定《实录》的编载内容。依旧制《凡例》一般都是 14 项，《英祖实录》亦如此。除上面列举的内容外，还有史官《时政记》、注书《日记》、内外"兼春秋"所记、事变、推鞫注书《日记》、"名臣书卒有阙者及所书疎略者""台谏所启""疏章紧关者""军兵数及京外法制与户口数文书"等内容。[②]

　　"纂修"阶段由实录厅的都厅负责，参考大量资料，补入重要的内容，删去重复和不必要的叙述。都厅的堂上实行"分年撰出"的方式，这可能是从英祖时编《肃宗实录》后开始实行的方式。这一阶段工作量大，经常需要加派人手。如 1778 年四月十四日，就增加了五名郎厅；五月二十二日，正祖命差出四名堂上。[③] 六月九日，"都厅堂上，既已加差，书役浩繁，郎厅五员，无以分排"，又加派了郎厅。[④] 因《承政院日记》记载冗杂，考据艰难，给《实录》纂修带来一定困难。[⑤] 如前文所述，正祖对《实录》纂修工作严格监督，他要求定期把堂上、郎厅的出勤单子整理后上报；为防止怠工，还不定期派史官前去"摘奸"。

　　《实录》的纂修过程体现出浓厚的政治意味。史官要参考多种资料，也有自己的立场："大抵《实录》之撰修，有异于《日记》与正史，大处则间有立纲，参入己见……故自多持久之端，难以时日而责成矣……而此非刻期收杀之事，多有论难详审之处，以泛然闻见，不可轻易是非。苟或以一分私意，参错于其间，论人藏否，笔之于书，则大失修史之本

---

① 《英祖大王实录厅仪轨》下册，《删节厅甘秩》，戊戌二月二十三日。
② 《英祖大王实录厅仪轨》上册，《实录纂修厅誊录》。此外，《英祖实录》的参考资料还可能有政院事变注书《日记》、《国朝五礼仪》、家藏史草、承政院注书的《日记》等。参见［韩］姜文植：《仪轨를 통해 본『英祖實錄』의 편찬 체계》，第 224—225 页。
③ 《英祖大王实录厅仪轨》上册，《实录纂修厅誊录》，戊戌四月十四日、五月二十二日。
④ 《承政院日记》，正祖二年六月九日。
⑤ 《承政院日记》，正祖二年八月六日。

意,必以平心公眼,十分详慎,书诸简册,然后可免谬妄之失,庶有记实之功矣。"①但是《实录》纂修中真正做到"平心公眼",即要避免党论的影响却是难上加难,唯有慎慢。纂修过程中,史草也时常发生泄露,由于纂修《实录》,史官自然看到了很多信息,正祖十分担心,称:"夫《实录》史法,何等严秘,而漏泄史草,教诱台臣。然则,做出史祸,亦不难矣。大抵实录厅出后,将无完人,甚可闷也。"②朝鲜王朝的几次"史祸",皆因为史草流出而被大臣利用,打击政敌而起,正祖所警惕的正是因《实录》纂修而引起党锢之祸。

1779 年四月到 1780 年一月,都厅堂上黄景源、柳戆、金鲁镇、李普行、李性源等人负责的《实录》陆续完成纂修。③ 1780 年四月,堂上俞彦镐仍未完成,被正祖"从重推考",并"频送摘奸,以凭勤慢"。④ 先完成的堂上还要帮助未完成的堂上,十六日,《英祖实录》"各堂文字编摩已经完成,所编史草、《时政记》等诸册子,一一柜封"。⑤ 历时约两年的"纂修"告一段落。

三、《英祖实录》的改纂修与校印

"纂修"结束后,实录厅设校正堂郎,负责校正《实录》初草。李徽之被任命为总裁官⑥,这大概是因为他负责了敏感时期的《实录》纂修。十九日,黄景源、李福源、金钟秀等差为校正堂上,金宇镇、朴天衡等为校正郎厅,"所撰文字各出诸堂之手,未成一统之文,及今差出校正堂郎一边校正,然后可谓完书而始当入梓矣"。⑦ 即因为初草是由不同的堂上,分年各自负责纂修的,文字与叙述难以统一,所以需要

---

① 《承政院日记》,正祖二年闰六月十八日。
② 《朝鲜王朝正祖实录》卷8,三年十一月甲辰,第45 册,第 136 页。
③ 《承政院日记》,正祖三年九月十七日、十一月二十日,正祖四年一月六日。
④ 《承政院日记》,正祖四年四月五日。
⑤ 《承政院日记》,正祖四年四月十六日。
⑥ 《英祖大王实录厅仪轨》上册,《校正厅誊录》,庚子四月十六日。
⑦ 《英祖大王实录厅仪轨》上册,《校正厅誊录》,庚子四月十六日。

经过校正，《实录》中草可能是在"校正"阶段之后形成的。[①]"校正"主要是统一体例，需考出先王的《实录》进行参考。金钟秀、赵玹、金载瓒等就一同去艺文馆考出《实录》，进行确认。[②]

1780 年七月以来，堂上蔡济恭、俞彦镐、金钟秀等多有事不仕，校正工作进展缓慢，且因纂修过快，校正时发现了一些问题，从 1780 年九月六日至 1781 年四月二十六日间，又进行了"改纂修"。

赵璥曾言，《实录》纂修资料浩繁，而"互相牴牾。纂修者，只凭其删节；校正者，只据其纂修……今《英庙实录》所载者，为五十三年之多……速则忙，忙则错，必然之理也"[③]。"改纂修"在历朝《实录》纂修中，都是没有出现的阶段，这侧面反映出正祖君臣对《实录》纂修的要求之高，也正因正祖过分催促，使得《实录》在效率提高的同时，未能保证质量。"改纂修"仍由纂修郎厅负责，只是在原纂修的草本上，对内容进行标示而已。至 1781 年闰五月二日，校正堂上蔡济恭和赵玹完成校正，誊录郎厅柳文养等去帮助未完成的校正堂上。十五日，校正堂上李命植也完成校正。[④]

前面提到，李徽之曾秘密"抄节"敏感时期的《时政记》。正祖还曾"以戊寅（1758）以后，十年《政院日记》，授徽之，任其纂修。仍饬勿令诸堂郎参见"。之后，正祖任命李徽之为总裁官，特别强调由总裁官李徽之亲自编摩的"十年《实录》"，"诸堂不可就此笔削"，而是"先以此十年，直为入刊"。这样，这些年份的《实录》草本，并没有和其他草本一样经历"校正"阶段，就直接刊印了，表面上是为了节省时间，实则是为了保

---

① ［韩］吴恒宁认为，"纂修阶段"之后的本子，就是"中草"，氏文《正祖조반『英祖實錄』편찬에 대한 연구》，第 329 页。而美文植不同意此观点，他通过对《实录厅仪轨》的《校正厅甘结》中有中草的用纸情况判定，中草是成于"校正阶段"之后。见氏文：《儀軌를 통해 본『英祖實錄』의 편찬 체계》，第 207 页。

② 《英祖大王实录厅仪轨》上册，《校正厅誊录》，庚子四月二十九日。

③ ［朝鲜王朝］赵璥：《荷栖集》卷 6，《实录厅题名记序》，韩国民族文化推进会编《韩国文集丛刊》，2000 年，第 245 册，第 340—341 页。

④ 《英祖大王实录厅仪轨》上册，《校正厅誊录》，辛丑闰五月二日、十五日。

证敏感期记录之隐秘性。① 正祖十分关心《英祖实录》中,对其即位前史事的记载,要求必须与《明义录》统一口径:"第《明义录》既出之后,乙未年(1775)间事迹,须照检为之也……然后可以立天下之大防,正百代之大义,故予所以言及者,良以此也。"这也是由李徽之负责:"《明义录》尽为誊上,故乙未年条,为二卷矣。"②可知,这一年的《实录》内容大量参考了《明义录》,这也是《英祖实录》纂修中体现的政治考量。

"校正"完成后的中草还需要经过活字试印,试印后的本子还要经过再次校正,这一阶段即为"校雠"。这两阶段实际上是基本同时进行的,一定量校正后的草本,马上就进入试印和校雠阶段。与校正堂郎同时差出,校雠堂上为蔡济恭、俞彦镐,郎厅为柳谊、徐有成、林锡喆。③"校雠"是对字眼的修正和增减,共有九种方法。④ 1780 年四月二十二日,活字被从校书馆移至实录厅,⑤印刷在龙虎营举行。校雠厅用粉板印刷的方式,五月二十八日,差出粉板郎厅⑥,负责将中草内容誊至粉板上。六月四日,就开始了印刷,⑦由奎章阁外阁人员负责。实录厅仪轨《校雠厅甘秩》中,试印用纸为"初、再见"纸。印出的"初现""再现"⑧被校正误字、补字,才能形成最终的正本⑨。在《实录》的"校正""校雠"阶段,有关年份的《承政院日记》仍在以不定数量、频次的形式输送至实录厅,⑩史官擅自取阅《日记》还曾引起正祖不满。这说明《承政院日记》从《实录》"抄节""纂修"到"校正""校雠"几个阶段,或许都在被使用。因"校正""校雠"是同时进行,所以"校正"的效率决定了"校雠"的

---

① 《朝鲜王朝正祖实录》卷 11,五年三月庚辰,45 册,216 页。而《承政院日记》记录为三月八日。
② 《承政院日记》,正祖五年三月二十八日。
③ 《承政院日记》,正祖四年四月十六日。
④ 详见[韩]吴恒宁:《正祖조반『英祖實錄』편찬에 대한 연구》,第 331 页。
⑤ 《英祖大王实录厅仪轨》下册,《来关秩》,庚子四月二十二日。
⑥ 《英祖大王实录厅仪轨》上册,《校正厅誊录》,庚子五月二十八日。
⑦ 《承政院日记》,正祖四年六月四日。
⑧ 吴恒宁持不同意见,认为"初、再现"本是校正厅的产物,见氏文第 331 页。
⑨ 在《英祖大王实录厅仪轨》中并未出现"正草"一词。
⑩ 据笔者通过《承政院日记》做的不完全统计,从 1780 年 5 月 16 日—1781 年 4 月 4 日,英祖时期不同年份的《承政院日记》,共有 16 次被输入实录厅。

效率。"校正"之慢就是由于初草纂修过急，未能编好，所以"校正"之初，又有了上文提到的"改纂修"阶段。由于"校正""校雠"停役，还导致了1780年九月七日—1781年三月九日期间的试印被迫中断，这时的校正堂郎只得又变为纂修堂郎，参与"改纂修"工作。

正祖多次催促"改纂修"的进程，并对"改纂修"耽搁"校正"工作不满，提出解决方案。他说："今之所谓改纂修者，从后观之，安知不若前纂修之疏漏也？今后如非不得不改纂修者外，一并仍旧贯付之校正"，即要求减少所谓"改纂修"的部分，还要求在校正中对"旧件"和"改纂修件"的情况要区别上报，形成草记、别单。① 他还批判"改纂修"之役不得法，因为在长期的改修中，都是"尽弃元本，并欲改誊别本"，这导致"事工迟滞"，效率低下。他于是要求"元纂修本，因其本，或抹或添，切勿更誊他本为便"②，也就是在原本上直接删改即可，省去誊抄的时间。

从1781年三月十日—四月二十六日期间，是"改纂修""校正""试印""校雠"都同时进行的时间。人员任命灵活，纂修堂郎、校正堂郎、校雠堂郎身份时常互换。五月下旬，"校雠"完成，开始对正本印刷。闰五月二十九日，李徽之请将英祖谥状与玉册、哀册在《实录》中"合付"，正祖允。③ 所以，《英祖实录》就没有单独的附录了，而是录入最后一卷，成为其一个部分。《实录》最终本的印刷，可能是从六月十二日开始的，在这前一天，正祖传"实录厅监印郎厅明日来待"④。监印郎厅为洪明浩、柳谊等人。据洪明浩称：每日印三十板，每一板印出五张，共900余字，约4450板，则二万多张。之所以还没有"妆䌙"，是因为"或有误字"，又"若以刀割付糊，则恐有虫蚀之虑，且事系莫重，故辄至数三次考准"。⑤ 这说明即便是最终的本子，印刷过程中还要再勘误加工，故而先多次考准才敢"妆䌙"。据校正郎厅黄升源称，《英祖实录》为83卷，

① 《承政院日记》，正祖五年二月十五日。
② 《朝鲜王朝正祖实录》卷11，五年三月癸卯，第45册，第229页。
③ 《朝鲜王朝正祖实录》卷11，五年闰五月辛未，第45册，第244页。
④ 《英祖大王实录厅仪轨》上册，《校雠厅誊录》辛丑六月十一日。
⑤ 《承政院日记》，正祖五年六月十二日。

奉安五处史库,共 415 卷。① 《英祖实录》最终于正祖五年(1781)六月二十日活字印出,实际妆襀 450 卷。②

四、《英祖实录》纂成后的后续流程

1781 年七月一日,《英祖实录》和《景宗修正实录》一并从实录厅移奉于艺文馆。《实录》"纂修"等阶段所需的《承政院日记》,从次日起,被陆续移送回承政院。"《时政记》及中草,则《实录》奉安春秋馆之时,并送于本馆,姑为留藏,以待洗草。"③印刷用的活字,也还回外阁。奉安史库由实录厅负责,原定于七月三日奉安,由于正祖"动驾"景慕宫,而推迟到六日。这天,《英祖(宗)大王实录》(凡 83 册,含《附录》1 册,五处史库所藏合 420 册)由总裁官以下堂郎及春秋馆领监事以下堂郎,陪进奉安于昌德宫春秋馆史库。奉安五处史库的《实录》合为二十二柜,而每柜分其年条,一柜所储四五卷,或六七卷,《实录》暂时奉藏于春秋馆,待日后再陆续分藏于其他四处名山史库。正祖施赏了参与两《实录》纂修(修正)的史局诸臣,并命考出先例,准备遮日岩洗草及宣酝等事宜。④

这日,正祖还任命都厅堂上工曹判书李命植、都厅郎厅军资监正黄升源、司谏院司谏洪明浩,使之依例修正《实录仪轨》。⑤ 总裁官仍为最后一任《实录》的总裁官郑存谦(1722—1794),他们即为"仪轨堂郎"。还设立了实录仪轨厅,定"实录厅仪轨事目"⑥,开编《英祖(宗)大王实录厅仪轨》,于七月二十六日完成⑦,也被制成五部,奉藏于五处史库。《实录厅仪轨》的纂修,主要是为后世提供《实录》编纂的借鉴,其本身也是一种国家性的历史记录物。《英祖(宗)大王实录厅仪轨》不仅记载了

---

① 《承政院日记》,正祖五年六月十八日。

② 《英祖大王实录厅仪轨》下册,《校儲厅甘结秩》辛丑六月二十日。

③ 《承政院日记》,正祖五年七月一日。

④ 《承政院日记》,正祖五年七月六日。

⑤ 《承政院日记》,正祖五年七月六日。

⑥ 见《英祖大王实录厅仪轨》上册,《实录厅仪轨事目》。

⑦ 《英祖大王实录厅仪轨》下册,《仪轨厅》辛丑六月二十六日。

《英祖实录》编纂的过程,对其中各种事件、国王传教、实录厅有关奏启文、人员和物品的详细情况也有事无巨细地分类记录,也反映了朝鲜王朝在具体的印刷业、档案保存等领域的专业水平。这体现了《实录厅仪轨》在历史学、文献学、记录学、科学技术等方面的意义。在朝鲜后期文化中兴和转型的背景下,由于正祖对官方史学活动的重视,该《仪轨》也成为现存朝鲜王朝历朝《实录厅仪轨》中,最为完备的一部。①

因当时朝鲜国内出现自然灾害,承政院启取消洗草设宴之命,而正祖仍坚持遵行先朝之例,举行宣酝。七月二十二日,遣中使宣酝实录堂郎于议政府。② 二十五日,遣承旨宣酝实录堂郎于遮日岩,在当日完成了洗草。洗草由春秋馆负责,"曾经实录堂郎人员齐会于遮日岩",洗草内容包括英祖朝《时政记》及《实录》初草、中草、初再见。同时洗草的还有《景宗修正实录》的初草、中草和初再见,共 19 柜。③ 至此,《英祖实录》的纂修终于结束。

综上,《英祖实录》凡 83 册(含附录 1 册),127 卷。自正祖二年(1778)二月正式开始设厅纂修,在正祖五年(1781)七月奉安和洗草,历时约三年半。期间共有六任总裁官,各类堂上、郎厅及其他人员百余人参与修史,大体经历了"抄节""纂修""改纂修""校正""校雠""印刷"等阶段,由初草、中草、初再见,到形成最终的定本。不仅编修过程繁琐、所参考的文献也十分浩繁。正祖从始至终关注其进展,通过摘奸和惩戒方式,使得在位 53 年的英祖大王的《实录》,仅用了三年多便完成了。《英祖(宗)大王实录厅仪轨》也成为最为完备的实录编纂仪轨。从《英祖实录》编纂的过程中,一定程度反映了正祖朝初期的政治趋向:第一,正祖并未在即位后依照先例,首先开纂《英祖实录》,而是囿于即位前后的谋逆事件,急于纂修《原续明义录》来拱卫即位的合法

---

① 奎章阁现存从《光海君日记》到《哲宗实录》的 15 种《实录厅仪轨》。关于《英祖大王实录厅仪轨》的专门研究,详见［韩］신병주:《'實錄廳儀軌'의 편찬과 제작 물자에 관한 연구-「英宗大王實錄廳儀軌」을 중심으로》,文中还对《实录厅仪轨》所反映出的《实录》纂辑所需的物资、保管和所需药材等细节问题,做了细致分析。
② 《朝鲜王朝正祖实录》卷 12,五年七月壬戌,第 45 册,第 256 页。
③ 《承政院日记》,正祖五年七月二十五日。

性,是"镇安"理念的体现;第二,正祖将英祖朝有关敏感年份的《时政记》《承政院日记》抽出,不经由实录厅编纂,而是交由李徽之私修,甚至不经实录厅校正就直接入刊,体现君王个人意志对官方重大史学活动的干预;第三,正祖极其关注有关《实录》史草等资料的隐秘性,生怕传出后引起政治祸端。这些都说明,朝鲜王朝实录作为最重要的官修国史,必然受政治因素的干预。这种干预和利用可能来自国王,更可能来自大臣,这在同时期《景宗修正实录》的纂修中,更为突出地得到彰显。

第二节 《景宗实录》的修正与老论的政治义理

《朝鲜王朝实录》中有关的国史记录,时常受到国王、大臣的干涉。其中,有三朝国王的《实录》,都存在改修(修正)本与原本并存的局面,是为《朝鲜王朝实录》的一大特点。这些改修(修正)本分别是《宣祖修正实录》《显宗改修实录》和《景宗修正实录》,此外《肃宗实录》以每卷附"补阙正误"的形式,实质上也是改修。《实录》完成之后,又发生改修(修正)的现象,多是因朋党斗争引起。如孙卫国所论:"《实录》的纂修与朝廷内得势君主、大臣及其集团的政治利益密切关联,史学本身具有的政治机制在激烈的政治斗争中受到严重的扭曲,这是古代中国、朝鲜等东方史学的共同特点。"①《朝鲜王朝实录》的多次改修(修正),也主要是由于政局变动后,主导政权的党派不满于敌对党派通过纂修《实录》把持政治义理,损害该党在政治上、历史上的合法性,而通过改纂修《实录》的形式,稳固自己的政治利益。朝鲜王朝最后一个修正《实录》——《景宗修正实录》的纂修,即体现着朝鲜官修国史囿于政治斗争的局面,《实录》纂修成为了朝鲜后期老论、少论的又一个政治对决之地。本节拟以《景宗修正实录》为例,叙述其纂修过程,并揭示政治文化因素对朝鲜《实录》纂修之影响。

---

① 孙卫国:《〈明实录〉与〈李朝实录〉之比较研究》,第 119—120 页。

一、英祖时期的政治生态与《景宗实录》的纂修

在朝鲜王朝,"士林政治"的重要表现形态之一,就是朋党斗争。肃宗时,南人和西人纷争不断,南人陷入颓势后,根据对南人态度的不同,西人又分裂为少论、老论两派,继续争斗不休。承继肃宗大统的,是张禧嫔的儿子景宗,得到少论支持。但景宗多病,在位不到四年就离世。景宗的庶弟延礽君由老论势力支持,先后被立为王世弟和代理景宗听政,景宗薨后即位,是为英祖。老论曾积极促成王世弟的册封和代理听政,引起少论的不满,反而诬陷老论谋害王世弟,引起"辛壬士祸"①。英祖即位后,为了认定自己王世弟册封和即位的合法性,也同意为老论翻案,英祖元年(1725)的"乙巳士祸"中,将"辛壬士祸"的主使者,少论的金一镜、睦虎龙、李师尚等治逆罪,李光佐和赵泰亿被削黜,扶持英祖顺利即位的老论一定程度上得势,并重新启用了闵镇远等老论大臣。因景宗在位时间过短,《肃宗实录》直至英祖三年(1727)才最终完成,由老论主持纂修。之后,又开始纂修《景宗实录》,这一年(1727)发生了"丁未换局"。李光佐和赵泰亿等少论又重新得到启用,政治格局出现反复,政治主导权又转入少论手中。"丁未换局"后,少论对老论修纂的《肃宗实录》不满,在《肃宗实录》每卷后添入了"补阙正误"。英祖四年(1728)发生的"戊申之乱"动摇了英祖的正统地位,也促成了少论内部的进一步分裂,即在政治观、历史观方面,少论稳健派和激进派出现矛盾。

英祖出身卑微,在即位前被卷入老论、少论的党争,成为老论的政治筹码,历经坎坷才继承大位,即位后还不得不面对"毒杀景宗"的流言和以此名义的叛乱。虽然是被老论推上王位,但在政治上,他不想受制

① "辛壬士祸"是朝鲜后期重大的政治事件,根源于老论和少论因延礽君王世弟册封和代理听政争论不休。据《景宗修正实录》,少论金一镜和宦官朴尚俭曾通谋,意图杀害王世弟,事情败露后,少论指使睦虎龙诬告老论金昌集、李颐命、李健命、赵泰采有弑逆企图,引起大狱,"老论四大臣"被以谋逆罪被赐死,数十人被窜配,并牵扯出延礽君之妾靖嫔李氏(孝章世子生母)遭人毒杀一事,连累达数百人。这次事件发生于景宗元年(1721,辛丑年)和景宗二年(1722年,壬寅年),史称"辛壬士祸"(或"壬寅狱事")。

于老论,也害怕因老论势力上升,会过分挤压少论的生存空间,激起少论的反抗。英祖对两种势力权衡取舍,以维系王政的运营。出于强化王权、弱化党争的态度,英祖游离于少论、老论之间,多次"换局",推行所谓"荡平政治",即各朋党不分党色、共同执政的理想化政局。此举虽然收效甚微,且没有阻止少论激进派的叛乱,但一定程度上争取到少论稳健派和老论清流派的赞同。

朝鲜各党派需要通过强调自己政治义理的正当性,求得国王的支持和认可,以期望得到参与政权组成的名分。得到老论支持的王世弟(英祖)即位后,对少论来说是不利的局面,少论稳健派也必须对其政治主张重新调整。"戊申之乱"之后的英祖五年(1729)之所谓"己酉处分",即是少论稳健派和英祖达成的政治协议。他们一定程度上,开始了对景宗时期历史的再评价,而不再试图反对王世弟(英祖)的正统性,充分反映英祖的立场,甚至为"辛壬士祸"中冤死的"老论四大臣"等人追复,这就和英祖强化王权、实行"荡平策"的目的达成一致,既批判老论的逆心,也批评少论激进派对英祖的忤逆行为。在这样的历史背景下,少论稳健派主导了对《景宗实录》的编纂,体现了少论对其政治义理的调整,以强化执政的正当性。

早在《肃宗实录》未完成的英祖二年(1726),右议政洪致中就曾建议修《景宗实录》。虽开编时,交由老论负责,而"丁未换局"以后,马上就转入少论手中,并重新任命了实录厅都厅堂上和郎厅,总裁官为李光佐、赵泰亿等5人,其中只有洪致中为老论;大提学李德寿、副提学徐命均等12人成为堂上,其中只有金在鲁1人为老论。因不满少论,老论官员也只有虚名,并未承担实质性工作。[①] 英祖八年(1732)二月,由少论主修的《景宗实录》奉安于春秋馆,次月完成洗草。

《景宗实录》共有65处史论,涉及271处对人物、事件的主观褒贬评价,彰显了少论稳健派的政治义理。总体来说,《景宗实录》中指责了老论在册封王世弟和代理听政等事务上,对景宗的不忠和不守臣子之

---

① 参见[韩]허태용:《「景宗實錄」을 통해서 본少論의 정치義理검토》,第292—293页。

道的不端行为。但认为少论阻碍王世弟的册封，不仅是对英祖的不忠，也是对肃宗、景宗处分的曲解，从而批判少论激进派的所谓"讨逆"；也承认英祖从景宗处得到大统而承继是光明正大，景宗因病无法施政，王世弟的代听和继承是顺天意之事。将少论稳健派打造成不仅对景宗，对英祖也是忠诚的保护者。王世弟代听时，少论稳健派就仍对景宗恪守臣节，"辛壬士祸"时，也做了保护王世弟地位的努力。① 总之，《景宗实录》中已体现出少论稳健派对英祖即位合法性的维护和对"辛壬士祸"一定程度上的反思。从而强调其与少论激进派的不同，对景宗、英祖都是忠诚的。

二、《景宗修正实录》的纂修经过

英祖十六年（1740）的"庚申处分"、英祖十七年（1741）的"辛酉大训"，使得老论的政治义理逐渐得到正式认可，但这未能写入之前的《景宗实录》之中。虽然少论稳健派已对其政治义理有所调整，但《景宗实录》毕竟为少论主导纂修，尤其是"辛壬士祸"的描述中，有关史论、史评站在偏向少论的立场，对老论多有否定性的记述，老论需要辨明"辛壬士祸"乃是一场少论陷害的"诬狱"，并记录英祖为老论平反一事，从而满足老论的政治利益。对此，李天辅就曾上疏，要求在《景宗实录》后增加续录、或者别录的形式，②来加以补充。在英祖朝，老论大臣屡次有这类的请求，如元景厦要求删去《承政院日记》中金一镜的"讨逆教文"③；南泰齐也要求删去"辛壬士祸"的有关内容，并指出中国宋代的《神宗实录》《哲宗实录》和朝鲜的《宣祖实录》都有过改修，间接性地表达了改修《景宗实录》之意。④ 英祖没有立即同意改修《景宗实录》，是害怕继续为老论挟持，而施行"荡平策"的需要。

---

① 参见［韩］허태용：《『景宗實錄』을 통해서 본少論의 정치義理검토》，第297—318页。
②《朝鲜王朝英祖实录》卷54，十七年十月辛酉，第43册，第39页。
③《朝鲜王朝英祖实录》卷81，三十年六月癸酉，第43册，第532页。
④《朝鲜王朝英祖实录》卷82，三十年七月戊寅，第43册，第533页；卷107，四十二年十月癸亥，第44册，第233页。

之后的英祖三十一年(1755)发生了"乙亥狱事",英祖不再相信少论,最终还是倒向了老论,权力再次发生转换。同年,英祖还命老论大臣金在鲁编成《阐义昭鉴》,以阐明自己是承继景宗之统,光明正大。老论当政后,要求修正《景宗实录》的意志就更为强烈了,修正《景宗实录》之役最终在正祖时得到了落实。正祖即位当年(1776)八月,前佐郎李师濂就上疏:

> 噫!辛丑建储,光明正大……而臣于年前待罪翰苑,承命曝晒于奉化县太白山史阁史册繙曝之际,适伏观《景庙实录》,则伊时撰史者,以凶肚逆肠,敢谓天地之可欺,日月之可诬,构虚捏无,惟意妆撰,以至于不敢言之地。间有挓逼之句语,而四大臣贞忠伟烈,斥之以万古恶逆,耆、恒辈凶魁贼首,奖之以竭心扶社,其他诬蔑之言,不一而足,黑白易处,忠逆倒置……昔有宋宣仁皇后为群小所诬……而至高宗朝,命史官范冲改撰神宗、哲宗两朝《实录》以正之……且国朝故事,《宣庙实录》因故判书臣李植疏请,特命改述……今当大行大王《实录》改辑之日……而若其辛壬事实,即是义理头脑,伏愿更命史局,《景庙实录》中关系诬逼者,一体删述,以定千万代不易之论,以光我殿下善述之孝焉。①

李师濂在地方史库曝晒《实录》时,看到少论主持修纂的《景宗实录》,即发现其中记载"辛壬士祸"内容不实,不仅将"老论四大臣"记载为恶逆,还将制造"诬狱"的少论赵泰耇、崔锡恒等人标榜为忠臣,从老论的立场来看,这即是"黑白易处,忠逆倒置"。所以希望在《英祖实录》纂修之时,同时改纂《景宗实录》,并再次以中国宋代和朝鲜宣祖时期的《实录》改修作为名分。正祖元年(1777)五月,黄景源又提出改修的主张:"曾以景庙《实录》改修事,陈疏矣。"正祖要求《英祖实录》设局后再议。②

---

① 《景宗大王实录修正厅仪轨》,丙申八月初三日,韩国学中央研究院藏书阁(藏2—3691)。
② 《承政院日记》,正祖元年五月二十五日。

李徽之也曾因自己与"老论四大臣"李颐命的特殊关系,要求回避《英祖实录》的纂修,①这其实也包含对正祖施压之意。

随后,大司谏柳戆又启言:"惟我《景宗大王实录》已成之后,贼臣光佐辈当国,欺蔽天听,恣意改撰其书,辛壬事变幻忠逆,敢翳两朝光明之授受……耆、辉、镜、梦等诸贼,诬蔑天日,屠戮诸臣……先王朝明正处分,而陈奏请改,久未遑举,岂非我圣上下国诬继先志之丕责乎?臣谓特遣使价,详陈事状,削去诬奏,使国是归正,永有辞于天下后世宜矣。"这份奏启与李师濂之上疏一脉相承,在柳戆看来,为老论诸臣翻案、指明少论之罪恶,事关英祖得位,《景宗实录》改修迫在眉睫,本应在英祖时就完成,以此给正祖施压。正祖对此处理谨慎,还要"更当商议大臣处之矣",而"诸大臣皆请改修",遂同意了改修。②

正祖之所以同意修正《景宗实录》,是因为李师濂的上疏文和大司谏柳戆的主张,强化了修正《景宗实录》的名分。因英祖即位为老论所扶持,"辛壬士祸"的忠逆判定也决定着英祖的王位正统。《景宗实录》的修正,有助于强化英祖即位的合法性,也体现了正祖对英祖处分的遵守和继承,符合"继述"的需要,这样,老论也无法抓到否定正祖正统性的名分。从正祖后来发布的《御制褒忠纶音》和《御制表忠纶音》来看,两纶音均为褒赏"辛壬士祸"之忠臣及其子孙,这就佐证了这种推测。老论通过修正《景宗实录》,能够宣扬自己的政治义理;正祖也得以通过英祖正统性的再确认,拱卫自己的王统。加之,疏文中所举宋代《实录》的改正、朝鲜《宣祖实录》的改修也都是极大的名分,正祖不得不加以重视。综上,《景宗实录》得以在正祖时修正。

正祖二年(1778)二月,金尚喆请《景庙实录》当先为举行",正祖认为"《景庙实录》,不过数处改张,与先朝《实录》,同时开局,则似好矣"。③这样,《景宗修正实录》就与《英祖实录》同时开始编纂。随后,在庆熙宫外的备边司设实录厅,金尚喆为总裁官,徐命膺和黄景源为都

①《朝鲜王朝正祖实录》卷3,元年六月癸亥,第44册,第675页。
②《朝鲜王朝正祖实录》卷4,元年十月辛酉,第44册,第701页。
③《景宗大王实录修正厅仪轨》,戊戌二月初五日。

厅堂上,实际上,最初并没有专门为《景宗修正实录》而设实录厅,实录厅主要是负责《英祖实录》纂修的。《英祖实录》开局同时,正祖命"《景宗大王实录》改修之役,都厅堂上黄景源专管修正"①,可知《景宗修正实录》主要是由黄景源一人负责纂修。二月二十一日,《景宗大王实录》被移奉至实录厅,正式开始了修正。② 至三月中旬,据洪国荣所述,由黄景源"独当改撰"的《景宗实录》已"尽为撰出,而今方正书云矣。"正祖感叹道:"七册改撰非小矣,而今者毕撰,可谓神速矣。"③四月十二日,黄景源表示:"景庙《实录》,则已为毕修。"④而是时,《英祖实录》才刚刚完成了"抄节"。

从《景宗大王实录修正厅仪轨》中,可知《景宗修正实录》有关总裁、堂郎等参修人员的名单和任职期限。其中总裁 1 人、堂上 6 人、郎厅 4 人、粉板郎厅 12 人、书吏 2 人、印役工匠 25 人,共 50 人。如表 4.5 所示:

表 4.5 《景宗修正实录》总裁官、都厅堂上、郎厅情况⑤

职务	官职	人员	出仕日
总裁官	行判中枢府事	郑存谦	1781 年 6 月 18 日—7 月 22 日
堂上	判中枢府事	蔡济恭	1778 年 9 月 30 日—1781 年 7 月 6 日
	行司直	黄景源	1778 年 7 月 6 日—1781 年 7 月 6 日
	知敦宁府事	赵 玪	1779 年 6 月 20 日—1781 年 7 月 6 日
	工曹判书	李命植	1781 年 4 月 22 日—1781 年 7 月 6 日
	工曹参判	尹蓍东	1781 年 3 月 30 日—1781 年 7 月 6 日
	行副司直	金履素	1781 年 4 月 26 日—1781 年 7 月 6 日

① 《景宗大王实录修正厅仪轨》,戊戌二月十三日。

② 《承政院日记》,正祖二年二月二十一日。

③ 《承政院日记》,正祖二年三月十九日。

④ 《承政院日记》,正祖二年四月十二日。

⑤ 《景宗大王实录修正厅仪轨》,《总裁官都厅堂上郎厅并录》。粉板郎厅 12 人、书吏 2 人、印役工匠 25 人的情况恕不在表中一一列举。

职务	官职	人员	出仕日
郎厅	副司果	朴天衡	1778 年 5 月 29 日—1781 年 7 月 6 日
	军资监正	黄升源	1778 年 4 月 14 日—1781 年 7 月 6 日
	副司果	柳谊	1778 年 6 月 9 日—1781 年 7 月 6 日
	司谏院司谏	洪明浩	1778 年 5 月 19 日—1781 年 7 月 6 日

可见,《景宗修正实录》的堂郎大多都是在黄景源完成基本的纂修后,才差下参与校正、校雠工作的。实际上,也是和英祖实录厅重合的一套班子。负责《景宗修正实录》编纂的多是老论,堂上只有蔡济恭一人是南人。除郎厅外,堂上大多数是 1781 年以后才出仕。黄景源、李命植、赵㻐等主要负责校正工作。其中,黄景源任职时期最长。《景宗修正实录》与《英祖实录》纂修,是共同的总裁官。《景宗大王实录修正厅仪轨》只记录了最后一任的郑存谦,他只出仕了最后一个月,作用并不大。事实上,李徽之作为郑存谦的前一任总裁官,也起了一定作用,正祖时常询问他有关《景宗修正实录》的进度。

正祖五年(1781)年六月十七日,"校正堂上同会于本厅,奉出楼上奉安《景庙实录》及改修本草本",其中改修草本 8 卷,正本 3 卷,[①] 只待印刷。次日,郑存谦受点为总裁官。二十四日,在《英祖实录》已印制完毕,完成妆䌙后,《景宗修正实录》才开始刊印。[②] 七月一日,《景宗修正实录》3 卷,分藏五处史库共 15 卷,妆䌙之役完成。[③]《景宗修正实录》在《英宗实录》开局后,几乎同时纂修,又在同一天奉安。六日,《景宗实录》旧本 7 册,存其旧本。改修本为 3 册,五处史库所藏合 15 册,奉安于春秋馆史库。[④] 同日,正祖又命修《景宗大王实录修正厅仪轨》,这与

① 《景宗大王实录修正厅仪轨》,辛丑六月十七日。
② 《承政院日记》,正祖五年六月二十四日。
③ 《承政院日记》,正祖五年七月一日。
④ 《朝鲜王朝正祖实录》卷 12,五年七月丙午,第 45 册,第 252 页。

《英祖(宗)大王实录厅仪轨》的参修人员相同。[1] 二十五日,《景宗修正实录》有关草本与《英祖实录》相关草本、《时政记》一同完成洗草。[2]《景宗实录》修正之役告成。

纂修期间,正祖与经筵官宋德相还曾讨论过如何处理《景宗实录》旧本与改修本的问题。宋德相认为:"《景庙实录》,今既厘正,则旧本并存,诚甚不紧,投诸水火为宜。"正祖却持相反意见:"我朝列圣朝《实录》中,厘正本及旧本,亦有两存之事。至于宋时范祖禹所修之史,章、蔡辈又复变改,其后范冲更厘正,而前后两本,亦为并行,时人谓之朱墨史。以此观之,两本俱存,亦古例也。"[3]因为朝鲜的宣祖、显宗《实录》都存在改修现象,再加之中国南宋时,宋高宗曾命范冲厘正《实录》,以辨"宣仁之诬"。正祖认同"朱墨史"[4]之典,同意将两本并存。从后世研究的角度,研究者得以对比和考察两版本《实录》的异同,这也一定程度上维护了实录作为国史资料的客观性,具有一定的积极意义。

《景宗修正实录》与《英祖实录》的纂修期限相当,参修人员也重合,其核心部分由黄景源在几个月期间就已完成,校正阶段时间较长,在《英祖实录》印完后刊印,两《实录》同时奉安和进行了洗草。但从史料记载来看,与几乎日日催促《英祖实录》的纂修相比,正祖对《景宗实录》的修正进程并不十分关注,只是偶尔询问几句罢了。在《景宗修正实录》入印的前夕,正祖对其究竟改修了多少张,仍十分疑惑:"昨闻前右相所奏,《景庙实录》若为改修,则不过为十余张云,而伊后闻之,当为一百二十余张云,是何故也?"[5]英祖曾严词拒绝老论的改修请求,设想在正祖朝,如果不是老论大臣的数次力谏且名分充足,《景宗实录》可能就不会被修正。这反映出,朝鲜的《实录》改修(修正)虽然是大臣政治斗

---

① 《承政院日记》,正祖五年七月六日。
② 《承政院日记》,正祖五年七月二十五日。
③ 《朝鲜王朝正祖实录》卷8,三年七月庚戌,第45册,第111页。
④ "朱墨史"典故来自《宋史》卷435《列传·一九四》《儒林五·范冲传》:"冲之修《神宗实录》也,为考异一书,明示去取。旧文以墨书,删去者以黄书,新修者以朱书,世号'朱墨史'。及修《哲宗实录》,别为一书,名《辨诬录》"。这成为《朝鲜王朝实录》改修的名分。
⑤ 《承政院日记》,正祖五年六月十八日。

争的重要形式，但也往往受到国王意志的支配。

三、《景宗实录》与《景宗修正实录》的对比和老论的政治义理

《景宗实录》的修正，是朝鲜王朝政治势力变动在国史记录领域的反映。通过《实录》纂修的形式，各党派都想对先王的历史按照自己的视角和利益关切来评价和解释，以此宣扬自己的政治义理，期望得到国家性记录的认可。老论希望通过《景宗修正实录》否定少论的一些政治主张，重新塑造自己在景宗朝、英祖朝的形象，使得老论的政治义理成为最终的景宗朝史实。两《实录》已成为主导 18 世纪朝鲜政治史的两个党派——老论、少论的政治对决之地。从整体上对比两《实录》，可以发现：

第一，《景宗修正实录》的篇幅大量减少，只有 5 卷，而原《景宗实录》有 15 卷，修正本只有旧本三分之一的分量。《景宗实录》中，有 979日的内容被删去，其中景宗即位年（1720）82 日、元年（1721）215 日、二年（1722）243 日、三年（1723）254 日、四年（1724）185 日（其中三月、六月整体被删），附录也删去。① 在《景宗修正实录》中，未被整体删去记录的日期，根据纂修者的判断，也对某些记事做了调整和整合，实际也有部分内容删略。因政治目的，即便是老论人物的上疏或主张也有可能被删节。

第二，景宗朝"辛壬士祸"的有关记述，是《实录》修正的焦点。老论对关于"辛壬士祸"的具体内容做了大幅删节。删除内容主要是因睦虎龙告变而引起的关联者被推鞫的过程、"讨逆告庙"等记载。审理、推鞫过程的记录全部被删节，只留下了一些朝政简略的论议。虽然保留了睦虎龙"告变"的内容，但对"狱事"进行的过程则十分简略地谈及，只用了不到 1 卷的内容。这是因为老论认为"辛壬士祸"本就是个"诬狱"，不值得也不忍多言。

---

① ［韩］许太用：《「景宗實錄」과「景宗修正實錄」의 비교를 통해서 본 老論의 정치 의리》，第315—316 页。

第三,同样的内容,《景宗修正实录》还稍作语句更替来表达政治性的意图和评价。例如《景宗实录》中"昌集等招承传内官口启,趣上许对",《景宗修正实录》中作"昌集等招承传内官口启,请更入对",这就消除了老论大臣对景宗的逼迫感。对少论大臣赵泰耉和崔锡恒之死,《景宗实录》用"卒"、《景宗修正实录》用"死",这是明显的"春秋笔法"。①

第四,《景宗修正实录》在大幅删减《景宗实录》的同时,还根据需要增加了一些内容,约 22 处,②都是《景宗实录》中没有收录或言之简略的部分。例如,增加了"金昌集为王世弟册封所作的努力""王世弟册封时东方出现龙""宦官朴尚俭谋害王世弟和对其调查的过程""李世德为尹宣举、尹拯父子追复的上疏文""英祖为'辛壬士祸'中遇害老论大臣的翻案和追复的有关记录""英祖为景宗治丧的过程"等,用以表明老论扶助英祖一步步登上王位的功绩,强调英祖得位之正和证明"辛壬士祸"是少论发动的"诬案"等。

第五,《景宗实录》中共有 271 条评价人物、事件的相关史论;《景宗修正实录》中共有史论 75 篇。《景宗修正实录》纂修时,景宗时的《时政记》早已经洗草,没有史草,且修正时参考各司"誊录"也十分困难。所以只能参照奏疏和文集内容,有时还要以插叙的形式补入英祖时期的有关教文和事件。但事实上,还是以《景宗实录》为基础的增删。史论的改修最为重要,老论可以赋予新的历史解释,体现他们的政治利益。对《景宗实录》的史论,不是删去,就是按老论的意志重新撰作,甚至直接引用旧本的文字后,再重新评价或反驳。

《景宗实录》的修正,就是为了阐述老论的政治义理。大体上有以下几点:

第一,打造老论并没有忘记忠于景宗的形象。因为景宗在位时,老论主导了王世弟和册封和代理听政,与少论发生了激烈矛盾。因此,少

---

① 参见[韩]허태용:《『景宗實錄』과『景宗修正實錄』의 비교를 통해서 본老論의 정치 의리》,第 295—296 页。
② 参见[韩]허태용:《『景宗實錄』과『景宗修正實錄』의 비교를 통해서 본老論의 정치 의리》,第 317—318 页。

论主修的《景宗实录》里虽不能触动英祖的即位正统，但也指责了老论不忠于景宗的行为。《景宗修正实录》则指出，景宗病重，不能料理国政。老论认为君王有疾，却不许宗室摄政的人，才是乱臣，即针对少论。老论促成王世弟册封和代理听政，是尽臣子的本分。《景宗实录》认为老论大臣金昌集是不忠于景宗的；而《景宗修正实录》增加了两条史论，认为金昌集有守卫景宗之功，老论大臣李颐命也被塑造为景宗的忠臣形象，还特别增加了闵镇远因景宗患疾，而为王朝命运流泪的情节，以此塑造老论对国家、对景宗的忠心。

只有使得王世弟"建储"合法化，才能显示老论是景宗的忠臣。《景宗实录》在史论中，批判了少数老论大臣不经众臣讨论，而专断拥立王世弟一事。《景宗修正实录》中，没有收录原本中的史论，而是将闵镇远在英祖面前的回忆文字附入，称老论在王世弟建储时，并没有忽视景宗的意见，是得到景宗的同意而进行的。

第二，指出少论伙同宦官谋害王世弟。《景宗实录》中，强调了少论是对景宗、英祖（王世弟）都十分忠诚的臣下；而《景宗修正实录》中则称，大部分少论大臣，如赵泰耉、刘凤辉、崔锡恒、赵泰亿、金一镜、李师尚等都与宦官朴尚俭勾结，意图谋害王世弟。《景宗实录》中，称赵泰耉有守护东宫之功，被高度评价；而《景宗修正实录》中，则指出他才是谋害东宫、制造"辛壬士祸"的始作俑者之一，作为论据，还加入了他后来被英祖削爵和治逆的情节。此外，对少论的赵泰亿、崔锡恒、李光佐等都有否定性的评价。

第三，强调"辛壬士祸"是少论阴谋，其本身是"诬狱"。前面提到，"辛壬士祸"的有关史实是两《实录》最大的争论焦点。虽然《景宗实录》对此有一定的反省，但仍没有承认这是由少论制造的"诬狱"，也未能给老论大臣平反。如宋时烈后人宋德相所言："以辛壬事言之，耉、辉、镜、梦诸贼，百计沮戏于建储之策，至于名号已定之后，犹蓄不满之心。敢与储君角立，至有虎龙告变之举，而仍以剪除羽翼，网打忠良，将欲推而至于不敢言之地。"①在老论看来,《景宗实录》的叙述简直就是在颠倒黑白,没有表达出少论意图谋害王世弟、陷害老论的事实。

《景宗修正实录》对"辛壬士祸"内容大量删节,只注重收录宦官对王世弟谋害的情节,与《景宗实录》中着重论述老论对景宗不忠的形象如出一辙。《景宗修正实录》中以少论与宦官对王世弟的不轨行为为焦点,进行攻击,点明了"辛壬士祸"的起因:少论与宦官图谋动摇王世弟的计划,被仁元王后察觉,王世弟又得到了清朝的册封。在计划失败后,少论反而诬陷老论,给守护王世弟的老论致命一击。《景宗修正实录》特别记录了在"诬狱"中受害的老论大臣,如金昌集、李颐命、李健命、赵泰采、洪启迪、李晚成等在英、正祖时期被伸冤翻案的史实,举出金一镜、睦虎龙两人诬告的证据,证明了"辛壬士祸"是一场"诬狱"。

第四,突出英祖对王位的继承是天命所归,与景宗是"兄友弟恭"的关系。《景宗实录》称英祖王位继承是少论人物的功劳;而《景宗修正实录》反而指出,少论才是阻碍英祖即位的人,强调是老论势力的努力,才使得英祖在险恶的环境中登上王位。同时,强调景宗的正面作用,王世弟与景宗的兄弟之情。认为英祖即位是天命昭然,少论的动摇注定失败。英祖在位时间最长,就是最好的证明。

总之,因《实录》内容事关王位正统与党派利益,其修纂时,常受到政治因素的干涉,《景宗实录》的修正即是一个典例。《景宗修正实录》彰显了老论的政治义理,重新诠释了景宗朝的部分历史事件。将王世弟(英祖)册封过程中老论的行为正当化;强调少论勾结宦官,图谋谋害王世弟,收录"辛壬士祸"是"诬案"的有关证据,为老论大臣昭雪,塑造老论既忠于景宗,又是扶持王世弟的功臣形象,逆转了《景宗实录》中,老论、少论的忠逆之论。

虽然两《实录》中存在大量的政治对抗色彩,但我们也应注意到,《景宗实录》为少论稳健派编纂,不仅没有否定英祖的即位正统,也对少论酿成的"辛壬士祸"有所反思和批判。所以,《景宗实录》和《景宗修正

---

① 《承政院日记》,正祖三年七月二十八日。

实录》也留下了朝鲜后期"荡平政治"的痕迹。《景宗修正实录》是朝鲜
王朝最后一部《改修（修正）实录》，最终由正祖同意修成，代表了《朝鲜
王朝实录》的另一种独特的存在形式。其中所表现的老论、少论的政治
义理对决和背后国王的判断，生动说明了《朝鲜王朝实录》浓厚的政治
性特点，尤其体现了国王意志、大臣党争对朝鲜实录纂修的深刻影响，
也反映了朝鲜后期的政治文化生态。

第五章

正祖时期对《国朝宝鉴》的续补

　　在中国传统的官方修史体系中,有名为"宝训"的修史项目,正式形成于宋,兴于明、清,专记皇帝有关政治教化之言论。这些皇帝"宝训"与《实录》并行,以期先帝们的"圣王心法",为后世继承者效仿和学习。朝鲜王朝也效仿了"宝训"而编修《国朝宝鉴》(后文简称"《宝鉴》"),实为一种特殊的编年体,也是朝鲜重要的官方修史项目之一,其主要节录《朝鲜王朝实录》中可用于后代国王借鉴的内容,既是《实录》的衍生品,又有不同于《实录》的内容和意义。

　　与《实录》不同,《宝鉴》的纂修缺乏连续性,正祖之前,只有三位国王在位时实际纂修了《宝鉴》,且只成太祖、太宗、世宗、文宗、宣祖、肃宗六朝《宝鉴》。在完成《英祖实录》《景宗修正实录》史役后,正祖不仅续修了英祖朝《宝鉴》,还补修了尚阙的十二朝《宝鉴》,这种集中性的《宝鉴》纂修是空前的,极具代表性。国内虽然也藏有朝鲜《宝鉴》若干版本[①],但仍缺乏对其微观性的研究。本章拟考察相关史料,对正祖时期续补《宝鉴》的背景、过程、影响等有关问题展开论述,以期加深对朝鲜《宝鉴》的认识。

第一节　正祖时续补《国朝宝鉴》的有关政治文化背景

　　朝鲜之《宝鉴》为一种特殊的编年体史书,专门载录历朝国王的圣

---

① 如中央民族图书馆现藏有《国朝宝鉴》1848年本、国家图书馆藏有1848年和1909年本、沈阳市图书馆藏有1909年本。周斌、李花子、朱忠文主编《朝鲜漢文史籍叢刊　第四輯(編年體斷代史・朝鲜與大韓帝國・上)》(巴蜀出版社2018年版)完整收录了《国朝宝鉴》1909年本,但对其解题尚有错漏。

德言行，揄扬先朝烈事，可以供后继之君随时参阅，用以奉谟先王和学习鉴戒。《宝鉴》的体例实际是效仿中国："《宝鉴》之体，肇自宋仁宗之《三朝宝训》，而历代相沿，竞出义例，如《法宝新录》《传法宝录》《三朝圣训》之属，下所以诵家法，而勉君德也。《祖训录》《皇朝宝训》《文华大训》之属，上所以扬先烈，而贻后昆也。"①早在朝鲜前期，世宗在阅读了《宋史》后，发现国史院撰进《实录》之后，又集成《宝训》，用于帝王与近臣讲读。于是命艺文馆大提学权踶、集贤殿大提学郑麟趾等"采摭太祖、太宗宏谟要政，编为《宝鉴》"，然而未成。《宝鉴》第一次撰成是世祖在位期间。世祖二年（1456），世祖命设纂修厅，以集贤殿大提学申叔舟、权擥皆兼知春秋馆事，李克堪等为堂上，撰太祖、太宗、世宗、文宗四朝《宝鉴》。一年后（1457）四月，成《国朝宝鉴》七卷，三册。

　　之后，"列朝国王屡欲续成《宝鉴》，以系四朝，而皆未遑"。睿宗朝，曾命词臣撰《世祖宝鉴》；成宗朝，曾命大提学徐居正纂《世祖训辞》及《兵法》，以续《宝鉴》；中宗朝，曾命设纂集厅，编次祖宗朝嘉谟善政，以续《宝鉴》；仁祖朝，曾命大提学李植改撰《宣祖实录》之余，抄辑圣谟之为后世法者，别为一书；孝宗朝，因参赞官金益熙之奏，续纂世祖至宣祖《宝鉴》，以成全书，而率皆有其命无其书。这些时期，或根本未能编修，或是编成的"《宝鉴》"在体例和内容上并不合格，甚至可视为"赝作"："至如明宗朝，军资判官尹龄所进《国朝宝鉴类抄》，不过节略原书，分门便览之本也。今文苑故家所传写本《续宝鉴之纪》，世祖、成宗时事，而称徐居正撰者，不但义例之颇涉稗官，居正卒于成宗之世，则不当预撰《成宗宝鉴》，其为赝作，又无疑也。"

　　《宝鉴》的第二次撰成，已是肃宗年间。肃宗六年（1680），肃宗命工曹参判李端夏修《宣庙宝鉴》，肃宗十年（1684）成十卷，五册。此时，距世祖时成四朝《宝鉴》已有二百余年的时间。英祖五年（1729），英祖命前大提学尹淳为兼知春秋馆事，设纂辑厅，想续补列朝《宝鉴》，以御笔书下凡例三条。后尹淳为申处洙弹劾，又命大司成李德寿兼春秋馆修

① 《朝鲜王朝正祖实录》卷14，六年十一月丁巳，第45册，第331页。

撰官,次年(1730)修成《肃庙宝鉴》十五卷,七册,另成体现朝鲜国王"尊周思明"之意的《国朝宝鉴别编》一卷,一册。此为《宝鉴》的第三次撰成。[①]

在正祖以前的近四百年的朝鲜王朝史中,仅有世祖、肃宗、英祖三位国王在位时,修成了太祖、太宗、世宗、文宗、宣祖、肃宗六朝《宝鉴》。这三位都是在位期间较长,有一定政治作为的国王。自世祖以后,《宝鉴》长期未成,这或许与朝鲜政局的多次动乱和外敌入侵、王位的频繁更迭等因素有关。肃宗、英祖在位时期,朝鲜与清朝关系日益稳定,这也客观上为《宝鉴》的编修奠定了基础。

正祖时期,朝鲜和清朝关系已相当融洽,作为祖父英祖的继承者,正祖虽也不必忧虑于"边患"问题,但对于以"罪人之子"身份即位,屡遭险阻的他来说,塑造正统、稳定王权才是当务之急。正祖学习出身卑微、继位曾饱受争议的祖父英祖,以"继志述事"作为名分,施行王政。前文已多次介绍过"继述"的理念,即通过仿效先王之政或完成先王未竟之业,来体现对祖宗王业的弘扬和继承。正祖即位前后,曾遭遇多次危机,谋逆事件不断,且多与否定其王位正统有关。作为"罪人"思悼世子的儿子,正祖一方面寻求机会修正"壬午义理",一方面则严格遵守英祖的处分,做出有利于加强王权的治绩。

正祖即位后,通过《原续明义录》确立了"即位义理",又铲除了阻碍其即位和意图谋逆的政敌和外戚。为了稳固王权,他将自己塑造成英祖的正统继承者,"继述"英祖和列朝先王,成为其施政的名分,也是稳固王位的手段。对一些少论大臣提出为其父翻案的请求,正祖一概以违反英祖处分而加以拒绝,甚至严惩上疏官员;虽然正祖即位后,处死了金尚鲁、文女等"壬午祸变"的"主凶",但也都需要寻找英祖之前的"处分"作为名分。这既是正祖初期"镇安"的需要,更是"继述"的需要。之后,正祖施行的"荡平策""庶孽疏通策"、亲民政策等也都是效仿英

[①] 以上据《国朝宝鉴总叙》(其文并载于《朝鲜王朝正祖实录》卷14,六年十一月丁巳,第45册,第331页),并有所补充。

祖。与英祖类似,正祖也多次"陵幸"历朝国王陵墓、修缮碑文。

除了"继述"英祖,正祖还以"继述"孝宗为名,追配宋时烈于孝庙,迎合了老论的利益,同时拱卫了王位;甚至"尊周大义"的秘密宣扬,也有"继述"孝宗之意。正祖即位后,就刊印了《列圣御制》,后设奎章阁奉谟堂专门存放。奎章阁既是正祖进行政治、文化宣传的中心,也是标榜"继述"之地。肃宗曾亲题奎章阁匾额,正祖设立奎章阁的名分之一,就是完成肃宗"未竟之事",且奎章阁专门设立存放列朝御制、御真等的空间,既是完成肃宗的心愿,也是为了彰显王室权威,证明自己是朝鲜王业的正统继承者。

在官方史学领域,也离不开"继述"。即位后,正祖不仅马上御撰英祖的《行录》、命编英祖的《志状》。奎章阁成立后,它还命重新编订了《列圣志状》,除了重新誊录和编辑,还利用内阁和弘文馆的文集,加以考校。前面已述,正祖还十分积极地纂修《英祖实录》,且对敏感日期之内容小心处理;在《景宗修正实录》中,通过对老论义理的伸张,英祖王统的强化,自己的正统也得以加强。续补《宝鉴》也正是英祖的"未竟之事",且除《宝鉴》外,英祖还十分注重编纂学习历朝国王治法的书籍,如《祖鉴》《圣祖羹墙录》《常训》《常训辑编》等,[1]这也为正祖续补《宝鉴》提供了名分。正祖五年(1781)是肃宗的第二次回甲、英祖被册封王世弟的一个甲子,编《宝鉴》的象征意义重大。[2] 所以,正祖时《宝鉴》的大规模续补工作,正是在这样的政治和文化背景下展开的,是正祖作为王位继承者"继述"先王的过程。可以说,《宝鉴》是在官方修史上,最能体现"继述"理念的,相比于《实录》纂修,其政治象征意味更为浓厚。

"一念惟勤于继述,肆当实录之告讫,亟命宝编之续修。"[3]在《实录》纂成之后,正祖就马上命续补《宝鉴》,除了"继述"的需要,还与《宝鉴》本身的特殊地位有关。关于《宝鉴》和《实录》的关系,正祖曾专门评述:

---

① 详见[韩]정호훈:《18세기君主學學습서의 편찬과「羹墙錄」》,第219—236页。
② [韩]허태용:《正祖의繼志述事기념사업과「國朝寶鑑」편찬》,第186页。
③ [朝鲜王朝]李福源:《双溪遗稿》卷5,《进国朝宝鉴笺》,第237册,第107页。

《实录》与《宝鉴》,皆史也,而其体不同。事巨细得失,无不笔藏之名山,以竢天下万世者,《实录》是已。取其训谟功烈之大者,特书而昭揭,为后嗣王监法者,《宝鉴》是已。故《实录》秘,而《宝鉴》彰。《实录》期乎远,而《宝鉴》切于今。是二者,皆不可阙。而揆诸虞夏商周之史,夫子所删百篇之旨,则《宝鉴》为尤近之。然有国者,皆有《实录》,而《宝鉴》则惟我朝有之,其作自光庙始也。考之前代,如宋之《三朝宝训》《传法宝录》;皇明之《祖训录》《文华宝训》之类,非不亦扬先而裕后也。若其并记言动,兼该德业,约而不遗,信而可征,未有若我朝之《宝鉴》。大圣人制作,信乎其尽美矣夫。①

在正祖看来,虽然《实录》《宝鉴》均为最重要的官修史籍,但其意义和作用不同。《实录》主要是要事无巨细地记载史实,有一定的客观性,藏之名山、传于万世;而《宝鉴》则是专门记载历朝国王之嘉言和功业,均是光辉的一面,不仅不藏之名山,反而要"特书而昭揭"。一方面可用于弘扬先王业绩;一方面用于后世的治法龟鉴。二书均不可阙,但带有对史实选编性质的《宝鉴》,更可比附于"孔子删诗"的大义。这些是《宝鉴》不同于《实录》的主要特点。此外,正祖认为"有国者,皆有《实录》",且肯定了中国宋、明时的诸多"宝录""宝训"等史体,但仍颇为骄傲地宣称《宝鉴》"惟我朝有之",理由则是不同于中国的此类典籍,朝鲜的《宝鉴》不仅记载"言动"详细,且"约而不遗,信而可征",可谓尽善尽美。这种强调《宝鉴》特质的动机,也强化了其续补的名分。

总之,《宝鉴》有着异于《实录》独特的政治象征性和实用性,这奠定了它在官修史书中的地位;其彰显王权、强化正统的"继述"色彩,又为正祖所关注,这些促成了正祖时期《宝鉴》的大规模续补。

---

① [朝鲜王朝]正祖:《弘斋全书》卷8,《序引一·国朝宝鉴序》,第262册,第128页。

第二节　《英庙宝鉴》的续修与十二朝《宝鉴》的补修

一、《国朝宝鉴》续补的前期准备、资料和凡例

续修《宝鉴》是正祖早就谋划之事,《英祖实录》尚在编纂时,他就表示,"《实录》成书之后,先朝《宝鉴》,亦当次第编摩矣"①。正祖五年(1781)七月初,《英祖实录》几近完成,正祖先后命李命植、柳谊、蔡济恭、赵玹等往艺文馆,命抄出尚未洗草的《英祖实录》初见本,"可备《宝鉴》之纂"。② 七月九日至十一日三天,正祖连续下教命修《宝鉴》。

正祖称:"第《实录》,则石室金柜,其藏甚秘,人不得见之,故至行盛德,虽有《志状》之可见,而终无方册之昭载,亦甚欠事也……其事则虽有编年之例,而其体专主乎纪述盛德。在今日揄扬之道,予则曰未有大于此者也。《实录》既成,予欲继此编成。"③《实录》藏于名山史库,人君亦不可随意观阅,只有《志状》也难以全部载录列朝圣迹。而《宝鉴》的内容专在揄扬列朝国王事迹,"至若《宝鉴》之书,备述圣人之德,以寓阐扬之忱"④,也是可以弥补《实录》缺憾的专门之书。此外,他还指出目前《宝鉴》的缺憾,《宝鉴》只成于几朝君王,断续而修,体例不一:已修成的六朝《宝鉴》,"《宝鉴》义例,不无参差处",且"详略之各有不同"。更重要的是,除《英庙宝鉴》外,还另有十二朝《宝鉴》尚阙,无记载之文字,这让正祖感叹"或因未遑至此耶?"且太祖等四朝《宝鉴》修成后,"间为阙失,至百余年前,朝家始得于故老之家,特命艺阁锓梓,行于世"。⑤前朝《宝鉴》不仅大量残缺,连已修好的部分都险些遗失,这也让正祖十分痛心,于是教曰:"诸《宝鉴》不相联属,各自孤行,时移事往,安知又不

---

① 《承政院日记》,正祖四年五月十一日。
② 《承政院日记》,正祖五年七月八日;《英祖大王实录厅仪轨》上册,《校雠厅誊录》,辛亥年七月十二日。
③ 《朝鲜王朝正祖实录》卷12,五年七月庚戌,第45册,第252页。
④ 《朝鲜王朝正祖实录》卷12,五年七月己酉,第45册,第252页。
⑤ 《承政院日记》,正祖五年七月十日。

如《国朝宝鉴》之间逸不传耶？予欲以十二朝事实，并加编辑，与三《宝鉴》①《英庙宝鉴》，合成一书，永垂无穷。"②

对于纂修人员，正祖最初认为"不必设厅，亦不必别差堂郎"，由参与《英祖实录》纂修的原任提学蔡济恭、知敦宁赵璹、徐命膺、领府事金尚喆等同为撰次，"本阁直阁、待教照管"。之所以不设厅，是想由新设立的奎章阁全权负责，编修地点定于观象监。③ 但还是事实上设立了纂辑厅的机构。

在所用资料方面，正祖异常重视，命时、原任阁臣将"不载于状录，不编于国乘，而誊在写本御制或春邸系年录者，颁令阁臣，搜考广稽，书出一通，然后可佐纂次之役"。④ 其最主要的资料来自《实录》，如《英庙宝鉴》使用的是未及洗草的《英祖实录》史草，但是洗草宴日期马上将至，正祖君臣想了许多提高效率的办法，比如直接在草本上考正和割付，不再正书，不费书役，甚至如果来不及考准，就要"退定洗草宴"。⑤ 英祖朝以外的列朝《宝鉴》，还需要抄出列朝《实录》。因火灾，春秋馆只保存有仁祖以后的《实录》。之前的《实录》则要等《英祖实录》奉安外史库时考出。⑥ 后来由外奎章阁曝晒的"内阁年少之臣"在江华岛史库考出。⑦ 除《实录》外，国王的御制、纶音、志状等也是《宝鉴》重要收入的内容。因《肃庙宝鉴》中多载录御制诗文，正祖要求纂辑诸臣务必采精要录入英祖御制。而英祖朝御制"殆过二万矣"，则"必以嘉言、伟烈，择其紧要之旨，以成《宝鉴》"。因列朝御制也同期编摩，英祖御制《自省编》《警世问答》《集庆堂编辑》已刊成，"此则附于立纲之中甚宜"。⑧

《宝鉴》编修还需要备边司的《誊录》。正祖考察《肃庙宝鉴》后发

① 指前面世祖、肃宗、英祖三朝国王所成的共六朝《国朝宝鉴》。
② 《朝鲜王朝正祖实录》卷14，六年十一月丁巳，第45册，第331页。
③ 《承政院日记》正祖五年七月十日。
④ 《朝鲜王朝正祖实录》卷12，五年七月己酉，第45册，第252页。
⑤ 《承政院日记》，正祖五年七月十一日。
⑥ 《朝鲜王朝正祖实录》卷12，五年七月庚戌，第45册，第252页。
⑦ 《承政院日记》，正祖五年七月十一日。
⑧ 《朝鲜王朝正祖实录》卷12，五年七月辛亥，第45册，第253页。

现:"政教之载于《实录》《日记》者外,至备局所在《誊录》中节目,亦多编辑。"因其中记载了大量《实录》和《承政院日记》中没有的国王传教,所以《宝鉴》纂修时也要参考。于是正祖下教:"先大王五十年临御政令、教化之不入于《宝鉴》《日记》者多,故今番纂辑之日,欲为一体编录。"因《备边司誊录》浩繁无统,又难以考据,正祖遂命"自明日行公本司诸堂,遂日会衙,甲辰(英祖即位年)后《誊录》之可作后考者,毋论节目、举条,一并抄出付签"。① 通过此事,备边司实际上也参与了《宝鉴》编修。

因《世宗实录》150 余卷,而其《宝鉴》不过 2 卷,正祖遂要求从《实录》中考出要"务从精简"。② 但事实上,又屡屡命加入各种资料,《宝鉴》纂修繁、简的调和,也是正祖对所修《宝鉴》十分自信的重要原因。

《英庙宝鉴》从正祖五年(1781)七月十二日起纂,但凡例的设定,是在此之后。正祖认为"《宝鉴》述功德,与史笔不同",所以不同意徐命膺"必欲以古文词、文法添入"的笔法,担心文势过简,要求"此后则叙事,务从详备"。③ 此外,因"《宝鉴》与祕史不同,既成之后,当广布国中,无人不观,抄写之际,不可使吏胥誊出",而全靠堂郎负责,并定下凡例"当依《肃庙宝鉴》凡例"。④ 可知,正祖多次要求《宝鉴》内容务必精要,但却要面面俱到,这是一个总体的要求。此外,《宝鉴》既为"继述",更要参考前朝所成"三《宝鉴》"的凡例,这是另一个前提。整体上,如何雕琢语句文法、统一列朝《宝鉴》的体例,笔者考《承政院日记》和《国朝宝鉴监印厅仪轨》相关史料,归纳其凡例若干如下:

第一,统一御讳、御字等有关国王信息的标注格式。"《宝鉴》三帙凡例各异……《国朝宝鉴》⑤则皆不载御讳、御字;《宣庙宝鉴》,则只载登极后御讳,而不载御字;《肃庙宝鉴》,则皆载御讳御字与小字。前后凡例,互相牴牾,不成一统文字。"后"依少微《通鉴》之例,卷首徽号下,

① 《承政院日记》,正祖五年七月十六日。
② 《承政院日记》,正祖五年七月十日。
③ 《朝鲜王朝正祖实录》卷 12,五年七月丁巳,第 45 册,第 255 页。
④ 《承政院日记》,正祖五年七月十七日。
⑤ 实为指代世祖时修太祖等四朝《宝鉴》。

别行低二字,谨载御讳、御字,在位几年、寿几年及陵号,略仿《谱略》之注,而节约之,则庶几体段谨严,凡例均一"。且每篇题目"太祖一,太宗一",均加一"朝"字。[①]

第二,修改行文"间字"过多的问题。因前修《宝鉴》在尊敬处"或逐行极行,一行不满三四字,断续错落,有违简编之体段",所以新修《宝鉴》"依《志状原编》之例,连书一行,只间一字。而'命''教'等字,一依两《宝鉴》,俱不间字,则事体谨严,义例简整,以此改付标于凡例中"。[②]实际上,就是在"上""殿下"等尊称处抬一格书写。

第三,纪年格式上统一。世祖时成《宝鉴》只有纪年而略干支,其他两《宝鉴》是先纪年而后有干支。新成《宝鉴》依《通鉴》之例,统一为先干支后纪年的格式,[③]如"壬申秋七月丙申"。

第四,发现错误处,加上注释。如"《宣庙宝鉴》凡于字句传写之误,显然易知者……皆有注释"。多处一样的错误,就注释一次。[④]

第五,宣庙、肃庙两《宝鉴》未能遵循"凡四时孟月必加以春夏秋冬,而仲月以下则否"的笔法,新成《宝鉴》统一此例,即在每个季度首月加"春夏秋冬",[⑤]如"夏四月""秋七月"。

第六,因数次修《宝鉴》,参修人员"古人今人,错杂入录",且面临其位置放于编首还是编末,郎厅人员是否收录等问题,[⑥]"旧《宝鉴》凡例与新《宝鉴》凡例混录,则不无错杂之虑。"[⑦]新《宝鉴》要与宣庙、肃庙《宝鉴》"别无异制,笺文、序文及凡例,当为尽录",体现"继述"之意。又"抑有古今相错之虑",故把凡例作为总序,单为一册,其中不仅将历朝所修《宝鉴》的序文、凡例等依次收录,且"作撤始末及纂辑诸臣,并入于编次之中"。数次之纂修也要详载:"以某朝某臣分等载录,又以某朝命某臣开

---

① 《承政院日记》,正祖五年七月二十六日。

② 《承政院日记》,正祖五年八月一日。

③ 《国朝宝鉴监印厅仪轨》,《凡例》,首尔大学奎章阁藏本(奎 14189、1783)。

④ 《国朝宝鉴监印厅仪轨》,《凡例》。

⑤ 《国朝宝鉴监印厅仪轨》,《凡例》。

⑥ 《承政院日记》,正祖六年七月四日。

⑦ 《承政院日记》,正祖六年七月五日。

局事,详细列录,以备列圣朝事迹。"①用总序单为一册的方式,创造性地统一了屡次修《宝鉴》的笺文、序文、凡例、编次人员的收录问题。

此外,"三《宝鉴》"不仅在体例方面,在具体的内容上,"叙事立文,互相抵牾"之处亦颇多。而在新修《宝鉴》的凡例中,却有许多灵活的处理,有时按照世祖朝成"《国朝宝鉴》"的笔法;时而按照宣庙、肃庙两朝《宝鉴》的写法。如"《国朝宝鉴》"每朝开头是"上某庙第几子",另两《宝鉴》开头为"某大王几年";新修《宝鉴》凡例则定为:"禅之位则从《国朝宝鉴》,以《国朝宝鉴》皆传禅之位也。承统之位,则从宣庙、肃庙《宝鉴》,以两《宝鉴》皆承统之位也。"②这考虑到了朝鲜初期王位更迭,多非正常承继的特殊情况。

这样,通过参考史籍和充分考虑朝鲜王朝王室的特点,正祖君臣大致制定了列朝《宝鉴》的凡例、规定了纂辑的细节问题。

二、《英庙宝鉴》与十二朝《宝鉴》的纂辑和校正

正祖五年(1781)七月,在《英庙宝鉴》开编十余日后,正祖又正式差下了《宝鉴》的纂辑堂郎,领中枢府事金尚喆为总裁,赵玹、李命植、金熤为纂辑堂上。③ 依照先例,堂郎"皆兼春秋兼衔"④。又以吏曹判书李衍祥、刑曹判书金鲁镇、户曹参判徐有隣(1738—1802)、汉城左尹郑昌圣、右尹洪良浩、副提学沈念祖、直提学郑志俭,差为《宝鉴》纂辑堂上。⑤

因《英庙宝鉴》直接采用了割付《英祖实录》草本的办法,比再次誊出提高了效率,所以进展很快。后因部分年份已洗草,正祖命取来相关年条的《承政院日记》考出,同时适当参考英祖时的《文献备考》。⑥ 正祖曾下教:"诸堂进不进及所撰月日,亦依史局例,逐日书进。"⑦说明他

① 《承政院日记》,正祖六年七月十四日、七月十五日。
② 《国朝宝鉴监印厅仪轨》,《凡例》。
③ 《朝鲜王朝正祖实录》卷14,六年十一月丁巳,第45册,第331页。
④ 《承政院日记》,正祖五年七月二十七日。
⑤ 《朝鲜王朝正祖实录》卷12,五年七月庚午,第45册,第257页。
⑥ 《承政院日记》,正祖五年七月二十七日。
⑦ 《承政院日记》,正祖五年七月二十六日。

对《宝鉴》编修的监督,不逊色于修《实录》之时。至七月底,《英庙宝鉴》已基本完成抄役。相比于后来补修的其他《宝鉴》,《英庙宝鉴》所用参考资料更多,也最为正祖重视,特命前大提学徐命膺、李福源,前奎章阁提学蔡济恭主管校正。正祖认为,《宝鉴》纂修不应如《英祖实录》那般繁琐,但也要"俾各搜精撮要,成书后送于校正堂上,更为校阅后,又送于大臣裁定"。① 至八月下旬,《英庙宝鉴》四十三年条虽然大体已经完成,李徽之负责的十年仍尚未完成,需参考《承政院日记》誊送纂辑厅。可知,同《英祖实录》的纂修,《英庙宝鉴》纂辑时,李徽之仍然负责敏感日期的内容。此外,还要添入"备局《誊录》中《政院日记》之所不录,艺馆割付之所不书,而不可不入于《宝鉴》者",需纂辑堂郎将所需内容抄出、添入《宝鉴》各年条之中,"编成一通后,自初至终,使之更为点检,去其重叠,正其讹误,送于校正堂上"。② 这说明了《宝鉴》在纂辑阶段就经过了详慎的编摩,这或许是吸取了《英祖实录》校正后又再纂修的教训。正祖定下考校的场所在兵曹,由徐命膺负责校正。③

《英庙宝鉴》原定在九月进献,但未能如期完成。总裁官金尚喆进言进书之日过紧,正祖一改修《英祖实录》时的催促,反而称"纂辑之工,惟在务实致详,勿以十三日为限,更加熟研",并又指出许多应该录入的内容:"禁府、刑曹受教中,多有编入之事。盖五十年治民厚泽,涂人耳目者,必博考备局节目,以成不朽之资……今于纂述之际,无或一事之见漏,是所望也,至于圣德事,特加大书。且《实录》中,或有未入录,则今于《宝鉴》添录亦好矣。"除特载英祖德政外,对于英祖晋接时的传教、御真奉安等情况也都要添录。④ 这体现了《英庙宝鉴》涉猎材料之广,正祖对其的高度重视,这是其"继述"理念的一种体现。《英庙宝鉴》的校正直到十一月才基本完成。⑤ 之后,并未进书和刊印,要等其他十二

---

① 《朝鲜王朝正祖实录》卷12,五年七月庚午,第45册,第257页。

② 《承政院日记》,正祖五年八月二十日。

③ 《承政院日记》,正祖五年八月二十日。

④ 《承政院日记》,正祖五年九月一日。

⑤ 《承政院日记》,正祖五年十一月一日。

朝《宝鉴》补修结束,再对草本做统一的校正,以成"一统册子"。《英庙宝鉴》彻底完成编摩已是次年(1782)的二月。①

在《英庙宝鉴》纂修的同时,除两朝废君——燕山君、光海君外,尚阙的十二朝《宝鉴》的补修也在进行。补修的列朝《宝鉴》也主要参考列朝《实录》。按原设想,春秋馆缺少的定宗、端宗、世祖、睿宗、成宗、中宗、仁宗、明宗八朝《实录》,应在《英祖实录》奉安江华岛史库时,由史官考出,但350余卷的《实录》,只凭派去的别兼一人根本无力誊出,于是正祖命"依古例,奉来抄出后,还为奉安"②,命春秋堂上先把八朝《实录》从江华岛鼎足山史库奉出。正祖五年(1781)八月二日,先考出春秋馆史库仁祖、孝宗、显宗、景宗四朝《实录》,江华岛史库的八朝《实录》还未奉出,正祖就定下由《宝鉴》纂辑堂上七人"分授《实录》",③分工纂修。因将会多次安奉和奉还列朝《实录》,正祖下令仪节可以从简,但仍传教:"列朝《宝鉴》纂辑堂郎……每日进不进一单,同为书入,列朝《实录》,则以誊出张数,堂上姓名下,悬注以入。"④要求每日记载抄录情况,以监督其修史。

御制是列朝《宝鉴》的重要史源。御制安奉于奎章阁中,抄出御制也由阁臣负责:"奉谟堂奉安御制,及今考出,可备《宝鉴》编辑之资。一、二直提学与徐浩修、李秉模,专意考出。"⑤正祖命徐、李二人率领检书官及阁吏,入奉谟堂考出御制。但奉谟堂过于狭小,不便工作,后又将御制移奉于皆有窝。为了校正《英庙宝鉴》和已抄出的御制,正祖又命时任阁臣沈念祖、郑志俭,原任阁臣徐浩修、李秉模,由纂辑堂上转入校正之役。⑥

由差下的堂上十二人、郎厅十六人抄出列朝《实录》,共持续了整一个月,至九月六日完成。堂上、郎厅,分授十二朝《宝鉴》,开始纂辑和校正。⑦ 具体的分工情况如表5.1所示:

---

① 《承政院日记》,正祖六年二月十三日。
② 《承政院日记》,正祖五年七月二十七日。
③ 《承政院日记》,正祖五年七月二十七日。
④ 《承政院日记》,正祖五年八月二日。
⑤ 《朝鲜王朝正祖实录》卷12,五年八月戊子,第45册,第260页。
⑥ 《承政院日记》,正祖五年八月十八日。
⑦ 《朝鲜王朝正祖实录》卷12,五年九月乙巳,第45册,第264页。

表5.1　补修十二朝《宝鉴》的纂辑和校正人员情况①

补修《宝鉴》时段	主要纂辑\校正堂郎
定宗、端宗、睿宗、仁宗、景宗五朝《宝鉴》	纂辑堂上赵玹,郎厅鱼锡光
世祖朝《宝鉴》	纂辑堂上郑昌圣,郎厅李爆
成宗朝《宝鉴》	纂辑堂上金鲁镇,郎厅许暎
中宗朝《宝鉴》	纂辑堂上洪良浩,郎厅李显道
明宗朝《宝鉴》	纂辑堂上徐有隣,郎厅徐配修
仁祖朝《宝鉴》	纂辑堂上闵钟显,郎厅宋铨
孝宗朝《宝鉴》	纂辑堂上金煜,郎厅朴长卨
显宗朝《宝鉴》	纂辑堂上李命植,郎厅具翼焕
定宗、端宗、睿宗、仁宗、景宗五朝《宝鉴》	校正堂上李福源,都厅郎厅赵城镇
世祖、成宗、中宗、明宗、仁祖、孝宗、显宗七朝《宝鉴》	校正堂上徐命膺,郎厅尹行元、尹履相

诸臣合力纂出的十二朝《宝鉴》进展很快,且"每一编讫,陆续以送于校正所,校正一如《英庙宝鉴》校正之例"②。由于列朝《宝鉴》出自不同人之手,正祖观看草本后,发现"人各撰出,文体不同",且《宝鉴》"取其春秋谨严之义,故终难裁删矣",君臣都觉得很难把握其详略程度,所以在校正时,删削、添润的工作非常重要。正祖认为徐命膺"校正之文,颇得精实,以是纂出,可也",③于是徐命膺在完成《英庙宝鉴》后,继续校正了列朝《宝鉴》。

至次年(1782)二月,续补《宝鉴》进入尾声。一者,正祖继续严格监督最后的校正工作,要"诸大臣与时文任,宜有一番经阅";纂辑诸堂也要"更为看详细"自己所修部分,将意见付签,以为取舍。④ 金尚喆和徐命膺还需"分半考览",如有添删之处都要禀问正祖。⑤ 二者,除统一各

---

① 《朝鲜王朝正祖实录》卷12,五年九月乙巳,第45册,第264页。
② 《朝鲜王朝正祖实录》卷14,六年十一月丁巳,第45册,第331页。
③ 《承政院日记》,正祖五年十一月八日。
④ 《承政院日记》,正祖六年二月十九日。
⑤ 《承政院日记》,正祖六年三月七日。

《宝鉴》体例，"仍以三《宝鉴》，参互义例"[1]，还要把先朝《宝鉴》中有关的笺文、跋文等统一。历次进《宝鉴》的笺文和纂修诸臣名录，均应放在卷首，但李福源发现肃宗时编《宣庙宝鉴》没有笺文，于是提议在总裁李瑞夏的文集中寻找札文，但正祖认为私家文字"有难凭据"，命校正郎厅考当年的《政院日记》。[2] 早在一年前（1781），正祖就已命大提学金钟秀撰跋文，李福源发现跋文中将《宝鉴》"十二朝误书以十一朝"，忘掉了端庙朝，金钟秀被从重推考。[3] 在四月十九日，"大臣及文衡，都已轮看"[4]，列朝《宝鉴》终于完成纂辑和校正。

参与十三朝《宝鉴》纂辑和校正阶段的人员共有 34 人，其中总裁 1人，校正堂上 2 人、纂辑堂上 13 人，都厅郎厅 1 人、校正郎厅 2 人，誊录郎厅 16 人。如下表 5.2 所示：

表 5.2　1782 年本《国朝宝鉴》纂辑厅人员名单[5]

职务	人　员
总裁大臣	金尚喆
校正堂上	徐命膺、李福源
纂辑堂上	蔡济恭、赵竣、李命植、金熤、金鲁镇、徐有隣、郑昌圣、洪良浩、沈念祖、郑志俭、徐浩修、李秉模、闵钟显
都厅郎厅	赵城镇
校正郎厅	尹行元、尹履相
誊录郎厅	尹履相、鱼锡光等 16 人

纂辑堂上人数较多，是分纂补修十二朝《宝鉴》之需要。其中，赵竣、李命植等都既参与了《英庙宝鉴》的编修，又参与了其他《宝鉴》的补修。纂辑堂上中，赵竣、李命植、徐有隣、郑昌圣等均入仕日达到一个月以

---

[1] 《朝鲜王朝正祖实录》卷 14，六年十一月丁巳，第 45 册，第 331 页。

[2] 《承政院日记》，正祖六年二月九日。

[3] 《承政院日记》，正祖六年三月十三日。

[4] 《承政院日记》，正祖六年四月十九日。

[5] 《国朝宝鉴监印厅仪轨》，《别单》。

上,出力最多。

三、十九朝《国朝宝鉴》的刊校和完成

正祖六年(1782)四月,以郑昌圣、沈念祖为监印堂上,[1]赵城镇为郎厅,后来堂上又加派了户曹判书李性源。《宝鉴》进入刊印阶段,由校书馆(外阁)负责,奎章阁直提学主管。关于到底是用活字还是木板印刷,正祖与领议政徐命善(1728—1791)、右议政李福源、户曹参判金华镇、刑曹参判徐有隣、检校直提学郑民始等大臣做了多次讨论。虽然木板印刷花费大、刻手不足、印速迟缓,但正祖认为"御制,则皆以木板刊印,《宝鉴》比御制,似无轻重之别,不必以活字印出矣"[2]。正祖真正注意到的是,木刻的《宝鉴》更有助于广布,他说:"所重有在,何论物力与工费乎? 其为广布,则木板胜于活字矣。"[3]这就是正祖虽在《宝鉴》修纂中一再强调节俭,却要选择耗费人力物力较大的木刻方式的原因。然而,先王几次所修的《宝鉴》均是活字印刷,正祖为此还特地解释:

> 上以三《宝鉴》印出,皆用活字,则以活字印全书,是亦继述之义。然活字仅印若干纸,旋即毁撤,终非寿传之道。乃命以活字先印一本,以此一本翻刻于梓木,使继述之义、寿传之道,并行不悖。[4]

如果按"继述"的理念,正祖所修《宝鉴》理应也用活字刊印,但正祖以其"非寿传之道"为由,仍坚持用木板刻印,但先定下活字再翻刻,既不违制,又可传布。

二十六日,《宝鉴》自校正所奉安于监印厅。正祖重视正书的环节,

---

① 《承政院日记》,正祖六年四月二十六日。
② 《承政院日记》,正祖六年四月二十六日。
③ 《国朝宝鉴监印厅仪轨》,《监印事实》壬寅四月二十五日。
④ 《国朝宝鉴·一》卷首,《国朝宝鉴总叙》,首尔大学奎章阁1909年印本(奎22-1)。

绝不允许丝毫错误："列祖《宝鉴》印出时,字划之讹误,割付之横斜,不可不详审,而亦难只委于唱准辈,校书馆官员一人,及内阁检书官中一人,使之逐日仕进,以为看检之地。"①同时,为了节省费用,正祖特命"搜见本馆旧庄不帙册板",挑选可继续使用的木板。② 因宣庙、肃庙《宝鉴》原就有活印本,遂只印出了其他的《宝鉴》。五月初,即完成了活印,开始木板刻印,先刻印的是《英庙宝鉴》。刻板印刷艰难,一人需费三日才能完成一板,而京内刻手只有 20 时。随后,在京内募到了 15 个刻手,又募集到多以刻役为生的"岭南刻手僧徒"。朝鲜限制佛教,按法令僧侣不得入京,于是就"留置城外平仓等处,分授使刻"③,将其置于总戎厅。六月,工匠数量已达 110 多人。④ 据统计,当时共招募八道、两都善刻之人 144 人,其中校书馆原刻手 10 人、私刻手 134 人。私刻手中京刻手 14 人、乡(地方)刻手 120 人。乡刻手中僧人最多,为 73人,刻僧来自庆尚道和全罗道最多。⑤

　　最初,曾定下《宝鉴》的各类纸张所印进上件合三十件,颁赐五十件。⑥ 至七月四日,进上件已经完成,刻手也被减下,印役几近结束。⑦但在最后的凡例统一⑧、笺跋文撰作等细节问题上,又花费了一些时间。八月二十五日,《宝鉴》印役告迄⑨,但笺文、跋文还未完成。正祖先后命李命植、李福源撰出《宝鉴》笺文。⑩"列祖功德,尽在此中",正祖对笺文的审阅十分严苛,力求尽善尽美,直到十月底才令正祖满意,⑪次

---

① 《承政院日记》,正祖六年四月二十六日。

② 《承政院日记》,正祖六年四月二十八日。

③ 《承政院日记》,正祖六年五月四日。

④ 《承政院日记》,正祖六年六月一日。

⑤ 参见[韩]김상훈:《『國朝實鑑』1782年판본의 刻手 研究》,第 200—207 页。

⑥ 《承政院日记》,正祖六年四月二十九日。

⑦ 《国朝宝鉴监印厅仪轨》,《监印事实》壬寅七月初四日。

⑧ 参见本节第一部分。

⑨ 《承政院日记》,正祖六年八月二十五日。

⑩ 《承政院日记》,正祖六年六月十二日。

⑪ 《承政院日记》,正祖六年十月七日、二十日、二十八日。

月,才正式刻印①。金钟秀负责的跋文于十月也最终付印。② 同时,正祖亲制序文也已"无一字之瑕",校正诸臣名单也录入。③

十月二十六日,正祖再次召见《宝鉴》校正堂上、阁臣、承旨等,要求进书前再对印本再进行考校。按先例均由成均馆儒生负责考准,而对于《宝鉴》,正祖特命奎章阁抄启文臣"详准误字",为此,抄启文臣还兼"春秋"之衔,负责找出误字或疑晦之处,誊出《实录》来考校《宝鉴》。④ 作为王室重典,正祖对奉安件的质量十分重视,命发现误字,不许"刀割",要"专一张改印"。⑤ 至十一月一日,《宝鉴》最后的校印之役完成。⑥

统计参与《宝鉴》刊印阶段的人员。监印过程共有 54 人参与,其中总裁 1 人,监印堂上 3 人、都厅 1 人、考校郎厅 11 人,另有参订11 人、监董官 5 人,御制序文校阅和书写 20 余人。如表 5.3 所示:

表 5.3　1782 年本《国朝宝鉴》监印厅人员名单⑦

职务	人员
参订	金致仁、郑存谦、徐命善、李徽之等 11 人
总裁大臣	金尚喆
监印堂上	郑昌圣、沈念祖、李性源
监印郎厅	赵城镇
考校郎厅	李宗燮、李祖承、洪仁浩等 11 人
监董官	成大中、李德懋、柳得恭、朴齐家、徐理修
御制序文校阅	李福源、李徽之、徐命膺、蔡济恭等 21 人
御制序文书写	郑志俭

① 《承政院日记》,正祖六年十一月十一日。
② 《承政院日记》,正祖六年十月七日。
③ 《承政院日记》,正祖六年十月二十六日。
④ 《承政院日记》,正祖六年十月二十六日。
⑤ 《承政院日记》,正祖六年十月二十七日。
⑥ 《承政院日记》,正祖六年十一月一日。
⑦ 《国朝宝鉴监印厅仪轨》,《别单》。

因合编的十九朝《宝鉴》卷帙浩繁，又采用木板刻印，所以造成监印厅人员众多。加之正祖对《宝鉴》考校工作非常重视，仅御制序文就要由 20 余位堂上官负责校阅。同时，印刷多由外阁负责，其中监董官 5 人均为奎章阁历史上有名的检书官，考校郎厅 11 人也均由抄启文臣等担任。1782 年本《宝鉴》可谓是奎章阁新设后，承担的典型官方修史任务。

　　在《宝鉴》纂修的同时，正祖就多次与诸臣商定和厘正进《宝鉴》时的仪节。随着《宝鉴》纂修进入尾声，正祖君臣对进书的准备工作更为上心，还考虑了一些细节，如发现"《宝鉴》奉安时，第十一室旧檀差小"，就又造了新的。[①] 进书前，还命加印了颁赐件五十件，实际上加至了八十五件，五处史库奉安件先置于艺文馆。[②] 十一月十八日，正祖宣酝了诸臣；二十日，《国朝宝鉴》封裹，正祖开始练习进书的仪式。[③] 二十三日，正祖命堂上郑昌圣、都厅赵城镇，专意编摩《国朝宝鉴仪轨》："自国初《宝鉴》创始时事实，至于今番续纂之举，而详细载录，无或遗漏。"[④] 且"纂辑、校正、监印、参证考校及御制校正、御制书进人员职姓名"也要一一书入。[⑤] 二十四日，《宝鉴》编辑诸臣，具笺以进，正祖在春塘台受书。[⑥]《宝鉴》上太庙件进书后，先安奉于奎章阁奉谟堂。二十六日，以上册宝仪节，正祖君臣从奉谟堂奉出列朝《宝鉴》，亲上宗庙永宁殿历朝国王各室奉安。[⑦] 二十七日，又颁赐《宝鉴》给总裁官金尚喆；校正堂上徐命膺、李福源；纂辑堂上赵玐、郑昌圣、金鲁镇、洪良浩、徐有隣、闵钟显、金熤、李命植；都厅郎厅赵城镇；校正郎厅尹行元、尹履相；堂上沈念祖；参证、校阅诸臣八十余人。[⑧]《国朝宝鉴仪轨》名为《国朝宝鉴监印厅仪轨》，于次年（1783）七月才修正完毕，内入件分作上下二卷；内阁、

① 《承政院日记》，正祖六年十一月六日。
② 《承政院日记》，正祖六年十一月十一日。
③ 《承政院日记》，正祖六年十一月十八日、二十日。
④ 《朝鲜王朝正祖实录》卷 14，六年十一月丙辰，第 45 册，第 331 页。
⑤ 《承政院日记》，正祖六年十一月二十三日。
⑥ 《朝鲜王朝正祖实录》卷 14，六年十一月丁巳，第 45 册，第 331 页。
⑦ 《承政院日记》，正祖六年十一月二十六日。
⑧ 《朝鲜王朝正祖实录》卷 14，六年十一月庚申，第 45 册，第 334 页。

外阁、四处史库、议政府、春秋馆则合作一卷,各藏一卷;宗庙、礼曹,各藏一件。①

正祖朝所成《国朝宝鉴》(1782年本)共68卷,22册。篇首依次为:《序》《进国朝宝鉴笺》《国朝宝鉴诸臣姓氏》《国朝宝鉴总叙》《国朝宝鉴凡例》《国朝宝鉴目录》。正文为太祖朝1册1卷、定宗朝1册1卷、太宗朝1册2卷、世宗朝1册3卷、文宗朝1册1卷、端宗朝1册1卷、世祖朝1册4卷、睿宗朝1册1卷、成宗朝1册3卷、中宗朝1册3卷、仁宗朝1册1卷、明宗朝1册2卷、宣祖朝4册10卷、仁祖朝2册3卷、孝宗朝1册2卷、显宗朝1册2卷、肃宗朝6册15卷、景宗朝1册1卷、英祖朝4册12卷,后附《国朝宝鉴跋》。由此,正祖君臣合先朝所修的六朝《宝鉴》、续修的《英庙宝鉴》、补修的十二朝《宝鉴》,除两废君外,从太祖至英祖共计十九朝《宝鉴》告成。

伴随《宝鉴》而成的,有两个衍生品。其一为前文提及的《国朝宝鉴监印厅仪轨》,其内容最为详细,是朝鲜所有《宝鉴仪轨》中的典范。观其目录,有纂辑厅座目、纂辑厅事目、纂辑厅事实、纂辑厅移文、纂辑厅甘结、纂辑厅实入、监印厅座目、监印厅事实、序文、总叙、卷帙、凡例、跋文、笺文、仪注、礼关、监印厅移文、监印厅来关、监印厅甘结、监印厅实入、别单、赏典、工匠等。按正祖的意图,详细记录和表现了此次《宝鉴》的纂修始末、参修人员、耗费物资、政治意义等,尤其是收录了"宗庙亲上《国朝宝鉴》仪",还附有班次图,原本为彩色,通过对进上《宝鉴》繁复礼节的记录,彰显正祖对先代王业的继承。它也是朝鲜所编纂的《仪轨》中,制作件数最多的一次,得益于当时木板本《仪轨》的大量刻印和翻刻,这也是为了宣扬王室的威严。

其二为《国朝宝鉴别编》。此番还单独修成了《别编》2册,7卷。《别编》同为编年体,专门记录朝鲜国王的"尊周思明"之有关言行,属朝鲜官方秘密撰成的"尊周类"史书。始撰成于英祖时,正祖为了"继述"英祖及列朝尊周大义,在英祖时所成《肃庙宝鉴别编》的基础上,补修了

---

① 《承政院日记》,正祖七年三月十九日。

仁祖、孝宗、显宗、英祖四朝的《别编》，后世国王还有少量续修，至纯祖、翼宗的《别编》为止。[①]　正祖时所修五朝《别编》，大体成于正祖六年（1782）四月，与《宝鉴》用木板刻印不同，《别编》依《肃庙宝鉴》例，以铸字印出进上件三份，不予颁赐。如正祖所言："今虽升平日久，邦域无事，而万一有生颎之端，则诚甚为难，故《别编》已令勿为刊布。而壬辰后《惩毖录》，亦入倭中云，春秋大义，彼国亦岂不闻耶？"[②]《别编》不为广布的原因，就是因涉及"尊周思明"的敏感内容，怕传入清朝，招致祸患。表面上看，当时的朝鲜对清朝极尽"藩国之礼"，貌似对清的敌视态度早已不在，而朝鲜官方却秘密编成《别编》，其中的意味引人深思。

第三节　正祖时续补《国朝宝鉴》的意义与价值

正祖时对《宝鉴》的大规模续补，仅用了不到一年半的时间，但其在朝鲜后期政治和史学上呈现出重要意义。

一、续补《国朝宝鉴》的政治意义

第一，《宝鉴》之续补是正祖即位以来，"继志述事"理念的一个突出体现。英祖时，纂《宝鉴》就是标榜"继述"之志："帝王为治之道，其要只在于善继善述。洪惟我先大王（英祖）即位之五年己酉，乃命大提学臣李德寿纂辑《肃庙宝鉴》……因请克勤克敬，继述先王之至德，休扬先王之洪烈，诞揭璇题，以示求助之意。"[③]正祖在宣酝史官时，曾下御制诗云：

　　　　列朝盛德事，巍焕事能忘？纵有名山秘，惟凭《宝鉴》详。诸臣

---

① 相关研究，详见孙卫国：《大明旗号与小中华意识——朝鲜王朝尊周思明问题研究（1637—1800）》，第353—356页。

②《承政院日记》，正祖六年四月二十八日、三十日。

③《朝鲜王朝正祖实录》卷13，六年六月丁卯，第45册，第310页。

摸日月,小子寓羹墙。一统书成后,贻谟万世长。[①]

可见,正祖自诩完成了英祖的未竟之业,十九朝《宝鉴》成为他"诚有光于继述之圣孝"[②]的业绩。除内容外,正祖尤其重视《宝鉴》进奉宗庙各室的仪礼,采用高规格的仪制,"用周王受丹书之仪……仿宋殿藏玉牒之制"[③]"如大训宝器之藏诸周庙也"[④];同时遵照成宗时成《经国大典》告献于世祖庙之旧礼,体现《宝鉴》乃是朝鲜王朝又一官修重典。

第二,《宝鉴》之成,也具有强化王统、稳固王位的现实意义。该书毕役后,正祖感慨万千:

> 四百年心法典章,尽在是矣。凡其典学修德之要,敬天尊祖之实,与夫节用爱民兴教正俗之方,列圣相因,万目毕张,而记载无阙。功化孔彰,炳日月轩天地。将以垂诸无穷,愈久而愈光。斯则先大王之志,而今焉有成,岂不幸哉?呜呼!即是书而仰体先大王之心法,修明先大王之典章,因而溯乎列祖之心法典章。用勿坠列祖暨先大王之所以予诒者,而诒之予子予孙,寔予之责也。[⑤]

《宝鉴》是"汉唐以来所无之书,而四百年功化于斯尽着矣"[⑥]。正祖修成之十九朝《宝鉴》汇编了约四百年历朝国王之"嘉谟嘉猷"。但此书的形式远大于内容,正祖再次强调他续补《宝鉴》,乃是法英祖之心法、修英祖之典章,同时表达了由法先王,到法列祖宗,再到对子孙的传承之念。正祖在亲献《宝鉴》之时,还定下元子称号,赦免了大量罪人,举行了庭试、别试、武科殿试等广试,将其视为国家的一大庆典。通过对先

---

① 《朝鲜王朝正祖实录》卷12,五年八月乙亥,第45册,第258页。

② 《朝鲜王朝正祖实录》卷12,五年七月庚戌,第45册,第252页。

③ [朝鲜王朝]李福源:《双溪遗稿》卷5,《进国朝宝鉴笺》,第237册,第107页。

④ [朝鲜王朝]正祖:《弘斋全书》卷27,《纶音二·命编国朝宝鉴纶音·附编藏事实》,第262册,第425页。

⑤ (朝鲜王朝)正祖:《弘斋全书》卷8,《序·引一·国朝宝鉴序》,第262册,第128页。

⑥ 《承政院日记》,正祖五年十月七日。

祖的揄扬，也体现了他对自己、乃至英祖统位之正的强调，宣扬了王室权威。

第三，《宝鉴》除被用于仪礼性的奉藏，还广泛颁赐和翻刻，被用于君臣日常的讨论、学习。正祖六年（1782）十二月，《宝鉴》进讲件印出。[①] 之后，常用于召对、进讲，这种进讲从正祖七年（1783）一月四日开始。当日，在读罢御制序文之后，侍读官金翊休感叹道：

> 御制序文，只字片言，罔非揄扬先烈，继述先志之圣德，臣固钦仰赞叹。先儒曰，夏、殷、周之子孙，能守禹、汤、文、武之法，虽至今存，可也。惟彼赵宋之《宝训》，皇明之《祖训》，若能遵守，则亦岂不永保其国家乎？今我殿下，修举列朝未遑之阙典，纂辑祖功宗德之懿训，岁初临筵，始讲首篇……永基我亿万年无疆之休，是臣区区之望也。[②]

《宝鉴》之"鉴"不是"鉴古"，而是"鉴法祖宗"。[③] 在朝鲜大臣眼中，中国历朝历代皆因不守祖宗之道而失国，而正祖续补和学习《宝鉴》之举，正是继承先王治国之训，能永续王朝基业的圣举。这种"大义"，既为众臣称颂，客观上对国王施行仁政，促进社会发展起到了积极的作用，也成为彰显王权和凝聚人心的手段。正祖七年（1783）十月，讲《宝鉴》壬辰之役的部分时，大臣们认为："毕竟克捷，虽赖天兵之力，而天兵未出之前，义兵四起，命令通行，恢复之形已成矣。此即人心未去之故也。大抵人心之去不去，天命随之。人心已去，则国虽豫安，危亡可待，人心不去，则虽有敌国外患，其国岂有终亡之理乎？"[④]这些夸大朝鲜义兵作用的论调，虽然主要是用于提醒正祖要安定民心、注重练兵，但亦能看出

---

① 《承政院日记》，正祖六年十二月十八日。
② 《承政院日记》，正祖七年一月四日。
③ 金钟秀撰《宝鉴》跋文中，"以唐太宗之以古为鉴"一句被文衡认为不妥，因《宝鉴》不是"鉴古之鉴"，正祖命其删去。（《承政院日记》，正祖六年七月十五日。）
④ 《朝鲜王朝正祖实录》卷16，七年十月庚申，第45册，第395页。

朝鲜国家自主意识的上升。综合正祖安奉《宝鉴》的仪式多复原了中国周、宋古制、强调朝鲜《宝鉴》优越于中国同类史书、秘密编修《别编》同时亦用于进讲①等活动来看,也能反映出朝鲜君臣当时复杂的政治心态。

　　第四,《宝鉴》纂修的过程中,也触碰到一些现实的政治问题。如徐命膺言:"昨年(正祖五年,1781)正月亥子囊颁赐后,廷臣莫知其何时创出之制矣。臣近阅成庙朝事实,则颁囊之制,始出成宗朝。以此一事观之,文献之足征,盖可知矣。"②可知,通过参阅《宝鉴》纂修有关资料,客观上方便了对先朝制度、典例的考出,以解决现实问题;再如,从事《宝鉴》校正的官员们还发现:"《实录》抄出者,列圣朝朝臣疏章,多有狂妄过激之言,此可见圣世气象",而对比出"近来寂寥太甚,衮职阙遗,朝政得失,官师相规,能言者仅有而绝无"的境况,以此再次提醒正祖要广开言路,虚怀纳谏,③这也促成了正祖对中、朝历代奏议之文的喜爱,影响了他后来的执政理念。

二、续补《国朝宝鉴》的史学价值

　　第一,正祖不惜人力物力的大规模续补《宝鉴》,加之其详细的《仪轨》,均为后世《宝鉴》的续修奠定了基础。其重要的政治象征意味,也使得这一官方修史项目,即便朝鲜后期国力日渐衰颓,仍得以延续,甚至持续到朝鲜王朝灭亡前夕。正祖之后,宪宗十三年(1847)又开始续编,次年(1848)完成正祖、纯祖、翼宗三朝《宝鉴》14卷、3册;《别编》10卷、1册。大韩帝国隆熙二年(1908),纯宗下令续编《宪宗宝鉴》和《哲宗宝鉴》8卷、2册,于次年(1909)印刷。终成《国朝宝鉴》全书共90卷,28册,为朝鲜最后一部官修历史典籍。纯宗时终成的《宝鉴》之卷首一册,仍完整保留了正祖的御制序文、进《国朝宝鉴》笺文、正祖朝《宝鉴》

---

① 如正祖十一年(1787)十一月,"讲《国朝宝鉴别编》……以寓《凤泉》之感也"。(《朝鲜王朝正祖实录》卷23,十一年三月丁亥,第45册,第640页。)
② 《承政院日记》,正祖六年一月十六日。
③ 《承政院日记》,正祖六年一月三十日。

编修人员的名单等,只是照此模式,另外收入了宪宗、高宗的御制序文,最终进《国朝宝鉴》的笺文、表,及最后一次《宝鉴》参修人员的名单。而《国朝宝鉴总叙》、凡例也是在正祖时所成内容的基础上,略加增补而成。原本单独的《别编》,也在续补后,合编于最终的《国朝宝鉴》之中,成为其中的一部分。

第二,《宝鉴》的纂修客观上促成了朝鲜后期部分官方文献的整理。前面提到,正祖曾命将《备边司誊录》有关内容添入《英庙宝鉴》。他同时发现,备边司"故事"之整理,恰好止于英祖朝《肃庙宝鉴》编修之时,说明纂《肃庙宝鉴》时也做了整理。备边司记录的"簿牒之启下及报司者",也要"一体抄出付签,仍令列书一册入启","齐会抄出以成一通册子,名之曰《备局故事》"。这不仅是为了纂修《宝鉴》之用,还"欲作本司举考之资矣",顺便整理备边司之掌故,一举两得。[1]

此外,抄出历朝《实录》的过程中,发现"近代《实录》,文虽浩烦,而多是疏章,故抄役甚易",远代《实录》却因"国初法制新定之时,多有可考文字,不可删改,故抄出实难矣"。尤其是世祖朝《实录》多涉及国初典章制度,史臣颇感陌生,加大了抄出难度。正祖于是命:"典章制度,多有后考之事,别为一册子,誊出,可也。"[2]可知,在《宝鉴》纂修时,也客观上梳理了历朝制度典章,尤其是世祖朝的典章。《经国大典》即始撰于世祖时,这既是对世祖精神的继承,也为正祖日后命撰《大典通编》《增订文献备考》等国家政典,打下了基础。

第三,正祖时所修《宝鉴》还影响到了其他的官修书籍。首先,《宝鉴》的纂修体例影响到后来的王室谱牒之改修。因为王室成员的情况时常发生变动,《璇源谱略》一旦修正时,每每添录说明的事例条目,"不但编帙渐多,亦不成体段"。郑民始就建议正祖仿造《国朝宝鉴总序》单独成册的体例,来改修《谱略》。正祖也大为赞同:"凡例就其中要语,别成一编文字,至于列朝受教及各年修正时事例抄出,依《宝鉴总序》例,

---

① 《朝鲜王朝正祖实录》卷12,五年七月丙辰、七月丁巳,第45册,第254页。
② 《承政院日记》,正祖五年八月十三日。

亦为别成一编文字。而此后修正时,只于《总序》增附,凡例则切勿续续添改事定式。"[1]这样,采用合编四次《宝鉴》的方式,别编一册凡例,每次只需在前面别编处的凡例上增改,就免去了《谱略》屡次改动之混乱。

另外,《宝鉴》还成为了《羹墙录》的重要史源。前章已述,《羹墙录》是正祖命编的又一部体现"继述"祖宗之法理念的官修史书,始纂于正祖九年(1785)十月,成于次年(1786)四月,李福源为总裁,由奎章阁诸臣分纂,丁酉字活字印行。其性质与意义同《宝鉴》类似,"列圣朝治法政谟,无不谨书"[2],但在体例上不同于《宝鉴》按王代的编年体形式,实行"以类汇分",设"创业""敬天""笃孝"等 20 目;在内容上,与《宝鉴》主要取材《实录》不同,《羹墙录》的分类纂辑主要依从《宝鉴》,再抄出《龙飞御天歌》《列圣志状》等专书中的相关内容,加以补充。《羹墙录》是正祖在官方修史领域对《宝鉴》理念的延续,两书互为表里。

总之,朝鲜王朝正祖时期《宝鉴》的大规模续补,是在官方史学领域效仿中国史学之一典例;同时,朝鲜的《宝鉴》编修又受其特有的政治文化影响,在编纂目的、选材体例等方面有鲜明特色。正祖对《宝鉴》的重视程度不亚于《实录》,从正祖五年(1781)七月始纂,到次年(1782)十一月成书和告奉宗庙,仅一年有余,正祖先后主持续修了《英庙宝鉴》和补修了尚阙的十二朝《宝鉴》,并与前朝所修六朝《宝鉴》合为十九朝《宝鉴》。这成为其在官方史学领域"继述"的集中体现,有强化王统和宣扬王室权威的政治意义。同时,也客观上促进了朝鲜后期官方修史的发展和有关文献的整理,成为他在国家文化事业上的一个重要业绩;也是朝鲜后期文化总结和嬗变进程的一个缩影。

从其价值上看,《宝鉴》内容涵盖了朝鲜历代的重要政事和君臣重要言行,是编年体的历史文献,是了解朝鲜政治、研究帝王学的宝贵史料,有一定的价值。但其内容主要是为国王歌功颂德,与《实录》等记载

---

① 《承政院日记》,正祖七年一月十九日。
② (朝鲜王朝)正祖:《弘斋全书》卷183,《弘斋全书五·命撰一》,第 267 册,第 563 页。

相比，内容单一，且不乏夸大、失真之处；此外，《宝鉴》内容一般是辑录《实录》、有关御制、官方文书而成，属于二次辑录的史料，这些使其本身的史学价值受限。《宝鉴》编役由正祖亲自主持，聚一流学士、能工巧匠，举全国之力。其装帧代表了朝鲜时代书籍刻印工艺的极高水平，具有较高的版本价值。但其耗费了大量人力物力。据统计，正祖朝《宝鉴》所需纂辑校正的各类工匠达 200 余人[1]；纂修经费在八万两以上，其中 10％的钱用于印板和工役。[2] 对国力贫弱的朝鲜来说，不得不说是个相当大的负担，如此规模的《宝鉴》纂修在朝鲜史上也因此仅存一例。

---

[1]《国朝宝鉴监印厅仪轨》，《别单》。
[2] 参见［韩］김정미：《正祖代「國朝寶鑑」刊印의 운용실태 연구》，第 381 页。

第六章

正祖时期的"义理史书"纂修与王朝政治

　　中国史学界曾提出过"义理史学"①的概念。一般认为,它是一种以宋代理学为史学指导思想的史学流派,在元、明、清时逐渐成为一种重要的史学思想体系。具有"以理阐史,以史证理";善议论、乐褒贬;重视经学,言必称阐发《春秋大义》;史学泛道德主义,推崇三纲五常、忠孝节义和正统论;纲目体史书出现繁荣等特点。"义理史学"标志着史学与政治的高度结合,为当时社会政治服务,也使得史学发展出现一种僵化的模式,有一定的负面作用②。朝鲜史学中是否也存在"义理史学",还尚难定论,但其长期浸淫于紫阳《纲目》为代表的朱子学思想之中,同样乐于标榜"春秋大义"。深受中国史学文化影响,朝鲜史学编纂活动中也强调"义理"色彩,思想上重视伦理纲常,史书体裁上也重视采用纲目体书法编纂。特别在思想观念上,一方面,强调依据大义分辨是非善恶的批判精神,实现依据"正名思想"的正义社会;另一方面,重申《春秋》的尊攘大义,倡导尊周和华夷观念,甚至发展为其文化自尊和民族

---

① 参见汤勤福:《义理史学发微》,《史学史研究》2009 年第 1 期;王记录:《理学与两宋史学的义理化特征》,《学习与探索》2014 年第 2 期;钱茂伟:《关于理学化史学的一些思考》,《华东师范大学学报(哲学社会科学版)》2000 年第 1 期;罗炳良:《宋代义理史学再评价》,《廊坊师范学院学报(社会科学版)》2009 年第 4 期等。

② 钱茂伟认为义理史学"是一种政治化史学,不是学术性史学。所以,理学化史学的特点是,史学的社会价值被无限放大,而史学的学术价值则被无限缩小"。(氏文《关于理学化史学的一些思考》,第 91 页)汤勤福也认为,义理史学是"阻碍历史研究发展的官方史学思想体系","反而起到了束缚人们思想的作用"。(氏文《义理史学发微》,第 48 页。)

意识；此外，朱熹在《纲目》一书中体现的道德的人文主义、合理的理性主义、道德的批判意识以及主体的民族意识等对朝鲜道学派的现实观念和历史观念产生了很大的影响①。突出表现是朝鲜士大夫强烈的所谓"义理"精神，其对朝鲜国家的政治运营有极深的影响。

正祖时期的官方史学，在本质上，即带有浓厚的"义理"色彩，并与现实政治高度结合，体现其轻视史学学术意义的一面。如正祖所言："道莫过于义理，人方醉生梦死，将至于父不父子不子，故至于义理边，予窃有当仁不让底意。"②正祖捍卫朝鲜以"义理论"为代表的道学传统，根本目的是为了维系封建统治所必需的伦理纲常，这也成为正祖作为"君师"的终极目标。本章所要讨论的几部"义理史书"，虽然未必可以代表"义理史学"，但史书中均具有偏重和标榜"义理"因素的特点。正祖时期的"义理史书"，有更强烈的现实政治指向，并将其内化为朝鲜国王，乃至国家正统性来源的强化，以及对君臣关系的重新调整，根本目的乃服务于他的"矫俗"之志。是将"义理"的政治话语融入其中，或以史书的形式来呈现朝鲜君臣所理解和倡导的"义理"。朝鲜君臣将义理精神、政治博弈与官方修史活动相结合，体现着君主对君臣间的统治秩序、尊王攘夷的华夷秩序等传统儒家伦理秩序的宣扬和调整。表现出由"义理"话语所左右的学术，也是朝鲜王朝政治运营模式的一部分。本章所关注的几部史书，包含了正祖从即位以来，所面临的多个"义理"困境及其通过史书编纂谋求解决的过程。这或许可以从所谓学术层面入手，从一个侧面更好地了解朝鲜王朝的政治生态。

第一节　《原续明义录》的纂修及影响

"壬午祸变"以后，正祖以王世孙身份成为储君，又躲过权臣谋害而最终即位。与历朝国王即位后，先纂修前朝《实录》不同，正祖把治罪

---

① 参见［韩］吴锡源著，邢丽菊译：《韩国儒学的义理思想》，复旦大学出版社2014年版，第20—47页。
② 《承政院日记》，正祖二十三年七月十日。

"逆臣"和纂修"分辨忠逆"的义理史书《明义录》和《续明义录》(合称《原续明义录》①)作为头等要事,以此彰显"即位义理",也成为君臣博弈的手段。两书牵涉了景、英、正三朝几乎所有敏感的政治事件,引起了君臣关于义理的种种争论,于正祖一朝的政治文化联系紧密,可谓是当时最重要的官修义理史书。《明义录》《续明义录》也被收入国家"十一五"重大出版工程项目《域外汉籍珍本文库第一辑·史部》第1册、《第三辑·史部》第14册之中②,国内尚缺乏对两书较为细致的研究成果,本节则拟对两书的纂修背景、过程和内容、影响略作初探。

一、《明义录》的纂修与内容

(一) 正祖即位与《明义录》的纂修背景

庄献世子死后,外戚洪凤汉失势,其弟洪麟汉进一步与之分裂,谋求相位,出现了老论北党的"大洪""小洪"。同时,因对庄献世子和世孙(正祖)的态度不同,出现时派(老论北党为主)、僻派(老论南党为主),时派以老论北党洪凤汉和南人蔡济恭、洪国荣等代表的世孙身边的宫僚(包括老论南党的清流派)等组成;僻派由英祖继妃之父老论南党金汉耉、子金龟柱(攻洪派)、老论北党洪凤汉弟洪麟汉及其子侄等为代表。此外,英祖爱女和缓翁主及其养子郑厚谦(少论荡平派)也为反对正祖的势力。时派支持世孙,而僻派则图谋动摇世孙的东宫之位。世孙不仅承受着丧父之痛,还一直面临各种党争和政治阴谋的考验,因厌恶权臣与外戚勾结专权,与他们积怨重重。世孙与政敌洪麟汉、郑厚谦等人的较量,在英祖末年达到高潮。

正祖在为世孙时的手记《尊贤阁日记》中,即记载了英祖病重时,洪麟汉、郑厚谦等如何把持朝政、祸乱视听、欺骗英祖、掩饰英祖病情、监

---

① 因《明义录》(《原编》)《续明义录》(《续编》)两书凡例相同又义理相通,故而《续明义录》纂成后,两书也常被合称为"《(原续)明义录》"。

② 该书为《明义录》所作《提要》中"记载……至纯祖八年(1807)的朝鲜史实"一句,有明显的时间和逻辑错误。此外,《明义录》《续明义录》在黄建国等编《中国所藏高丽古籍综录》中被归入"纪事本末体"之类,似不妥。

视和妨害东宫及其宫僚的言行。正祖写道："(郑)厚谦之罪,真可谓无可奈何矣! 渠本性禀奸巧妖恶,于罪万恶俱备一身";记洪麟汉为"实有禽兽之行,视乃兄(洪凤汉)为路人。"①英祖五十一年(1775),已耄耋之年的英祖病重,频频发出东宫代理听政和禅位的信号,这令洪麟汉、郑厚谦等人不安。英祖下教命东宫代为批阅奏疏,又要禅位,而洪麟汉却提出"三不必知说",即"东宫不必知朝论,不必知铨官,至于国事,尤不必知也"。他还阻挡承宣听教和传旨、指使翰林注书朴相集不要记载有关"筵话"。② 对于其"凶逆"之为,正祖虽"闻之骨惊",却往往"亦不敢长语",③以至"大宝、启字,皆移置东宫,上(英祖)教日三四降,而因麟汉游辞力沮,成命久不下,事机岌嶪,变在呼吸,而朝无敢言者"④的局面。此外,郑厚谦也勾结洪麟汉,"内布耳目,外引党与,或造言协持,或游辞探试,又谗毁宫官之卫"⑤。其党羽沈翔云、尹若渊、李商辂等又屡次投进"凶疏"和散布"妖言",诋毁世孙及其宫僚,以求动摇东宫储位(正祖王位)。当时的情境,可从下面两段"判文"窥知一二:

> 麟汉之眼无储君,所由来渐矣……至使朝士大夫,皆欲出乎其门。黜陟与夺,皆欲归其掌握……彼麟汉托肺腑之亲,席父兄之势。内而厚谦母子为之奥援,外而养厚趾海为之死党……先大王玉候日益沉缀,特命我殿下代听庶政……而麟汉挺身独前,敢以三不必知之说,肆然沮遏……甚至于尼承宣而勿书传旨,喉史臣而不录筵话。其阴蓄异志,显逞手势者,已不容诛。⑥

---

① ［朝鲜王朝］金致仁等:《明义录·上》,卷首《尊贤阁日记上》,丁酉仲春芸阁壬辰字活印本,首尔大学奎章阁藏(奎 1328 - 1)。
② ［朝鲜王朝］金致仁等:《明义录·上》,卷首《尊贤阁日记下》。
③ ［朝鲜王朝］金致仁等:《明义录·上》,卷首《尊贤阁日记上》。
④ 《朝鲜王朝正祖实录·附录》,《行状》,第 47 册,第 294 页。
⑤ ［朝鲜王朝］金致仁等:《明义录·中》,卷一,丁酉仲春芸阁壬辰字活印本,首尔大学奎章阁藏(奎 1328 - 2)。
⑥ ［朝鲜王朝］俞彦镐:《燕石册》卷 13,《明义录断》,韩国民族文化推进会编《影印标点韩国文集丛刊》,2000 年,第 247 册,第 270—271 页。

逆麟则地处肝腑,席乃兄之余威,贼厚则天生奸妖,挟其母而同恶……凭幽逐而主翻覆之谋,盖其罔赦罪非一。气势之所驱使心腹爪牙,言议之所关通,鹰犬嚆矢。居然云妖之幻出,继以渊疏之阗呈……至若恒烈、相简之凶,已着大北己巳之说……网打戕杀之计,趾、䌹难为弟兄,机关阴惨之书,辂、善俱是姻娅。[1]

由洪、郑等人的"罪行",也可推知当时二人权势之盛和世孙在即位前后的险恶处境。所幸,在洪国荣、郑民始等世孙宫僚的辅助下,尤其是徐命善给英祖上了惩讨洪麟汉等人的疏文,世孙终于得以代理听政。在代听之时,他就对洪、郑之党羽沈翔云、尹养厚做了惩处。英祖于次年(1776)三月薨,正祖即位,将郑厚谦、洪麟汉治罪,并审判尹泰渊、闵恒烈、尹若渊、洪启能、洪趾海、洪䌹海、趾海子洪相简、李善海、善海子李敬彬等人。而后,又将郑厚谦、洪麟汉赐死,其他姻亲党羽或死或配或监视居住。1776年为"丙申年",这一事件被称为"丙申狱事"。

正祖即位年(1776)八月,时任左参赞黄景源上疏请撰《明义录》:

臣伏读《阐义昭鉴》,未尝不歔欷而叹也。呜呼!国家先戊申而作此书,则岂有戊申之乱乎,前乙亥而作此书,则又岂有乙亥之变乎……夫贼臣不轨之心,前后相似……前之贼臣,其逆节人皆知之,而犹有戊申之乱与乙亥之变也,而况后之贼臣,以肺腑之亲,其逆节非外人之所可洞知,故四方人心,尚未大定,是方来煽动之忧,诚可谓无所不至矣。今殿下穆然远虑,作《纶音》宣布中外,而此则犹是大纲也,至于逆节隐微者,及至王府所置鞫案,人无知者。臣以为,宜令馆阁,用《阐义昭鉴》之例,撰成一书,具载逆节,凡百官庭请之启,搢绅章甫之疏,诸贼正法之案,一一辑录,逐端而推明,随绪而谕断,颁行八方,使人人皆知此贼滔天之恶,然后庶有早辨

---

① 《朝鲜王朝正祖实录》卷3,元年三月乙未,第44册,第657页。

之效,而可无驯致之虑矣。①

黄景源认为,从英祖时的"戊申、乙亥之乱"②,再到正祖即位之前的祸
乱,乃一脉相承,都是"贼臣"有"不轨之心"。同时,英祖时所编《戡乱
录》《阐义昭鉴》③,正是遏制乱臣贼子的义理之书,如果在"戊申、乙亥
之乱"前就编成此书,就可避免逆乱发生。"丙申狱事"之前因后果,正
祖虽颁布《纶音》,但细节多不为人知,遂建议正祖仿《阐义昭鉴》例,由
馆阁之臣撰《明义录》一书,详细载录罪臣"逆节"、诸臣奏疏和鞫案过
程,以达到对"乱臣贼子"的震慑。经过与大臣的商议,"诸大臣皆以宜
有一通成书,以明惩讨之大义奏",④正祖于当日下教道:"其在正明理
之道,不可无一编成书,昭示来后,开局纂辑等节,依例举行。"⑤遂命开
局纂辑《明义录》。

　　与英祖类似,正祖的即位,又是伴随着一次"逆乱",这令王位不稳
的正祖颇感不安,《明义录》的纂修有极大的政治用意。据金致仁等在
进书《札》中所言:"忠逆之一大案"亦为"义理之一大关。"《明义录》作为
正祖"即位义理"的彰显,就是要辨忠逆、明义理:"乃以惩前毖后之意,
深轸明理正义之图。"一方面,逆臣的罪行"窝窟深暗,机谋阴秘,酝酿之
源委,排布之脉络","虽在廷诸臣,亦容有未能细悉而明知,而况疎远之
人乎?"另一方面,因逆臣多为"戚联贵近,世族巨室",身份特殊,易造成

---

① 《朝鲜王朝正祖实录》卷2,即位年八月癸亥,第44册,第610页。
② "戊申之乱"发生于英祖四年(1728),英祖即位后,景宗末年少论陷害老论的"辛壬士祸"得
　以平反,老论势力上升。少论李光佐、金一镜联合南人李麟佐等人,以英祖毒杀了景宗为
　由,发动叛乱,拥戴密丰君,占领清州,后被镇压。英祖三十一年(1755)又发生了"乙亥狱
　事",仍是由少论赵泰耇一党所发起的"逆乱",这一事件使得少论派彻底失势。
③ 英祖五年(1729)成《戊申戡乱录》,乃是针对"戊申之乱"的明义理之书,记录逆贼穷凶的前
　后鞫案,并抄出仁祖时关于"李适之乱"的《西征录》。针对"乙亥之乱",英祖三十一年
　(1755)又成《阐义昭鉴》。记录景宗年间的讨逆事实,以阐明英祖的"即位义理"。为此还
　专门成立了纂修厅,在英祖的监督下而成,不仅分藏于五处史库,还下令颁布谚解,复刻广
　布于诸地方观察营。还成《阐义昭鉴纂修厅仪轨》,体现了英祖为守护王位和荡平党争的
　决心。这些对正祖时《原续明义录》的纂修产生了极大影响。
④ 《朝鲜王朝正祖实录》卷2,即位年八月癸亥,第44册,第619页。
⑤ ［朝鲜王朝］金致仁等:《明义录·中》,《下纂辑诸臣 传教》。

"上下言议之徒,渐染既广,诳惑必多"的局面。所以,必要"发挥光明之义理,劈破凶邪之情状",《明义录》之编辑,"盖所以立君纲、正人心、明逆顺、叙功罪,严其名分,峻其隄防,使为臣子者晓然知天常之不可侮,王法之不可干","逆顺之分大明,孰不顾名思义?嗟人心之久溺,忍言当日之鸱张?炳天彝于将湮,庶作百世之龟鉴"。① 正祖等人,即想通过纂修一部义理史书,来使逆乱之事昭然若揭。一方面,通过对即位事实的叙述,彰显其得位之正;另一方面,通过分辨忠逆,严立君臣纲纪,宣扬尊王讨贼之义理、唤醒人心,来达到稳固王位的目的。

如该书《凡例》所示:"是编也,所以明先大王(英祖)分劳代听之圣意,使览者皆知沮遏大策之为乱逆,以昭揭义理于天下后世,使乱臣贼子皆惧焉。"②这体现了正祖对逆臣的痛恨和明定"即位义理"的迫切心情。他把《明义录》义理置于"存天下之大防,立天下之大经,国可亡,此义理不可漫漶也审矣"的地位,遂希望该书的纂辑之役"不容一日少缓"。③

(二)《明义录》的纂修经过

《明义录》纂修的前期工作以校正《尊贤阁日记》为主。《尊贤阁日记》原名《内下日记》(本节中简称"《日记》"),是正祖在春邸时手书的"日记"。正祖即位年(1776)十一月三日,他下教曰:"《内藏日记》,从当出示,"④十八日,他将《日记》展示给工曹参判金钟秀。正祖在为储君时就有记日记的习惯:"在春邸时,日记便成课工,案上常小册⑤,"《内下日记》即予在震邸时,记得日用间见闻者也。且外臣不知内间事,故略记其时梗概"⑥,可知,正祖自己通过日记的方式,也记录了即位之前

---

① 《朝鲜王朝正祖实录》卷3,元年三月乙未,第44册,第657页。
② [朝鲜王朝]金致仁等:《明义录·中》,《凡例》。
③ [朝鲜王朝]正祖:《弘斋全书》卷30,《教一·申谕〈明义录〉纂辑诸臣教》,第262册,第493—494页。
④ [朝鲜王朝]金致仁等:《明义录·中》,《下纂辑诸臣 传教》。
⑤ 《朝鲜王朝正祖实录》卷3,元年一月己巳,第44册,第646页。
⑥ 《承政院日记》,正祖即位年十二月二十六日。

的各种遭遇。金钟秀读后泣曰："臣等犹不知凶逆之至于此极矣。今伏见《日记》，其所表里酝酿，讟张幻惑，无所不至，追念当时之事，不觉心寒胆掉矣。"①正祖也自言："眇予寡人坐受其困之状，已详于《内下日记》……宫省事秘，戚畹势大，大臣不得知，公卿不得知，士庶人亦不得知。"②《明义录》纂修总裁大臣金致仁读后，也感慨万千："臣等伏读《内下日记》，自乙未(1775)二月初五日至丙申(1776)二月二十八日，益闻其所不闻，益知其所不知，言言骨惊，段段心寒。呜呼！我殿下阅历艰危，至于此极，而乃臣等漠然不知。"③可见，《日记》在记录正祖即位前后的史事方面，更为详细和直观，又载有朝臣皆不知之事，具有极大的价值。正祖拿出该《日记》的目的，就是为纂修《明义录》提供重要史料，同时确保所编之书体现自己的意志。但该《日记》为"随手记载，语意多未畅"，尚存在不足，遂命校正，以便颁示。④ 正祖还指出："《内下日记》即予在储时所录，而属于听政时事，故欲入于纂辑册子矣。"⑤这就表明《日记》不仅可用于编书的参考，还要日后将其添入《明义录》之中，成为其中的重要部分，因此《日记》的校正工作就十分重要。

这年(1776)十二月四日，正祖审看徐龙辅负责的"(乙未年)七月以上"《日记》，因《明义录》"纂辑之役甚急"，正祖催促左承旨金钟秀和右承旨郑民始速速考准"七月以后"《日记》。⑥ 在正祖的督促下，七日，已开始了誊出工作。⑦ 九日，又命马上缮写校订本。十日，虽然《日记》还未能缮写完毕，正祖同意领议政金尚喆的建议，先设立了《明义录》纂辑厅。⑧《日记》校正工作进展很快，十二日，正祖命洪国荣读纂辑厅进《日记》的点改之处。十三日，《日记》抄出诸臣被按月分配了任务，由纂辑郎

① 《朝鲜王朝正祖实录》卷2，即位年十一月丙戌，第44册，第639页。
② 《朝鲜王朝正祖实录》卷3，元年三月乙未，第44册，第657页。
③ 《朝鲜王朝正祖实录》卷3，元年三月乙未，第44册，第657页。
④ 《朝鲜王朝正祖实录》卷2，即位年十一月丙戌，第44册，第639页。
⑤ 《承政院日记》，正祖即位年十一月二十六日。
⑥ 《承政院日记》，正祖即位年十二月四日。
⑦ 《承政院日记》，正祖即位年十二月七日。
⑧ 《承政院日记》，正祖即位年十二月九日、十日。

厅韩晚裕、沈念祖、郑志俭等负责。又命李秉模读《日记》,指出点改之处。① 至十二月中旬,《日记》的校正和抄出已基本完成,但正祖却要求甚严,对每一处修改都要亲自指定。《日记》中"略有字句间禀定者",金钟秀都要"以次奏达,上并命点改"。② 诸臣在校正时,发现应修改的地方,经堂上、郎厅官商讨后,将修改意见"付签",汇总后不定期禀正祖裁定,十七日,仍"又有数处付签者矣"③。至二十五日,终于校正完毕。④

同时期,除校正《日记》,抄出审问逆臣"推案"的工作也在进行。"推案"部分和《日记》抄出一样,也要进行分排。十二月十三日,李秉模、李敬养、李在学等负责的"推案"还未抄出,正祖命加班赶工,"夜亦往于纂辑厅,仍为誊出之役"。⑤ 十六日,"推案"抄出都几乎完成。关于"推案"中的罪臣供辞,正祖命考英祖时的《戡乱录》和《阐义昭鉴》后,确定了"问目则曰'汝',供辞则曰以'臣'称之"的写法。⑥ 十二月二十六日,校正后的《日记》交付于《明义录》纂辑厅,《明义录》的纂修工作进入后期阶段,但仍在纂修中被不断修改。正祖元年(1777)一月二日,正祖召见左议政金尚喆、右议政郑存谦,指导厘润《日记》的工作,并命删"李湛之事"。金尚喆也发现存在"文字间多有误字及文义可疑处"。⑦

进入二月,开始了《日记》草本的刊印和"断文"纂修工作。四日,即定下了具㢮、尹弘烈、金夏材等为监印堂上,《日记》先行开刊。⑧ 二十二日,郑民始言《日记》已印好,但是略有误字。⑨ "断文"附在"推案"之后,是对有关罪臣罪行的总结和忠逆评论,类似史书中的论赞。四日,正祖和金尚喆商讨后,命安排文任和诸堂逐月"当次第分排"撰写"断

① 《承政院日记》,正祖即位年十二月十三日。
② 《承政院日记》,正祖即位年十二月十四日。
③ 《承政院日记》,正祖即位年十二月十七日。
④ 《承政院日记》,正祖即位年十二月二十五日。
⑤ 《承政院日记》,正祖即位年十二月十三日。
⑥ 《承政院日记》,正祖即位年十二月十六日。
⑦ 《承政院日记》,正祖元年一月二日。
⑧ 《承政院日记》,正祖元年二月四日。
⑨ 《承政院日记》,正祖元年二月二十二日。

文",正祖要求全程监督,诸臣"当随其撰定,禀达删润矣"。次日,郑民始向正祖汇报编纂进度:"校正几至了当,而方始分排立断矣。"即已开始写作"断文"。正祖命"断文"写作"而各月之下,亦依《经筵日记》之规,逐条立断事"。六日,诸臣始分工撰写"断文",李福源建议用正祖的《日记》内容为"断文","不必更为逐条别撰"。① 正祖十分看重"断文"的写作,几次督促,至三月初已完成。五日,正祖命直提学俞彦镐读所撰之"断文",赞道:"能辨明忠逆之分,辟破义利之源,可谓善作矣。"还为此特加以赏赐。② 正祖劳心于该书的各纂修环节,不只对于"断文",编好的《明义录》初草,也要字斟句酌。他曾召见金钟秀,命读其所撰《明义录》草本,金钟秀边读,正祖随即对"翔云罢养事、承旨不书传教事、李命彬事、金相福事"及颁教文的载录等细节内容提出修改意见。③

在纂修的同时,《明义录》的体例也逐渐确定。虽然《明义录》凡例仿《阐义昭鉴》,但《日记》编入书中何处,仍无据可依。正祖和俞彦镐认为,应把御制《日记》放入"别编";洪国荣、蔡济恭、金阳泽等均认为,《日记》等同于《纶音》,应列在"卷首"。经过多次讨论,正祖最终认定《日记》"别作一篇为首卷,以小题目书之,好矣"。同时,《内下日记》更名为《尊贤阁日记》。此外,还定下御制《纶音》中"王若曰"处,"王字印出之时,当稍上一字矣",④即注意抬格。二月十一日,采纳金钟秀的意见,仿《阐义昭鉴》例,"皆立纲分目……逐段立纲"⑤,使该书有了"纲目体"书法之特色。正祖表示该书凡例"胜于《昭鉴》矣"⑥。

三月二十八日,正祖确认《明义录》最后的收尾工作。右承旨郑民始答复,该书已然校正完毕。正祖认为黄景源所撰跋文,还应该修改。⑦ 二十九日,领议政金致仁、领敦宁金阳泽、左议政金尚喆、领中枢

---

① 《承政院日记》,正祖元年二月四日、五日、六日。

② 《承政院日记》,正祖元年二月五日。

③ 《朝鲜王朝正祖实录》卷3,元年二月丁巳,第44册,第653页。

④ 《承政院日记》,正祖元年二月四日。

⑤ 《承政院日记》,正祖元年二月十一日。

⑥ 《承政院日记》,正祖元年三月二十八日。

⑦ 《承政院日记》,正祖元年三月二十八日。

府事李溆、右议政郑存谦上《进书札》,《明义录》草本撰成。《明义录》三卷,后分藏于奎章阁及五处史库。① 这天,正祖临崇政殿月台,纂辑厅众堂郎陪进该书,举行了繁复的仪式。其间,洪国荣突然"手展上疏,涕泣而读,呜咽不成声,读讫,涕泣而奏曰:'当殿下孤危之日,诸贼煽动之状,在朝诸臣,岂得详知,而若非王大妃殿保护我殿下之德,则国家将无税驾之所,而君臣亦不有今日,思之懔然,言之惕然矣'"。洪国荣的"疏文"内容是揄扬贞纯王大妃金氏(1745—1805)"保护"正祖之功的。他又请将其所纂之文,编于该书"篇首",正祖表示同意。② 该文后来录入《明义录》的"卷首"。

该书还尚未刊印,在进草本书的当日,正祖又命诸堂依次读《明义录》的"断文",以便再做校改;还命李徽之再改笺文、命金钟秀负责撰写《明义录》跋文,并要详载"王大妃殿圣德"。③ 草本书还要经过看检后,方能印出,除大臣外,正祖本人也认真翻看,四月一日,他就发现"未过数张,已有误处",提醒诸臣一定要仔细看检。④ 这月四日,金钟秀之跋文撰成,正祖很是满意。⑤ 在该书的内容上,正祖也提出修改意见,如在金钟秀读《明义录》草本时,正祖就对缺少对洪启能的"惩讨之论"不满。⑥ 经过多次修改后定稿,十一日,监印厅开始印《明义录》,撤纂辑厅,⑦该书由芸阁用铜活字壬辰字印刷。至五月六日,《明义录》印出进上和颁赐件共二百五十件。正祖命将其颁赐给奎章阁堂郎、承旨、玉堂翰林、纂辑堂郎和其他大臣各一件。另奎章阁存二十件,承政院、五处史库、两司、三馆、政府六曹,各颁一件。⑧《明义录》原本印刷完成,却未撤监印厅,正祖又马上命人做好《明义录》"悬吐"和翻译谚文译本、谚

---

① 《朝鲜王朝正祖实录》卷3,元年三月乙未,第44册,第657页。
② 《承政院日记》,正祖元年三月二十九日。
③ 《承政院日记》,正祖元年三月二十九日。
④ 《承政院日记》,正祖元年四月一日。
⑤ 《承政院日记》,正祖元年四月四日。
⑥ 《承政院日记》,正祖元年四月十日。
⑦ 《承政院日记》,正祖元年四月十一日。
⑧ 《承政院日记》,正祖元年五月六日。

本注释的工作,至五月底,各版本次第印出。①

从正祖下教命编《明义录》,到原本印颁,约历时九个月。因该书纂修涉及《日记》、"推案"的校正和抄出、"断文"的分撰、印刷等工作,作者竟多达五十二人。总裁官为领议政金致仁,参与纂修的主要有领敦宁金阳泽、左议政金尚喆、领中枢府事李溆、右议政郑存谦、奎章阁提学蔡济恭、吏曹判书徐命善、奎章阁提学黄景源、汉城府判尹李徽之、行龙骧卫副司直李福源、成均馆大司成郑民始、奎章阁直提学俞彦镐、江华留守金钟秀、都承旨洪国荣、直阁李秉模等。② 这些官员遍布奎章阁、弘文馆、艺文馆、春秋馆、成均馆等学术部门和承政院、六曹、义禁府、三司、龙骧卫等军政部门,从其规模之大、规格之高来看,《明义录》之纂修堪比国之重典。虽是"命撰"之书,正祖本人不仅提供了《日记》资料,对该书的凡例、内容、断文、笺文、跋文等一一严格把关,后来还费心于该书的印刷和流通,可谓是主导了该书的纂辑过程。

(三)《明义录》的体例与内容

首尔大学奎章阁藏《明义录》(奎1328)丁酉仲春芸阁活印,壬辰字本。分上、中、下三册,有卷首、卷一、卷二,共三卷内容。其体例如下:

> 先以《尊贤阁日记》表诸卷首,以尊其体段,次以《政院日记》序其月日,摭其事实,节其文字,以该其始终,参之金吾文案,以悉鞫情,间以朝廷疏启,以见国论。每段之下,辄附论断,以仿古史氏诛贬之义。编辑规模一依《阐义昭鉴》,而凡例大义,悉禀睿裁。③

《明义录》三卷,又名《原(编)明义录》,纪"丙申狱事实"。仿《阐义昭鉴》凡例,除《卷首》外,其他内容主要选自《承政院日记》和金吾文案(记录

---

① 见《承政院日记》,正祖元年五月四日、六日、十九日、二十七日条。
② 见[朝鲜王朝]金致仁等:《明义录·下》,《奉教纂辑诸臣》,首尔大学奎章阁藏(奎1328-3)。
③ 《朝鲜王朝正祖实录》卷3,元年三月乙未,第44册,第657页。

审问罪人的过程和判词)、朝臣的奏启、"筵话"等,进行"删繁节要,立纲分目"①,体裁为类似纲目体的编年体。并附有针对义理名分的"断文",逐段立论,略仿史法。

上册《卷首》内容为:《尊贤阁日记上》《尊贤阁日记下》《御制纶音》。《卷首》的内容均为"御制"部分,与别卷的"纂辑"部分分开,体现正祖的"御制与纂辑略存区别之意,同名《明义录》,则御制与纂辑又无各编之嫌"②的要求。

尊贤阁是庆熙宫中的东宫,是正祖为世孙时主要的活动场所。《尊贤阁日记》是正祖作为储君时所写的日记,后来亦成为《日省录》纂修的发端。《日记上》为乙未年(1775)二月至十一月之前的内容,《日记下》为乙未年十一月至丙申年(1776)二月所记,按时间顺序记载,但日期并不连贯。文中记载了英祖病重中,洪麟汉、郑厚谦等人的"罪行",有关英祖、世孙(正祖)、洪麟汉、郑厚谦、和缓翁主等人的很多场景,以记录对话的方式描述,十分生动。该部分的主旨是:"大抵厚、麟辈,前后离合而穷凶极恶之状,可以见焉。"③所以该《日记》是以叙述洪、郑二人为中心的。此外,《日记》中也客观上记录了洪国荣、郑民始、徐命善等保护东宫的事迹。《御制纶音》中,正祖重申了《明义录》的纂修背景、意义和众"逆臣"的罪行,并下教将其颁示中外臣庶,下谕各道。

中册《卷首》部分内容为:金致仁、金阳泽、金尚喆、李溵、郑存谦等的《进明义录札》、金尚喆等进上的《进明义录笺》④《下纂辑诸臣 传教》《都承旨洪国荣疏》和《凡例》。

《下纂辑诸臣 传教》载录丙申(1776)八月二十四日、十一月三日、十二月二十六日;丁酉(1777)二月五日,正祖所下关于纂修《明义录》的四条教文,分别是命纂书、示《内下日记》、如何选取罪臣、如何作"断文"

① [朝鲜王朝]正祖:《弘斋全书》卷183,《群书标记五·命撰一》,第267册,第555页。
② [朝鲜王朝]金致仁等:《明义录·上》,卷首。
③ [朝鲜王朝]金致仁等:《明义录·上》,卷首《尊贤阁日记下》。
④ 《进明义录笺》后来实为俞彦镐所撰,见《承政院日记》,正祖元年四月十日条。[朝鲜王朝]俞彦镐文集《燕石册·四》中也收录了此《笺》,见《影印标点韩国文集丛刊》第247册,第50—51页。

的要求。

《都承旨洪国荣疏》和所附正祖的批答之文,后亦收录于《正祖实录》之中。贞纯王大妃①是僻派的成员,洪国荣为何会在进书之日,大张旗鼓地呈上疏文,为何会让正祖褒奖一个僻派的幕后之人,这是很令人费解的。②

中册的卷一部分和下册卷二,即记录正祖即位以来,有关逆案的详细审理过程、对罪臣的判决等,为该书的正文部分。

《明义录·卷一》上自乙未(英祖五十一年,1775)十一月癸巳,也就是正祖即位的前一年,下至正祖即位年丙申(1776)六月甲子。之所以从乙未年十一月起述,是因为当时英祖病重,命世孙听政、交给大宝,已有王位更迭的迹象,而此时,洪麟汉等人频起逆举,阻碍正祖顺利即位,而徐命善的上疏有"扭转乾坤"之势。《明义录》详细阐述此段,即是想说明正祖即位过程的艰辛和彰显其继位正当性。下册《卷二》则为自丙申六月丙寅至丁酉(1777)四月甲辰,正祖在位时的史事,直至逆案审判结束。后附江华留守金钟秀所撰《明义录跋》。

正文部分仿编年体,按时间顺序叙事。纪年格式为:[国王庙号(仅首次)+在位年+干支(小字)+月+]日(干支),如"英宗大王五十一年乙未(小字)十一月癸巳",正祖以后书"今上某年"。每个事件,又仿纲目体的形式,有一个纲,后附人物、事(案)件。主要取自《承政院日记》《金吾文案》等所载史事,有对话场景和英祖的传教文、御制等,并附入了大臣的诸多奏疏文。对这些疏、启和"诸贼讯鞫文案"的抄录注重"芟繁撮要","伏法罪人,外虽蒙恩酌处,若其情节干连之不轻者,录

---

① 英祖三十三年(1757),英祖的王妃徐氏去世,两年后,英祖迎娶年仅15岁的金汉耉之女,即贞纯王后。

② 一种可能是正祖与洪国荣早就商定好了这一幕,在众臣面前,以仰颂王大妃的形式更好地牵制贞纯王后;另一种可能,从后来其妹元嫔入宫的事件来看,洪国荣可能此时已然开始勾结贞纯王后了。崔诚桓其文却将贞纯王后认定为"世孙的保护势力",并认为,由于正祖在《明义录》中未记录贞纯王后以外的老论南党的功绩,引起了金龟柱等人的不满,正祖也针对其主导的"杀洪论""攻洪论"举措开始反击。(见[韩]崔诚桓:《정조대 초반의 탕평 義理와 충역론》)

之。虽鞫案逆招之外,繁重者,亦特录之"。①《明义录》的"断文"(比正文低一格书写)多达 19 处,为诸臣分排所撰,用"臣等谨案"形式附在事(案)件之后,以示史臣的褒贬,体现了义理史书的特色。《明义录》两卷的主要内容如表 6.1 所示:

表 6.1 《明义录》的"纲"和"断文"情况

卷一		
时间	纲	断文
1775 年 11 月	英宗大王五十一年乙未(小字)十一月癸巳御制自省编警世问答进讲于东宫。	附断文
	癸卯命巡监军受点于东宫吏兵批中官禀于大殿后受点于东宫。	附断文
1775 年 12 月	十二月丙午前参判徐命善上疏请正洪麟汉沮格代听之罪上命进命善秩二级赐祭其父。	附断文
	庚戌上命王世孙代听庶政。	
	癸丑上御景贤堂受王世孙听政贺王世孙坐景贤堂听政朝参受百官贺侍上进馔行九爵礼。	附断文
	乙卯令假注书朴相集下义禁府推问。	
	甲子鞫沈翔云配绝岛。	
	乙丑上命窜配以下小朝裁断○执义申应显上书请洪麟汉明正典刑不从。	
1776 年 1 月	五十二年丙申(小字)正月甲戌令窜尹养厚于海南。	附断文
1776 年 3 月	三月丙子英宗大王升遐于庆熙宫之集庆堂辛巳上嗣位于崇政门告庙颁赦。	附断文
	甲申擢弘文馆应教洪国荣为承政院同副承旨。	附断文
	丙申大臣三司求对请亟正郑厚谦母子之罪命窜后谦于庆源府。	
1776 年 4 月	四月戊申命窜洪麟汉于砺山府。	
1776 年 5 月	五月辛未命郑厚谦即其配所栫棘。	

———————

① [朝鲜王朝]金致仁等:《明义录·中》,《凡例》。

续表

卷一		
1776 年 6 月	六月癸亥亲鞫尹若渊。	附断文
	甲子鞫洪相简结案径毙。	附断文
卷二		
1776 年 6 月	六月丙寅李善海伏诛。	附断文
	闵恒烈伏诛。	附断文
	鞫李商辂承歉径毙。	附断文
	鞫洪趾海承歉。	附断文
	丁卯出掖属七十余人付有司处之。	
	己巳大臣率百官请诛洪麟汉郑厚谦。	
1776 年 7 月	七月庚午两司请拿鞫尹养厚尹泰渊。	
	癸酉下纶音谕八方○赐洪麟汉郑厚谦死。	附断文
	辛卯沈翔云伏诛。	附断文
1776 年 12 月	十二月己亥鞫尹养厚承歉径毙。	附断文
1777 年 4 月	今上元年丁酉(小字)四月甲辰命荐棘洪启能于大静县。	附断文

二、《续明义录》的纂修与内容

外戚丰山洪氏家族中有多人为《明义录》中罪逆,虽然正祖宽容发落,但洪述海仍被流配海岛,这引起其妻孝任和子洪相范的不满;洪麟汉及洪趾海子洪相简死后,洪念海子洪相吉联合洪相范扬言报复。在《明义录》编成当年(1777)的七月二十八日,正祖在尊贤阁彻夜读书,听到屋顶有异常响动,怀疑为盗贼,为了安全,加强了禁军防卫,还一度移驾昌德宫。八月初,姜龙辉、田兴文等在宫内被守铺军所擒,经审讯,他们是受洪相范和洪启能等指使,勾结宫内侍卫、宫人,图谋刺杀正祖,洪启能及其子洪信海、侄洪履海等还欲推戴正祖庶弟恩全君李禶为新君。在约半年的审讯中,丰山洪氏多名成员及姻亲,牵涉逆案,或死或配,原岛配中的洪述海、洪趾海、洪繥海终被杀;还发现洪述海妻孝任雇人做了巫蛊都承旨洪国荣、释放洪述海的法事,对外则招募刺客,"至于妇女为逆首",令正祖君臣慨叹不已;勾结的宫人中另有贞纯大妃兄金龟柱家族之人;在诸臣的苦苦相逼下,正祖还忍痛赐死了庶弟李禶,造成了王室骨肉相残之又一悲剧。最后,正祖通过亲自审问舅舅洪乐任,将其无罪释放,使得母亲惠庆宫和外祖父洪凤汉得以保全。① 这一事件结案是在丁酉年,与"丙申狱事"合称"丙丁治狱"。

在颁布《明义录》当年(1777),竟又发生了刺客入宫行刺等逆案,逆党虽已被抓,但举朝哗然,为《明义录》再补《续编》被提上日程。俞彦镐后来在《续明义录》的《进书札》中所言:"孰意前逆既锄,而后出愈憯,原书才上,而《续篇》复成也。噫!人心之难化,邦运之不幸,胡至此极也?"正是由于《明义录》纂修以后,仍凶逆辈出,"一串贯来",以至于又有了《续明义录》:"不有以明之,则孰知夫首尾之共连,根脉之相通也哉?"所以,《原编》与《续编》的纂辑义例相同,该书之续编,实际与《明义录》的纂修动机一致:"是书之出,而忠者愈先其为忠,逆者益着其为逆。使览者晓然知向背之分,伦常之不可侮也。"②其宗旨就是要再补录"丁酉治狱"之事,根本上,还是为了分辨忠逆和进一步强调尊王讨逆之义理。

正祖也不免对此唏嘘:"至有怀刃潜入之谋,千古以来,岂有如许之逆谋乎……至于女人之逆谋,尤岂不万万凶惨乎?"以至在审讯才刚开始进行的八月,正祖君臣就定下要续编《明义录》。此逆案,同《明义录》所载逆党同出一系,正祖遂命俞彦镐、郑民始等将此添入《明义录》中。两臣也认为:"逆变叵测,狱案无疑,其在惩讨乱逆,昭布中外之道,不可不续刊于《明义录》矣。"③对"凶逆"的审讯至九月完成,所以,《续明义录》的编纂实际上是从九月开始的。九月十四日,金尚喆上言:"今番讨逆后,《明义录续编》,继而撰成,然后逆节之首尾相贯,益可了然,前堂郎中有故者外,使主管之人,考誊推案,逐段录成,一如《原编》,则此不过若干日讫工者。"《续明义录》的纂辑采用与《明义录》相同的凡例,主要内容为

---

① [朝鲜王朝]金致仁等:《续明义录》,戊戌仲春芸阁壬辰字活印本,首尔大学奎章阁藏[奎1327]。
② 《朝鲜王朝正祖实录》卷5,二年二月戊午,第45册,第14页。
③ 《承政院日记》,正祖元年八月二十二日。

审理此次罪逆的"推案"。正祖命还由《明义录》的堂郎负责,因"若干日"可成,不再设纂辑厅:"令主管之臣,各于私次撰出,会同进献,可也。"①

因《续明义录》篇幅不大,此次的"奉教纂辑诸臣"仅有十二人,仍由金致仁担任总裁,但实际由领议政金尚喆主管。此外,多由议政府和"馆阁"之臣参与纂修,有领中枢府事李溵、左议政郑存谦、右议政徐命善、艺文馆提学金钟秀、都承旨洪国荣、奎章阁直提学俞彦镐、左承旨郑民始、礼曹参议吴载绍、奎章阁直阁郑志俭。② 徐命膺未参与过《明义录》纂修,此次特为正祖钦点。因该书以诸堂抄录"推案"为主,纂修很快。十月中旬以来,《续明义录》"几尽撰出"③,二十日,即送于李徽之处编校④。至十二月,徐命膺称该书已然出草。⑤

对《续明义录》草本,正祖仍严格审看,字斟句酌,提出修改意见。十二月十八日,正祖认为俞彦镐"专以供辞妆撰",即对"推案"未能深入分析,且对其叙洪述海罪行之文似并不满意:"述海于听政时被谪,而其包藏祸心,最是骨子矣。彦镐之文,犹有未破其情节者,其草本,还为下送,使之删改,可也。"⑥三日后,又批评"俞彦镐之文则只凭罪人招辞而为之",再次命其删改。⑦ 直至年底,正祖还认为该书"多有厘正处"⑧。正祖二年(1778)二月十日,洪国荣称《续明义录》"已为正书",只待进《札》后刊印。⑨ 但正祖似并没有为该书的《进书札》下批文,以至于并未能马上刊印,直到二十一日,他亲鞠洪乐任。

洪乐任是洪凤汉之子,因洪相吉供词中,称其参与推戴逆谋,这让正祖母亲惠庆宫洪氏十分担忧,以致茶饭不思、涕泪常流,正祖遂决定

---

① 《承政院日记》,正祖元年九月十四日。
② 见[朝鲜王朝]金致仁等:《续明义录》,《奉教纂辑诸臣》。李徽之亦参与了校正,但并未见于名录。
③ 《承政院日记》,正祖元年十月十六日。
④ 《承政院日记》,正祖元年十月二十日。
⑤ 《承政院日记》,正祖元年十二月十一日。
⑥ 《承政院日记》,正祖元年十二月十八日。
⑦ 《承政院日记》,正祖元年十二月二十一日。
⑧ 《承政院日记》,正祖元年十二月二十四日。
⑨ 《承政院日记》,正祖二年二月十日。

亲自审问,后证明其无罪而赦,洪凤汉也得以洗脱干系。正祖难掩喜悦:"慈宫复有见奉朝贺(洪凤汉)之日,予亦有拜慈宫之颜。"之后,正祖对金尚喆说:"而日前卿等《进续明义录札》,尚不赐批者,以此事有所商量故也。大抵奉朝贺之终不得一番入对于慈宫,是行不得之事。而若不如是处分,亦不无隄防渐解之虑。今则与讨麟贼之义理,判为两段,而义理益明,隄防益严矣。"可知,正祖没有赐批《进书札》,是有待于将洪凤汉、洪乐任这一"悬案"澄清,以明义理。金尚喆等又请"今日处分,当载《续明义录》之末,然后可使一世晓然也",①所以《续明义录》记录有此事的详细内容。

这年(1778)二月二十七日,《续明义录》成,仍由领议政金致仁等进《札》,当日,正祖命书札批,命礼曹参议吴载绍为监印堂上、直阁郑志俭为监印郎厅,负责印刷,命内入件和颁赐件数都按照《明义录》之例。②该书仍由芸阁用壬辰字活印,期间,正祖又发现了误字,命进行了修改。③三月,该书完成印刷,依例颁赐。与《明义录》相同,正祖又命编印谚文本。四月,开始印《续明义录谚解》。五月,"谚解"将印出 200件,用于外方颁赐。④

因《续明义录》是接续《明义录》,且内容较为简单,所以只有一卷,没有《卷首》。内容包括《进续明义录笺》、正文,最后是"奉教纂辑诸臣",无《进书札》和《跋文》。

《进续明义录笺》由金致仁、金尚喆、李溆、郑存谦、徐命善进上。笺文中指出,自景宗末年以来的"辛壬、戊申、乙亥"几次祸事,到正祖即位前后的两次逆乱,均为一脉相承。正祖元年(1777)发生的这次暗杀和推戴事件,是《续明义录》所要纂修的原因。并对该书《凡例》一从《原编》的原因、该书纂修的作用做了说明。

《续明义录》的断限自"丁酉(正祖元年,1777)七月辛卯至戊戌(正

---

① 《朝鲜王朝正祖实录》卷5,二年二月壬子,第45册,第11页。
② 《承政院日记》,正祖二年二月二十七日。
③ 《承政院日记》,正祖二年三月八日。
④ 《承政院日记》,正祖二年四月十八日、五月十九日。

祖二年,1778)二月壬子"不到一年时间,体例与《明义录》相同,属类似纲目体的编年体。提纲的格式为"在位年数＋干支(小字)＋月日＋地点、人物、事件(多为判决)等"。每一具体事(案)件主要取自《承政院日记》的史事记录、《金吾文案》的审讯过程、罪人供词等,有部分事件中还附有正祖的教文或亲自审问的记录。该书的"断文"形式也与《明义录》相同。《续明义录》的正文主要内容如表6.2所示:

表6.2　《续明义录》的"纲"和"断文"情况

时间	纲	断文
1777年7月	元年丁酉(小字)七月辛卯盗入庆熙宫遂命捕厅议诇。	
1777年8月	八月壬寅盗越昌德宫之敬秋门垣为守铺军所捕纳。	
	癸卯鞫田兴文姜龙辉姜继昌等兴文龙辉伏诛继昌径毙。	
	乙巳洪相范崔世福伏诛。	附断文
	鞫金寿大金兴祚甘丁贞伊等并伏诛。	
	丙午洪述海妻孝任及其妾介连伏诛。	附断文
	己酉鞫洪相吉李泽遂并伏诛○追夺闵弘燮官爵。	
	庚戌追夺赵荣顺官爵窜其子贞喆元喆于海岛及边郡。	
	辛亥洪相格伏诛。	
	丙辰追夺洪启喜官爵。	
	丁巳洪述海伏诛。	
	己未宗室襸使之自尽。	
1777年9月	九月丁卯洪趾海伏诛。	
	庚午洪缵海伏诛。	
	鞫洪启能启能承款径毙。	附断文
1778年2月	二年戊戌春二月壬子亲问洪乐任特宥释之。	

还需提到的是,《原续明义录》虽体例相同,但还存在一些差别。在"断文"方面,《明义录》的断文有19处,而《续明义录》内容更少,大部分不附"断文",仅有3处;且《明义录》的"断文"更长。在内容上,《续明义

录》更偏重于记载对罪逆的审问过程,多以问答形式再现,疑似直接抄录"推案";而《明义录》则多为针对罪臣罪行,以"第三者"口吻对来龙去脉所作的叙述,如个人传记一般详细,行文经过锤炼。这可能与正祖提供《日记》有关,也由于正祖急于让《续明义录》付梓,同《明义录》充实的内容相比,该书的纂修,缺乏对史料足够的修润及订改的时间。

三、《原续明义录》的影响

《原续明义录》两书虽在正祖即位之初就很快纂成,但因其与景宗、英祖、正祖三朝的政治事件相关,君臣关于《明义录》"义理"话语的争论竟持续了正祖一朝。考察两书的影响,有助于洞悉朝鲜王朝中后期以来,君臣间的"义理"话语体系与朝鲜政治文化的关系。笔者拟从三个方面,试加探析。

第一,两书成为"海东《春秋》",明尊王讨逆义理,以"严隄防"之书,在正祖君臣心中,有至高无上的的地位,是官方要空前宣扬之书。

两书印颁以后,正祖总结道:"册子颁布之后,则忠逆之分,人皆知之矣。"[1]又言:"夫惟《原续(明义录)》二篇,岂予好辩而作乎?将欲明天理淑人心,使斯民出死入生,以咸囿予平康之治也。"[2]可见两书明辨忠奸、惩乱讨逆的重要作用。"自古乱逆何限而岂有如《明义录》中诸贼乎?严隄防三字,即今日不可忽不可缓之大义理也。"[3]因《原续明义录》是阐明尊王讨逆、重振纲纪的义理之书,成为当时的官方重典:"《明义录》一部之书,何为而作也?振斁伦障狂澜,立天下之大防,揭万古之大纲……古有《麟经》,今有是书。于是乎三纲几颓而后举,民志既离而旋合。"[4]上自国王、大臣,下至兵卒、百姓,人人必读此书。更有朝鲜大臣认为该书"即今代之《春秋》也……盖其义之大者,炳如日星之高,其

① 《承政院日记》,正祖元年五月六日。
② [朝鲜王朝]徐命膺:《保晚斋全集》卷9,《杂著·谕湖西士民文》,韩国民族文化推进会编《影印标点韩国文集丛刊》,1999年,第233册,第246页。
③ 《朝鲜王朝正祖实录》卷4,元年七月乙丑,第44册,第676页。
④ 《朝鲜正祖正祖实录》卷45,二十年十二月戊戌,第46册,第686页。

旨之奥者,婉如丝发之微。所以揭训一世,垂法千秋者也"①。将其地位奉为《春秋》,将其义理与《春秋》相通,这是极高的评价。《明义录》编成后,在讲读《春秋》的经筵上,诸臣曾借题发挥,认为《春秋》第一义即"尊王室严惩讨","纂成《明义录》,自此乱逆,庶可惩惧"。② 这些成为正祖君臣对《明义录》义理的理想化解释。

对于君臣悉心纂成的义理之书,正祖对其流通环节③的关切毫不逊于纂修环节。《明义录》刚刚印赐,正祖就问徐命善:"《明义录》刊颁已有日,人皆得见乎?"④他又下教,命将《明义录》继续颁赐给义禁府、捕盗厅、五卫将厅、扈卫厅、禁军内入直厅等十个武职部门。⑤ 可推知正祖迫不及待的心情。正祖"虑《原编》之逆节,皆作于朝廷,成于暗地。草野之人,容或未及详知",即因为《明义录》著于庙堂,坊间又常有"逆臣"党羽散布流言,"哀我无辜平民,因邪说流入于耳,一闻再闻,渐染既久,遂疑其或然,则是不惟义理之晦塞而已"。因为有此忧虑,正祖希望广布此书,以"使一方之愚夫愚妇,晓然开悟,不为邪说所诳惑也"。这样,又把《明义录》宣扬的"即位义理"扩大到民间,达到所谓"救人化民"的作用。⑥

其实,早在正祖元年(1777)四月,《明义录》印刷才刚刚开始,正祖就命地方也做好翻刻准备:"《明义录》印出后,令两南监营,翻刻板本,各置本道,以为广布之地,各五十件式。"⑦《明义录》印颁后,正祖又命印出大量谚文本,用以广布给不识汉字的下层民众,正祖对于谚本的审查同样严格,甚至连书写《明义录谚解》题目的写字官,都要亲自选

---

① 《朝鲜王朝正祖实录》卷50,二十二年十一月庚申,第47册,第130页。

② 《承政院日记》,正祖元年四月二十二日。

③ 两书在中央为校书馆负责印役,同时又下送湖南营、岭南营、关西营、统制营四处翻刻。参见[韩]姜顺爱:《奎章閣의 圖書編撰 刊印및 流通에 관한 研究》,第100页。

④ 《承政院日记》,正祖元年五月十四日。

⑤ 《承政院日记》,正祖元年八月四日。

⑥ [朝鲜王朝]徐命膺:《保晚斋全集》卷9,《杂著·谕湖西士民文》,第233册,第246页。

⑦ 《承政院日记》,正祖元年四月十日。

拔。① 地方刊布《明义录》时，还往往贴有榜文，以晓谕百姓。如《赤罗县八面明义录榜》中写道：

> 朝家命刻真、谚二本，布示八方。所以者欲使深山穷谷绝徼遐陬，知有此忠逆，欲使童孺媪女竈婢耘夫，知有此义理。使此义理通数千里，亘千万年，如日月之明，此夫录之所以名"明义"者也。夫秉彝之天之同得也。②

在直面百姓的榜文中，也明确指出《明义录》颁示地方的意义，《明义录》"义理"的宣教力度，可见一斑。

《明义录》颁布以后，却又发生了"逆乱"。在《续明义录》纂辑收尾之时，大司谏徐有防进言，希望《续明义录》"一依《原编》例，真、谚印颁，使诸道道臣，宣布坊曲"③。正祖表示同意，即《续明义录》也要像《明义录》一样，大量翻刻，广为宣传。因《原编》多颁赐"诸道营邑"，以致"若穷村人士，僻陬黎庶，罕能得见"，此次则欲"令诸道道臣守令，并与《原编》而誊出多件，宣布坊曲，使之无人不见，无人不闻"，以达到"镇靖人心"的目的。④ 所以，《续明义录》的刊布力度就更大于《明义录》了，并且《原续编》多一同颁布于官私，继续命地方刊布。

正祖二年(1778)五月十二日，正祖命颁赐《原续明义录》的"两南印本"给地方。随后，正祖又命将剩下的《续明义录》"或有未颁处，颁给"，将其颁给奎章阁、宿卫所、五军门、五处史阁、内兵曹、成均馆、春秋馆等中央文武各部门。即使是这种规模的颁布，正祖还不自信地询问："今番可谓广布乎?"⑤二十四日，《原续明义录》已然"京外东西班文武诸

---

① 《承政院日记》，正祖元年七月九日。
② [朝鲜王朝]俞汉隽：《自著》卷28，《榜状赤罗县八面颁明义录榜》，韩国民族文化推进会编《影印标点韩国文集丛刊》，2000年，第249册，第457页。
③ 《朝鲜王朝正祖实录》卷5，二年一月丁卯，第45册，第2页。
④ 《承政院日记》，正祖二年一月六日。
⑤ 《承政院日记》，正祖二年五月十二日。

臣,几皆颁赐",随即正祖命颁新印《续明义录谚解》给中央文武各司、京畿及两都官员,各一件。同时,颁赐地方"《原编》《续篇》及《谚解》各一本",还诸道印板,用于地方刊印广布。① 闰六月,《续明义录谚解》在兵曹各营广印,并分颁给将官、校隶、军伍等事,体现了重视对武官、士卒的宣教。② 六月,命下送《续明义录》数十件至全州,让地方"真谚翻誊,晓谕民间"。③

正祖对两书的广布持续了数年,正祖五年(1781),又命阁臣翻誊真、谚本《原续明义录》,并命御史将"《续明义录》五十件、《谚解》一百件、《原明义录》具《谚解》三件"颁给济州牧使。④ 同年,又再次下送济州《明义录》,"欲使岛民,晓然知之矣"。⑤ 济州岛在当时是人烟稀少的偏远之地,却已在正祖大力宣教的范围之中了。可知两书的流通规模,是朝鲜王朝史上空前的一次。

然而,《原续明义录》自颁布以来,即遇到许多挑战。正祖二年(1778),老论南党金龟柱一党韩后翼,洪启能、洪趾海的近亲洪量海等被人检举谋逆。正祖亲自进行了审问,几人的罪名是称官修之《明义录》为"假笔加文","又以尹若渊凶疏,为春秋大义,丙、丁讨逆,为运气……以若渊,谓之无罪冤死""公肆唱说,无少顾惮,为此诳惑人心",这种否认《明义录》的话语、大肆制造舆论的行为,无疑是对正祖苦心建立的"即位义理"的挑战。此外,他们还欲"求得刺客,挟匕作变"。⑥ 这也说明,正祖单靠一部义理之书来聚拢人心,该如何艰难。

《原续明义录》的义理宣教,并没有真正遏制住叛逆,大小的逆谋事件,又发生了多次。如正祖四年(1780)洪国荣的被黜和正祖九年(1785)发生洪乐纯子洪福荣等人"托妖谶煽讹言"的逆案、正祖十年(1786)具善复等人的推戴事件等。由于该书为正祖初年所编,以后渐

① 《承政院日记》,正祖二年五月二十四日。
② 《承政院日记》,正祖二年闰六月十七日。
③ 《承政院日记》,正祖二年六月二十五日。
④ 《朝鲜王朝正祖实录》卷11,五年六月辛卯,第45册,第247页。
⑤ 《承政院日记》,正祖五年十二月六日。
⑥ 《朝鲜王朝正祖实录》卷6,二年七月乙巳,第45册,第42页。

被束之高阁,出现"乱贼不讨,名义不章"①的局面。"《明义录》出后,人孰不知义理,而世事屡变,岁月渐深。"②一逆将平,后逆又起,正祖也十分担忧"义理渐晦":"大抵近来事变无穷,逆狱屡出。其时干连之人,年久之后,虽或间有疏通……一事二事,如是尝试,毕竟将至何境乎? 以今观之,《明义录》义理,亦将不久为弁髦矣。"③直到正祖朝后期,他还曾言:"近来世道不靖,人心陷溺,觊觎成习,而《明义录》义理,渐至湮晦,宁不澟然而寒心?"④由此看来,《明义录》义理虽为正祖一生守护和倡导,但其在防止逆乱方面,实际效果非常有限。

第二,《明义录》也成为左右君臣、大臣间关系的重要力量。

除了彰显逆党罪行,《明义录》还客观上表彰了洪国荣、蔡济恭等人保护作为储君的正祖之事迹。这些功臣与正祖的关系与该书密切相关,在书成之日,正祖曾言:"惟一介臣洪国荣入而饮泣,出而沫血,誓不与此贼(洪麟汉)共生,保护予躬,逆折奸萌。"⑤本与洪麟汉同族的洪国荣,原为东宫侍讲院的司书,为了保护正祖顺利即位,而出生入死,深得正祖信任,正祖即位后即提拔他为承政院的同副承旨,后做到都承旨,身兼弘文馆、春秋馆、奎章阁三馆要职,还掌握兵权。正祖还曾颇有感情地谈及与洪国荣的情谊:"结知遇于胄筵横经之时,殆同韦布之契;拼死生于凶党构乱之日,专仗弥纶之才;猗其危疑际翊戴之忠,昭在《明义录》原、续之卷。"⑥所以,洪国荣作为《明义录》的"义理主人","四年之间,位至宰列,历掌重兵,贪天为功,日益骄纵,权倾一世"⑦,该书自然成了他跋扈骄纵的资本。

因正祖尚且无后,洪国荣不仅勾结贞纯王后,让自己的妹妹成为元嫔,还将恩彦君的儿子常溪君李湛收为外甥,改为"完丰君",想以此建

① 《朝鲜王朝正祖实录》卷50,二十二年十一月庚申,第47册,第130页。

② 《承政院日记》,正祖五年十二月六日。

③ 《朝鲜王朝正祖实录》卷22,十年七月癸亥,第45册,第583页。

④ 《朝鲜王朝正祖实录》卷50,二十二年十一月戊子,第47册,第136页。

⑤ 《朝鲜王朝正祖实录》卷3,元年三月乙未,第44册,第657页。

⑥ 《朝鲜王朝正祖实录》卷8,三年九月己酉,第45册,第124页。

⑦ 《朝鲜王朝正祖实录》卷1,《行状》,第47册,第294页。

立势道。然而,元嫔很快死去,洪国荣妄图拥护李湛为"假东宫"的图谋也破产,洪国荣的地位再不如前。正祖四年(1780),吏曹判书金钟秀上札讨洪国荣,称其"本以悍毒之性,粗狭狡黠之才。贪天为己,恃功自恣,操纵与夺,都自己出。动静、言为,全无臣分",他从打破洪在《明义录》的地位作为突破口,进言道:"或以为,彼有勋劳于国家,便同《明义录》主人,一朝罪之,恐有伤于《明义录》义理。是大不然,夫《明义录》,是阐明代听之义理也。罪国荣者,是阐明广储嗣之义理也。有功而录之,有罪而罪之。事件虽殊,其为阐明义理则一也。"①即认为,不能以洪国荣为《明义录》中功勋和"义理主人"就不将其治罪。这体现了功臣、大臣、国王对《明义录》义理阐释之不同视角,也说明《明义录》下的君臣关系不是一成不变的。洪国荣最终被赶出朝廷,发配田园而死。但是金钟秀也害怕,功臣洪国荣去势后,《明义录》的地位会被动摇:"自国荣罪恶彰露之后,逆党余孽,妄意《明义录》,义理或为摇撼之道,邪说纷然。"②这种矛盾的心情和担忧,表明了《明义录》在左右君臣关系中的重要作用。

另一功臣南人蔡济恭为两朝元老,曾为正祖的东宫宫僚、老师。正祖曾这样形容和他的关系:"寰宇之至广,而便一几案间,况予之于卿乎?"③其地位也与《明义录》义理密不可分。蔡济恭曾自言:"臣于平日,造次惟《明义录》,颠沛惟《明义录》,臣身未死之前,当以《明义录》三字。"④《正祖实录》中将其记录成为人跋扈、口出狂言、行为不端的人。虽然《正祖实录》为老论主持编纂,但也不均为捕风捉影。一次,正祖与众臣讨论《实录》修纂时,蔡济恭认为《时政记》"无足可观,反不如《政院日记》也",又说《肃宗实录》"一人之论断,前后各异。是非之不公如此,不足为信史"。⑤ 蔡济恭直言《时政记》的地位下降,指出《实录》为党争

①《朝鲜王朝正祖实录》卷9,四年二月乙亥,第45册,第153页。
②《朝鲜王朝正祖实录》卷11,五年二月壬申,第45册,第215页。
③《朝鲜王朝正祖实录》卷36,十六年十二月戊辰,第46册,第363页。
④［朝鲜王朝］蔡济恭:《樊岩先生集》卷28,《吊徐相褒谕后书启》,第235册,第543页。
⑤《朝鲜王朝正祖实录》卷3,元年五月己丑,第44册,第670页。

所缚之弊,不无道理。但他公然非议《时政记》,甚至《实录》的地位和价值,引起了史官的强烈不满。几日后,待教林锡喆、检阅金勉柱上疏讨伐蔡济恭,正祖反而对他几番回护,并命将两人削职。① 此外,在纂修《英祖实录》时,蔡济恭作为实录厅堂上,屡次玩忽职守,面见摘奸官员,衣冠不整,甚至"借着他人衣服","大坏朝仪",②屡遭诟病,正祖也不得不出面惩治。

蔡济恭倚仗《明义录》日益骄纵,但却也受制于《明义录》。如在正祖十五年(1791),徐命善去世。徐命善曾上疏英祖,讨伐洪麟汉等,使得东宫得以顺利即位,正祖评价其为"乙丙义理主人""此大臣状德之文,非谥状也,即《明义录》也"③。即认定他为辅助正祖即位的功臣。但因蔡济恭与他多有嫌隙,拒绝参与吊唁之事,直到正祖命史官以《明义录》示之,他才被迫去吊唁,说:"臣之往吊故相,非特故相是思,惟《明义录》是重。"④这说明,《明义录》成为一种准绳,也是正祖用来协调大臣关系的义理之书,体现了对各党色的"荡平"理想。

《明义录》的纂辑,表面上看,是正祖为了让乱臣贼子惧怕义理,以"严隄防",来规范君臣关系;事实上,正祖也确有靠《明义录》调整大臣间关系的深意。逆乱丛生的局面,与朝鲜中期以来"义理话语"主导下的朋党政治和王政衰颓有很大关系。"诛讨之中,当存参恕之念,而镇安二字,为第一急务。"⑤正祖即位后,即以"镇安"为名,防止党派倾轧,对逆案实行宽仁的政策。这种理念在《明义录》的内容中即有体现:正祖曾下教,命选取《明义录》罪臣时,因"为臣子者,姓名一入于其中,则便一人鬼关头",并命"疏札所论之人,非干连鞫狱,及紧出逆招者,一并勿录",希望该书能"永示宽严得中,俾此一部之书,为万世之关和"。⑥因为记入该书的,即成为大逆罪人,不可不谨慎。此外,他还多次提出

① 《朝鲜王朝正祖实录》卷3,元年五月壬辰,第44册,第671页。

② 《承政院日记》,正祖四年十一月二十八日。

③ 《朝鲜王朝正祖实录》卷33,十五年九月乙酉,第46册,第242页。

④ 《朝鲜王朝正祖实录》卷33,十五年十二月甲辰,第46册,第266页。

⑤ 《朝鲜王朝正祖实录》卷14,六年十二月己丑,第45册,第337页。

⑥ 《朝鲜王朝正祖实录》卷2,即位年十二月癸亥,第44册,第644页。

"撰次时,惟轻者宜拔之"①,不把罪行轻微的人列入该书,不欲掀起大狱。

《明义录》中载录人物忠逆已定,但正祖还不时对其进行调整。如正祖三年(1779),正祖认为"如申大谦、李得济之名载《明义录》者,不过只言其时某某加资之事而已,初非渠辈有犯也。今若以此,混同废弃,则亦非所以量轻重、严隄防之道也。此等处,分而二之,然后朝廷之好恶可明,义理可严矣"②。正祖指出需要将一些名载《明义录》之人,按照罪责轻重,区分对待,才能实现"严隄防""严义理",这也是"镇安"思想的体现。

韩翼謩、金相福因被视为洪、郑党羽而入罪,早在正祖元年(1777),正祖就曾想将他们释放,遭到群臣反对,两人被流放。正祖二十四年(1800),正祖释放了韩翼謩、金相福,群臣又以两人为《明义录》罪人为名,加以反对。正祖认为"逆名太滥,则反不知畏","凡在论劾之际,容易加人以贼之一字者,予甚以为不好矣"。③还指出:"博击为事,宁靖无日,伤一人,国脉随以益伤,岂不懔然乎……诸臣若不体予镇安之意,其将空朝廷而后已。"④可见,正祖厌倦了诸臣间打着"义理名分"旗号的斗争和倾轧,批评这种滥加"逆"字的"扣帽子"行为。正祖本想进一步践行英祖的"荡平策",宽容不同党色的人物。他坚持以《明义录》的"义理话语"作为"忠逆判定",坚持只有君臣、没有党色的"大同论"。《明义录》确立的"即位义理",更是一种"荡平义理",这种义理论成为各党派参与国政运营的原则。⑤"镇安"和"荡平"是正祖的为政策略,是他守护《明义录》义理的手段,也体现了他对大臣手中的《明义录》"义理话语"的限制。

第三,两书引起君臣间长期的义理话语权争夺,也为正祖最终利用

①《朝鲜王朝正祖实录》卷3,元年四月辛丑,第44册,第660页。

②《朝鲜王朝正祖实录》卷7,三年三月癸巳,第45册,第102页。

③《朝鲜王朝正祖实录》卷53,二十四年二月辛卯,第47册,第242页。

④《朝鲜王朝正祖实录·附录》,《行状》,第47册,第294页。

⑤参见[韩]崔诚桓:《정조대 초반의 탕평 의리와 충역론》。

《明义录》义理解决和缓翁主治罪的义理争论和最终修正"壬午义理"，提供了可能。

和缓翁主是正祖的姑母，为郑致达妻，故史书中多称之为"郑妻"，郑厚谦是她的养子，《明义录》记载了她与其子"谋危宗社"的罪行。因贵为王室宗亲，正祖对她十分宽待，这引起了群臣的强烈不满。大臣以《明义录》记载和缓翁主罪行昭著、罪不容贷为由，数次要求对其施以极刑。正祖二年(1778)，对于正祖的郑妻岛配之教，言官极力反对。而在正祖看来，郑妻是英祖最宠爱的女儿，如果处以重刑，"恐伤先王之德"；又因英祖不知其罪恶，又"有欠于先王之明"。此外，正祖庶弟李禶卷入逆谋推戴，因大臣苦苦相逼，正祖被迫同意将其处死，如今不想再做"骨肉相残"之事，所以不听三司众臣的意见，坚持宽待处理。①

然而，以守护《明义录》义理为名，诸臣的反对声浪没有停止。同年(1778)，大司宪金煜进札讨伐郑妻，谏言正祖"为一私字所系着，使义理不明，法纪不立"，《尊贤阁日记》为正祖亲录，"此贼之罪，毕露无余"，正祖"当断不断"是自毁义理。② 同年，正祖又以"先王之骨肉也，王室之至亲也，是岂可忍哉"为由，拒绝大臣请命，引起群起反对，争执激烈，正祖甚至要罢免三司首领。③ 正祖十九年(1795)，正祖又命将郑妻安置于京城之外居住，俞彦镐、蔡济恭等认为正祖已将其由岛而陆，由陆而畿，还要公私不分，予以强烈反对。正祖甚至说："事到极处，不得不用权矣。"俞彦镐也不示弱："郑妻事，不得请，则不得止也。"④

正祖朝末期，君臣之间的争执更为升级。正祖二十三年(1799)，仍有阁臣上疏反对将郑妻"置之京第"，认为"岂有逆魁祸首如郑妻……臣等所知者，只《明义录》而已"，众臣多次上札，正祖也屡次"不允"。⑤ 之后的几日次对，正祖又和三司诸臣对此问题展开舌战，甚至举出英祖

---

① 《朝鲜王朝正祖实录》卷5，二年二月乙卯，第45册，第33页。
② 《承政院日记》，正祖二年六月十日。
③ 《朝鲜王朝正祖实录》卷5，二年闰六月乙亥，第45册，第32页。
④ 《承政院日记》，正祖十九年三月二十八日。
⑤ 《朝鲜王朝正祖实录》卷51，二十三年三月壬戌，第47册，第166页。

时,《戡乱录》《阐义昭鉴》于推戴之逆"皆亦拔之书中"之故事来说服群臣,但群臣仍力请他收回成命。双方僵持不下,直到正祖呵退众臣。①《明义录》如同《春秋》,正祖还曾提及《春秋》中的"郑伯克段于鄢""周公与管、蔡"之事,来影射"郑妻"之事。② 针对正祖的表态,重臣再度联名上疏,强调《明义录》即如《春秋》,以严《春秋》惩讨之义来声讨郑妻:"曰讨乱贼也,为乱贼首者谁也? 曰一则郑妻,二则郑妻,盖郑妻即穷千古所未有之剧逆大憝也。"并质问正祖既讲《春秋》,却怎能不严《明义录》义理:"以我殿下讲明《春秋》,发挥《春秋》之意,亦何不念及于此耶……郑妻而无罪名,则《明义录》,其将何地可读乎……若此而将何时复见义理之明,伦纲之正耶?"③

可见,终正祖一朝,大臣以维护《明义录》义理为名,屡屡想逼迫正祖惩讨郑妻,正祖反而将其"自岛而畿,自畿而郊,自郊而京,京第之留接"④,甚至不惜与群臣冲突。这就透视出了朝鲜王朝政治的运行机制,是以"义理"为主的话语体系为基础的,其标志则是君臣间使用"义理话语"的博弈。正祖曾驳斥众臣道:

> 予之扶植于某年之义理者,百倍于廷臣之扶植《明义录》,而闻此教者,不知此意,谓"或有伤于《明义》一部书",则是予于某年义理,不惟不修明,实自予而漫漶也。⑤

此段文字实际上道出了正祖的真正用意。"某年"即是壬午年(1762),这里是想表明,多年来,因"壬午事"过于敏感,又出于"镇安"考量,因此他未能阐明"壬午义理",以至于大臣不明,即强调正祖自小经历了祖父与父亲骨肉相残的悲剧。正祖即位以来,对涉罪"懿亲"的处理一向慎

① 《朝鲜王朝正祖实录》卷51,二十三年三月乙丑,第47册,第167页。
② 《朝鲜王朝正祖实录》卷51,二十三年三月壬午,第47册,第170页。
③ 《承政院日记》,正祖二十三年三月十二日。
④ 《朝鲜王朝正祖实录》卷51,二十三年三月壬午,第47册,第170页。
⑤ 《朝鲜王朝正祖实录》卷51,二十三年三月壬午,第47册,第170页。

重,但因丁酉(1777)推戴之事,在群臣逼迫下,庶弟恩全君李禶被赐死;母亲惠庆宫和外公洪凤汉也险些被卷入逆案,政治的残酷,让正祖深感"无乐为君"。因事涉洪国荣案,正祖十年(1786),大臣又请诛杀正祖庶弟恩彦君李裀及其子李湛。那次,正祖百般反对之后,将李裀岛置,诸子置于江华岛,后来又几次派人将李裀从岛中接出,偷偷在宫中接见和共同参拜父亲,甚至不惜激起君臣冲突。结合正祖一生的境遇,不难发现,之所以重提"不敢提不忍言"的"壬午义理",即是向群臣表示,他要守护王室家族的决心,而不由大臣以《明义录》"义理"为名,折翼至亲,这是对《明义录》"忠逆之辨"的再深入,也是对君臣义理的再阐明。"郑妻"事件,正祖丝毫不让,即是他不满《明义录》义理长期被大臣挟持的一个缩影,体现了君臣间关于《明义录》义理主人的"争夺",背后正是义理政治下的君臣博弈。这在正祖为其父修正"壬午义理"的过程中仍然可见。

庄献世子死后,因东宫不能是"罪人"之子,在英祖主导的"壬午义理"下,年幼的世孙(正祖)成为已故的孝章世子(真宗)之子。世孙失去父亲后,竟不被允许痛哭,亦二十余年不得去庄献世子墓祭拜。英祖晚年曾下谕:"虽及见《日记》者,更提文字,则当以戊申枭獍余种严惩,况他日乎!此后语及壬午事,当以逆律论,咸须听此,莫犯邦宪。"[1]即是要求世孙及群臣勿要再提起这段王室悲剧,不许被别有用心的人搞翻案,防止再次掀起狱祸。英祖的"壬午义理"虽然使世孙得到了东宫之位,而"壬午祸变"带给了他无尽的创伤。英祖逝世前,世孙还曾上疏于英祖道:

> 壬午处分,臣当信之如四时,守之如金石。假使怪鬼不逞之徒,敢生希觊之心,肆发追崇之论,而臣乃为其怂恿,移易义理,则是实为殿下之罪人,亦将为宗社之罪人,万古之罪人。

---

[1]《朝鲜王朝正祖实录》卷28,十三年十月己未,第44册,第529页。

这表明,世孙服从祖父对其父的判决,并表示不会为其父"翻案"。英祖也非常感动,命将与庄献世子有关的起居注洗草:"命就起居注中,丁丑以后至壬午,语属不忍闻者,依《实录》例,洗草于遮日岩。"①同时,《承政院日记》的有关记载也被删除。英祖还终于同意世孙去垂恩墓祭拜生父,拜祭时,世孙哀痛不已。

但这并不是结局,正祖继位后的首件事,就是将涉嫌谋害其父的老论南党金尚鲁、淑嫔文氏等人治罪,金尚鲁被杀,其子发配绝岛;文女也被赐死。他甚至称:"寡人,思悼世子之子也……礼虽不可不严,情亦不可不伸。"②又将思悼世子的尊号改为"庄献",并多次上尊号追崇;将其墓垂恩墓改为永祐园,祠堂垂恩庙升格为景慕宫,后又迁葬永祐园至水原花山,更名为显隆园,在《显隆园志》中美化庄献世子事迹。值得注意的是,正祖在志文中,引用了记注和《宫中记闻》中的内容,一定程度上解释了庄献世子出走关西的缘由;描写英祖命赐死世子时,众臣的反对情境,但对于世子死亡的具体细节直接被省略。这些内容不会出现在《英祖实录》之中,因为与"壬午祸变"有关的《承政院日记》及公家文迹均在英祖去世当年(1776)洗草。因庄献世子死于五月,并在柜中度过了八天,所以正祖每年的五月十三日至二十一日,均搁置政务,居宫悲痛;且每年要去祭拜其父至少一次。可见,正祖对父亲的追崇终其一生。但是,正祖并未将治罪金尚鲁等人的过程写入宣扬"即位义理"的《明义录》。在他即位当年(1776),果有少论峻论和南人李应元、李德师、赵载翰、李道显等岭南儒生上疏,重提"壬午事",要求为庄献世子翻案,正祖坚守了对英祖的承诺,反倒将他们治以逆罪。这说明,"壬午义理"的判决仍为一座不可逾越的山峦。

正祖十七年(1793),也就是华城城役收尾,将要迁葬其父之陵至水原花山之时,正祖决定重提"不忍言不敢提"之事。关于英祖薨前上疏、洗草之事,正祖言:

---

① 《朝鲜王朝正祖实录·附录》,《行状》,第47册,第294页。
② 《朝鲜王朝正祖实录》卷1,《正祖大王迁陵志文》,第47册,第318页。

予以洗草事陈疏,只欲使此等文字,不留在于此世界矣。然予心之犹日夜憧憧耿耿者,草野断烂之书本,多以讹传讹,况相疏体重,虽命封还,而付丙院中有参见者,筵席有参听者,且于缮写时,亦必有闻而见之者。如是之际,一传再传,必将传播于世。到今因予不忍言而不敢提说,反使不忍言之事,任其传播,则世之见之者,不知将作如何看矣。①

正祖虽然一直不欲提这段伤心事,但官方史料虽毁,却见者众多,无法阻挡传闻四起。② 多年来,“壬午事”一直被宫坊传播,甚至有人打着为庄献世子平反的旗号,挑起事端,这都是正祖不能容忍的:“而乃敢托以惩讨,茶饭说去于公私话头?”③如今,正祖已统域十七载,王位稳固,又正值其父迁陵时机成熟,倒不如将有关义理正式阐明:“此事一番说出,使人人知之,然后两朝德美,可以昭著于千秋万世矣,世变之层生者,亦从此永熄矣。”④这样既可以彰显“两朝德美”,又可以“永熄世变”,成为正祖欲以官方立场重提“壬午事”的名分。

正祖想在不否定英祖的同时,为其父洗脱“冤屈”,即想对“壬午义理”做出修正。正祖肯定,英祖“圣教中恻惜二字,即追悔之圣意,予奉以铭肺,死且瞑目”⑤,也就是表明英祖晚年已有了对错杀儿子的悔意。另一个证据是“金縢”,正祖称:“先大王临徽宁殿时,前领相以知申入侍,而史官退出门外后,先大王以一文字授之,使之就神位下褥席,拆缝而纳之,此是金縢书也。予非不知此书之颁示,关系莫重,时日为急,而忍痛含冤,直至于今者,专由不忍言之故……即某年以前凶徒之凶言,

---

① 《朝鲜王朝正祖实录》卷38,十七年八月己巳,第46册,第404页。
② 《起居注》《承政院日记》等官方史籍虽被洗草,但是记载庄献世子事迹的《景慕堂日记》和朴夏源《待闻录》《某年杂记》等私家史书仍在民间流传。
③ 《朝鲜王朝正祖实录·附录》,《行状》,第47册,第294页。
④ 《朝鲜王朝正祖实录》卷38,十七年八月己巳,第46册,第404页。
⑤ 《朝鲜王朝正祖实录·附录》,第47册,第294页。

而某年后先大王即为觉悟,有此金縢之书。"①"金縢"②有暗指善人蒙冤之意。正祖认为,英祖曾藏"金縢"于褥下,内有悼念庄献世子文字,正祖忍耐多年而将其举出,不仅成为他王位正统和处分逆党的正当性论据,也更有力地说明英祖的悔意,其父的意志得以伸张,这是对英祖判决"壬午义理"的修正。

为加强说理,正祖晚年,又将"壬午义理"与《明义录》义理合为一体,前文所言之正祖后期,君臣关于"郑妻"惩讨的义理争执,即是在这一背景之下展开的。正祖二十三年(1799),正祖指出"凡今在廷之臣……某年义理,与《明义录》义理,看件两作"的想法是错误的,"只缘不忍言不敢道,至于今二十四年矣……夫《明义录》一部,阐某年之义理也。其书虽成于丙、丁,其源,盖自于某年"。③ 某年,即壬午年,正祖在位二十余年一直未能为其父正名,"谋害"庄献世子的"凶逆"与后来阻止他继位、妄图刺杀他的"凶逆"均为一系,所发生的也都是危害储君继位正统性的事件,所以"壬午义理"的修正与《明义录》所代表的"即位义理"是一脉相承的。这就是在加强其继位的正义性的同时,也正式为其父翻案。《明义录》的义理争辩相伴正祖一生,由"即位义理"到"壬午义理"的最终修正,为正祖成为《明义录》"义理主人"画上了完满句号。也再次体现了"义"与朝鲜政治的关系,即国王实现政治目的,必须在君臣间的"义理话语"体系之中,才能完成。

总之,《原续明义录》两书前后纂成、凡例相同,虽然篇幅不大、时间不长,但作为最重要的"义理史书",耗费了正祖君臣大量心血而成。两书甚至早于《英祖实录》的纂修,其意义影响远大于内容,地位被奉为朝鲜之《春秋》,牵涉了景、英、正三朝的"辛壬士祸""戊申之乱""壬午祸

---

① 《朝鲜王朝正祖实录》卷38,十七年八月己巳,第46册,第404页。
② 昔日周公于武王病重而写誓书,藏于金縢。武王死后,周公被诬而去,后平反回归,开金縢以示无二心。成王打开金縢之匮,发现了周公请求代替武王死的册书,深深受到感动,隔阂终于消除了。史官于是记录了这件事来表彰周公的忠诚,为了突出金縢中册书的作用,《尚书》此篇名叫《金縢》。
③ 《朝鲜王朝正祖实录》卷51,二十三年三月壬午,第47册,第170页。

变""丙丁治狱"等多个大的政治事件,引起了君臣关于义理的种种争论。该书自正祖初年成书,在正祖一朝都发挥巨大作用。一方面,该书体现了正祖的"镇安"意识,用以明"尊王讨逆"义理,他命将两书翻刻和广布,原本和谚本从中央到地方、从高官到兵卒无处不发,体现了他对"即位义理"的大力宣扬和守护;另一方面,以"《明义录》义理"为砝码,功臣得以恣意骄纵,但君臣和大臣之间的关系,最终仍多受制于此,也成为正祖调整大臣关系和实现"荡平"理想的工具;再者,两书引起君臣间长期的义理话语权争夺,也为正祖最终利用《明义录》义理解决"郑妻事"和修正"壬午义理",提供了可能。这体现了君臣争夺"《明义录》义理主人"的博弈。

第二节　《庄陵配食录》与《庄陵志(史补)》之纂修

朝鲜王朝自建立以来,太祖李成桂即致力于改革高丽王朝末期武人政治的弊端,积极推动文治,仿效中国的政治制度,并将朱熹的理学思想教条化,以性理学作为重要的指导思想。从总体上来看,"朝鲜的历代国王都是在与臣下即两班官僚妥协的基础上维持着自己的王位,朝鲜的国王与绝对君主存在着一定距离"[1]。在文教鼎盛的背后,君王与士大夫"共治天下"的政治模式限制了君权,造成了诸多君臣矛盾。黄俊杰认为,中韩历史中,都同样存在所谓"儒家知识"与"政治权力"不可分割与互为紧张的关系。[2] 然而,与明清君主专制的强化相比,朝鲜的君权较为羸弱,君臣间的关系也更为复杂。

朝鲜中期以来,因书院政治的兴起、国王对抗勋臣的需要,加之"两班"贵族身份的固化,士林集团逐渐强大。"士林政治"的一大特点就是朋党对立,各党派不断分裂、势力此消彼长,党争持续了几百年,出现"四色党论"。同时,"义理""名分"等政治话语愈来愈成为党争的"武

---

① [韩]高丽大学校韩国史研究室著,孙科志译:《新编韩国史》,第116页。
② 详见黄俊杰:《中韩历史中"儒家知识"与"政治权力"之关系:不可分割性与互为紧张性》,《中山大学学报(社会科学版)》2011年第2期。

器",士林藉此不仅可谋求自己党派的利益,还能质疑王位正统、干预王政,甚至废立君王。党争不仅祸乱国家,更威胁王权,朝鲜后期的几位国王,一直致力于荡平党争的努力,拱卫自身的王统和彰显王权。肃宗、英祖、正祖,或是通过强有力的频繁"换局"来消磨党争;或是实行"荡平策",以"大义名分"为反制手段,强化"右文政策",对士大夫进行宣教和义理阐明。随着荡平党争和加强王权的需要,正祖参与或敕修了多部彰显王权和分辨忠逆之书,《庄陵配食录》(后文简称"《配食录》")和官修《庄陵志(史补)》[①]即是其中的两部。

朝鲜王朝前期,端宗(1452—1455 在位)被世祖废位、杀害,涌现出许多为其尽节的忠臣和烈事。从肃宗朝起,官方开始为端宗"复位",同时也对部分忠臣进行了追复。至正祖时,官方继续开展大规模的端宗和忠臣事迹的整理工作,为诸臣建立配食坛,配享端宗,遂大量搜集公私文迹,纂修《配食录》,后来又成《庄陵志(史补)》一书。两书的纂修涉及复杂的义理名分,得到了正祖及群臣的高度重视,也带有浓厚的政治意味,体现了官方史学背后的诸多政治文化因素。本节拟进一步结合文本分析及其背后的政治文化维度,作更为细致、全面的探究;并从"君臣义理"的角度,一定程度上揭示正祖时期的政治形态。

一、肃宗朝以来的"端宗复位"及其名分

朝鲜王朝文宗(1450—1452 在位)之子李弘暐,于世宗三十年(1448)被封为世孙,文宗元年(1451)被册封为世子。因文宗在位两年即病逝,他冲龄即位,成为第 6 代国王端宗。文宗薨前,曾命皇甫仁、金宗瑞等顾命大臣辅佐朝政。金宗瑞等权势极盛,几乎垄断了朝政,这引起了首阳大君李瑈等宗室的强烈不满。李瑈,即后来的世祖国王,是端宗的叔父,他迫切想从金宗瑞等权臣手中夺回李家的王权,又充满野心。他苦心经营,一方面拉拢与金宗瑞等对抗失败的文臣集团,结成同盟;一方面培养韩明浍等门客;同时又得到了部分王室宗亲的支持。端

---

① 《域外汉籍珍本文库·第三辑·史部》第 12 册收录该书。

宗元年(1453)十月,首阳大君以"清君侧"为名,发动靖难,将金宗瑞、皇甫仁等十余名大臣杀害。事后,首阳大君自封为领议政,实际控制了国政,史称"癸酉靖难"。端宗三年(1455)闰六月,端宗被迫禅位于首阳大君,起初被尊为"上王"暂住昌德宫,后因"死六臣事件"①,于世祖三年(1457),被降为鲁山君,流配至江原道宁越郡的清泠浦。又在郑麟趾的奏请下,他最终被鸩死,死时年仅十六岁。王后宋氏于中宗十六年(1521),在流配地京畿道杨州去世。此外,首阳大君兄弟安平大君李瑢、锦城大君李瑜、世宗嫔杨氏子永丰君、汉南君等也先后遇害。如果说首阳大君发动"靖难"是对李家王室基业的守护,具有合理性,那么擅自废掉正统国王的王位,自立为王,并将其杀害,于礼法来看,则是篡逆行为。

世祖虽然得位不正,但治国有方,堪称明君。更重要的是,朝鲜中期以来,历朝国王的正统均来源于世祖一脉,对其王位的质疑是不能被允许的。因此,近二百年来,官方仍将"端宗事迹"作为敏感话题,只为庙堂之下的儒士和普通百姓所传。虽然也有一些后世国王表达了对端宗的同情,如中宗、宣祖、光海君、孝宗、显宗等都对鲁山君有过祭祀活动或亲撰祭文,但对其地位的追复,并未有实质性的进展。这种状况,在第19代国王肃宗在位起,有了改变。

肃宗在位时,对朝鲜王室礼法之乱进行了大量纠正,不仅为朝鲜第2代国王"恭靖大王"上"定宗"的庙号,还把昭显世子嫔姜氏封为"愍怀嫔",洗脱了冤屈。肃宗七年(1681),肃宗将"鲁山君"追封为"鲁山大君"②,开始了为其追复的第一步。肃宗二十四年(1698),地方官申奎上疏请为鲁山大君"复位",肃宗与群臣商议后,于这年和次年(1699),"追上大王谥曰纯定安庄景顺教孝,庙号曰端宗,陵号曰庄。王后谥曰定顺,徽号曰端良齐敬,陵号曰思",随后为端宗执行了祔庙大礼。李弘

---

① 1456年,成三问、朴彭年、俞应孚、柳诚源、河纬地、李塏六臣反对世祖篡位,密谋刺杀世祖失败。另有"生六臣":金时习、南孝温、李孟专、赵旅、元昊、成聃寿,他们对世祖亦采取不合作态度。

② 《朝鲜王朝肃宗实录》卷12,七年七月壬申,第38册,第543页。

暲正式被"复位"为端宗,夫人宋氏为定顺王后,陵墓分别为庄陵、思陵。肃宗三十年(1704),又因《实录》中的端宗部分原名《鲁山君日记》,端宗已然复位,有违礼法,史官请为其更名,并编写《附录》,收入有关端宗复位的相关史实:后"谨取中庙朝以后,凡所以崇饰之者,首载于上……而又以复位时疏若议及谥册、祝、告、颁教等文,类次编入,以着其始终,合而名之曰《端宗大王实录附录》"。①

端宗"复位"以后,肃宗、英祖不仅多次对两陵进行祭祀活动,也开始追复为端宗尽节而死的诸臣,主要表现在复官、旌表、赠谥、祭享、修缮庙碑等。如肃宗二十九年(1703),肃宗为成三问等"死六臣"复官,肯定他们对君王的忠义。② 英祖九年(1733),为庄陵立碑。③ 英祖十四年(1738),为锦城大君复爵,次年赐谥号。④ 英祖三十四年(1758),亲撰庄陵祭文,移建祭祀六臣的彰节祠,并升格为书院。又分别为"死六臣"追赠官爵和赐谥号,录用其子孙,重建愍忠祠,为"三相"(金宗瑞、皇甫仁、郑苯)和安平大君复官,赐谥号"忠"。⑤ 英祖三十九年(1763),在端宗流配地宁越郡清冷浦立碑。⑥ 正祖即位后,也相继表彰了河纬地、赵哲山、朴仲林等诸臣,并修缮彰节书院、永丰君庙宇等,多次致祭。正祖十五年(1791),又命登用锦城大君、和义君、汉南君等的后孙⑦和重建子规楼⑧等。与肃宗、英祖对端宗尽节诸臣的零散追复不同,正祖希望能对与端宗有关的事迹做出系统、全面的整理,同时彻底为大量士事忠臣平反,以彰显群臣的忠节,遂有庄陵配食坛的建立和《配食录》《庄陵志(史补)》两书的纂修。但是这类活动的进行,需要确凿的名分。

"端宗复位"虽与礼法相合,却也很可能会触动世祖的正统性,因

---

① 《朝鲜王朝端宗实录·附录》,第7册,第46页。肃宗时还编修了《复位祔庙都监仪轨》《庄陵修改都监仪轨》《实录附录撰辑厅仪轨》等仪轨,来记录这些事件。

② 《朝鲜王朝肃宗实录》卷38,二十九年十月乙酉,第40册,第51页。

③ 《朝鲜王朝英祖实录》卷34,九年六月戊辰,第42册,第360页。

④ 《朝鲜王朝英祖实录》卷49,十五年五月戊午,第42册,第628页。

⑤ 《朝鲜王朝英祖实录》卷92,三十四年十月庚申,第43册,第701页。

⑥ 《朝鲜王朝英祖实录》卷102,三十九年九月辛未,第44册,第146页。

⑦ 《朝鲜王朝正祖实录》卷32,十五年正月辛丑,第46册,第199页。

⑧ 《朝鲜王朝正祖实录》卷32,十五年二月辛亥,第46册,第200页。

此,肃宗及后世国王都需要恰当的名分。那么,如何既为"端庙诸臣"平反,又回护世祖的正统呢? 据称,世祖在给后继者睿宗的《训辞》中,有这样的话:

> 光庙谓睿宗有曰:"予当其屯,汝当其泰。"又有"今日乱臣,后日忠臣"之盛教。此可见大圣人盛德至意,其在仰体之道,事当归美于光庙![①]

类似这样的世祖宝训,被肃宗、英祖、正祖多次重复,以作为他们为端宗及"死六臣""三相"等诸臣追复的重要名分。肃宗曾言,为端宗"复位""真可以增光宗祏而有辞于百世矣"[②];正祖也表示,世祖之言是"大哉训谟,昭揭日星,有以仰达权扶经之圣人微旨,其阐扬而发挥之者,岂不在于予后人欤?"[③]可见,后世国王试图通过列举世祖当时的语录,来为自己攫取名分,一方面证明世祖在当时发动靖难并登上王位的正义性,不触动其王位正统;另一方面,也证明世祖在当时,也肯定了这些死义诸臣的忠节义举,"端宗复位"、追复忠臣是"实现世祖本意"。也就是说,这些非但不是忤逆世祖,反而是对其精神的揄扬。这种解释是很耐人寻味的。

另一个重要的名分是"继述",前文已多次述及。肃宗就称:"予之追复端宗大王位号者,实出诚心,非一时取名之意也。"[④]补编《端宗实录附录》时,还"谨取中庙朝以后,凡所以崇饰之者,首载于上,以见圣上(肃宗)今日之举,实出继述之义"[⑤],即通过罗列历代国王对端宗的崇祀事实,证明肃宗为端宗"复位"之举,是"继述"先王。同样,英祖为"三相"追复,为安平大君等与端宗死事有关的宗室平反,也是依靠"继述"

---

① 《朝鲜王朝正祖实录》卷32,十五年四月癸酉,第46册,第218页。
② 《朝鲜王朝端宗实录·附录》,第7册,第46页。
③ 《朝鲜王朝正祖实录》卷32,十五年二月丙寅,第46册,第204页。
④ [朝鲜王朝]李书九、李义骏等:《庄陵史补·二》卷4《类编一·两陵崇奉事实》,首尔大学奎章阁本(奎贵3684)。
⑤ 《朝鲜王朝端宗实录·附录》,第7册,第46页。

肃宗的名分。

英祖在位期间,还为先王的各个王陵都立了墓表,以示饱受即位争议的他"继述"了朝鲜的王统。正祖则更善于利用此理念,正祖时的官方书籍纂修活动就最具代表性,如对《英庙宝鉴》和尚阙的十二朝《国朝宝鉴》的补修,《羹墙录》《大典通编》的纂修,以及对英祖朝《文献备考》的增订等。从对列朝功业、训谟的弘扬和再整理,到修缮列朝倾心修纂的官方重典,均是标榜"继述",目的即在于体现王统之正。列朝《宝鉴》告成时,正祖命仿造世祖朝始修、成宗朝告成《经国大典》的仪式,以告宗庙。即认为《宝鉴》可以与《经国大典》媲美,都是对李氏朝鲜基业的贡献,世祖又是最先纂修"四朝《宝鉴》"的,这无疑也是对世祖"继述"的体现。同样,正祖崇祀庄陵和对诸臣追复,也体现了对肃宗、英祖的"继述":肃宗三十八年(1712)曾为永丰君李瑢复官爵和赐封号,并命"以礼改葬";正祖十四年(1790),正祖则令重修其墓。[①] 英祖曾在清冷浦为端宗立碑,以做文迹;正祖则把庄陵的祭井命为"灵泉",树碑立记,并筑坛于清冷浦旧址。[②]

更进一步来看,所谓"实现世祖本意"的名分,其实也是对世祖的一种"继述"。这样,两个名分合一,在不触动世祖地位的同时,端宗复位、忠臣追复的正当性也得以确认,正祖君臣就可以为设庄陵配食坛,而进行大范围的有关端宗事迹的整理工作了。

二、《庄陵配食录》与《庄陵志(史补)》之纂修

正祖朝对端宗有关事迹的整理,即是把前朝对端庙诸臣追复的范围进一步扩大,通过整理官私资料,编写详细、全面的诸臣名录,即《配食录》,进入该书的忠臣得以配享庄陵。而后,因纂修《配食录》进行的大量史实考订和资料搜集,又客观上促成了官修《庄陵志(史补)》。

---

① 《朝鲜王朝正祖实录》卷29,十四年二月戊辰,第46册,第94页。
② [朝鲜王朝]李书九、李义骏等:《庄陵史补·二》卷4《类编一·两陵崇奉事实》。

(一)《庄陵配食录》的纂修和内容

正祖十五年(1791)正月十九日,正祖去显隆园祭拜生父庄献世子,路过鹭梁的愍节祠时"旷感六臣",遣承旨致祭。次日,遇到黄默等儒生请为和义君李璎追配彰节祠。然而,即便有了之前的"端宗复位",礼曹仍以"追享有禁"为由,加以反对。正祖不以为然,判曰:

> 和义君之追配于是地是祠,神理人情,俱可谓克叶。而可合追配者,亦岂独和义一人乎?日前驾过鹭梁,路出六臣祠与墓之傍,驻跸移时,眺望咨嗟者久之。行殿宿次,亲缀百二十句侑祭之文,以若旷感之心,有若郑重之典。则六臣固爀爀卓卓于人目,如锦城、和义等似此节义之出于宗英,尤岂不奇壮。况此两宗英外,节义亦多不下于死六臣,而不与于是祠者,今于追配之时,一体施行。实合奖节褒忠之政。其令内阁、弘文馆博考禀旨。①

实际上,就是正祖以守成之君的身份,正式为锦城大君、和义君等被世祖杀害的宗室平反,认为他们的义举不亚于"死六臣",应该得到"奖节褒忠",并命奎章阁和弘文馆负责其追配之事,开启了《配食录》的纂修。

据称,在正祖下令后,端宗的流配之地还发生了火灾:"宁越府火,烧民舍,子规楼旧址出,即端庙所曾御也。道臣以闻,王曰:'事若有相感者。'"②这也成为正祖下令重建端宗旧邸子规楼的理由。事实上,肃宗以来的几朝国王,以"继述"为名,对当时与死事有关诸臣的追复,也一直没有中断。因"端庙诸臣"后代受制于对其先祖的忠逆判定,也一直积极图求为先祖平反。如在正祖十四年(1790),地方幼学许默就曾上言,以尹舜举(1596—1668)《鲁陵志》③和南孝温《六臣传》所载为据,

---

① [朝鲜王朝]正祖:《弘斋全书》卷180,《群书标记二·御定二》,第267册,第509页。

② 《朝鲜王朝正祖实录·附录》,第47册,第294页。

③ 是时任宁越郡郡守的尹舜举,在查看郡衙中收藏的《鲁陵录》后,于显宗四年(1663)补充完成的,当时书名为《鲁陵志》。后又由朴彭年后孙朴庆余和权和补充内容,肃宗三十七年(1711)刊行,改为《庄陵志》。而该书正式为官方认定是在英祖三十四年(1758),英祖读后遂为六臣、三相等复官、追赠和赐谥。

希望为许诩之子修撰官许慥平反。正祖认为他是忠烈之后，遂将其复官，并追赠弘文馆副提学。[1] 许家二人后来也被收录于《配食录》中。所谓的"旷感六臣""儒生请言""端宗流配地失火"等事件，很可能也只是正祖为了扩大追复活动，即为编《配食录》和建配食坛而寻求的名分。

配食坛建立之前，必须先确定哪些大臣符合配享端宗的资格，即纂修《配食录》。这项工作是由奎章阁和弘文馆负责的，体现了高度重视。

《配食录》之纂修，"岂徒曰显忠表微而已，亦所以揄扬我光庙达权扶经之微意云"[2]。有了充足的名分后，这年（1791）正月二十二日，正祖命"馆阁"官员分别考察了多种私家文书，其中涉及与宗室、诸臣事迹有关的谥状、人物传记、祠堂记、碑铭、墓志，以及野史《庄陵志》《鲁陵志》等资料。这月三十日，正祖还下令："外此邑中，流传之事实，毋论刊本写本，或断烂残编，苟有不载于《陵志》者，道伯诚心取聚上送事，一体下谕。"[3]体现了对地方资料的最大限度之搜求。二月一日，因正祖认为"馆阁博考，犹不如《实录》之详"，遂遣阁臣徐荣辅、史官赵鼎镇等人去江华岛史库，考《世祖实录》。这也是仿肃宗二十四年（1698）为端宗复位时，先考《实录》之举。[4] 这一过程中，除了为锦城大君、安平大君等宗室和"死六臣""生六臣"等名臣彰节外，还整理了更多的"忠臣"事迹。之后，又结合史臣所考《实录》的内容，"益得其详，编成《御定配食录》"[5]。在编成《配食录》后，正祖于这年（1791）二月二十一日下教，命在庄陵柏城之外，设配食坛："就本陵红箭门外，除地为场。每年寒食，从与享之。"[6]之后的二十四、二十五日，又与李福源、蔡济恭等重臣商议了配食坛配享诸臣的取舍，详细议定了坛制、祠版、祭祀仪礼等内容。[7]

《庄陵配食录》由正祖发起和最终制定，属御定之书，成为朝鲜官方

① 《朝鲜王朝正祖实录》卷29，十四年二月庚午，第46册，第95页。
② ［朝鲜王朝］正祖：《弘斋全书》卷180，《群书标记二·御定二》，第267册，第509页。
③ 《承政院日记》，正祖十五年一月三十日。
④ 《朝鲜王朝正祖实录》卷32，十五年二月丙午，第46册，第200页。
⑤ 《朝鲜王朝正祖实录》卷32，十五年二月丙寅，第46册，第204页。
⑥ ［朝鲜王朝］正祖：《弘斋全书》卷60，《杂著七》，第263册，第462页。
⑦ 《庄陵配食录》，美国哈佛大学图书馆藏写本，年代不详。

祭祀端宗的礼法依据。笔者所见该书两个版本:第一种,收录于正祖御制《弘斋全书·杂著》之中,包括有关设坛背景的介绍、"正坛三十二人"(六宗英;四懿戚;三相臣;三重臣;两云剑;六臣与六臣父若子中卓尔;许诩、许慥、朴季愚;文敬、文献之子若孙而尤迥异;顺兴府使李甫钦)的祝文和所收录人员的事迹,这些人的事迹均"着(著)在国乘与《陵志》"[1],"别坛二百三十六人"(事未详赵遂良等十二人、坐收司者,宜春君等,二百二十四人)纸榜的仪式和所录人员事迹。[2] 后面附"庄陵朝尽节诸臣配食教"(正祖命设坛的教文)、"配食诸臣取舍收议批"(与李福源、蔡济恭关于配享人员的取舍商议)几个部分。[3] 另一版本,二卷,写本。记录了"正坛"三十二人(六宗英;四懿戚;三相臣;三重臣;两云剑;六臣与六臣父若子中卓尔;许诩、许慥、朴季愚;文敬、文献之子若孙而尤迥异;顺兴府使李甫钦、都镇务郑孝全),"别坛"一百九十八人(事未详者赵遂良等八人、坐收司者金承珪等一百九十人)。[4] 两书的"别坛"均分设三祠版,按照癸酉(1453)、丙子(1456)、丁丑(1457)死事人分类,体现在《配食录》中。两版本最大的不同,体现在对配食人员的收录上,后一版本"正坛"中"五懿戚"为"四懿戚",增加郑孝全;"别坛"部分人员减至一百九十八人。并且,与前版本收录人员事迹不同,后版本以名录为主,名字上,均书追赠之官衔。此外,收录内容又各有侧重,后一版本《配食录》不仅仅是名录,还记录了正祖设坛的始末(包括"旷感六臣""儒生请言"之事,"馆阁"所考人物事迹的详细经过、正祖优待宗亲后代、命设坛之传教文、御制祝祭文等),内容按时间顺序编入,颇有史书的特点。后一版本中还记录了纯祖时的祭文,说明此版本可能为后来重新删改而成。

正祖称:"予于端庙朝,别有所兴慕而激感者。读《庄陵志》,不觉潸

---

① 《朝鲜王朝正祖实录》卷32,十五年二月丙寅,第46册,第204页。

② 配食人物的具体情况,详见[韩]安承培:《莊陵 配食壇 享人物 研究-世祖篡奪의端宗 復位運動과 관련하여》。

③ [朝鲜王朝]正祖:《弘斋全书》卷60,《杂著七》,第263册,第244—463页。

④ 《庄陵配食录》,美国哈佛大学图书馆藏写本。

然而涕。圣朝光复之后,情文礼义,可谓靡有余蕴。而今者设坛配食之举,不但为尽节诸臣数百年湮郁之冤,盖欲少寓予感慕之怀,亦继述之一端。"①又云:"予惟靖难之事,忌讳弘多,传闻易爽。稗说私乘,率多悠谬,苟无一部征信之书。孰知今日取舍之义,遂略缀配食诸人之立懂事迹。褒赠始末,叙次之为是卷。"②虽然世祖以后,有诸多国王不满世祖靖难后的所作所为,但因世祖的正统性不容否定,所以官方一直对此"忌讳弘多"。为端庙诸臣设坛和编《配食录》之举,已可见正祖以"继述"为名,给更多的为端宗"死节"的宗亲和大臣平反,是对"端宗复位"的扩大和推进。编书过程中,考察了大量"公私文迹",所编《配食录》也成为了体现官方意志的"一部征信之书"。

(二)《庄陵志(史补)》的纂修

正祖十五年(1791),为设庄陵配食坛和编《配食录》,"始得当时事实颇详"③。对于人物、史实、资料的详尽掌握,就为官修《庄陵志》打下了基础。

关于官修《庄陵志》的意义,曾参与编校的成大中有言:

> 庄陵诸臣,尽忠所事,刀锯之惨,甘之如饴。天常由是而明,人纪由是而立,讵不为百世光哉! 然参夷之加,时有不得已也,岂光庙之本意哉! 故旋以后世忠臣许之……然事迹则阙焉,今之征信者野史也,然考实终逊于国乘。如六臣毕命之地,皆认以露梁,至以疑冢为证,然《实录》则军器寺前也,若此类者多。必也以野史之直书,合国乘之实记,然后方可以传信也……今上丙辰,命撰《庄陵志》,征魂记,考《实录》,设配食坛于庄陵……而诸臣之烈,始大彰于世。④

① ［朝鲜王朝］正祖:《弘斋全书》卷175,《日得录十五·训语二》,第267册,第406页。
② ［朝鲜王朝］正祖:《弘斋全书》卷180,《群书标记二·御定二》,第267册,第509页。
③ ［朝鲜王朝］正祖:《弘斋全书》卷184,《群书标记六·命撰二》,第267册,第576页。
④ ［朝鲜王朝］成大中:《青城集》卷8《题跋书金忠毅遗事后》,韩国文化推进会编《标点影印韩国文集丛刊》,2000年,第248册,第507—508页。

成大中的文字代表了当时一批士人的话语,即为端宗守节的忠臣事迹,理应流芳百世,才能严立纲纪,辨明义理,诛杀忠臣实不是世祖的本意。而这类事迹仅靠野史记载,既是不够也是不准确的,需要考察公私文迹之实,用以传信。这项工作,又为正祖所主导。

因官方对端宗朝之事长期避讳不谈,所以,只有《鲁陵志》《庄陵志》两野史流传相关事迹。正祖不满于两书"考据未博,体裁疏牾"①,有改纂《庄陵志》之意已久,又因涉及"忠臣"之后的切实政治利益,地方士林也十分支持。在正祖十五年(1791)四月,新修《庄陵志》的编者之一,掌令郑景祚就曾上疏:"《庄陵志》改纂之命,实出博取该载,靡有阙遗之圣意",并要求同时把定顺王后的史事也录入其中,"同为附录,以备二陵一通文献"。②金诚一子孙也"闻《庄陵志》续修,欲载录其祖疏语而上来云矣"。③在这月二十八日,正祖初步选定了参修人选,因为奎章阁直阁"多事",认为可由原《庄陵志》编者尹舜举子孙和"端庙朝尽节人子孙"郑厚祚"同为编辑"。④次日,正祖正式命官修《庄陵志》:

> 日前见台章,又闻大臣言,《陵志》之编次,认有指一成命而然也……至有远儒之上来者云,因此修润无所不可,直阁及入直玉堂使之校正,校理尹光普,即旧《志》撰次者之玄孙,亦令眼同为之。宁阳尉后孙中亦有娴于典故者云,使之一体参校。⑤

> 《陵志》旧有故掌令尹舜举所撰,上以是书颇疏略,命玉堂李义凤、朴奎淳、尹光普修润之,以宁阳尉郑悰后孙厚祚,习典故,许令与闻。⑥

---

① [朝鲜王朝]正祖:《弘斋全书》卷184《群书标记六·命撰二》,第267册,第576页。
② 《承政院日记》,正祖十五年四月十九日。
③ 《承政院日记》,正祖十五年四月二十五日。
④ 《承政院日记》,正祖十五年四月二十八日。
⑤ [朝鲜王朝]李书九、李义骏等:《庄陵史补·一》卷首《奉教》。
⑥ 《朝鲜王朝正祖实录》卷32,十五年四月癸酉,第46册,第218页。

因尹舜举私纂的《鲁陵志》内容过于简略,在配食坛建成仅两月,正祖就又下令重修新《庄陵志》,对原书加以修润和校正。参与者主要是"馆阁"之臣,起初的人员,有直阁徐荣辅、前校理李义凤(1733—1801)、朴奎淳(1740—?)和尹舜举的玄孙尹光普(1737—1805)等。郑悰曾为文宗的驸马,后因与锦城大君图谋反对世祖而死,其后孙郑厚祚(1738—1793)也得以参校该书。因"不过增修,不必设厅",此书的纂修地点定于弘文馆。①

这年(1791)五月,正祖召见徐荣辅、尹光普、李义凤、郑厚祚等编书诸臣,又重申了世祖的"训辞"以严义理名分,并说道:"此书编辑,所重在焉,不可不难慎……且既命馆阁之臣撰辑,则体段与草野所言,大有异焉,不可一依《鲁陵志》为之。务从谨慎,宛转委曲,详而不烦,简而不疎,可也。"②他在此又强调了该书修纂的重要性,并要求诸臣在纂修时要区别于《鲁陵志》这样的野史,除了在内容上,详简得当外,还要体现官修史书的属性。这是因为,涉及到世祖、端宗的一些史实,都是相当敏感的,纂修时特别要做到"谨慎"和"宛转委曲",这无疑又是官方意志的一种体现。

因为有之前考史的基础,资料充足,正祖又十分重视,《庄陵志》的纂修进展很快。五月初,正祖已命诸臣"取览《陵志》草稿③,"各成书以进"时,他发现尹光普等编摩仿"志体",李义凤撰次仿"纪年体"。④这说明编者们是各自纂修,因体例的不同,出现了两个版本,一个"按事分题"、一个"编年叙事",正祖希望能"各成一本后议定"⑤。这月十一日,正祖命李义骏(1738—1798)、李书九、朴基正(1748—?)校正《庄陵志》:"参知李义骏,与前承旨尹光普等,承命编辑,未及校正。遂命义骏及李书九,看详淘洗,而前承旨朴基正亦与焉。"⑥八月,李书九、李德懋

① 《承政院日记》,正祖十五年四月二十九日。
② 《朝鲜王朝正祖实录》卷32,十五年四月癸酉,第46册,第218页。
③ [朝鲜王朝]李书九、李义骏等:《庄陵史补·一》卷首《奉教》。
④ 《朝鲜王朝正祖实录》卷32,十五年四月癸酉,第46册,第218页。
⑤ 《承政院日记》,正祖十五年五月六日。
⑥ 《朝鲜王朝正祖实录》卷32,十五年五月乙卯,第46册,第651页。

和待教沈象奎仍在忙于该书的编辑工作。①

之后,对该书的编校似乎中断了,直到正祖二十年(1796)五月十一日,正祖问及此书是否存于内阁,命"尹光普家所集本及朴基正家所在本,亦使之持来,趁今编纂"②,并下教,要求继续完成此书的校正:

> 《庄陵志》编辑成命已久,兵曹参知李义骏,前承旨尹光普等编役,几近脱稿。而因宰臣李书九之出按湖南,独于校正一事,未及为之。今日取见编置之本,若费一两日可以讫工。行护军李书九仍差编堂,与兵曹参知李义骏眼同淘洗,无或抛置。前承旨朴基正,亦令同为看捡。前府使成大中,令该曹口传付军职,使之来待内阁。③

可知,《庄陵志》已经基本纂修完毕了,只差最后的校订。该书的进度,用成大中之言:"书既成编,今所加润,特不过若干添载。"④正祖甚至认为只需一两日就可完成,命左承旨李书九、兵曹参知李义骏、应教朴基正、检书官成大中继续负责。

宰臣李书九在《庄陵志》的校对中,起到了重要作用。正祖命他"博采群书、重加厘订",校改时还注意"去取裁择,一以《实录》为主"⑤,保证该书体现官方立场。这年(1796)五月十二日,也就是重命编校该书的次日,即命春秋馆堂郎到鼎足山史库考《实录》。⑥ 因李书九认为该书"当时年月纪载,未有详据矣"⑦,所以此行的主要的目的是考清时

---

① [朝鲜王朝]李德懋:《青庄馆全书》卷71,《附录·先考积城县监府君年谱下》,韩国民族文化推进会编《影印标点韩国文集丛刊》2000年,第259册,第324页。

② 《承政院日记》,正祖二十年五月十一日。

③ [朝鲜王朝]李书九、李义骏等:《庄陵史补·一》卷首《奉教》。

④ 《承政院日记》,正祖二十年五月十二日。

⑤ [朝鲜王朝]《弘斋全书》卷184,《群书标记六·命撰二》,第267册,第576页。

⑥ 《朝鲜王朝正祖实录》卷44,二十年五月丙辰,第46册,第651页。

⑦ 《承政院日记》,正祖二十年五月十二日。

间。然而,更重要的是,该书的"凡例"仍未最后确定。因《庄陵志》初编有两个体例不同的版本,正祖曾"命前承旨李书九,取两书所长,裁成一书"①,想对两种体例进行折衷。这日,正祖又询问道:"此书事体甚重,凡例自异。以纪年之法,兼本记之体而为之乎?"李义骏非常赞赏李书九所编定"凡例":"见书九所编定,则于发凡起例,最为精详,深得编书之法",同时,成大中也并无异议。② 该书"凡例"就由此确定,即采用了仿纪传体的编法,其中附入编年和传记的内容。这月十五日,正祖再次询问该书的完成情况,阁臣徐有榘答:"明日似可讫工矣。"③故《庄陵志》极有可能于这月十六日完成改纂,并于当年内入④。

纯祖二年(1802),官修《庄陵志》已更名为《庄陵史补》,并由阁臣重新缮写:"先朝御定……《庄陵史补》三册……依下教缮写以进。"⑤时任阁臣洪奭周记载:"凡有为端庙尽节者,咸搜采表章之,命其书曰《庄陵史补》。书既成,藏之宙合楼,不遽付剞劂,盖犹将有待于佚闻也。"⑥即说明正祖命编之《庄陵志》即是《庄陵史补》,后藏在奎章阁宙合楼,没有刊刻的原因,大概是怕还有忠臣事迹被遗漏。官修的《庄陵志》易名原因尚不可知,可推测是为了区别私纂《庄陵志》,同时,该书又是对已有端宗事迹的整理和补充,易名为"史补"也合乎情理。

韩国学者윤정也认为:"编成的《庄陵志》即是后来的《庄陵史补》。"他还发现,首尔大学奎章阁研究院还藏有与《庄陵史补》有关的其他版本书籍:

　　　　《庄陵誊录》(奎 12974):对《庄陵史补》的"编书始末"进行了

---

① 《朝鲜王朝正祖实录》卷 32,十五年四月癸酉,第 46 册,第 218 页。

② 《承政院日记》,正祖二十年五月十二日。

③ 《承政院日记》,正祖二十年五月十五日。

④ 《承政院日记》,正祖二十一年三月四日条:"又教书九曰:'《庄陵志》,已为成书耶?'书九曰:'昨年内入矣。'"

⑤ 《承政院日记》,纯祖二年五月三十日。

⑥ [朝鲜王朝]洪奭周:《渊泉先生文集》卷 18,《序上·孤隐遗事序》,韩国民族文化推进会编《影印标点韩国文集丛刊》,2002 年,第 293 册,第 412 页。

一些记录;①

《庄陵志》(奎 12873):内容包括图说、卷一《事实》、卷二《复位》、卷三《坛墠、遗迹、题记》、卷四和卷五为《附录》,推测为 1791 年尹光普整理的"志体"版本;

《庄陵事略》(奎 7780):内容有纪年《端庙始末》二篇、《庄思两陵崇奉事实》、《诸臣褒赠恩教》和配食坛建立等事实为《续篇》三篇。疑为 1791 年李义凤整理的"编年体"版本的一部分;

《庄陵史补》(奎 1994)为《庄陵史补》的初稿,是 1796 年的最后校正本。②

总之,从史料记录来看,官修《庄陵志(史补)》的纂修虽历时五年,但编纂活动主要集中于正祖十五年(1791)和正祖二十年(1796),1796 年五月成书,由诸多"馆阁"人员和忠臣子孙参与纂修。《庄陵史补》卷首只列出了最后参与该书校正的李书九、李义骏、朴基正、成大中四人为编者。李书九不仅几乎全程参与了纂修过程,与李义骏等在后期的收尾工作中,也贡献颇多。此外,尹光普、李义凤等人在该书前期的编纂过程中,编出了两个版本的《庄陵志》供正祖御览,作用也很大。

(三)《庄陵志(史补)》的内容和纂修特点

《庄陵志(史补)》三册,10 卷,写本。其体例仿纪传体史书,除《卷首》外,共分《上编》(卷 1)、《下编》(卷 2—3)、《类编》(卷 4—6)、《别编》(卷 7—9)四部分:

---

① 该书纂修可能经历五个版本:1、1791 年李义凤整理的"编年体"本;2、1791 年尹光普整理的"志体"本;3、1791 年李书九将两书体例同一的版本(未成);4、1796 年李义骏和尹光普等所编本;5、1796 年对 4 版本的校正和扫尾。见[韩]윤정:《正祖代 端宗 事蹟정비와'君臣分義'의 확립》,第 247—248 页。

② 以上参见[韩]윤정:《正祖代 端宗 事蹟정비와'君臣分義'의 확립》,第 247—251 页。

《上编》纪端庙事实,略仿《本纪》之例。《下编》纪配食忠臣、死
事诸臣之事迹,略仿《列传》之例。《类编》纪两陵崇奉、诸臣褒赠之
始末,略仿史《志》之例。《附(别)编》则衰辑列朝宸章,而诸臣撰述
系焉。①

《卷首》部分除交待奉教经过、作者、编书凡例、引用书目等有关内
容外,还附有"图"的部分,绘制了庄陵、思陵、子规楼、观凤轩、清冷浦、
净业院、彰节祠、愍忠祠八图,描述了端宗、定顺王后被流配之地和"死
六臣"等忠臣祠堂的历史、地理情况,"庄陵图"还附录了配食坛的介绍。
《上编》名"纪年",类似于端宗的"本纪"。纪年部分虽多参考了《实
录》,但不仅增加了《璿源系谱纪略》和《国朝宝鉴》《列圣志状》《文苑黼
黻》《追感皇恩编》等英、正祖时期最新的官修书籍,还补入私家文集、野
史等有关内容。叙述以时间顺序为主②,但其中多有人物和事件插入。
从世宗二十三年(1441)七月端宗出生起,先后讲述其被封为世孙、世
子;文宗薨前的托孤史实;后来的即位过程;端宗元年(1453),世祖靖难
的详细经过。端宗于1455年闰六月禅位,《端宗实录》只记载到此,而这
里把端宗禅位以后的历史也加以整理补录,记载了端宗"上王"时期的表
态、"死六臣"为其谋求复位、端宗被赶出宫中和降为鲁山君的过程。还
引用野史、文集之记载,说明端宗在流配地的生活情况,直到世祖三年
(1457)十月二十四日被杀。最后,还附有肃宗、英祖、正祖三朝国王为端
宗及死事诸臣的追复历史。肃宗的部分,与《端宗实录·附录》的内容几
乎相同,但更为详细;正祖部分,还记载了配食坛的设立情况等。
《下编》两卷为忠臣事迹。《下编一》为"配食忠臣",包括安平大君、
锦城大君、和义君、安南君、永丰君等宗室;"三相""死六臣"等重要诸臣
30人的事迹。记录顺序按照配食坛制。《下编二》为"死事诸臣"(因参
与复位之事而被杀)40人、"靖义诸臣"(为端宗守节或尽忠之人)26人

---

① ［朝鲜王朝］正祖:《弘斋全书》卷184,《群书标记六·命撰二》,第267册,第576页。
② 全书的纪年方式一般为"朝鲜国王庙号加干支",如"英宗乙卯"。也有精确年月记载的情
况,如"太宗三年甲子(干支小字)二月甲子"。

事迹。

《类编》三卷,为历朝国王对端宗及定顺王后的崇奉、对诸臣的褒赠史实。《类编一》为"两陵崇奉事实"是历朝国王对庄陵、思陵的崇奉言论、祭文和祭祀仪礼等。上溯至成宗、中宗、宣祖、孝宗,下至肃宗、英祖、正祖。肃宗、正祖部分又详细记载了为端宗复位和设立配食坛的过程,并记录了配享人名录和有关仪节,此处以"别坛"的分类来记录人物名录,且人物名不附冗长的官爵。《类编二》是"诸臣褒赠始末",记录历代国王对诸臣及其后嗣的悯恤、褒奖、祭祀的事实,从世祖开始,依次是睿宗、成宗、中宗、宣祖、孝宗、显宗、肃宗、英祖、正祖,后三朝最为详细。尤其是正祖朝,正祖设配食坛的内容再次出现。《类编三》"杂缀",是对一些野史笔记、文集中,有关端宗及诸臣事迹的收录,内容庞杂,大部分无精确时间,不易归入上述各卷内。

《别编》三卷,收录历朝国王和大臣的致祭文等。《别编一》为"肃宗大王、英宗大王、当宁(正祖)御制",是肃宗以来的国王崇奉端宗及诸臣的御制祭文等。正祖的《御制》后,附上了时、原任众多阁臣所作的"庚韵",包括吴载纯、徐龙辅、李晚秀、尹行恁、李书九、李义骏等23人。"附诸臣代撰"为中宗、宣祖、光海君、孝宗、显宗、肃宗命大臣代为拟写的祭祀缅怀之文,题名下标注国王庙号和干支、撰者名字,但多为阙名。题目同名用"又"代替。《别编二》"附诸臣撰述"为自中宗以来至正祖朝,大臣所作的崇祀端宗和诸臣的祭文、赞、碑铭、上梁文、传记等50篇。部分题目后注时间,下注作者名。包括李珥、南九万、李徽之、宋时烈、尹舜举、洪良浩、蔡济恭、李福源等三十余位朝鲜重臣、名士之作,题目同名用"又"代替。《别编三》仍名"附诸臣撰述",收录四十余名儒士所作的缅怀端宗之诗文,共61首。不标注时间,题目下书作者。大量题材相似或同名,如以《越中感怀》为题的诗文就有35首。

通过该书的内容,不难总结出其编纂的一些特点:

第一,资料详尽、征引细致。从该书的卷首《引用书目》来看,共引用官私书目154种。其中官撰书13种,还采用了《国朝宝鉴》《大典通编》《文苑黼黻》等正祖朝最新修纂的官方典籍。私撰书141种,包括大量文集、野史家乘等(如表6.3)。该书博采公私文迹,文献详尽,说明《配食录》纂修前的文迹整理工作,起了很大作用。除了资料丰富,全书的行文内容,凡是有参考或直接引用的地方,都尽力做到了引注出处:"每段之下必录书名,而抄节凑合之际,或有字句之倒插更定者,取其语简而意完。"①在文献征引方面,非常细致。

表6.3 《庄陵志(史补)》所采书籍类型和要目举例②

类型			要目举例
官撰	国王御制		《列圣御制》《列圣志状》
	与国王有关的官修史书		《国朝宝鉴》《实录》《璿源系谱纪略》《璿源录》《(承)政院日记》
	其他官修书目	地志、政书	《舆地胜览》《文献备考》《大典通编》
		文集	《追感皇恩编》《东文选》《文苑黼黻》
私撰	两《陵志》		权和《庄陵志》、尹舜举《鲁陵志》
	地志		《宁越府志》《顺兴府志》《公山志》《鲁湖志》等
	文集	忠臣	《朴先生遗稿》《成先生遗稿》《河先生遗稿》等
		名儒	《牛溪集》《尤菴集》《栗谷集》《清阴集》等
	野史家乘	杂记	《朝鲜记事》《秋江冷话》《阴崖杂记》《戊寅记闻》《海东野言》等
		传记	《忠义传》《海东名臣录》《俎豆录》《丙子录》《宁越誊录》等
		家谱	《平杨朴氏世谱》《安东权氏世谱》《平山申氏世谱》《金海金氏世谱》等
		谥\行状	《锦城谥状》《永丰君谥状》《朴公谥状》《金公谥状》《皇甫公行状》等
		墓志	《安公墓碑》《尹公墓表》《皇甫公墓表》《宁阳尉墓志》等
		家乘	《平阳家乘》《河氏家乘》《具氏家乘》等
		家传	《海平家传》《宁阳尉遗事》《西山事迹》《李公事迹》《严公事迹》等

---

① [朝鲜王朝]李书九、李义骏等:《庄陵史补·一》卷首《凡例》。
② [朝鲜王朝]李书九、李义骏等:《庄陵史补·一》卷首《引用书目》。

第二,标榜"述而不作",实则体现官方意志。该书"凡例"称:"此编杂引诸书,序次成文,窃付述而不作之义。"①即认为该书是各类文献资料的汇纂,之所以会列《引用书目》,征引细致,也是这个原因。但事实上,该书处处体现官方意志。首先,从纂修上来看,该书"既系承命纂次,与尹舜举《鲁陵志》、权和《庄陵志》等草野私撰体裁不同。虽博采群书,要以《实录》为主,事实则必取详核,记载则务从谨严"②。正祖曾对参修诸臣提出这样的要求,这就从纂修的定位上,确立了该书与私修之书的不同;以《实录》为主,更是体现官方记录的话语模式。其次,从内容上看,书中对世祖篡夺端宗王位的过程,做了回护。例如,录入世祖靖难后,端宗"表彰"他的教文等,以承认靖难的正义性;端宗禅位后,还加入《追感皇恩篇》中端宗说给明朝册封使的一段话,内容是对世祖才能的称赞,以承认让位的合法性;"死六臣事件"、端宗流配的过程也多引用《世祖实录》原文,对端宗之死语焉不详等。③ 这是"继述"名分的需要,也是正祖所言"务从谨慎,宛转委曲"的体现,表明官修的立场。此外,采用仿纪传体史书的"正史"体裁,也是对该书属官修史书地位的体现。

第三,材料选取、考订严谨。虽然官私资料繁多,但由于经过较长时间的考校,该书在材料选取、史实考订上,都有严谨之处。例如在《下编》"靖义诸臣"人物的选取上,坚持"姓名表著已经褒赠者外,只取辛亥内阁玉堂所抄之人,其余杂出,于近年私记而不见于国乘及先贤遗集者,不敢妄采以严取舍",对诸臣事迹的选取,可谓审慎。在《类编》纂修时,因事涉国王的活动,做到了"如纶綍、疏启,仪节品式,俱不可不详录",还别立《杂缀》一目:"逸事古迹之杂见诸书者,亦并收采",即对野史、杂史也不轻易遗漏的态度。更值得一提地是,书中在征引有关内容后,还常以"谨按"的形式,小字附上考订文字:"若其事虽未著名,不可阙者,就各人传下双书'谨按云云',略加辨论,以备参考","诸书中年月错误、事实

---

① [朝鲜王朝]李书九、李义骏等:《庄陵史补·一》卷首《凡例》。
② [朝鲜王朝]李书九、李义骏等:《庄陵史补·一》卷首《凡例》。
③ [朝鲜王朝]李书九、李义骏等:《庄陵史补·一》卷1《纪年》。

纰缪者,亦以'谨按'云云,双书其下,略加辨正"。[①]　其中有对具体史实、时间的考订,更有对诸多文献中异说的辩证分析,说明取舍有据。

三、君臣间的"博弈"与"互动"

两书的纂修体现着朝鲜中期以来,在"义理""名分"的话语体系之中,君臣间的"博弈"与"互动"。

朝鲜中期以来,随着"士林政治"的强化,王权受到更多的限制,以"公议"为名,士林朋党相争,干预"国本"之事,甚至达到废立国王的地步。[②]　宣祖时,就有各朋党分别支持光海君、永昌大君、临海君,争夺储君之位;光海君还被西人通过"仁祖反正"废位。肃宗被卷入南人和西人之间的党争,其王权伸张只能通过频繁的"换局"实现;西人分裂为老论、少论后,又分别支持了延礽君(英祖)和世子(景宗)。景宗病逝后即位的英祖,又以"毒杀景宗"为由,遭到了南人和少论的反叛。英祖长期担忧对其王位的威胁,以至于有《戡乱录》《阐义昭鉴》等义理书籍的纂修,并实行针对党争的"荡平策",却仍没能避免庄献世子卷入党争,并死于"壬午祸变"的悲剧。正祖以"世孙"身份即位前后,亦多次遭到外戚等反对势力的谋害,遂有《原续明义录》的纂修。国王们逐渐认识到,士林倡导的义理,虽然制衡王权,亦可用来反制和牵制士林,义理的宣扬是一场君臣博弈的"政治游戏"。因此,肃宗、英祖、正祖等国王致力于宣扬"君臣节义",以达到"王政复兴"的目的,"端宗复位"和有关诸臣事迹的整理工作正是由此开展。

"惟兹议举配食之典,窃自附仰述之一端。"[③]正祖通过"继述",顺利地获得了建立配食坛的名分,并进行了大规模的端宗有关事迹的整理,纂修《配食录》《庄陵志(史补)》。褒奖、祭祀诸臣的同时,是背后"君

---

①　[朝鲜王朝]李书九、李义骏等:《庄陵史补·一》卷首《凡例》。

②　国王的承继受到长子顺序的原则、父王的承继意识、王子和臣僚支持和竞争、外戚影响力等因素的复杂作用,也往往构成了王与臣子之间的矛盾。[韩]陳德奎:《朝鮮王朝 後期 支配勢力의世襲的 流動性에 대한 研究》,第28页。

③　《朝鲜王朝正祖实录》卷32,十五年二月丙寅,第46册,第204页。

臣一体"义理的宣教。正祖曾追忆道:"往在肃庙戊寅,追庄陵也。筵臣以六臣祠,太近于丁字阁为言,引杜甫诗'武侯祠屋长邻近'之句,命勿毁。"①在肃宗为端宗复位后,有大臣认为六臣祠堂离庄陵过近,提议迁出,但肃宗引杜甫诗句表达了"君臣一体同祀"的观点,即"六臣"理应配享端宗。正祖搜寻诸臣事迹,在庄陵旁建造配食坛,正是对肃宗理念的继承,真正做到了诸臣配享端宗的"君臣同祀"。新修《庄陵志(史补)》中,卷四《两陵崇奉事实》在记载正祖设坛事实的同时,将各坛配享诸臣名录也在此一并附入,也正是对"君臣一体"理念的体现。

强化"君臣一体"即是强调"君臣节义",通过对端宗有关忠臣事迹的整理、弘扬,达到宣教目的,是对淹没于士林党争和"公议"之中的国王权力的伸张。身处"换局"之中的肃宗实现了对"死六臣"的追复和端宗复位,即是为了强调"君臣节义",并由此掌握对国政运营的主导权。② 处在荡平政治深水期的正祖,要强化君权,也必须确立君臣间的道义。

正祖十二年(1788),正祖命将原配享中庙的大臣朴元宗、成希颜、柳顺汀黜享。几人均是"中宗反正"时,将燕山君废位,拥立中宗的"反正功臣",然而中宗丈人被杀,王后慎氏被废,自己也俨然成为这些勋臣的傀儡。正祖认为:"三人者之罪,可谓难掩,国乘载焉,野史传之,以撤黜之尚迟,为阙典欠事,人情所同,公议可见。"遂将"三臣黜享"。③ 士林本因对抗勋旧而兴,故而正祖此举并未受到任何阻力。在编《配食录》前的正祖十八年(1794),正祖还为柳梦寅复官。柳梦寅为光海君时期的礼曹和吏曹参判,"仁祖反正"后,因谋求为光海君复位而被处死。因其忠于光海君,被认为是伯夷叔齐一样,不侍二君,绝对忠于君主的人物。正祖认为:"其死则特以不事二君之义也,予则以梦寅事,不下于六臣。"④又将其与"生六臣"之一的金时习相比:"时习、梦寅,彼二人者

① 《朝鲜王朝正祖实录》卷32,十五年二月丙寅,第46册,第204页。
② [韩]尹珽:《正祖代 端宗 事蹟정비와'君臣分义의 확립》,第236页。
③ 《朝鲜王朝正祖实录·附录》,第47册,第294页。
④ 《朝鲜王朝正祖实录》卷40,十八年五月戊申,第46册,第474页。

所慕者夷齐也,一生一死之不同……则朝家所已时习者,可不施于梦寅乎?"①柳梦寅与六臣一样,也应得到褒奖,即与端宗尽节诸臣的追复之事联系在一起。

正祖论道:"人臣事君之义,惟其所在而致命,不以明暗而异节,自是经常之道。"②强调人臣对君王的绝对忠义。他甚至还说:"大抵臣之忠,女之贞,一也。君虽无礼,臣不可以不忠,亦犹夫,夫虽不良,女不可以不贞也。"③申明臣对君之忠,就如同女人对丈夫的忠贞一样,君主失德,臣亦不可失节。"暴君"燕山君发动几次士祸,杀戮大臣、荒淫无度;光海君杀兄废母,又暗通后金,背弃明朝。两人在朝鲜王朝的定位,理应是被废位的昏君。而"中宗反正"之后,朝鲜的王政被极大削弱,勋臣、外戚轮番掌控朝政;"仁祖反正"的背后,则是西人与大北派的权力斗争,西人卷土重来。所谓正义性的名分,自然是胜利者所制定的话语。所以,正祖通过黜享"反正功臣"和为忠于废君之臣平反,想彰显的,自然是这种不以君主德否为评判标准,而注重"君臣节义"的行为。在不触动这些"反正"正当性的前提下,某种程度上,正祖表现出了对大臣废立国王行为的否定,尤其是对党争"绑架"王权的警惕。柳梦寅为光海君而死,端庙忠臣是为端宗而死。因此,正祖通过大张旗鼓地整理端宗事迹,先后成《配食录》和《庄陵志(史补)》二书,即表达了官方彻底认定了端庙诸臣之节义,既是将"君臣同祀"的理念付诸实践,更通过对其事迹的弘扬,向士林们宣传臣子为君王尽节的理念,以求达到"君臣分义",这是正祖的政治意图。

强调大义名分的现实与严重的朋党之争,对王权继承者带来了极大变数。世子选定往往受到大臣的干预、党争的影响。因此,国王亲自选定继承者,并巩固其地位,也是王权稳固的重要部分。通过大力宣扬

---

① 《朝鲜王朝正祖实录》卷41,十八年九月甲寅,第46册,第510页。
② 《朝鲜王朝正祖实录》卷40,十八年五月戊戌,第46册,第472页。
③ 《朝鲜王朝正祖实录》卷41,十八年九月甲寅,第46册,第510页。

"君臣节义",也客观上有捍卫世子地位的作用。肃宗朝为端宗"复位"和"死六臣"的追复,是肃宗的政治意图,即强化世子的地位。[①] 正祖进一步利用了这种理念,正祖的第一个儿子文孝世子于正祖十年(1786)夭折,正祖十四年(1790),也就是设配食坛前一年,正祖从绥嫔朴氏处得到元子(纯祖)。正祖以肃宗被册封为世子较晚,而成为一代明君为由,认为世子册封越晚,国力越强。[②] 遂多次拒绝诸臣的册封奏请,纯祖被册封世子时,已是正祖去世当年。世子册封之晚,体现了正祖对王子继承王业的期待,也反映了他对士林干预王位继承的警惕,从而保护元子,免于卷入党争,这实际上标榜的也是一种"君臣分义",甚至是储君与大臣间的"分义"。元子诞生之后,正祖即命建配食坛、编《配食录》和《庄陵志(史补)》,此举成为重塑君臣关系的一个重要象征,提醒大臣不要干涉"国本"之事。

《配食录》和《庄陵志(史补)》可用于有关人物事迹的考订,落实忠臣褒奖的名分。同时,两书也互为补充。如正祖二十二年(1798)二月,因地方上言"故典籍安贵行忠节请褒事",正祖命内阁考事迹于两书,其事迹考出于《庄陵志(史补)》的《靖义诸臣》,而《配食录》却没有载录。[③] 经过进一步考证发现,安贵行的事迹出自于其孙克谌之手,"则其所凭信,与他人所撰有间,且于《配食录》,亦无所记载"[④],最终没有认定他的事迹。这说明,除了国王在"义理"话语体系中,主动或被动宣扬大义名分的君臣"博弈",两书的纂修还促成了"君臣一体"的"互动"。两书的出现,不仅是一次官方史书的纂修,还客观上带来了一场更大规模的"拨乱反正",体现了官方对书中诸臣"节义"的正式认定,不仅彰显义理,又有助于维护士林的利益。

《配食录》《庄陵志(史补)》纂修之前,就不断有大臣疏请褒奖忠臣,

---

① [韩]윤정:《正祖代 端宗 事蹟정비와'君臣分義'의 확립》,第 260 页。有关论述详见[韩]윤정:《숙종대端宗 追復의 정치사적 의미》,《韓國思想史學》第 22 辑,2004 年。
② 肃宗被册封为世子已经七岁,正祖本人的东宫册封也已八岁。而景宗、庄献世子都是一岁时被册封,文孝世子是三岁册封,他们都夭折、早逝,未能成就王业。
③《承政院日记》,正祖二十二年二月十日。
④《承政院日记》,正祖二十二年二月十一日。

还有"忠臣子孙"风闻编书之事,主动提供野史、家乘等材料;两书纂修时,除"馆阁"之臣,正祖还命尹光普、郑厚祚等地方忠臣后代参编。《庄陵志(史补)》完成之后,借助官修之风,地方儒臣还套用官方的话语模式,有相应的"续编"。如纯祖七年(1807)十一月,宁越府使朴奎淳撰进《庄陵史补续编》,并"请刊印广布,赐批嘉奖"。纯祖命"该道刊进",并在直阁洪奭周的建议下,同意"就营邑私自梓行"①。这类书籍可以私撰和在地方刊布,可见,这种形式已经得到了官方的认可。这都体现了在正祖朝端宗及诸臣事迹整理中,中央和地方、国王与大臣间的"互动"。也可推知,正祖和大臣对纂修两书的政治动机虽不尽相同,但达到高度契合,这也是两书参与人员众多、下层积极性高,并最终得以顺利编成,虽涉及敏感问题,却没有遇到阻碍的另一原因。

综上,在朝鲜后期,从为设庄陵配食坛而编《庄陵配食录》,再到大力纂修官方的《庄陵志(史补)》,正祖的名分是"继述"了肃宗、英祖之志,并发扬光大了世祖的思想。这既是对"端宗复位"的延续,也是官方对这一个历经几百年的敏感问题,最终话语的制定。通过对两书纂修背景、过程和相关文本内容的分析,可以挖掘出其背后所体现的政治文化因素对官方史学的影响。再结合对朝鲜王朝政治环境的研讨,我们不难发现,两书的纂修,有极大的政治象征意义。一方面,正祖得以进一步宣扬"君臣一体""君臣节义"的理念,以求达到"君臣分义",在稳定王权和守卫元子上,也有现世意义;同时,两书的纂修,客观上扩大了对"端庙忠臣"的追复和认定范围,士林精神也得到伸张,得到了从中央到地方,众臣的参与和呼应,是"士林政治"主导的"义理"话语体系中,朝鲜君臣"博弈"与"互动"的体现。这是正祖朝,乃至朝鲜王朝政治生态的一个缩影。

第三节 《尊周汇编》之纂修

1637 年(明崇祯九年,朝鲜仁祖十四年),朝鲜被迫成为清朝藩国,

---

① 《朝鲜王朝纯祖实录》卷 10,七年十一月壬寅,第 47 册,第 594 页。

但在华夷观念的影响下,长期视清为"夷狄",有着"尊周思明"①的心态。明朝灭亡后,朝鲜不仅修建大报坛等崇祀明朝皇帝的祭坛、大量纂修明史之书,甚至编修载录朝鲜"尊周思明"活动的"尊周类"史书②,《尊周汇编》③就是最为重要的代表之作。其内容包括从仁祖到正祖时期,朝鲜历朝君臣、斥和殉节志士等崇明事大、贬斥清朝的史实和崇祀明朝的仪礼等。该书"博采公私乘牒"④,集官私尊周史实之大成,"汇辑列朝尊周事实,着成一书"⑤。其中既展现了朝鲜君臣强烈的义理观念,体现了重大的政治意义,在明清中朝关系史的研究上,也有一定的学术价值。

一、《尊周汇编》的纂修背景

朝鲜王朝以性理学立国,华夷观念深入人心,明亡后,朝鲜以"小中华"自居,俨然是明朝正统的继承者,文化心态上鄙视清朝,构成其"尊周思明"的思想基础。而其长期以来"尊周思明"的活动,即如设立崇祀明朝皇帝的祭坛、遵用明朝正朔、纂修明朝史书、褒扬忠明义士、珍视明朝旧物、优待明遗民后裔等,从仁祖到正祖朝,持续了一百多年。正祖年间,无论官私,均大量纂修载录朝鲜"尊周思明"史实的史书,《尊周汇编》是最为重要的代表著作。就此书而言,其纂修背景可言之如次。

第一,"尊周慕华"的观念是朝鲜长期坚持的文化信仰,清朝入主中

---

① "尊周"为《春秋》"大义"中的重要内涵,朱熹《资治通鉴纲目》云:"《春秋》大旨,其可见者,诛乱臣,讨贼子;内中国,外夷狄;贵王贱霸而已",朝鲜奉理学"尊攘义理",面对清朝大讲"尊周";事实上,是因失去了作为自己正统性来源的明朝而"思明","尊周"意在"思明"。参见孙卫国:《大明旗号与小中华意识:朝鲜王朝尊周思明问题研究(1637—1800)》。
② 关于朝鲜王朝所编尊周史书的情况,参见孙卫国:《朝鲜王朝尊周史书论略》,第138—143页。
③ 《尊周汇编》现有两个版本,即草本16册33卷(古4252.4-22-v.1—16)和正本7册15卷(奎3358-v.1—7,奎3359-v.1—7,奎4361缺,奎4697-v.1—7,奎5151-v.1—7,奎5511-v.1—7,奎5776-v.1—7),写本,现均藏于首尔大学奎章阁。该书草本被收录于《域外汉籍珍本文库.第三辑.集部》第4—5册之中。
④ [朝鲜王朝]李书九、成海应等:《尊周汇编》卷首,《尊周汇编(上)》,骊江出版社1985年版,第4页。
⑤ 《朝鲜王朝正祖实录·附录》,《行状》,第47册,第294页。

原后,朝鲜急于彰显"春秋大义"、恪守尊攘义理,体现其"小中华"的正统地位。朝鲜王朝自建国之初,与明朝建立了稳定的宗藩关系,以"事大主义"处理明、鲜关系①,长期坚持"尊周慕华",认同明朝为中华的正统,而被迫臣服清朝,则是"忍痛含冤,迫不得已"②,尽管政治外交上,朝鲜行藩国之礼,在文化心态上却不认同清朝。这样,"慕华"转变为"尊华","尊周"即是"尊华"。面对清朝,大讲尊周,从而宣示朝鲜承继了明朝以来的中华正统。③

　　正统义理观指导下的历史书写,深刻影响着朝鲜士人。标榜春秋大义,辨华夷正统的精神也被奉为圭臬。《尊周汇编》的编者李书九即言,"我朝之未奉永历正朔,固是千古遗恨",若奉清朝正朔,"则必以为有愧于《春秋》尊王之义也,此岂非万万未安之事乎?"④知经筵事李秉鼎亦言:"《春秋》大一统之意,尊王为重……汉之后主,宋之帝昺,皆为正统,则况我朝之于皇明?"⑤清修《明史》中对南明三帝不立帝纪的处置,曾引起朝鲜君臣不满,而《尊周汇编》义例中,对此就明确提到:"此书编摩专为三皇。"⑥正祖也认为,朝鲜作为东方礼仪之邦,应处处彰显春秋义理:"吾东素称礼义之邦者,何也? 义理大关,惟此春秋二字",并指出《尊周汇编》的地位是"予之所采其名,录其迹者,春秋大义,无过于是书故也。"⑦朝鲜后期,复明无望,而转以祭祀和编纂书籍来寄托其华夷观念,倡导所谓"春秋大义"。如成海应就进一步指出:"先王(正祖)尝厘正《春秋左氏传》……盖春秋大一统之义也。继而撰《尊周汇编》,其义则《春秋》也……今之时虽欲尊中国而无可尊矣,欲攘夷狄而无得而攘之,后之读者,徒悲其志矣。"⑧

① 见孙卫国:《论事大主义与朝鲜王朝对明关系》,《南开学报》2002 年第 4 期,第 66—72 页。
② 《朝鲜王朝英祖实录》卷 69,二十五年三月己酉,第 43 册,第 332 页。
③ 见孙卫国:《试论朝鲜王朝之慕华思想》,《社会科学辑刊》2008 年第 1 期,第 114 页。
④ 《朝鲜王朝正祖实录》卷 54,二十四年闰四月辛巳,第 47 册,第 268 页。
⑤ 《朝鲜王朝正祖实录》卷 54,二十四年闰四月辛巳,第 47 册,第 268 页。
⑥ [朝鲜王朝]李书九、成海应等:《尊周汇编》卷首,第 17 页。
⑦ 《承政院日记》,正祖二十一年三月四日。
⑧ [朝鲜王朝]成海应:《研经斋全集》卷 31,《风泉录一·尊周汇编叙》,韩国民族文化推进会编《影印标点韩国文集丛刊》,2001 年,第 274 册,第 185 页。

《尊周汇编·义例》表明要大书南明正朔："(弘光、隆武、永历)三皇帝正朔,则我东方呕吟累嘘之情,无以表显于后。兹用特书以明大义。永历十五年以后以《本国纪年》续之,只书列朝岁年甲子。"并要"每岁月正必书帝在某地,以仿紫阳笔法"。① 可见,朝鲜君臣对不能尊南明帝统有一种愤懑之感,故用"春秋笔法"来纂修《尊周汇编》这样的史书,以记载崇明史事,宣扬尊攘义理、奉明正统。

第二,朝鲜行"尊周"之事,还因有对明朝难以报答的恩情。尊周即是尊明,尊明即是尊华。② 这不仅仅是为了实践"春秋义理",还有对明朝深深的感激之情。朝鲜立国后,明太祖亲赐"朝鲜"国名,即为"大造"之恩;壬辰年间,明神宗派大军抗击日本丰臣秀吉之侵略,使朝鲜"藩国再造",邦社复存,即"再造"之恩;明崇祯帝在"国破之际",还不忘派兵营救被清军所困之朝鲜仁祖之举,即"拯救"之恩。朝鲜君臣对此无不感激涕零,没齿难忘,他们也将这种情感转化为"尊周思明"的实际行动。

明亡之际,亲后金的朝鲜国王光海君即被亲明的仁祖推翻,朝鲜虽在后金胁迫之下,依然暗通明朝,并涌现出众多的"斥和忠臣"。臣服之后,又有诸多与明暗通之士,为朝鲜国王和守义群臣称道。《尊周汇编·义例》中,即强调收录为明殉难的朝鲜死义之士:"自古诸侯之国,为天子罹大难,则其大夫士虽为其国死,与死于天子无异也……今皆一一具载,以见一死之若是重也。"③曾被清军掳为人质的孝宗多次谋求"北伐",反清复明无望后,朝鲜将这种情感化作崇明祭祀的活动:肃宗在昌德宫北苑秘密设置祭祀明神宗之大报坛;英祖时扩建大报坛,并改为"三皇并祀",以报皇明之恩。如该书《义例》称:仁庙时,"以斥和为事,君臣上下专心一力,上尊皇朝";孝庙时,"朝野冤愤怀恨,呕吟思明室……将以申大义于天下,于是士皆欲持戈荷戈,有北首争死之意";及肃庙、英庙之时,"皇统已绝,天下安于夷狄,而感其煦濡之恩,不可以有

---

① [朝鲜王朝]李书九、成海应等:《尊周汇编》卷首,第8—9页。
② 孙卫国:《朝鲜王朝所编之中国史书》,《史学史研究》2002年第2期,第70页。
③ [朝鲜王朝]李书九、成海应等:《尊周汇编》卷首,第12—13页。

为。竭力于崇奉之节,效诚与祀享之仪,北苑坛碑有舜与千秋"。① 其间,朝鲜国王都对明遗民及其后裔有诸多优待;朝鲜士林也多自发或在官方支持下参与多种崇明祭祀活动。可知朝鲜上下浓重的"尊周思明"之情感,乃是绵延不绝。

正祖也继承列朝"尊周思明"之义:"寤寐继述,每望拜皇坛,遣官审宣武祠,致侑宁远祠、武烈祠,扁李提督祠堂,岁祀不祧,访李总兵、石尚书后孙。"②他不仅坚持大报坛祭祀,厚待明遗民子孙,还续修和整理了肃宗以来的《国朝宝鉴别编》。他还曾直言报"再造藩邦"大恩与纂修《尊周汇编》的关系:"王师踵发而荡扫,遄廓氛翳之气,遂复我两京八路,维亿万年奠于盘泰,莫非我显皇扶颠字小之盛德至善,没世不忘……此《尊周录》③之所以编辑也。"④正是在这样强烈的情感下,《尊周汇编》的纂修得到了君臣上下的重视。

第三,朝鲜王朝当时纲纪日下,尊周之事"日颓",正祖十分忧虑,想通过此书更好地宣扬义理,维系正统,重振朝纲。时任礼曹参判的李书九曾上疏正祖,指出朝中纲纪混乱、大臣不习义理、持禄保位的局面,并请正祖采取措施:"世道之不靖,日甚一日……彼不知君父之可尊,乱贼之当讨……怀私罔利,持禄保位,视国事如秦瘠,无一分恻怛之真诚,即是今日之俗习,义理之无人担着,亦未必不由于此",并请正祖"必欲矫之"。⑤ 士风日下,党祸叛乱日甚,义理堕于地的局面,正是正祖一生极力"振风矫俗"的对象。正祖多次表示,纂修《尊周汇编》正是为了维系义理伦常、重振尊周大义:"盖我国素秉尊攘之大义,而今则义理渐晦,伦常日颓……《尊周录》之所以编辑,自有微意。"⑥"尊周大义,久亦湮晦,虽是空言,正宜益加发挥,昭示来许,此所以编缉成书,思欲为阐明

---

① [朝鲜王朝]李书九、成海应等:《尊周汇编》卷首,第7—8页。
② 《朝鲜王朝正祖实录·附录》,《行状》,第47册,第294页。
③ 《尊周录》乃《尊周汇编》在草本初成以前的叫法,下同。
④ 《朝鲜王朝正祖实录》卷49,二十二年七月癸未,第47册,第96页。
⑤ 《朝鲜王朝正祖实录》卷54,二十四年六月丙辰,第47册,第278页。
⑥ 《朝鲜王朝正祖实录》卷49,二十二年八月癸卯,第47册,第101页。

之一助也。"①对于处在亡佚边缘的尊周文献,正祖也"惧士大夫或忽焉
而忘尔"②。

此外,正祖对以前官私编写的"尊周类"史书有诸多不满,认为这些
史籍"忌讳弘多,鲠避错互,廊庙尊攘之论,草野思汉之咏,率皆秘而不
宣,迄未有一统传信之文","若《国朝宝鉴别编》,止载公家文迹;《尊攘
录》《尊周录》《陪臣考》诸书,又不过草莽私乘,而皆略焉不备"③,均未
能很好地阐明尊周之义。正祖时,针对"士又狃安,朱子八字之训浸
浸乎不之讲,则于是乎惧大义之弁髦"的现状,"此《汇编》之所以作",
就是要"会粹列朝之实绩,发明列圣之志事。使后之见者,亦有以感
叹唏嘘,无或忘《春秋》之义。所以对"斥和、殉节之后"要"皆褒奖录
恤";还要使"幽潜者显,冤郁者伸";④"斥和诸臣,表奖存录,阐发无
遗"⑤,以期以此振奋士风。可见,正祖想要编纂一部集众家"尊周类"
史书之长,不淹没朝鲜列朝君主和大义群臣尊明史实的一部史书,并在
其中大尊南明正统,用先祖的精神,唤醒当时一批人的混沌无知,申明
尊攘大义。

至朝鲜中后期,王权更受到士大夫的限制,光海君因试图与后金往
来,对明朝稍有离心就被废位,正祖也唯有高举"尊周思明"旗号,才能
站在道义的制高点上,确保王位稳固。正如王鑫磊所论:"朝鲜王朝的
'尊周思明'和'尊华攘夷',其根本目的不在于对明朝的感念和尊奉,而
是通过外在表现来彰显自己中华文化正统继任者的身份,继而借以建
立本民族内部的文化认同和对外形象。"⑥即是以此为旗号,凝聚人心,
树立朝鲜的"自主意识"。正祖想通过编纂此书克服信仰危机,同时维
系王统,也作为其"振风矫俗"为政理念的一部分。这是该书所标榜的

---

① 《承政院日记》,正祖二十二年三月五日。
② [朝鲜王朝]成海应:《研经斋全集》卷31,《尊周汇编叙》,第274册,第185页。
③ [朝鲜王朝]李书九、成海应等:《尊周汇编》卷首,第3—4页。
④ [朝鲜王朝]李书九、成海应等:《尊周汇编》卷首,第8页。
⑤ 《朝鲜王朝正祖实录·附录》,《行状》,第47册,第294页。
⑥ 王鑫磊:《同文书史——从韩国汉文文献看近世中国》,第124页。

义理背后现实观照的一面。

二、《尊周汇编》的纂修经过

《尊周汇编》备受朝鲜两朝国王的关注,并集两代编写人员近三十年的努力而成。

当时,朝鲜与清朝的外交关系已相当融洽,"北学"的出现,也渐渐改变了文化心态上的敌视,但正祖却是提倡"尊周思明"理念最积极的朝鲜国王之一。《尊周汇编》纂修之意,源于正祖二十年(1796)的一次大报坛祭拜活动之后,他下谕群臣道:

> 昨日望拜皇坛,今欲编摩一书,以寓尊周之意,而首揭列圣朝《丝纶》及《御制诗文》中表章春秋大义者,次以一时忠臣志士阐明义理之作,无论疏章与诗文,并为编入,至于以忠节被旌者祠院所在及事迹本末,一一具载。此书若成,庶可以昭大义于天下矣。其在征信之道,事当考出《实录》,翰林与同春秋,偕诣艺文馆详抄,以为编辑可也。①

当时,正祖对此书的内容和意义已经有了较为成熟的构想,并下令史官和抄启文臣等负责对有关资料的考见和誊抄,考察的范围包括丝纶、御制、《实录》等,主要以官方史料为主。在史料搜集和整理方面,他们为该书的纂修做了大量基础工作。四个月之后,即当年(1796)七月,正祖召见左承旨李书九、礼曹判书闵钟显、副总管李义骏于承正阁,敕编《尊周汇编》,并命"左承旨李书九与成大中,速成凡例以进也"。②

此书的主要编写人员除李义骏、李书九外,还有成大中、成海应父子。《尊周汇编》卷首载:"命兵曹参议李义骏、前府使成大中,博采公私乘牒。命春秋馆考《列朝实录》,命内阁考《日省录》《起居注》诸书。凡

---

① 《朝鲜王朝正祖实录》卷44,二十年三月丙寅,第46册,第638页。

② 《朝鲜王朝正祖实录》卷45,二十年七月丙寅,第46册,第664页。

属尊攘文字,以类汇次,编成一帙。既又命前参判李书九、检书官成海应就加修润,删繁汰冗,发起凡例。"①

李义骏主要负责此书纂修的早期工作,搜集"尊周文迹""加抄以置""博采公私乘牒",并参与了部分人物传记的撰写。李书九是此书纂修中极为重要的人物,李书九与成大中等人拟定此书凡例,参与早期资料的编撰成书;后期又负责修润、删改工作,直至1825年卒。成大中在此书纂修中,不仅同李义骏一起负责资料收集和初期编写工作,还协同李书九议定全书"凡例",是此书纂修前期重要编者,其子成海应在文集中提到其父贡献:"阅月而草稿成,其补缺缀遗,删复汰繁,家大人之笔也。"②正祖命成海应同李书九负责此书"删繁汰冗,发起凡例",实际上,成海应在此书纂修后期的作用很大,特别是李书九卒后,此书《义例》③及最后修改、删削而成的《尊周汇编》正本,均成于他之手,对该书有删润、补订之功。

此书始纂后,草稿进展很快,但是该书"凡例"之确定却经过了长时间的讨论。次年(1797)三月,正祖在重熙堂召见李书九、成大中等人,询问编纂情况。据李书九言,当时纂修已有很大进展,只需"更为淘汰增损,然后可成完部";但当时,持祖先文迹闻风而来的"遐外之人"甚多,为李书九纂修增添了许多烦恼,不过,也令他发现了"未闻之迹"。④这多是具体的资料整理工作。而是时凡例未定,内容的编排和体例自然会缺少章法,"尊周文字永有辞于天下万事,但编法终未知如何则为好?"⑤正祖为此多次与李书九等商议凡例问题。

李书九认为单以编年或列传为法均有不当,因为"编年则家碑志事

---

① [朝鲜王朝]李书九、成海应等:《尊周汇编》卷首,第4页。
② [朝鲜王朝]成海应:《研经斋全集》卷31,《尊周汇编叙》,第274册,第185页。
③ [朝鲜王朝]成海应:《研经斋全集》中收录《尊周汇编叙》和《尊周汇编条议》《答梁园李公书》等,内容与正本之《尊周汇编·义例》大同小异,且《尊周汇编》草本原就没有《义例》,可知是成海应后期纂修时所作。
④ 《承政院日记》,正祖二十一年三月四日。
⑤ [朝鲜王朝]李书九、成大中等:《尊周汇编·一》卷首,首尔大学奎章阁本(古4252.4-22-v.1)。

必多脱漏;列传则有故重臣黄景源《陪臣考》,以此编入则太简,删润则掩人之美,去取甚难"①。他初步提出编年述事、列传述人的方法:"若其凡例,则列朝事迹,则汇为编年;陪臣则作为列传,以附其下",为凡例的最后确定奠定了基础。正祖曾想用《(宋)名臣录》法起例,"虽小必录,宁广勿遗",而书九并不认可,因《名臣录》记录人物一生事迹,而《尊周汇编》则只记录尊周事迹,固此法"恐难遵用"。②

正祖二十二年(1798)三月,正祖在承正阁会见众臣时,询问李书九该书《皇坛志》部分的编纂情况。事实上,李书九因公私材料过于冗繁,而整理、编纂时缺乏头绪,并进一步对资料来源的真实性产生怀疑,且《皇坛志》部分的纂修还尚未开始。此后,君臣再次商讨凡例问题。正祖想用编年体以显"春秋大义",但李书九认为文字浩繁,史料多不记年月,"势难以一例编年为之"。而主张仿纪传体史书写法:"《国朝事实》则依本纪例,《诸臣事迹》则依列传例,其外《仪式》《诗文》之类,则依史志例为之。"得到正祖首肯。在纪年方式上,李书九认为:明亡后"最为难处矣","若以崇祯纪元后起例,则其下三皇年号,无所标见;若以三皇年号随时记事,则永历既讫之后,复书崇祯纪元,恐涉颠例,有所掣碍;若并存之,而以弘光、隆武、永历等年号,悬注于崇祯纪元之下,则三皇又有不与正统之嫌"。正祖以为可仿朱子《纲目》的"天下无统,只书干支"的方式,解决南明纪年问题,摒弃清朝纪年,"只书干支,则三皇之为正统,微义自在其中矣,然则清人,岂不为闰位乎?"③这种"续之只书列朝几年甲子"的笔法,在成海应的《尊周汇编条议》中也得以体现:"先王(正祖)命以朱子《纲目》无统之时例之,大矣哉! 圣人尊王之义也。"④君臣为此书的纂修可谓煞费苦心。经过多次商议,此书凡例方得以确定,最终仿纪传体史书编排,如正祖《群书标记》载:"《列朝事实》仿本纪之体;次之以《诸臣事实》仿列传之体;又次之以《列朝御

---

① [朝鲜王朝]李书九、成大中等:《尊周汇编·一》卷首。

② 《承政院日记》,正祖二十一年三月四日。

③ 《承政院日记》,正祖二十二年三月五日。

④ [朝鲜王朝]成海应:《经研斋全集》卷32,《尊周汇编条议》,第274册,第210页。

制》《诸臣记述》仿志略之体。"①并解决了不奉清为正朔的纪年格式,以严正统。

正祖不仅经常询问此书的进度,且每每发现忠烈事迹,即令收录。如:"故忠臣郑蕴之所做,以此观之,节义卓然,令人起敬也……然则送于成大中许,载诸《尊周录》。"②《尊周汇编》初稿编成,为了校正方便,李书九委婉提出:"内阁所储册中,多有可考处,而遽然请出,事极猥越,故至今未敢矣。"正祖随即为校对工作大开方便之门,同意李书九借阅内阁书籍档案:"既有可考处,虽尽出何妨?随卿所欲见,觅出,可也。"③足见他对此书编纂之重视。

多数学者均认为此书成于正祖二十四年(1800),事实上,正祖薨,该书却"屡易寒暑,迄未完稿"④。纯祖四年(1804),检校直阁沈象奎曾向纯祖汇报:"第其编《群书标记》中所载诸书,尚多有编摩未完者",如《尊周录》等书"皆是未及脱稿"。⑤可知当时仍尚未完成。

纯祖初年,常有大臣以此书史实作为证据,提请嘉赏忠烈之人或后代,如幼学宋一濂等曾上言:"故观察使丁卯斥和臣姜瑜之斥和大义,既如是卓绝,非但多士所吁,俱有可据,《尊周录》中,亦为立传,则在朝家褒义奖节之道,宜有驰赠之典是白乎矣。"⑥此书中如记载先祖的事迹可荫庇后代,成为重要的政治资本,或许这正是李书九当时所烦恼的"遐外之人"甚多的重要原因。此书至是时已基本成书,并常被作为重要的资料参考。值得注意的是,纯祖十三年(1813),在同样的背景下,提及文忠公李元翼事迹时:"今于其所着《溪岩集》及先朝御定《尊周汇编》可考也。"⑦首次出现了"尊周汇编"的书名。此书草本题名即为《尊周汇编》,可知草本成书应不晚于1813年;另外,《尊周汇编》草本卷首

---

① [朝鲜王朝]李书九、成海应等:《尊周汇编》卷首,第4—5页。
② 《承政院日记》,正祖二十一年三月五日。
③ 《承政院日记》,正祖二十二年十月二十九日。
④ [朝鲜王朝]李书九、成海应等:《尊周汇编》卷首,第5页。
⑤ 《朝鲜王朝纯祖实录》卷6,四年十二月辛酉,第47册,第495页。
⑥ 《承政院日记》,纯祖七年九月七日。
⑦ 《承政院日记》,纯祖十二年八月四日。

收录了《青城集》文字，《尊周汇编引用书目》也列出了《青城集》，《青城集》乃成海应在其父成大中去世后所编，成大中卒于纯祖九年（1809），此书定名应在此之后。综上可推知，此书草本可能成于 1809—1813 年之间。

此书后期的纂修主要为李书九与成海应之功，尤其是成海应。李书九重病时，成海应致函于他："成命之下，将三十年，腕晚未就……宜速了编纂。"①表达了早日完成此书之意。此时草本虽成，但人物事迹尚有待考证，文字有待修订，还需略加调整："不若从尤不安处略加删改，且伏念先朝尊攘之义，以褒忠奖节为急。今若以非紧要，务从淘洗，则苦心费辞之圣意，无以会稡传后。窃谓义例当并从原本，至若疏启之互出者，删汰而无至重复。"②纯祖二十五年（1825），李书九病，此书最后删改润修工作，专由成海应负责。"惕斋（李书九）病，以尊周文字专属之府君（成海应）。于是，八路书籍毕集于家。府君以其载于《群书标记》，故不敢变例，芟烦翦乱，以就简要。书成曰《尊周汇编》，凡十四卷，上于内阁，藏之史库。"③该书即是最终的正本，其中的《义例》也为其所撰。次年（1826），沈象奎向纯祖提请刊印、内藏此书，但他同时指出因此书事涉反清事实，必须做好隐秘工作，不能流入中国。规定只藏于史库，不得外传："第卷中文字，尽涉忌讳，不可广布，令内阁精校缮写，或活印，皇坛及大内五处史库、弘文馆、春坊，各藏一本，此外不许私件誉印，以防宣泄之弊恐好。"④至此，此书编、印之事总算完成。

三、《尊周汇编》版本之比对

现存《尊周汇编》正本 15 卷，另有草本 33 卷，现皆藏于首尔大学奎

---

① ［朝鲜王朝］成海应：《经研斋全集续集》册十五，《答梁园李公书》，韩国民族文化推进会编《标点影印韩国文集丛刊》，2001 年，第 279 册，第 361 页。

② ［朝鲜王朝］成海应：《经研斋全集续集》册十五，《答梁园李公书》，第 279 册，第 362 页。

③ ［朝鲜王朝］成海应：《研经斋全集》卷 10，《研经斋府君行状》，第 279 册，第 470 页。

④ 《朝鲜王朝纯祖实录》卷 28，二十六年九月癸巳，第 48 册，第 266 页。

章阁。① 一正一草,版本不同,内容和体例上亦有异(见表6.4)。下面就两个版本的相关内容,略列表如次,以见其异同。

表6.4 《尊周汇编》草本和正本内容、体例比对

	草　本	正　本	
卷首	政院日记、御制群书标记、引用书目、目录等	目录、御制群书标记、义例	
纪年	卷1—9,自明天启3年(1623)至朝鲜正祖朝24年(1800)尊明反清人物和史实。其中1—3卷为朝鲜仁祖朝;4—7卷分别为孝宗、肃宗、显宗、英宗(祖)朝;8—9卷为正宗(祖)朝	皇朝纪年	卷1—5,自万历23年(1595)至永历15年(1661)尊明反清人物和史实
		本国纪年	卷6—7,自朝鲜显宗朝7年(1662)至正祖朝24年(1800)尊明反清人物和史实
皇坛志	仅有仪注、图说,分别为卷17、卷18	卷8,包括图说、仪注、祝文、乐章、从享诸臣、附华阳洞志	
皇坛年表	无	卷9,包括展拜、制射、旌褒、恤录	
诸臣事实	卷10—16,共7卷	卷10—15,共6卷	
其他	卷19—20为《御制》,卷21—32为《诸臣诗文》,卷33为《诸臣附录》	无	

(一)《卷首》和《纪年》部分

从《卷首》部分来看,草本有《尊周汇编引用书目》,正本无;而正本有《尊周汇编·义例》,草本《卷首》只是简略交待此书前期纂修的过程。

《纪年》部分,即用编年体形式记录朝鲜君臣尊明反清的历史。首先,正本是分为《皇朝纪年》和《本国纪年》两个部分来叙述朝鲜尊明反清

---

① 正祖御制《群书标记》中设定此书为20卷,朝鲜总督府编《朝鲜图书题解》亦沿此说法。孙卫国经查阅韩国相关古籍目录书后,发现无20卷本,一律为15卷(见氏文:《朝鲜王朝尊周史书论略》,第146页注)。韩国骊江出版社《朝鲜事大·斥邪关系资料集》中亦收录正本,并在《题解》中指出:"前有正祖御制的《群书标记》(收录于《弘斋全书》)为二十卷,以后删减为十五卷。"(见此书前言第4页)。首尔大学奎章阁韩国学研究院现收藏草本(33卷)和正本(15卷)两个版本。成海应所成"14卷"疑似即指正本,因《群书标记》成于此书完成之前,卷帙应不确,可推知并未有20卷。

的历史,以南明永历十五年(1661)为限,将这段时期分为"有统"和"无统",即《皇朝纪年》部分用明年号纪年,先书明皇年号,再小字书朝鲜国王年号,最后是干支甲子(如:万历二十三年 本国宣祖大王二十八年 乙未冬十二月);《本国纪年》部分,南明已灭,纪年只书朝鲜国王年号和干支甲子(如:显宗大王七年丙午秋九月丁丑),不书清朝年号;草本则统称《纪年》,完全按照朝鲜国王仁祖至正祖的顺序来记载史事,因为已然按朝鲜王代分卷,纪年则只书明皇年号和干支(如:天启三年癸亥春三月),南明以后只书甲子(如:乙巳春三月),均否定清朝正统。其次,《尊周汇编条议》中曾规范称谓朝鲜国王的变化:"永历以前,恭书王字,所以明大伦也。永历以后,恭书上字,示其无屈于满洲也。"①改为"上"字,则是表示不承认是清朝的藩属,在草本中得见实行,但在正本中则皆用"王"字,未有变化。再者,《尊周汇编条议》中,称"朱子《纲目》日值武则天之篡唐也,书以帝在房陵,俾不绝唐之世。当永历之寄寓桂林与缅甸也,每岁月正,必书所在,以著眷王之义"②。为仿朱熹《资治通鉴纲目》笔法,在永历帝流亡期间,每年正月必在纪年日期后先书"帝在某地"或"帝自某地如某地",以显示皇统未绝,这方面两版本均有体现。

第二,除了体例和纪年上的不同,《纪年》部分的叙述内容和方式上也有变化。首先,草本的起始时间乃是天启三年(朝鲜仁祖元年,1623),即从仁祖即位,命八道都元帅张晚与毛文龙军合力抗清写起;而正本则将起始时间提前至万历二十三年(朝鲜宣祖二十八年,1595),从朝鲜首次派使臣申忠一出使建州,并讲述努尔哈赤的发迹。正本中《皇朝纪年》第1卷,即万历二十三年至天启二年(朝鲜宣祖二十八年至光海君十四年,1595—1622)详细说明的这段史事,草本中仅在开篇做了简短的介绍,这体现了正本对清朝历史的追溯和重视。

第三,在叙述上,由于草本不是按照朝鲜王朝的王代来分卷,所以其叙述顺序一定程度上被打乱,即使为同时间的史事,两版本也多有不

① ［朝鲜王朝］成海应:《研经斋全集》卷32,《尊周汇编条议》,第274册,第210页。
② ［朝鲜王朝］成海应:《经研斋全集》卷32,《尊周汇编条议》,第274册,第210页.

同。如两书均有天启三年(1623)癸亥三月条,草本开篇即书仁祖即位,
"以张晚为八道都元帅出镇关西,与椵岛毛文龙协后金",然后笔锋一
转,开始简要交待努尔哈赤的发迹史和光海君时代与后金的关系。背
景交待完毕后,再次回到仁祖元年,任穆大妃痛斥光海君之"罪行",以
及仁祖亲送张晚等人出征①;而正本因有关努尔哈赤和光海君的有关
史实和背景已在第1卷中详细交待,直接讲述仁祖元年,任穆大妃将光
海君"数其罪而废之"的史实,再交待仁祖"以张晚为八道都元帅"并为
其出征送行诸事②。

第四,对同一事件也往往放入不同的时间点说明。如关于仁祖请
求明朝册封一事的内容,正本中"天启三年冬十二月、天启四年夏四
月"③两条中均记载;而草本中仅有"天启四年甲子"④总括一年史事,相
关内容也被记入这一条。另一种情况,草本和正本同年的时间条目设
置往往不同,以永历四年史实记载为例,正本中有"庚寅春正月""三月"
"夏五月""六月""冬闰十一月""十二月"⑤六条;而草本中该年仅有"夏
六月""秋八月""冬十一月"⑥三条,这样,所叙述的有关史实之内容、详
略、顺序必定有诸多相异,这里恕难一一举出。

(二) 其他部分

《皇坛年表》和《皇坛志》是有关大报坛崇明祭祀的相关史实和仪礼
资料。⑦ 草本无《皇坛年表》,只有《皇坛志》中的"仪注"和"图说"两部

---

① 〔朝鲜王朝〕李书九、成大中等:《尊周汇编二》卷1,《纪年一》,首尔大学奎章阁本(古4252.
4-22-v.2)。
② 〔朝鲜王朝〕李书九、成海应等:《尊周汇编》卷2,《皇朝纪年二》,第85—86页。
③ 〔朝鲜王朝〕李书九、成海应等:《尊周汇编》卷2,《皇朝纪年二》,第87—88页。
④ 〔朝鲜王朝〕李书九、成大中等:《尊周汇编二》卷1,《纪年一》。
⑤ (朝鲜王朝)李书九、成海应等:《尊周汇编》卷4,《皇朝纪年四》,第378—382页。
⑥ 〔朝鲜王朝〕李书九、成大中等:《尊周汇编三》卷4,《纪年四》,首尔大学奎章阁本(古4252.
4-22-v.3)。
⑦ 为体现"尊周思明"之意,英祖时对崇明的大报坛祭祀礼仪多有编定,如《皇坛仪》《皇坛仪
轨》《皇坛仪节》《皇坛仪注》等。正祖时编《尊周汇编》时,也多参考了这些内容,尤其是其
中的"仪注""图说"。

分,但其"图说"部分对祭祀相关的祭器、乐器、乐县、登歌等图文介绍在正本中未见,可知其对仪礼的有关介绍更为丰富。

《诸臣事实》部分,乃对朝鲜斥和反清的忠臣义士事迹的记录。两版本对人物的收录情况、编排顺序亦有不同。草本共有《诸臣事实》7卷,正本只有 6 卷,且其中收录人数大为减少,如金景瑞,因"皇明史既书其降,又乾隆诗记萨尔浒之战明言景瑞先请象贝勒,又言至满洲城匍匐谒见"的行为,被认为"不可以一死之烈并列于殉难诸臣之次"①,正本中被删去。此外,还有许多朝鲜义臣,甚至明遗民麻舜裳、冯三仕等均未被收录。从顺序上来看,草本第一部分即收录金应河、李有吉等;而正本则修改了此顺序,将洪翼汉、尹集、吴达济"斥和三学士"等放在最前面,然后是金应河、林庆业、车礼亮、崔孝一等其他朝鲜抗清诸臣的事迹,最后是明遗民康世爵、李应仁等人的记载,共收录近 200 人传记。

《御制》2 卷、《诸臣诗文》12 卷、《诸臣附录》1 卷为草本独有。《御制》为朝鲜仁祖至正祖几代国王所作的"尊周崇明"诗文,即"黍离之思,编于大东"②。《诸臣诗文》则为朝鲜诸臣所作"思汉情切,尊周义笃"③之诗文。如前文所述,正祖在《群书标记》定下此书凡例时,提到了此书需包括"列朝御制"和"诸臣记述"两部分,但正本中并没有收录这一庞大的"诗文"部分。《诸臣附录》乃是因"诸臣事实之或漏于乘史,而的有见闻,不可泯没,则别为一编",记载人物"虽无磊落卓越之节,亦有萦欷慷慨之风"④,正本中亦未得以保留。

(三) 正本对草本的改进及原因初探

正本《卷首》之《尊周汇编义例》乃纂修后期所作,其较全面介绍了此书编纂的背景、宣扬尊明的决心、凡例和作者对该书纂修的想法等,应为成海应完成全书编订、总括全书内容后,方才写成的。

---

① ［朝鲜王朝］李书九、成海应等：《尊周汇编》卷首,第 14 页。
② ［朝鲜王朝］成海应：《研经斋全集》卷 31,《尊周汇编叙》,第 274 册,第 186 页。
③ ［朝鲜王朝］成海应：《研经斋全集》卷 31,《尊周汇编叙》,第 274 册,第 186 页。
④ ［朝鲜王朝］成海应：《研经斋全集》卷 32,《尊周汇编条议》,第 274 册,第 213 页。

正本将草本中"纪年"部分,分成《皇朝纪年》和《本国纪年》,重新编排,体现朝鲜接续明朝中华正统之意;注重奉明正朔,南明以后拒用清朝正朔,体现"尊周思明";《皇朝纪年》部分,叙述时间提前,追溯清前期历史,详述努尔哈赤的发迹。成海应在《尊周汇编条议》中谈到对"满洲"的认识:"其始也不过我江外之杂种一部族,今乃鸱张而驾中国,故详其所起,以识其绵绵不折蔓蔓艰固之势也。"①这部分历史乃清朝之忌讳,清修史书中甚少提及,此处却大加阐明,以示蔑视清朝。

《诸臣事实》所收人物也被精简,顺序也有调整,且增加了《皇坛年表》。成海应在给李书九的祭文中表示:"《尊周汇编》今已断手,悉因公指授。而但增以《年表》,且《诸臣事实》,颇加删润。"②《皇坛年表》的加入,补充了纪传体史书中"年表"的部分;他对《诸臣事实》部分人物重新编排的原则也在正本中得以体现:"是书既以尊周名,则斥和先之,殉节次之。三学士既斥和,又殉节,兼此二者,当列篇首";次之以金尚宪、郑蕴、金应河等人;"其余随事实之先后而次之,不必计其轻重"。③ 这样的人物编排,也体现明朝中华正统之未绝。

关于草本中《御制》《诸臣诗文》等部分的处理,成海应认为其内容已融入《纪年》和《诸臣事实》部分,不需单独占用篇幅:"《御制群书标记》,虽载《列朝御制》《诸臣记述》,仿志略体,然列朝谟训,备在《纪年》中,不敢更就御制集中,有所拣择。而至若诸臣章札,散见《事实》中。若一时吟咏,除非关于故实者,不必尽载,以博卷帙。故不立《诗文》一门"。④ 所以正本中将此部分删去。此外,还丰富了《皇坛志》除"仪注""图说"外的内容。这些使得此书内容更加精炼,体例更为合理,正是成海应后期删改此书时"芟烦剪乱,以就简要"⑤的体现,尊周史事得以更好地表述,也可见他的诸多补订、删润之功。

① [朝鲜王朝]成海应:《研经斋全集》卷32,《尊周汇编条议》,第274册,第213页。
② [朝鲜王朝]成海应:《研经斋全集续集》册十一,《祭惕斋李相公文》,第279册,第237页。
③ [朝鲜王朝]成海应:《经研全集续集》册十五,《答梁园李公书》,第279册,第362页。
④ [朝鲜王朝]李书九、成海应等:《尊周汇编》卷首,第16—17页。
⑤ [朝鲜王朝]成海应:《研经斋全集》卷10,《研经斋府君行状》,第279册,第470页。

四、《尊周汇编》的编纂特点

《尊周汇编》乃备受朝鲜君臣重视的一部史书，其纂修有诸多特点，下面仅从史料、笔法、史风几个方面略加分析。

第一，此书史料官私兼取，文献详实。以朝鲜各类史书为主，特别参考了官修《国朝宝鉴别编》、正祖朝始纂的《日省录》等最新资料；另有大量朝鲜儒士的文集和明清人所作史书。从草本《尊周汇编引用书目》[①]可见，参考书目达 270 余种。下面择其各类别之要目，列表如次。

表 6.5　《尊周汇编》所采史料类型要目

类型		要　目
朝鲜官私史书	官修史书	《国朝宝鉴》《国朝宝鉴别编》《日省录》《列圣御制》《实录》（仁祖至英祖）《政院日记》
	其他史书	《羹墙录》《日得录》《南汉日记》《沈阳日记》等
	地方志	《宣州志》《平壤志》《平山志》《光州志》等
	事件人物	《栅中日记》《海东名臣录》、《尊周录》《尊攘录》《忠烈录》等
	尊周仪礼	《皇坛增修仪》《五礼仪》等
	家谱	《韩山李氏世谱》《尚州朴氏世谱》等
	墓志铭、行状	《朴忠挺墓志》《李惇叙行状》《洪命基墓表》等
明清人史书	明遗民	康世爵《自述》
	明代	素黄[②]《群书备考》、曹学佺《辽东名胜志》、茅元仪《武备志》
	清代	张廷玉《明史》
朝鲜人文集	著名儒士	吴达济《吴学士集》、洪翼汉《花浦集》、宋时烈《宋子大全》、成大中《青城集》等
	其他文人	《玄洲集》《白江集》《浦渚集》《西坡集》《何山集》等

由于此书编者"博采公私乘牒"，使得《尊周汇编》成为朝鲜王朝内容最为全面、资料最为丰富的尊周史书。

---

① ［朝鲜王朝］李书九、成大中等：《尊周汇编一》卷首。
② 疑为"袁黄"。

第二,极其注重体例和书法,体现"尊攘义理"。从体例上看,如前所述,正祖数次与编者讨论凡例问题,通过分析已编史书的利弊,仿朱熹《资治通鉴纲目》,用"有统"和"无统"来解决纪年问题。正本分《皇朝纪年》和《本国纪年》来记录史事,奉明正朔,南明以后拒用清朝正朔;记录南明皇帝时,每年甲子要书"帝在某地"以表帝统尚在等,皆用"春秋笔法"。同时仿纪传体史书体例,《皇朝纪年》《本国纪年》如本纪;《皇坛志》如志;《皇坛年表》如表;《诸臣事实》如列传。此外,此书《义例》至纂修后期乃作,实为编者经过细致修订体例并总括全书内容后方才完成,可见为彰显义理之苦心。

从内容上看,全文尊南明三帝正统,以清朝为"僭伪",对清朝一律采取贬抑、讽刺的态度,极力否认其正统地位,文中往往用"虏""胡""贼"等字眼指代清;在《皇朝纪年》部分,详述努尔哈赤的发迹和朝鲜在明季时期的作用,并"凡椵岛之事,悉书之,惜其据形便而失事机"①,表达对明朝失势的无限惋惜;《诸臣事实》收录人物传记,首起三学士,到朝鲜诸臣,再到明遗民的编写顺序,体现延续明的正统;《皇坛志》和《皇坛年表》详述大报坛崇明祭祀仪礼,"体先祖尊周之圣意,且欲使我子孙知此日应行之礼"②,体现"尊明"即"尊周"。

第三,编撰力求全面而不失严谨,广泛载录尊周之事。此书纂修所采资料甚多,又要力载尊周之事,所以"全面"是本书一大特色,如前所讲,正祖屡下令不得漏记忠义事迹;李书九在整理资料时也多次发现"未闻之迹";成海应亦指出,诸臣事迹尽量全文抄录:"黄文景景源《陪臣考》,诚合抄录。而先王(正祖)戒谕勿删润以掩人之美,今尊圣旨往往以全文录上"③;他还想补充《明史》中未有之情节:"顾其事逸于皇明之史,故具才野乘,参诸国史而详之,所以志我之武也。"④

在全面记录"尊周"史实的同时,仍不忘坚持严谨求实的史风。李

---

① [朝鲜王朝]李书九、成海应等:《尊周汇编》卷首,第 12 页。
② [朝鲜王朝]李书九、成海应等:《尊周汇编》卷 9,《皇坛年表》,《尊周汇编(下)》,第 154 页。
③ [朝鲜王朝]成海应:《研经斋全集》卷 32,《尊周汇编条议》,第 274 册,第 213 页。
④ [朝鲜王朝]成海应:《研经斋全集》卷 32,《尊周汇编条议》,第 274 册,第 211 页。

书九提出很多资料"其所记述,亦难尽信",请求正祖允许他查阅内阁书籍,可见其在整理繁杂的资料时,仍怀着谨慎求实的态度;成海应亦提出要寻求最可信的资料,力求去误得实的原则:"传闻互异,记载错出,除非见诸乘史,则必籍立言之人,而或载地志,或载祠院,寔出公共之议,非由私阿之见,故亦为附载。"①对于"东土思汉之咏"虽然应该一一具载,但"冗烦杂糅,语不裁择者有之;爽误错谬,事出传闻者有之","故择名贤所著及为世所脍炙,与夫事实可以考据者编定,余并刊汰之"。②他在后期纂修时,对以往记载的人物事迹详加考订,如发现车礼亮事迹在《沈阳日记》和《陪臣传》中记载之矛盾,且"如此相左者,非复一二"③,故更加谨慎细致。

总之,成海应称:《尊周汇编》"非史而具史之体"④,该书仿纪传体正史体例,纪录了朝鲜君臣,树南明正统,斥清朝僭伪的有关史实。体现了正祖对历朝资料整理后,成"一统之书"的会通思想。书成后,有朝鲜大臣对此评价道:"所以仰明列朝之志事,傍采诸臣之忠烈者,既详且备,此诚吾东不可无之书也。"⑤此书有着重要地位,历经两代编者努力最终编成,资料丰富、坚持"春秋笔法"、内容全面而不失考信,为朝鲜王朝最重要的一部尊周史书,在宣扬义理、维系正统、巩固王权方面所体现的重大政治意义可见一斑,即"意图使后世永远承继尊周思明、尊明反清的传统",并"表明朝鲜高举尊王攘夷的大旗,大肆宣扬明朝正统",⑥体现了朝鲜作为"小中华"的正统观。

在表面上与清之关系已然极为融洽的正祖时期,《尊周汇编》的纂修,体现了正祖对尊周"义理"话语的掌控,也将尊攘义理内化到了朝鲜现实政治之中。加之同时期他命奎章阁新编纲目体《春秋左氏传》之

---

① [朝鲜王朝]成海应:《研经斋全集》卷32,《尊周汇编条议》,第274册,第212页。
② [朝鲜王朝]成海应:《研经斋全集》卷32,《尊周汇编条议》,第274册,第213页。
③ [朝鲜王朝]成海应:《经研斋全集续集》册十五《答梁园李公书》,第279册,第361—362页。
④ [朝鲜王朝]成海应:《研经斋全集》卷32,《尊周汇编条议》,第274册,第213页。
⑤ 《朝鲜王朝纯祖实录》卷28,二十六年九月癸巳,第48册,第266页。
⑥ 孙卫国:《朝鲜王朝尊周史书论略》,第155页。

事,均深化了"尊周"和"尊王"的意味。《尊周汇编》中还对壬辰战争和明季抗清斗争中,大量朝鲜忠烈人事迹进行了褒扬,体现了由宣扬"尊周思明"为旗号而体现朝鲜"自主意识"的用意,亦有助于"振风矫俗"。这种表面事清、内心思明的行为,也反映出清代中朝宗藩体制曾经出现了较长时间实质性的"断裂",哪怕是在朝鲜后期,朝鲜君臣的反清意识也从未彻底消失。另外,由于在编纂过程中保存了大量官私资料,它在中朝关系史研究方面,也是不应忽视的史料,具有一定的学术价值。

第七章

正祖时期对中国史书的
改撰、抄圈与利用

　　朝鲜半岛对中国文化的吸收，主要来自于国王和儒士对中国典籍的购求和嗜读。朝鲜王朝的"每一国王大抵都是中国书卷不离手，而于一般兴亡成败之迹都能了然于胸中"①。中国的史书，在其中有着重要地位，例如《史记》在朝鲜王朝，就是上自国王、世子，下至大臣、文士，都必须学习的教材。除了学习中国的历史，与中国史书编修有关的体例、笔法、史观等，对朝鲜也产生了深远的影响。值得注意的是，朝鲜官私还曾一度大量编修中国史书，尤以宋、明史书为主。② 这些中国史书多为英祖以后所编，正祖时最多。

　　这一史学现象，已得到了中韩学者的关注和解释。如何汰滢认为，18世纪中叶，清朝已存在了超过一百年，且文化繁荣昌盛。朝鲜以"胡虏无百年之运"为名分的"中华恢复意识"被抛弃，自"英、正时代"起，"文化自存意识"得到强化，即朝鲜自认为是中华的继承者，出现了"文化上的华夷观"。为宋、明重修或撰修史书，成为体现朝鲜"中华继承者"身份的一个重要象征。③ 孙卫国认为，朝鲜当时崇祀明皇的坛庙已然健全，在清朝"德化"政策的感化下，国王担心朝鲜人忘记明朝的恩

---

① 李光涛：《中韩民族与文化》，第224页。
② 详见孙卫国：《朝鲜王朝所编之中国史书》。
③ 参见[韩]희대용：《英.正祖代 中華繼承意識의 강화와 宋・명 역사서의 편찬》，第237—265页。

情,而倡导编修明史。[①] 概括来说,无论是"中华继承"还是"尊周思明",其背后都体现着朝鲜长期以来"小中华"意识的进一步膨胀。加之,朝鲜一直将朱熹《通鉴纲目》中的"春秋笔法"奉为圭臬,其所编的中国史书,都是这种"小中华"意识与正统论下修史观念结合的产物。

正祖也承认:"今则人心渐至狃安,大义转益湮晦⋯⋯汉官威仪,不可复观,神州腥膻,不可复扫。"[②]至朝鲜后期,"北伐"早就是连君王自己也难以启齿的论调了,而唯一能坚守的,就是将"中华"的精神继承下去。在这样的历史背景下,自幼喜读中国经典的正祖,在春宫时和即位后均独撰或主持编修了多部中国史书。正祖本人御定编抄的中国史书,主要有纪传体《宋史筌》150 卷、编年体《宋史撮要》[③]3 卷、《明季提挈》20 卷;纲目体《资治通鉴纲目新编》20 卷、《历代纪年》3 卷等,此外还有《全史铨评》80 卷、《历代行表》6 卷等,多是对中国既有史书的改撰或选编。正祖也通过对一些中国史书的改撰和抄圈,以弘扬学术为名,加入其政治教化的成分,例如他还抄圈《史记》《汉书》《后汉书》《陆宣公奏议》等书,而成《史记英选》《两京手圈》《陆奏约选》《陆稿手圈》等史书,被用于自己和大臣、儒生、抄启文臣研读。以上即构成了朝鲜正祖时期的官修中国史书。本章关注正祖即位以后,由他所御定改撰或抄圈中国史书而成的几部代表性史著,从中可见中国史书对朝鲜政治文化的深刻影响,既可作为中朝(韩)史学交流与比较的典型案例,也可见正祖君臣的史学思想和政治意图。

第一节　正祖君臣的"宋史"认识和《宋史筌》之修撰

正祖朝官方编修的宋、明史书中,地位最为特殊的,莫过于《宋史

---

① 孙卫国:《大明旗号与小中华意识——朝鲜王朝尊周思明问题研究(1637—1800)》,第 262 页。

② 《朝鲜王朝正祖实录》卷 8,三年八月甲寅,第 45 册,第 112 页。

③ 《域外汉籍珍本文库·第二辑·史部》第 10 册收录该书。"提要"称该书为"六卷,佚名撰"。据《群书标记》,该书为三卷,实为 1772 年正祖在春宫时所编。《域外所见中国古史研究资料汇编·朝鲜汉籍篇》第 12 册也收录该书。

筌》。《宋史筌》是以元官修《宋史》为蓝本而进行改修，由正祖亲撰和御定，众多阁臣、儒生等参与编校而成的一部"宋史"。一方面，该书是继《高丽史》之后，朝鲜王朝官修的另一部纪传体史书；另一方面，该书为朝鲜国王亲撰的纪传体中国史书，这在朝鲜史上仅此一例。《域外所见中国古史研究资料汇编·朝鲜汉籍篇》第9—12册即收录该书。[1] 越来越多的中韩学者，已认识到了该书的地位和价值，从不同视角，对其做了详略各异的介绍或研究。但仍有进一步探究的空间。首先，多数文章对该书的卷数、成书时间、义例内容、是否刊印等细节阐述上，尚存错漏，或相互抵牾之处；其次，尚缺乏史学史视角的研究，忽略对该书的撰修过程、义例演变的论述，对成书背景的探讨也有顾此失彼之处；再次，一些学者尝试将该书与《宋史》相应部分进行对比，做了一些个案研究，但缺乏宏观性的对比研究和评价。本节拟从史学史的研究视角，对该书的成书背景、编修过程、凡例变化、评价影响等做系统性、宏观性的研究；并爬梳前人成果，对有关研究的细节疏误也尝试做出厘正。

一、《宋史筌》的撰作动因与正祖君臣的"宋史"认识

《宋史筌》由正祖亲自参与撰修，并经由大量阁臣、儒士等参与，是朝鲜后期官修的中国史书中，极为特殊的一部。正祖君臣撰写纪传体中国"宋史"的动因，即深刻反映了他们的"宋史"认识。

第一，正祖君臣不满于元修之《宋史》，对明朝的官私改撰"宋史"也不以为然。《宋史》始撰于元朝末年的元顺帝至正三年(1343)，约两年半后修成，凡496卷，其中《本纪》47卷、《志》162卷、《表》32卷、《列传》255卷，约500万字。即便有宋朝史馆撰修的国史资料作为基础，因修史过于仓促，且卷帙浩繁，质量堪忧，这饱受后世訾议。

正祖认为"史有四体，阙一不可"，包括"事""词""义""法"，而《宋史》"固未达此"。[2] 他批评《宋史》"体裁则乖谬，叙录则龀杂，在诸《史》

---

[1] "提要"中称该书共148卷，成于正祖四年(1780)，刊于正祖十五年(1791)。此说法有误，详见本节。

[2] 《朝鲜王朝正祖实录》卷10，四年十月乙卯，第45册，第186页。

最无可观",甚至称:"有宋一代之史,虽谓之阙焉可也。"①徐命膺也认为"惟宋无史",因《宋史》只是抄誊宋朝《实录》,以类错编而已,不懂笔削之法:"夫作史工拙,专在笔削。今不笔削,又何论其法乎?无法故无体,无体故无气。"②之所以要再修《宋史筌》,就是"第缘良史之不作,尚恨旧本之多疵,记言之伤𣲜庞,已失国乘之体。叙事之病,潦率第誊公移之文,原编既成于胡元,初非信笔"③。即认为元修《宋史》不配于国乘的地位,叙事只凭抄袭,又不可信,绝非"良史"之书。李德懋也将《宋史》总结为"总裁之不学也,撰进之太促也"二弊。④ 元修《宋史》可谓被朝鲜君臣贬得一无是处。

《宋史》不仅在史实考订、文字体例、详略得失上都存在问题,即冗而无法、史事缺讹;还将《宋史》《辽史》《金史》"三史"并列,不明宋之正统。明代重视程朱理学,也不满元修《宋史》的笔法,官私颇多改撰。⑤ 这些亦为朝鲜君臣所注意。《御定宋史筌义例》中,总结明代之"宋史"重撰道:

> 皇明洪武中,命宋濂改修未就;景泰中,周公叙上疏请自任笔削,又未就;王昂之《宋史补》、王洙之《宋元史质》虽曰改修,略而不详;薛应旂之《续资治》、冯琦之《续纪事》虽曰该备,亦非纪传;惟是王惟俭《宋史记》,与汤显祖刘同升所编,号称善史,而或沉汀水或失兵燹;柯维骐《宋史新编》体备而例正,尊王统而抑僭房,先儒术而后吏事,正叛臣之罪以明伦纲,最得史法,而王士禛仅得凡例一

---

① [朝鲜王朝]正祖:《弘斋全书》卷179,《群书标记一·御定一》,第267册,第487页。

② [朝鲜王朝]徐命膺:《保晚斋全集》卷7,《序·御定宋史筌后叙》,第233册,第205页。

③ 《朝鲜王朝正祖实录》卷10,四年十月乙卯,第45册,第186页。

④ [朝鲜王朝]李德懋:《青庄馆全书》卷21,《编书杂稿一》,第257册,第295页。

⑤ 明代官方改撰的《宋史》,主要有商辂等人撰修的《续资治通鉴纲目》、彭时等的《宋元通鉴纲目》27卷。《宋史》改撰的主力多在私家,并囊括了多种史体。如嘉靖年间,王洙撰传体《宋史质》100卷、柯维骐撰纪传体《宋史新编》200卷、薛应旂撰编年体《宋元通鉴》157卷;天启年间,王惟俭撰纪传体《宋史记》250卷。此外,还有纪事本末体、杂史等体裁的"宋史"类著作。具体研究参见吴漫:《明代宋史学研究》,人民出版社2012年版,第44—71页。

卷,今其全书亦可易得。则《宋史》遂无善本矣,御定之史所以
作也。①

徐命膺在《御定宋史筌笺》中,也评价《宋史》改撰:"改撰未遑于洪武,迄
无完书。《续纪(事)》《续(资治通)鉴》之并行,而体段自异。《(宋)史
补》《(宋元)史质》之继作,而详略失当。"②可见,正祖君臣不仅对《宋史》
的内容、体例、笔法均异常不满,还指出明代官私的多次重撰或改撰活
动,都颇不尽如人意。由于对明代史学和书籍流通的情况未完全掌握,
在朝鲜君臣眼中,明朝所撰之"宋史",不是撰局未竟,就是撰无善本,或
是撰而不传。甚至认为,这就是"天意固自有所待也欤"③,代替明朝,完
成一部"宋史",成为朝鲜君臣的心愿,也成为其展现文化自信的契机。

　　第二,朝鲜长期以来对宋代制度文化极度仰慕,并希望通过《宋史》
达到鉴戒和资政的目的。"宋学"对朝鲜文明有着极为深刻的影响。④
朝鲜王朝大力推行"文治",以"性理学"作为立国的指导思想,并逐渐形
成了"士大夫与王共天下"的理政模式,这些都与宋的政治形态相似。
从与学术有关的细节来看,朝鲜王朝繁复的官方修史机构和修史项目、
奎章阁的建置等,也无不脱胎于宋制。宋朝是朝鲜的理想模范,因朝鲜
在政治和文化制度上,长期效仿宋,所以对宋之文物时常怀有仰慕之
情。朴趾源就一针见血地指出,朝鲜"立国规模,士大夫立身行己,全似
赵宋"⑤。正祖也曾言:"若有宋矩矱之正、文物之盛,与夫儒术之该性

----

① [朝鲜王朝]正祖等:《宋史筌》卷首,《御定宋史筌义例》,首尔大学奎章阁写本(奎
　1800-1)。
② 《朝鲜王朝正祖实录》卷10,四年十月乙卯,第45册,第186页。
③ [朝鲜王朝]正祖等:《御定宋史筌》卷首,《御定宋史筌序》。
④ 李保林主编《中国宋学与东方文明》一书中,指出"宋学对朝鲜文明影响的深入发展与辉煌
　时期是在朝鲜的李朝",对"宋学"对朝鲜文明影响的过程做了介绍。主要表现在朝鲜儒学
　家不断学习和访问中国、"宋学"书不断传入朝鲜、朝鲜积极刊印、收藏朱子书籍和其他的
　中华文化典籍、学习、科举以"宋学"为本,尊崇儒学圣哲等。书中提及了《宋史筌》,但对其
　编撰时间的介绍有误。
⑤ [朝鲜王朝]朴趾源著,朱瑞平校点:《热河日记》,上海书店出版社1997年版,第127页。

理、士习之重名节,即我朝之所尤尚者。"①"国朝治法政谟,稽之历代,有宋最近之。"②"我朝之尚于宋者,而久而靡已。"③因为意识到,朝鲜和宋是如此相像,这种对宋文化的崇尚,就转为对宋朝历史的关切:"有其尚也,则宜急所征,苟欲征也,则莫良于史。"④即通过学习宋朝历史,有助于朝鲜国之治鉴。

朝鲜前期,几朝国王都对《宋史》有着极大的兴趣,或求或购。朝鲜世宗"奏请……脱脱撰进《宋史》等书"⑤;文宗时,"乃《宋史》……命付今去使臣之行,贸易以来"⑥。端宗元年(1453),又再次求书:"今贺千秋使之行,再请何如?"⑦次年(1454),朝鲜才终于得到明朝颁赐的《宋史》⑧,端宗还特地到宗庙告慰世宗和文宗。朝鲜君臣屡次未得《宋史》,也不放弃,这表现了对宋朝历史的极度关切。即便认识到《宋史》虽卷帙浩繁,却"最为无可征"⑨,但正祖想要通过《宋史》资治的态度并无改变,仍言:"我东立国规度专仿宋朝,而治法政谟,亦多髣髴。故予《宋史》每年辄一遍看详。"⑩所以,"其为鉴戒,比他史尤切,故删正正史而有《史筌》焉"⑪。《宋史筌》即是在"慕宋"的心理下编撰的,这有助于对宋朝历史的学习和将其作为龟鉴。黄景源即认为《宋史筌》有益于治教,"夫修史者,将以鉴前世之始终也……苟有以因宋之事,一以勉仁厚之治,一以戒委靡之患。则国家无疆之休,自此书始"⑫。即要正祖通过反思"宋史",既发扬其"仁厚之治",也要防止因国政萎靡而致乱。徐

① 《朝鲜王朝正祖实录》卷10,四年十月乙卯,第45册,第186页。
② 《朝鲜王朝正祖实录》卷10,四年十月乙卯,第45册,第186页。
③ [朝鲜王朝]正祖等:《御定宋史筌》卷首,《正祖上谕》。
④ 《朝鲜王朝正祖实录》卷10,四年十月乙卯,第45册,第186页。
⑤ 《朝鲜王朝世宗实录》卷69,十七年八月癸亥,第3册,第649页。
⑥ 《朝鲜王朝文宗实录》卷8,元年七月庚申,第6册,第414页。
⑦ 《朝鲜王朝端宗实录》卷9,元年十一月甲戌,第6册,第645页。
⑧ 《朝鲜王朝端宗实录》卷12,二年九月己未,第6册,第707页。
⑨ 《朝鲜王朝正祖实录》卷10,四年十月乙卯,第45册,第186页。
⑩ [朝鲜王朝]正祖:《弘斋全书》卷161,《日得录一·文学一》,第267册,第145页。
⑪ [朝鲜王朝]正祖:《弘斋全书》卷179,《群书标记一·御定一》,第267册,第488页。
⑫ [朝鲜王朝]黄景源:《江汉集》卷8,《序·宋史筌序》,韩国民族文化推进会编《影印标点韩国文集丛刊》,1999年,第224册,第175页。

命膺甚至将正祖御定《宋史筌》与唐太宗御撰《晋书》之景相媲美，唐太宗"能以劝戒于《晋书》者，发挥贞观之治"，也期望正祖以修《宋史筌》为契机，成为圣王。[①]

以右文王朝来讲，宋朝优于明朝，宋之士风与朱子学发展，是朝鲜学人钦仰之对象。[②] 正祖时期对朱子学的推崇，达到了一个高潮。正祖说："朱夫子尊然后，孔夫子始尊……即惟曰明斯道，扶正学，而究其本，则尊我朱夫子是耳。"[③]他编刊了大量朱子文集，并考察儒生对《通鉴纲目》的理解，编成《纲目讲义》等，均与倡导"正学"有关。同时，强化他理想化的君师形象，成为儒教道德的继承者，这就是将朱子学作为文化上的自负，对《宋史》的关心也是重拾朝鲜文化自信感的标志。[④] 与徐命膺等人强调宋朝的"宽仁"相比，正祖则重视士大夫的"该性理""重名节"。[⑤] 推崇《宋史筌》意味着进一步推崇"程朱理学"，体现了正祖希望藉此重振朝鲜"士风"和衰退的国运之用意。体现了《宋史筌》撰作用于经世的一面。

第三，明正统、严华夷、重尊攘的"春秋笔法"之彰显。正统论往往与民族观交织在一起，在明正统的同时，也体现出"夷夏之辨"。明代颇具规模的"宋史"研究就是一场由正统争辩而兴起的史学活动。[⑥] 受中国传统史学和本国根深蒂固的性理学影响，朝鲜的史书最严正统书法，尊"春秋笔法"，较之于明代，甚至有增无减。[⑦] 正祖曾言："陈寿《三国

① ［朝鲜王朝］徐命膺：《保晚斋全集》卷7，《序·御定宋史筌后叙》，第233册，第206页。

② ［韩］金渭显：《〈宋史筌〉西夏列传》，国际宋史研讨会暨中国宋史研究会第九届年会编刊：《宋史研究论文集》，河北大学出版社2002年版，第452页。

③ 《朝鲜王朝正祖实录》卷52，二十三年七月壬申，第47册，第200页。

④ 参见［韩］金文植：《『宋史筌』에 나타난李德懋의 역사인식》，第49—50页。

⑤ 参见［韩］李成珪：《〈宋史筌〉的编纂背景与特色：关于朝鲜学者编纂中国史的研究》，第11页．

⑥ 吴漫：《明代宋史学研究》，第30页。

⑦ 在西方学者看来，朝鲜崇尚儒家思想的一个后果是，造成了知识兴趣的狭隘和思维教条主义。"相对于中国来说，朝鲜对朱子学教条的理解有时更偏狭。作为仿效者，朝鲜人极力坚持儒家体系的小节……其固有的影响力也禁锢了创造性的发挥。同时，中国的学术和思想倾向性比朝鲜更强烈，这使得朝鲜领导人经常脱离社会实际，因为他们往往囿于关心历史和不通过地区的书本知识。"（参见［美］费正清等著，黎鸣等译：《东亚文明：传统与变革》，天津人民出版社1992年版，第304—305、325—326页）这种"朝鲜停滞"的论调，一定程度上反映了当时朝鲜对中国思想文化的笃信和僵化认识的程度。

志》,帝魏而寇蜀。脱脱《宋史》,黜帝昺。皆非正史。"①因为《三国志》《宋史》未能在史笔中贯彻理想的正统论,即认为他们不配于列入正史之中。而更彻底的,是这种正统论与华夷观念的结合,李德懋在《宋史筌编撰议》中写道:

> 李楷曰:"宋之存亡,为中国之存亡。"旨哉言乎? 然蒙古匪惟亡宋亡中国而已,宋亡宋史与中国之史也。《史筌》之作,纪二帝、传三虏、添奸臣、搜遗民,此其大纲。王者之起,必有取法者矣。是奚但存宋史,抑亦存中国之史也,与高皇帝廓清元虏,再辟乾坤,匹美伟烈,狝欤盛哉。②

这体现了当时朝鲜君臣心中深刻的尊攘观念,被迫臣服清朝的朝鲜,只能凭借所谓"小中华"的优越心态自居。他们联想到无比仰慕的国家——文明富庶的宋朝曾经亡于"夷虏之邦"——蒙元。朝鲜"南汉下城之耻,而屈于清人"也正如同"宋金故事之重演"。③ 他更进一步地指出,宋朝之亡,不仅是中国之亡,更是"宋史"和中国历史之亡。这种强烈的"存宋史就是存中国之史",乃至于以朝鲜来存中国的观念,是一种强烈的"中华继承意识",这种意识也成为了朝鲜为中国修史的正当性来源。④《宋史筌》的撰作,是朝鲜的"历史使命",其至可等同于朱元璋"廓清元虏"的功绩,这给了正祖君臣极大的精神动力。

　　正是在这样的历史认识下,朝鲜君臣通过秉承"尊华攘夷"的正统史观,用"春秋笔法"重撰中国史书,从而以修史的方式来隐晦地否认清

---

① [朝鲜王朝]正祖:《弘斋全书》卷162,《日得录二·文学二》,第267册,第164页。
② [朝鲜王朝]李德懋:《青庄馆全书》卷21,《编书杂稿一》,韩国民族文化推进会编《影印标点韩国文集丛刊》,2000年,第257册,第297—298页。
③ 参见李光涛:《中韩民族与文化》,第259页。
④ 据[朝鲜王朝]黄景源《江汉集》中的记载,史官赵璬(1727—1787)甚至还曾去鼎足山史库考朝鲜《实录》中记载的崇祯皇帝的诏、敕、制、命,欲补撰《毅皇帝实录》传于后世。(参见[韩]허태용:《英.正祖代 中華繼承意識의 강화와宋·명 역사서의 편찬》,第260页)

朝的中华正统地位,彰显自己作为"小中华"的地位。《宋史筌》正是这种观念下的产物:"《宋史筌》就是一切依照春秋义理,对《宋史》中凡与朝鲜视作坚不可犯的正统义理观相抵触的,都被删节,或重新编排,变成了一部强调尊王攘夷理念的宋史著作。"①强调著史之义理和笔法,这种在史观上异于《宋史》的重新判定,或许是《宋史筌》撰修的最重要因素。

　　总之,因《宋史》内容上繁冗错讹、义例上不符史法;加之明代重撰不力,都引得朝鲜君臣不满。事实上,他们眼中的"宋史"已不单是一部史书的概念:朝鲜自认为最近似于中国的宋朝,是对宋朝政治制度和思想文化的大量效仿后,产生的特殊情感,并认为"宋史"可用作朝鲜的前车之鉴;朝鲜"小中华"的正统意识和华夷观念,使其对重修"宋史"产生了使命感。正祖君臣这些基于而又超脱于《宋史》文本的"宋史"认识,促成了《宋史筌》的撰作。

二、《宋史筌》的撰修过程和义例演变

　　正祖尚在春宫时,就"留心撰修",想重撰一部"宋史"。② 该书的起撰时间不详,大概始于 1770 年(英祖四十六年)。③ 前期撰修多凭正祖个人之功,因之也成为"御定"之书,但其实一直有部分东宫的宫僚参与。首先,正祖参考了大量与"宋史"有关的"旧史","昕夕绎览,手加句抹,略具编帙",成《宋史筌》的最初本。但是这一版本难以达到理想效果,因"芟繁汰冗,有省无添",正祖做了大量的笔削,多次易稿,却发现"其不刊者才二三",凭一己之力实难完成。④ 在正祖即位之前,这项工

---

① 孙卫国:《大明旗号与小中华意识:朝鲜王朝尊周思明问题研究(1637—1800)》,第 268 页。

② [朝鲜王朝]正祖:《弘斋全书》卷 179,《群书标记一·御定一》,第 267 册,第 487 页。

③ 宋晞在《读〈宋史筌〉立端宗、末帝纪》文中,认定《宋史筌》始撰于 1769 年(第 418 页);在《读〈宋史筌·遗民传〉》中,他又认为该书大约始修于 1770 年(第 337 页)。笔者认为,该书的始修时间,可由正祖四年(1780)徐命膺的《笺》文中,"庸费十载工夫"一句推断,应为 1770 年。另,金渭显认为正祖东宫时,即已成书 80 卷。(见氏文《〈宋史筌〉西夏列传》,第 451 页)笔者未见有史料支撑。

④ [朝鲜王朝]正祖:《弘斋全书》卷 179,《群书标记一·御定一》,第 267 册,第 487—488 页。

作就已经被搁置了，只是有了一个初稿。①

正祖即位后，因"机务无暇"，遂命"宾僚诸臣分管编摩"。② 正祖三年(1779)三月，正祖对徐命膺说："予于《宋史》，有撰辑者，而尚未讫工，中撤可惜，卿等分帙各撰而一，提学亦看检主管，好矣。"③李德懋文集中亦载："己亥(1779)四月，以《宋史》繁芜，命判书臣徐命膺，参判臣徐浩修、徐有隣，承旨臣柳义养、沈念祖、郑志俭、李在学，分排删修。"④《宋史筌》撰修的第二阶段，极有可能是从这年开始。其间，正祖君臣对《宋史筌》的义例、内容添削的讨论，可谓费尽心思："逸事集众史而广取，良规或秉烛而忘疲。问寝侍膳之暇，或对床而忘饭。朝筵夜讲之余，庸费十载工夫，爰定一部序例。"⑤至正祖四年(1780)七月，徐命膺撰《序文》已成，并已开始了书役。⑥

"筌，所以漉水取鱼也"，"诚如鱼不得漏，而水不得留也"。⑦《宋史筌》的本意就是对繁芜的《宋史》进行删削。《宋史》原496卷，在这一阶段，经由十余名阁臣"校阅爬梳"后，只剩下了78卷，后又增补为100卷，并对《宋史》体例做了较多改动，定书名为《宋史筌》。正祖四年(1780)十月，在暎花堂，奎章阁阁臣进呈《宋史筌》缮写本，即所谓的《宋史筌》"庚子本"。该版本《御定宋史筌》凡100卷，40册，其中《本纪》4卷、《志》34卷、《世家》4卷、《列传》56卷，《义例》1卷，《目录》1卷，徐命膺所作《笺文》也一并呈上。正祖赏赐了参与校勘的诸臣，共有12人：分别是原任宾客奉朝贺徐命膺、右参赞黄景源、原任桂坊承旨沈念祖，

---

① 韩国学者金文植和李成珪认为：因《宋史撮要》作为《宋史筌》的编年体，成于1772年，所以推测《宋史筌》的初稿成书也是1772年。(见金文：『宋史筌』에 나타난 李德懋의 역사인식》，第31页；李文：《〈宋史筌〉的编纂背景与特色：关于朝鲜学者编纂中国史的研究》，第3页)笔者认为，《宋史撮要》主要为元修《宋史·本纪》的部分，并不能同步反映出当时《宋史筌》的修撰情况。但该书初稿在正祖即位(1776)之前完成，应是没有疑问的。

② [朝鲜王朝]正祖：《弘斋全书》卷179，《群书标记一·御定一》，第267册，第487页。

③ 《承政院日记》，正祖三年三月二十八日。

④ [朝鲜王朝]李德懋：《青庄馆全书》卷56，《盎叶记·改撰宋史》，第258册，第543页。

⑤ 《朝鲜王朝正祖实录》卷10，四年十月乙卯，第45册，第186页。

⑥ 《承政院日记》，正祖四年七月十八日、七月二十八日。

⑦ 《朝鲜王朝正祖实录》卷10，四年十月乙卯，第45册，第186页。

原任春坊监司李镇衡、参判徐有隣、徐浩修，义州府尹李在学、大司谏柳义养、原任桂坊参议郑志俭，原任春坊参判郑民始、李崇祜、行副司直李秉模。[①] 大多数人曾是东宫的宫僚，即从春宫时就协助正祖撰修此书了，如黄景源就曾为世孙右宾客，参与了《宋史筌》部分史论的撰写。

正祖四年（1780）以后，该书的撰作活动时断时续，史料中语焉不详。但可以肯定，当时所呈《宋史筌》并非最终的版本，也没有印刷。如正祖五年（1781）年五月，正祖又宣徐命膺和沈念祖来宣政殿，商讨校正《宋史筌》之事。正祖想在宋朝宰辅的《列传》中"钞出其中之封侯食实者，陞为《世家》，以示衮钺于后世"。名单由正祖亲选，经君臣讨论后，寇准和王旦最后没有被收入。[②] 后来，正祖又命沈念祖主管，并将该书的具体修订交由成大中、李德懋等处理。成大中参与了《宋史筌·五贤世家论》史论部分的撰作，[③]而这一阶段的撰修，实属李德懋的业绩最为突出。

李德懋于正祖三年（1779）成为奎章阁检书官，相继参编了多部官修书籍。正祖八年（1784）被任命为积城县监，之后的四年间，负责《宋史筌》部分内容的改、补撰："凡四年，厘为四十册，以进。"[④]正祖十二年（1788）成所谓的《宋史筌》"甲辰本"，他补（改）撰了《遗民传》《外国传》（《高丽传》《辽传》《金传》《蒙古传》）。《本纪》《列传》中的论赞部分，也多由他所作，如《光宗赞》《儒林传论》等。尤其是在《本纪》部分"汰其叠复"，又利用《续资治通鉴》《续资治通鉴纲目》补阙。[⑤] 他参编《宋史筌》的情况在李书九、成海应等人的文集中，均有记载。[⑥]

至迟至这一阶段，《宋史筌》的义例已被较为完整地制定，即《宋史筌》卷首的《御定宋史筌义例》[⑦]（以下简称"《义例》"），涉及对本纪、世

---

① 《朝鲜王朝正祖实录》卷10，四年十月乙卯，第45册，第186页。

② ［朝鲜王朝］正祖：《弘斋全书》卷161，《日得录一·文学一》，第267册，第140页。

③ ［朝鲜王朝］成大中：《青城集》卷8，《论·五贤世家论》，第248册，第496—497页。

④ ［朝鲜王朝］李德懋：《青庄馆全书》卷56，《盎叶记·改撰宋史》，第258册，第543页。

⑤ ［朝鲜王朝］李德懋：《青庄馆全书》卷21，《编书杂稿一》，第257册，第294—295页。

⑥ 见李书九《惕斋集》卷9、成海应《经研斋全集》卷45。成海应编《宋遗民传》即是在李德懋《宋史筌·遗民传》的基础上完成的。

⑦ 该《义例》的制定时间不详。因《遗民传》为李德懋所撰，从《义例》中记载《遗民传》的情况来看，可能最迟成于1788年之前。

家、表、志、列传及官职、姓名、论赞等内容的详细修订原则。此次义例的校正由诸臣和正祖一同完成,但其发凡起例均由正祖御定:"若其全体之悉备,既出睿裁。至夫细节之补漏,亦经禀旨。"其制定的目的是"仿《季汉书》凡例之法,明笔削之旨",也就是明确如何删削和改撰《宋史》。《义例》共有约 50 条,每条都详细说明体例、笔法的沿革,阐述《宋史》之错漏或不当之处,及所要做的改动。《义例》将南宋两末帝列入《本纪》;将《辽史》《金史》放入《列传》;并在《志》《列传》中做了相当多的调整,或改动位置,或变动内容,或补撰,或删削。《宋史筌》义例在体例、笔法上大多借鉴《史记》《汉书》《后汉书》《魏书》《隋书》《新唐书》《旧唐书》《新五代史》《辽史》《金史》《宋史》《元史》《明史》等中国正史,以及《季汉书》《弘简录》《史纂左编》《续资治通鉴纲目》《宋史新编》《史通》《文献通考》等中国史书和典籍。例如:通过《文献通考》补充了《礼志》《舆服志》的缺漏;《儒林传》人物"删补升降"采用邵经邦《弘简录》之例,"分目"则用唐顺之《史纂左编》之法;用《弘简录》《续纲目》等书补《宋史·列传》之阙等。尤其是新撰《遗民传》,采宋濂《元史》、吕留良《宋诗小传》、曹廷栋《宋诗存》、顾嗣立《元诗选》、陶九成《辍耕录》、周密《癸辛襍识》、王圻《节义考》、赵孟頫《松雪集》、吴立夫《桑海录》、万斯同《宋季忠义录》等书所载,得 119 名遗民事迹。①

李德懋文集中还收录了一篇《〈宋史筌〉编撰议》,也就是《宋史筌》卷首的《义例补》,是关于《宋史筌》义例的进一步修改,共 10 余条,内容较为细致、繁琐。例如,有对"南郊""圜丘"名称的统一、"帝昺"书为"末帝"、不书辽太后为"皇太后"等具体用语的规定。在内容上,如删减《李全传》,为程珦、朱松立"传";参照马端临《经籍考》、郑樵《艺文略》厘正《艺文志》的书名和排序;将乐史、方腊、王则等从原"传"中剔出,单独立"传";严后妃立"纪"资格等。此外,还关注到了考订宰相执政准确期限、厘正有关年号和年数等细节问题。② 这些调整,从内容的删削和补

---

① 具体参见[朝鲜王朝]正祖等:《御定宋史筌》卷首,《御定宋史筌义例》。
② [朝鲜王朝]李德懋:《青庄馆全书》卷 21,《编书杂稿一》,第 257 册,第 295—299 页。

阙,再到具体字眼的规范,无所不包。可见,《宋史筌》义例已到了细致入微,甚至吹毛求疵的地步。

从正祖四年(1780)进书以来,君臣关于义例的探讨和修订,一直没有停止。经过前面的撰修,《宋史筌》已基本成型。如正祖所言:"大率是书,积数十年,经数十臣,再三确例而始成,可谓难矣。"①繁复的《义例》和《义例补》,连正祖也批评"矫枉太过,起例颇缛……有不得不重定者"②。值得注意的是,该书最终的"义例"是由正祖在1791年(正祖十五年)重新御定的。对于之前的《义例》和《义例补》,大部分为他所赞同:"井然有据,义整法齐。事、词俱得为能,一祛旧史之非……其旧进《义例》及《补》八十余段,今所仍取者,尚居六七,可并仍载《卷首》。"③但其中的一些改动,被正祖否定,又做了最后的重定,即《宋史筌》卷首的《正祖上谕》:"则今之所必可以重定者,特其过者适之而已,缛者简之而已。其折衷参定,一应厘改,条贯胪序于左。"④

这些改动涉及原《义例》中所列的本纪、志、世家、列传及年号、论断等内容。如《义例》本纪"不立《杜太后本纪》,移编事实于《太祖本纪》",正祖上谕钦定《义例》则"删杜后事实之载于《太祖本纪》者,编于《后妃本纪》之首";《义例》"改《艺文志》为《经籍志》",钦定《义例》改"仍为《艺文志》";《义例》"以北宋之赵普、曹彬、李沆、韩琦、司马光;南宋之张浚、李纲、韩世忠、岳飞、文天祥凡十人,为《宰辅世家》",钦定《义例》中"还次《列传》";《义例》列传"陞二周、张、程、朱五贤于《世家》",钦定《义例》"另立《五贤列传》,特次于《诸臣》之首"等。大体上,正祖坚持"盖以存旧为务,而其减其移,出于不得已也"⑤的原则,对原《宋史》的修改更加慎重,避免无端地改动。

在最终定下了《义例》之后,同年(1791),正祖又将该书"分授馆学诸生"进行缮写校对:

---

① 《朝鲜王朝正祖实录》卷10,四年十月乙卯,第45册,第186页。
② 《朝鲜王朝正祖实录》卷10,四年十月乙卯,第45册,第186页。
③ 《朝鲜王朝正祖实录》卷10,四年十月乙卯,第45册,第186页。
④ 《朝鲜王朝正祖实录》卷10,四年十月乙卯,第45册,第186页。
⑤ 《朝鲜王朝正祖实录》卷10,四年十月乙卯,第45册,第186页。

先是,上下《纲目》条,问于泮宫,命馆学诸生条对,凡七百余条,正是选诸生中善书者。公(李德懋)及待教沈公象奎,承命往泮宫,颁《宋史筌》于诸儒,缮写以进,凡四十册。①

《宋史筌》最后阶段的缮写工作由成均馆儒生负责,正祖通过"条问"进行了人员选拔,李德懋、沈象奎等又参与了此项工作。最后,该书仿思政殿《纲目训义》、崇政殿《备考校正》故事,卷下一一书"尊贤阁编"②,以示御定。

除部分只注意到1780年版本(庚子本)的学者外,一般认为,该书即最终成书于1791年。笔者对此作了再考。首先,朝鲜大臣记录正祖筵说"圣语"的《日得录》,其记载《宋史筌》已告成之语,已是在正祖十六年(1792)。而在这之前,正祖仍一直与校正阁臣商讨修改细节。③ 再者,该书卷首的《正祖上谕》中提到:"越于四年庚子(1780)……阅今又十有二年矣。"④即该书是在1780年的十二年后成书。所以,该书成书应是在1791—1792年之间。据《弘斋全书·群书标记》记载,《宋史筌》一百五十卷⑤,与奎章阁藏本(奎1800)之《宋史筌》卷数吻合,《宋史筌》的最终版本应为150卷⑥。

三、《宋史筌》的内容及特点——兼与《宋史》对比

《宋史筌》的撰修历时约二十年,倾注了正祖君臣的大量心血。成书共61册,凡150卷,其中《义例》1卷、《目录》1卷、《本纪》8卷、《志》47卷、《世家》2卷、《列传》91卷,较之于《宋史》,体例有较多变动,卷数也大幅缩减。下面,通过两书体例和内容的比对(见表7.1),并结合

① [朝鲜王朝]李德懋:《青庄馆全书》卷71,《附录下·先考积城县监府君年谱下》,第259册,第323页。
② 《朝鲜王朝正祖实录》卷10,四年十月乙卯,第45册,第186页。
③ [朝鲜王朝]正祖:《弘斋全书》卷173,《日得录十三·人物三》,第267册,第380页。
④ [朝鲜王朝]正祖等:《御定宋史筌》,卷首《正祖上谕》。
⑤ [朝鲜王朝]正祖:《弘斋全书》卷179,《群书标记一·御定一》,第267册,第487页。
⑥ 关于《宋史筌》的卷数,部分学者还持有"152卷"(金文植)、"148卷"(黄纯艳、杨渭生)等说。

《宋史筌》有关义例，概述《宋史筌》的内容及其特点。

表7.1　《宋史》与《宋史筌》对比简表（数字为卷数）

	《宋史》		《宋史筌》	
	内容	卷数	内容	卷数
卷首	序文		正祖上谕(义例最后修改,1791) 御定宋史筌笺(徐命膺,1780) 御定宋史筌序(徐命膺,1780) 御定宋史筌序(黄景源,1780) 御定宋史筌义例(沈念祖,? - 1788) 义例补(李德懋)(1784—1788)	1
目录		3		1
本纪	太祖-度宗、瀛国公(二王附)	47	太祖-度宗、端宗、末帝(7) 后妃：杜皇后-杨皇后(1)	8
志	天文(13)、五行(5)、律历(17)、地理(6)、河渠(5)、礼(28)、乐(17)、仪卫(6)、舆服(6)、选举(6)、职官(12)、食货(14)、兵(12)、刑法(3)、艺文(8)	162	天文(2)、五行(2)、历(3)、地理(2)、河渠(1)、礼(11)、乐(7)、仪卫(1)、舆服(2)、选举(2)、职官(4)、食货(3)、兵(2)、刑法(1)、艺文(4)	47
表	宰辅(5)、宗宰世系(27)	32		0
世家		0	宗室(2)	2
列传	后妃(2)、宗室(4)、公主(1)、诸臣：范质-谢枋得(177)、循吏(1)、道学(4)、儒林(8)、文苑(7)、忠义(10)、孝义(1)、隐逸(3)、卓行(1)、列女(1)、方技(2)、外戚(3)、宦者(4)、佞幸(1)、奸臣(4)、叛臣(3)、世家(九氏)(6)、周三臣(1)、外国(夏国、高丽-吐蕃)(8)、蛮夷(4)	155	公主(1)、五贤(1)、诸臣：范质-谢枋得(58)、外戚(1)、儒林(3)、文苑(3)、循吏(1)、忠义(3)、孝义(1)、列女(1)、隐逸(1)、卓行(1)、遗民(1)、艺术(1)、宦者(1)、佞幸(1)、奸臣(2)、叛臣(1)、外国(高丽、辽、夏、金、蒙古-吐蕃)(6)、诸蛮(1)九氏(1)、周三臣(1)	91

续表

	《宋史》		《宋史筌》	
	内容	卷数	内容	卷数
总计		496		150

第一,《宋史筌》的"卷首"内容较为丰富。《正祖上谕》介绍修撰《宋史筌》的意义、过程、对《义例》的最后修改等,可能是在最终成书前撰制,后插录于正祖四年(1780)的《正祖实录》之中。其后是原奎章阁首任提学徐命膺进呈的《御定宋史筌笺》和《御定宋史筌序》。《笺》和《序》文均为正祖四年(1780)进书时所作,《笺》文也被完整收录于该年的《正祖实录》之中。随后,附原右参赞,弘文馆、艺文馆大提学,奎章阁提学黄景源作《御定宋史筌序》,从该文的内容上看,仍成于1780年。最后是《御定宋史筌义例》和《义例补》,具体内容不再赘述。①

第二,《宋史筌》对《宋史·本纪》的改动,有几个特点。首先,《宋史》将《妃嫔》作《列传》之首,《宋史筌》仿《后汉书》《季汉书》之例,删去《太祖本纪》中的杜太后事,将杜太后编于《后妃本纪》之首,将诸后妃自其以下列入《本纪》,以示尊皇后之意,"妃""太后"多改称为"皇后",即为"帝后"立《纪》。② 其次,《宋史》不将宋末端宗、末帝入《本纪》,只书以"嬴国公(益王、卫王附)的形式",且二王事迹用元代纪元。《宋史筌》则别立昰、昺二帝《本纪》,并且称其庙号,从而确立了宋末二帝的正统地位,体现了朝鲜君臣以宋为正统的意识。称"末帝"而不称"帝昺"也

---

① 因"卷首"内容并非严格按时间排序,可能导致忽略《正祖上谕》中的最终《义例》。如称《宋史筌》"将'艺文志'改为'经籍志';'卓行传'合'孝义传';把'叛臣传'改为'叛逆传'"。(周海宁:《中国文化对高丽、朝鲜时代史学之影响研究——以史学体例和史学思想为中心》,第70页)由《正祖上谕》中义例可知,《宋史筌》实际已恢复"艺文志""卓行传","叛臣传""叛逆传"仍旧为单独二传。季南在《朝鲜正祖李祘的〈宋史筌〉对〈宋史〉的改编》一文中,也只是注意到了《御定宋史筌义例》。

② [韩]崔胡里在《『御定宋史筌』권8「本纪·后妃」체례개편의 목적:『季漢書』계승을 통한 정통성의 강조》一文中,探讨了《宋史筌》为帝后立《本纪》书法的缘由,认为是模仿了《季汉书》的笔法,体现了朝鲜的"尊周论""中华正统的继承意识"的强化,《春秋》《季汉书》《宋史筌》分别代表了鲁承周统、蜀承汉统、朝鲜承明统,驳斥了李成珪认为《宋史筌》为帝后立《本纪》是与当时朝鲜的政治与党争有关的观点。

反映了朝鲜王朝受明遗民学术思想之深。[1]

第三，《宋史筌·志》的部分以调整《宋史·志》的篇目顺序、删减汰冗为主。《宋史筌》学习《明史》之例，将《律历》分为二《志》分别撰写，将《律志》编入《乐志》，《历志》中只叙述历法沿革。《宋史》中，南宋宫殿不载临安，而载于《舆服志》，《宋史筌》将其入《地理志》。《宋史筌》分《乐志》为七目，并在几乎忠于《宋史》的前提下，对《河渠志》《选举志》《职官志》《食货志》《兵志》《艺文志》《仪卫志》等的原文均删繁就简、有所损益，力求要约。此外，也有增补的内容，如《宋史筌》就补充了《宋史·舆服志》中冠服礼制等内容。

第四，因认为《宋史》的《表》阙略甚多，如《宰辅表》"不系世表，只纪官职"，"除罢宗室，则各房五世以下只列名"，而"系世"其余诸《表》又皆缺焉[2]，其他阙，文献无征，又详于诸《传》，故而《宋史筌》仿《后汉书》《晋书》例，将《宋史·表》的部分删而不录。

第五，《宋史》无《世家》，将《九氏》称《世家》置于《列传》中，这是一种畸形的体例。《宋史筌》将《宋史·列传》中的《宗室》升为《世家》，以示遵赵宋皇族之意，也符合正祖强调"重敦亲"，保护王室宗亲的用意。[3] 同时，认为南唐、西蜀等《九氏》只是宋之降臣，不应为《世家》，将其降于《列传》的《外国传》之后，体现"尊王贱霸"。

第六，《宋史筌》对《宋史·列传》做了大量调整，比较重要的有如下几点：一者，朝鲜最崇奉程朱理学，特将周敦颐、程颢、程颐、张载、朱熹五位理学家合为《五贤》，借机对相关的宋儒大加表彰。最初，甚至一度想将五人升为《世家》，后虽将《五贤》置于《外戚》之上，《公主》之下，这仍能体现出其笔法上尊崇理学的思想。二者，元修《宋史》时，将其与《辽史》《金史》并立的史观，是不能为朝鲜接受的，于是，依唐顺之《左编》之例，《宋史筌》将辽、金、蒙古同西夏等一起，降置于《外国传》，即

---

[1] 见宋晞：《论〈宋史筌〉立端宗、末帝纪》，第431—432页。
[2] ［朝鲜王朝］正祖等：《宋史筌》卷首，《御定宋史筌义例》。
[3] 参见［韩］李成珪：《〈宋史筌〉的编纂背景与特色：关于朝鲜学者编纂中国史的研究》，第20页。

"列传附三虏";外国"皇帝"前加"伪"字,不称庙号,体现了"尊王攘夷",尊宋为正统。辽、金等降入《列传》,也客观上方便了对原来"三史"的阅读。三者,朝鲜参考本国之《高丽史》,重撰《高丽传》,置于《外国传》之首,体现了华夷观念下,朝鲜的文化自信;同时,参考了大量元、明笔记和野史家乘,新撰了《遗民传》,体现了崇明反清的思想,表现朝鲜其实内心并不服从清朝的支配。四者,《宋史筌》还对《宋史》部分《列传》的名称和内容进行了改动,如改《方技传》为《艺术传》,合《儒林传》《道学传》为《儒林传》,并对《儒林传》《文苑传》中人物进行了复杂的调整;《叛臣传》中增加方腊等十人,移高俅入《佞幸传》等。五者,韩通、李重进、李筠三人,为后周之忠臣,《宋史》别立《周三臣传》,《宋史筌》去其《世家》之名,置于诸《传》之最末,表不臣之义。六者,改变《宋史》中部分《列传》的位置,如首传为《公主传》;《儒林传》《文苑传》列于《循吏传》之前;《外戚传》提前至《诸臣传》之后等。

第七,《宋史筌》对于《宋史》中的论赞,按照"其辞顺而理当因而用之,其辞拙而理违者,随见略改,或又别撰焉"[1]的规则,又"务从平易公正"[2],大部分依从旧史,只做小规模修改和极个别的重撰。此外,《宋史筌》在具体的年号、称谓、官职等文字细节上,也多有细致地订改。

总之,《宋史筌》在较全面的考察中国史学典籍后,制定和修改义例,对《宋史》的改修,主要通过补充脱漏、删除重复、缩减内容、修正谬误、统一用辞、更改文字和用语等方式,体现了对中国传统史学的借鉴和模仿。同时,体现了以宋为正统,"尊王攘夷""尊王贱霸"的义理观念,基本实现了对其所谓"春秋笔法"的实践。

四、《宋史筌》的影响与评价

书籍的刊行,是其得以传播和产生影响的重要条件,那么《宋史筌》的情况呢? 国内学界几乎沿袭一种说法,就是《宋史筌》于1791年成书

---

① [朝鲜王朝]正祖等:《宋史筌》卷首,《御定宋史筌义例》。
② [朝鲜王朝]正祖等:《宋史筌》卷首,《正祖上谕》。

后刊印。① 而韩国学者则认为，《宋史筌》成书后没有刊印，只有写本传世，即现藏于首尔大学奎章阁的《宋史筌》。② 针对该书到底是否刊出的问题，有必要做一番考辨。

正祖御制《弘斋全书·群书标记》中记载："旋藏之祕府……《史筌》始止于删，而今又有作矣，于是乎姑束阁之，不即印行。"③这就表明，当时成书后，《宋史筌》并没有刊行。正祖死后的两年，即纯祖二年（1802），阁臣奏请将《宋史筌》61 册重新编次，并"一体妆缋以入"。④ 这也印证了，该书还尚为写本的状态。

正祖编《宋史筌》的本意是因为《宋史》过于繁冗，"筌"即是要删史之意。但随着几个版本的编修，正祖君臣日渐发现"盖作史至难，删史亦未易"⑤。《宋史筌》成书时，已不是一部靠删削旧史而成之书，不是"史抄"和"史选"，而是一部新的"史作"了。《宋史》乃是乾隆钦定的"二十四史"之一，而正祖君臣这种为上国撰写历史，并涉嫌"篡改"其内容和史观的僭越行为，一旦为清所知，恐会带来麻烦。正祖所谓"而今又有作矣，于是乎姑束阁之，不即印行"，应该就是出于这种考虑。⑥ 此外，"盖圣意，以作史之难郑重，不即印行"⑦，这或许是该书未刊行的另一个重要原因，正祖曾解释道：

> 不但予自视歉然，不欲张大。凡史记，与他文字有异，悉书人之善恶，自我而扬人之善则固好，若由我而不能隐人之恶，则此最不可。又于《奸臣》《佞幸》等传，因诸僚见执，有一二件之与本意相

---

① 宋晞最早持此观点（见氏文：《读〈宋史筌·高丽传〉》，第 468 页），在之后的论文中，他逐渐做了更正。但杨渭生、周海宁等仍承袭此说。

② 如金渭显、金文植、何沃滢、姜顺爱等均持此说。

③ ［朝鲜王朝］正祖：《弘斋全书》卷 179，《群书标记一·御定一》，第 267 册，第 487—488 页。

④ 《承政院日记》，纯祖二年五月三十日。

⑤ ［朝鲜王朝］正祖：《弘斋全书》卷 179，《群书标记一·御定一》，第 267 册，第 487 页。

⑥ 李成珪也有类似观点："公开阐明华夷之分，明示辽、金、蒙古为北虏，无视清之存在，期待新王兴起之史书，不能不虑及是否不合清朝脾胃，故而不能刊行。"（见氏文：《〈宋史筌〉的编纂背景及其特色——朝鲜学人对中国史编撰的有关研究》，第 30 页）

⑦ 《朝鲜王朝正祖实录》卷 10，四年十月乙卯，第 45 册，第 186 页。

反者,此尤不可出也。①

　　纪传体史书的撰修是难度极大的工程,正祖对《宋史筌》的刊出,还缺乏
十足的信心,并顾虑其部分细节内容仍存龃龉,这体现正祖君臣对著史
的慎重。而在该书的功用上,正祖对于大臣们过分热衷批判奸佞,忠奸
立判的态度颇有反感,表现出对朝中持续党争的弃厌,也担心此书一旦
刊出,不能"扬善隐恶"反而引起祸乱,这是出于巩固其统治的需要。

　　此外,正祖在春宫起,就要求宫僚们协助他编修中国史书。其中很
大一部分是对中国史书的续编、删抄、改修等。如《新订资治通鉴纲目
续编》27 卷和《资治通鉴纲目新编》20 卷,是仿《资治通鉴纲目续编》和
《宋元纲目》,用纲目体进行订改,分别对宋元史、明史进行续修之书。
关于明史的编年体史书还有《明纪提挈》20 卷,此书与《资治通鉴纲目
新编》乃是仿《资治通鉴》既有目录,又有举要之意。除宋、明史书外,还
有正祖后期相继选抄的《史记英选》《陆奏约选》《两京手圈》等书。除了
中国断代史书,正祖还尝试对中国历史做整体性的认识,他作《全史铨
评》80 卷,即是对中国正史中史臣论赞的汇编;还有《历代纪年》3 卷,仿
纲目体,整理了从盘古三皇到明的中国 5180 余年帝王谱系和大事纪
年。而这些史书大部分未刊。所以,正祖自幼研读中国典籍,对中国历
史和史学一直有着浓厚兴趣。在这一背景下,他撰修《宋史筌》,也是他
一贯的学养和兴趣的体现。这或许也解释了编撰长达约二十年的《宋
史筌》,成书后却未能刊出的一个原因,《宋史筌》最终得以坚持撰成,更
多地是正祖完成重撰《宋史》的一个学术心愿。

　　所以,我们可以推断,《宋史筌》并没有刊印。而事实上,该书对朝
鲜后世的影响也的确微乎其微。这可以从纯祖对该书的态度窥知。纯
祖五年(1805),纯祖命持入"阅古观傍楼上所在先朝《御定宋史筌》"②,

---

① ［朝鲜王朝］正祖:《弘斋全书》卷 164,《日得录四·文学四》,第 267 册,第 206 页。
② 《承政院日记》,纯祖五年四月二十日。

而经过阁臣搜查，"《宋史筌》一件，在于西库矣"①。奎章阁的阅古观和皆有窝是收藏中国书籍文献（华本）的，西库才是收藏朝鲜本国的图书文献（东本）之地，《宋史筌》是朝鲜君臣所编，理应收入西库，而纯祖竟错以为它是中国书籍，很明显，纯祖对其父所编此书并不熟悉。纯祖本人对该书的性质都模棱两可，日后的刊印和影响更是无从谈起了。

　　对该书的评价可从两方面来看。《宋史筌》对《宋史》有删也有作，参考了中朝大量史籍，在相关内容上还是有所补益。如《舆服传》在内容上大量补遗，新增的《遗民传》补充了大量人物事迹，《蒙古传》增加了《元史》中的资料，都有可取之处；在《文苑传》《儒林传》中，增加了部分人物的传记，而更正了一些《宋史》的错误；"外国"诸《传》中，《高丽传》基本为重撰，《蒙古传》《西夏传》等都有所订改和增补等。以《宋史筌·高丽传》为例，因涉及本国的前朝史，朝鲜君臣对其改动较大。如其前有"总序"，后有"论曰"，仿造《宋史·夏国传》而进行了体例的统一；对高丽国王的名字、卒年、庙号、在位年等均记载详细，通过朝鲜所编《高丽史》补正，可纠正《宋史》的错漏；明确了元朝以前高丽史的断限；《宋史·高丽传》中所载涉及时间、地点、人物、事件的大量错误也得以被订正。②

　　宋晞认为，《宋史筌·高丽传》对"宋丽间外交、商业与文化交流等史实均有所补充"，"不仅可以纠正《宋史·高丽传》之错误，且对宋丽关系史之研究有所助益也"。③ 黄纯艳也认为该书"记载比《宋史》详细，在中国古代关系史的研究上，也是不可忽视的重要史料"，是"体例完善，较为系统精审的著作"④。李光涛也称赞《宋史筌》"这一善本，其发明之多而且大，自不待言"，并指出《宋史筌》等中国史书的撰述"都因为东国君臣在看到了中原史籍之后，引起了很多很大的'疑义'，于是乎即

---

① 《承政院日记》，纯祖五年四月二十七日。
② 详见杨渭生：《〈宋史筌·高丽传〉与〈宋史·高丽传〉之比较》，第 411—431 页。
③ 宋晞：《读〈宋史筌·高丽传〉》，第 484—485 页。
④ 黄纯艳：《高丽史史籍概要》，第 6 页。

本着这种'疑义'而别立新说,以纠正旧史许许多多的错谬"。① 由前文可知,此说不是该书撰写的主要缘由,不过,这也恰恰说明了《宋史筌》对中国历史书写的贡献。

另一方面,《宋史筌》主要依据《宋史》而删节,着重在《宋史》的体例、笔法上做出调整,以体现重尊攘、严华夷的"春秋笔法",基本上没有增加太多的新史料,绝大部分内容仍依照旧史。如孙卫国所论:"其史料价值远不如其义理尊周理念上的价值。因为这些史书(朝鲜所编宋、明史书-笔者注)所采用的资料基本上是明清人作的史书,在内容上鲜有超出中国史书的。"②不仅如此,就其在体例上的改动、内容的删削或订改,也未必尽如人意。如宋晞发现,《宋史筌·高丽传》史实的删削"则有未当,得失参半"③;《宋史筌》删去了《宋史·食货志》三分之一强,并存在弄错年份、错漏字、语句不通等问题。④ 卞东波在对比了《宋史·道学传》《宋史·文苑传》《宋史筌·儒林传》《宋史筌·文苑传》后,发现《宋史筌》将原来《宋史》中文人部分的序次打乱,并扩大了《文苑传》的范围,这种分类意义并不大,也不能说明问题。此外,有时《宋史筌》对《宋史》删节省略过多,导致了逻辑混乱、文意含糊,产生不必要的讹误。《宋史筌》有些对《宋史》错误记载的订正依然不正确,甚至存在《宋史》无误,反而改错的情况等。因此,他指出:"其(《宋史筌》)重编在学术上的高度并没有超过《宋史》,甚至因为删节过甚,留下了不少错讹。尽管其篇幅浓缩了很多,也纠正和补充了《宋史》的若干错误与阙漏,但其终究无法代替《宋史》。"⑤

总之,虽然《宋史筌》并未在朝鲜产生较大的影响,但作为唯一一部

---

① 李光涛:《中韩民族与文化》,第255、116页。
② 孙卫国:《大明旗号与小中华意识——朝鲜王朝尊周思明问题研究(1637—1800)》,第267页。
③ 宋晞:《读〈宋史筌·高丽传〉》,第848页。
④ 参见宋晞:《〈宋史筌·食货志〉——役法、钱币、会子、商税、互市舶法读后感》,第64—66页。
⑤ 详见卞东波:《〈宋史筌〉的文人传,〈艺文志〉书写——兼与〈宋史〉比较》,第36—54、58页。

朝鲜官方主持修撰的纪传体"宋史"，其在文化史和史学史等方面的意义是十分显著的。通过对比《宋史》和《宋史筌》在体例、笔法、史观上的异同，不仅能发现中国传统史学对朝鲜史学产生了深刻影响，更应留意朝鲜在当时的政治情态下，对中国史学的仿效和取舍的过程和原因。同时，我们也应该客观地、辩证地看待《宋史筌》在有关史料学、史源学和宋史研究中的地位，在读《宋史筌》时，也应与《宋史》对读，研究时不可偏颇。

此外，《宋史筌》也再次折射出，在朝鲜后期，即使是"态度转变"而实行了奉清的政策，朝鲜人的主流思想中的华夷观念、"春秋大义"并没有根本上改变。即便是"北学派"士人李德懋，事实上也并没有沉迷于清朝风物，反而一直恪守着朱子学和义理论，表现出强烈地憎恶清朝之心。他通过参与《宋史筌》的撰修，表达了他的义理观和学问观，体现朝鲜人并没有丧失文化自信。《宋史筌》表露出之对正统观、华夷观的执著，也正体现了朝鲜学人对清朝现实与感情纠葛的处理方式。①

第二节　《史记英选》之编选、刊印与影响②

司马迁《史记》很早就传入朝鲜半岛，历史上一直被奉为经典。三国、统一新罗和高丽时期皆重视对《史记》的学习，朝鲜王朝进一步弘扬这个传统，《史记》既是朝鲜儒士喜读的史学著作，也是其科举的重要内容和世子侍讲、国王经筵日讲的重要史书，在朝鲜的政治文化中占有十分重要的地位。③《史记》也是朝鲜纪传体史书效法的对象，朝鲜半岛

---

① 参见李岩：《朝鲜 17 世纪以来"春秋大义"的思想内涵及其社会文化基础漫论》，北京大学韩国学研究中心编《韩国学论文集》第 16 辑，辽宁民族出版社 2007 年版，第 94 页；[韩]金文植：《『宋史筌』에 나타난 李德懋의 역사인식》，第 51 页；[韩]李成珪：《〈宋史筌〉的编纂背景与特色：关于朝鲜学者编纂中国史的研究》，第 24 页。

② 本节内容与孙卫国教授合作完成。

③ 参见孙卫国：《〈史记〉对朝鲜半岛史学的影响》，《社会科学辑刊》2010 年第 6 期，第 157—164 页；孙卫国：《中国史学对东亚史学的影响与交流》，《历史教学问题》2012 年第 4 期，第 53—59 页。

两部纪传体史书《三国史记》与《高丽史》皆是模仿《史记》而编成的。同时，朝鲜还从《史记》中编选了许多著作，正祖御定的《史记英选》就是其中最引人注目的一部。此书虽为史抄之书，但出自国王钦定，长期为其宣教所用，此后更被奉为经典，指令群臣朗读背诵，充分体现了此书的重要性，也反映了《史记》对朝鲜的深远影响。

《域外汉籍珍本文库·第一辑·史部》第2册、《域外所见中国古史研究资料汇编·朝鲜汉籍篇·史抄史选类》第2册均收录了《史记英选》丁酉字8卷本。下面拟就《史记英选》之编印过程、版本及该书在朝鲜的影响，略作探讨，透过本书的研究，进而更深入了解中朝古代史学交流的特点。

一、正祖对《史记》的重视与《史记英选》编选之意图

正祖酷爱读书，在朝鲜史上实属罕见。而在正祖所读书中，《史记》可以说是他最喜爱的史书之一。他把《史记》看成是帝王之学的必备功课，认为"幼冲之时"就应该学习："帝王之学，当以经、传为主，而《史记》又是急先熟读者。盖圣帝明王治法政谟，名臣硕辅鸿功伟烈，不可不于幼冲之时习而知之。"[1]为世孙之时，他就开始研读《史记》，几乎读完。[2]他读书时喜做"手圈"，《两京手圈》乃是有关"前三史"的读书精要，其中就不乏对《史记》的读书心得。

《史记》自魏晋以来有许多注补、评论之书，明万历年间凌稚隆编辑历代的各种注释与评论，汇成《史记评林》一书，全书130卷，十分有利于《史记》的阅读理解。此书也传到了朝鲜半岛，英祖时，即以《史记评林》作为经筵讲读的重要内容。正祖即位当年(1776)，乃命李在学讲读《史记评林·黄帝本纪》[3]，当时考虑到《史记》篇幅太大，即萌发要从《史记》中节选一些篇章，另成一书的想法。他说："《史记》

---

① ［朝鲜王朝］正祖：《弘斋全书》卷165，《日得录五·文学五》，第267册，第229页。
② 《承政院日记》，正祖元年二月一日。
③ 《承政院日记》，正祖元年三月二十五日。

不可尽读……似有誊录，考见后抄出悬吐。"①所谓"悬吐"，是古代朝鲜
人大声朗读汉文著作的一种方法，因为他们并不懂汉字的读音，乃用
朝鲜的音对应汉字的读法，在每个字下面标上读音。"悬吐"有利于
理解和记诵。可见，正祖希望精读《史记》的重要篇章，群臣能人人朗
读背诵。这个想法萌生甚久，到了正祖二十年（1796），乃指令群臣编
印《史记英选》，收录《史记》中二十余篇，乃作为朝臣宣讲《史记》的重
要选本。

　　正祖对《史记》有许多独到见解，不仅认为其包含帝王之学，还对
《史记》的语言文字、纪传体裁、与《春秋》等经书的关系，皆有深入的论
断。在《示〈史记英选〉监印诸人二首》中，他曾论道：

　　　　子长之文，灏灏噩噩。如神禹之行水、淮阴之用兵，不可羁以
常法。然气格之抑扬顿挫，精采之起伏照应，如珠走盘，如规周旋，
自有一部铺叙。欧阳子述扬子云之言曰：断木为棊，梡革为鞠，莫
不有法，而况于文乎！今以网罗数千载之书，独选其二十余篇，可
谓太约。然亦取其法之至者，为学者师则也。予尝谓荀、扬之文，
《易》之变也；屈、宋之《骚》，《诗》之变也；子长之《史》，又以麟经之
系月编年，而变为纪传也。《帝纪》仿于《典谟》；《书》、《表》仿于《禹
贡》、《周官》；《列传》会通于《国语》、《国策》。网罗今古，驰骋幻化。
摹画之文，必如物物之各殊形色；铺叙之文，必如人人之各异气象。
庄生以虚饰理，而子长取其虚以实；左氏以实论事，而子长取其实
以虚。百有三十篇，去一不备。茅坤所谓读《货殖传》，即欲求富；
读《任侠传》，即欲轻生；读《李广传》，即欲立斗；读《石建传》，即欲
俯躬者。真善评也。若夫《本纪》之首黄帝、进项羽，《世家》之首泰
伯、进陈涉，先儒谓之善学《春秋》，不为过奖。读者当以五十万言，
比类而参互，以观其奇而不诡，直而无隐之法。如以诵习数十余

----

① 《承政院日记》，正祖元年三月二十一日。

篇,稍窥作者规模,谓足以小成,则非予由博反约之意也。①

这段史料,反映了正祖对《史记》的评价,十分全面。

首先,从文学手法上,正祖肯定《史记》之文精妙绝伦。认为《史记》的文辞,"如神禹之行水、淮阴之用兵",乃神出鬼没,不拘常法也。其"气格之抑扬顿挫,精采之起伏照应,如珠走盘,如规周旋,自有一部铺叙",以至于从这部"数千载之书"中取其二十余篇,以为学者之"师则"。乃是希望朝鲜文人学习《史记》的文风,《史记英选》所收录之篇目,更应是诸臣效仿的榜样。

其次,称颂《史记》体例上的贡献,认为纪传体乃是变《春秋》、仿《国语》而成的。他指出本纪、世家、书、表、列传,虽都是模仿前人,如"《帝纪》仿于《典谟》;《书》《表》仿于《禹贡》《周官》;《列传》会通于《国语》《国策》",但是司马迁撰文,虚实得体,一百三十篇,各有特色,各有优势,是善学前人的基础上,多有发挥。他在《两京手圈》中提到:"予读太史公而选之,始知纪传之体,仿于左氏之《国语》也。左氏以国而类,太史公以人而类,类以汇分,《易》之原也。故夫子曰:'本乎天者亲上,本乎地者亲下'。即各从其类也,予于此又知《易》理之无处不寓也,以其选之也。"②他说《史记》乃"《易》之原",又仿《国语》,即认为《史记》是出经入史之书。

第三,借用明人茅坤的说法,对《史记》之《货殖传》《任侠传》等列传皆给予极高的评价,称颂茅坤"真善评也"。可见,正祖真可谓得《史记》之三昧,对《史记》相当精熟。

第四,肯定《史记》"善学《春秋》"者,认为《史记》对人物归类,颇有深意。如进项羽为《本纪》、陈涉为《世家》,这本是历代后人诟病之处,正祖反而予以赞扬,称颂其体现了《春秋》之褒贬笔法。总结《史记》虽

---

① [朝鲜王朝]正祖:《弘斋全书》卷56,《杂著三》,《示〈史记英选〉监印诸人二首○丁巳》,第263册,第361页。

② [朝鲜王朝]正祖:《弘斋全书》卷181,《群书标记三·御定三》,第267册,第527页。

"五十万言",但却做到了"类而参互""奇而不诡""直而无隐",体现了他
对《史记》的深刻认识。

　　此外,正祖还对"史汉"优劣,阐明了看法。有一次与重臣蔡济恭讨
论《史记》《汉书》时,正祖说:"《史记》则多用不紧字,班固之为《汉书》
者,欲变马史之不紧字句,而后世之文,皆源于《汉书》,是可欠也。"他对
于班固改变《史记》的文字风格,提出批评,对班固将孟子列为第二等,
也表示不同意见:"班固之为九等年表,敢为容喙论断,而置孟子于第二
等者,渠欲免罪于后来之人故也。"①可见,他喜好《史记》,而对《汉书》
笔法颇有微词。

　　正祖还常从《史记》中联系朝鲜之政局,《史记》乃是他治国理政之
指导与准则。正祖曾论道:"读管、蔡事,尝伤痛周公之心事,岂意予之
身亲当之耶?"②在为世孙时和即位初年,正祖曾屡遭敌对势力谋害,其
中不乏王室至亲。关于如何处置这些"乱臣贼子",正祖觉得如同当时
周公不忍杀掉管叔、蔡叔,他也不忍处死这些叛逆。随后副司果南鹤闻
因之上疏,引用《史记》中吴王刘濞反叛之例,敦促正祖对这些"乱臣贼
子"应予严惩,不可心慈手软。③ 这说明,《史记》并非只限于其欣赏阅
读,而常为治国理政,提供借鉴。正祖乃朝鲜后期的贤君明主,在政治
上荡平党争,打击勋戚干政;用人上,打破"庶孽禁锢",广纳贤才;经济
上,促进商业自由,废除"禁乱廛权"。他在推行相关政策措施时,往往能
从《史记》中,找到史实依据。因之,正祖御制《史记英选》也重点选取了
这些篇目,如《萧相国世家》《留侯世家》《淮阴侯列传》《吴王濞传》,暗示着
复杂的君臣关系和正祖曾遇到的诸多反叛势力的威胁;《魏其武安列传》
《霍光传》,则体现了对权臣外戚的警惕;《孟尝君传》《平原君传》《信陵君
传》中三位公子,皆是能得贤士之人,表明了他的人才政策;《货殖列传》
之选取与正祖重视经济生产,促进商业发展不无关系。由此便可推知,
正祖御定《史记英选》,并令群臣熟读背诵,是想更好地维系王权和传达

①《承政院日记》,正祖二十一年三月五日。
②《承政院日记》,正祖元年八月二十二日。
③《承政院日记》,正祖元年八月二十三日。

他的政治理念,用意深远,体现确立儒教主义统治秩序的目的。

总之,《史记英选》之编选,集中体现了正祖对《史记》政治意义与学术地位的认可,他也试图借此书,传达其政治理念、治国理政的思想。体现了《史记英选》在当时政治上的重要地位。

二、正祖君臣对《史记英选》之编校

正祖二十年(1796),《史记英选》编成刊行,此书尽管篇幅不大,但也是由正祖与几位重臣多年精选而成的。此书虽为"御定",具体编校事务则由几位大臣负责,其中丁若镛、蔡济恭、李晚秀、李在学、李翼晋、朴齐家等最为重要。

丁若镛系正祖重臣,曾不同程度参与正祖命编的诸多书籍,他于1796年先后参与校正和议定《史记英选》书名:"《史记英选》,丙辰(1796)冬,臣若镛直宿瀛府,承命校正。又承命议定书名于蔡文肃公。"①蔡文肃公,即蔡济恭,他也参与了《史记英选》编校之事:"以臣尝承命,周旋于《史记英选》之役。"②

还有不少官员也参与此事。丁若镛回忆道:"至冬,召镛入奎瀛府,与李晚秀、李在学、李翼晋、朴齐家等校《史记英选》,数赐对,议定书名。日赐珍膳奇味以饫之,又数赐米、柴、炭、雉、鲊、柿、橘之属及奇香珍物。"③正祖对于此事十分关心,如此厚待诸臣,以至于丁若镛还不厌其详地将此事经过叙述出来。这几位皆是当时的饱学之士,乃是为正祖编选《史记英选》的得力功臣。

正祖二十年(1796),《史记英选》刊出,正祖赐书名为《御定史记英选》,6卷3册,即为"丙辰内阁活印本",用当时新铸的"丁酉字"活印。《史记英选》初刊,正祖命将其藏于奎章阁及各地史库,而且令地方翻

---

① [朝鲜王朝]丁若镛:《与犹堂全书》第一集《诗文集》卷14,《题洗书帖》,韩国民族文化促进会编《影印标点韩国文集丛刊》,2002年,第281册,第312页。

② [朝鲜王朝]蔡济恭:《樊岩先生集》卷56,《〈御定两京手圈〉跋》,第236册,第543页。

③ [朝鲜王朝]丁若镛:《与犹堂全书》第一集《诗文集》卷16,《自撰墓志铭》,第281册,第339页。

刻："《御定史记英选》内入及宙合楼所藏件外，太白山城、五台山城、赤裳山城、春秋馆、内阁、外阁、外奎章阁、玉堂春坊、成均馆各藏一件。"颁赐诸臣后，又"其余藏于西库，又以三件分送岭南、湖南、关西，翻刻印进之意分付"[1]。

虽然已经过了刊印、贮藏和颁赐过程，但由于编校较为仓促，不久，正祖发现该书"欠敬多端"，颇为不满："印书之事，非戏剧之事，而今番《史记英选》印出时，不能精察，极为骇然矣。"于是，发教文曰：

> 印书之法至严，观于《经国大典》，可知矣。一字一划之差舛，似无甚关系，而一划之谬，其罪如彼，一字之错，其律至重者，所以重文献尊书籍也。名以"御定"，事体尤为自别，且遵铸字所故事，近置监印所，使之印进御定诸书，则今番印出《史选》，昨始见之，不能精察，而欠敬多端。监印阁臣直提学李晚秀、监印文臣李翼晋、丁若镛，一并为先罢职。此虽微事，其在慎赏之义，不可以不当施之赏典，施之于必可罪之人，所授马帖虎皮，并令还收，检书官等承传勿施。仍令外阁提举，严治首工，以尊事体，以惩日后。[2]

如前所述，正祖曾厚待该书编写诸臣，但该书排印时，校对不精，出现许多谬误，有负正祖期望，他非常不悦，乃指令罢免监印阁臣李晚秀和李翼晋、丁若镛，要他们承担责任，以示赏罚分明。正祖二十一年（1797）三月，正祖又发现有不妥处，乃与左议政蔡济恭商讨此事："《史记英选》改定事，卿以为何如？其中一句看来，不觉瞿然，不可不改定矣。"[3]他对《史记英选》的要求甚高，有一点错谬之处，都要求改正。初刊本舛误甚多，修正之后，乃于次年（1797）再刊，改正了许多谬误，刊出一个较为完善的版本。

初版《史记英选》之所以被正祖视为"欠敬多端"，主要是因为"悬吐"不够精准。在多次编校过程中，"悬吐"工作一直是诸臣们需要认真处理的问

① 《内阁日历》，正祖二十年十二月二十五日。

② 《承政院日记》，正祖二十年十二月二十六日。

③ 《承政院日记》，正祖二十一年三月十六日。

题,虽然正祖要求不得有偏差,但是"悬吐"并无严格的依从标准,难免见仁见智,这也是容易出现偏差的根源。正祖勤奋好学,曾对诸臣谈及读书方法:"予则看不如读,读一遍则觉一日需用之效,读二遍则且为十日需用之资,便读百遍,可至于一二年矣,故近则每书皆以读为准矣。"①他主张读书,要朗朗上口,读之出声。正因为重视读,所以他对于"悬吐"校注之事,就十分看重。此外,"悬吐"也助于让士人皆能读熟背诵《史记英选》。故而他多次指令大臣重视此事,精益求精,不得有丝毫的错谬。

正祖二十一年(1797)正月,正祖召见诸大臣,问及左副承旨韩晚裕曰:"今下《史记英选》悬吐,本多有未恰好处,详细考阅,如有可改处,付签以入,待还下移悬,可也。院中别无举行之事,每日厅坐后,即来铸字所,专意考阅,可也。"②因有鉴于前任监印官不够负责任,故而正祖特指令他每日去铸字所"专意考阅",并在可改处做好"悬吐"。第二天,正祖再次召见他,复问:"'《史记英选》吐音考准之役,将以几日而了工耶?'(韩)晚裕曰:'一卷将至二三日之役矣',上曰:'详审考准,可也。'"③三月五日,正祖在读《史记英选》时对蔡济恭说:"昨日予读《史记英选》,止于《信陵传》。而初学则必详细悬吐,然后想了然矣。"④十八日,他又指令:"《乡礼篇》编校与《史记英选》悬吐之役,当及今速讫,须各日日仕进于铸字所,着意为之,可也。"⑤可见,正祖对《史记英选》"悬吐"的关心细致入微。

但因为受到申斥,诸臣小心谨慎,因而进度很慢。三月二十七日,正祖召见右承旨李晚秀等人,指令:"《史记英选》悬吐,诸文臣,依此分排为之可也。"并因李晚秀说"以夜禁之故,未得见小报矣",对传教旨不力表示不悦,指令李晚秀与行左副承旨洪仁浩对《史记英选》"悬吐"之事"相议为之"。⑥到了六月,参与此事的沈象奎对正祖说:"《史记英

---

① 《承政院日记》,正祖二十二年四月十九日。
② 《承政院日记》,正祖二十一年正月初十日。
③ 《承政院日记》,正祖二十一年正月十一日。
④ 《承政院日记》,正祖二十一年三月五日。
⑤ 《承政院日记》,正祖二十一年三月十八日。
⑥ 《承政院日记》,正祖二十一年三月二十七日。

选》悬注,既承下教,而近因他务之相妨,尚未下手,须更有一二人与之相议,然后可以速完矣。"因缺少人手,正祖即复命李翼晋与丁若镛参与,同时提出了更高的要求:"右副承旨(李翼晋)与丁若镛,既已与闻于印役,今番悬注,亦令同为,而取舍之际,务极精详可也。"①丁若镛提及此事道:"丁巳(1797)冬,臣在谷山府,又承命注释,前后蒙赐凡四帙。"②九月,正祖还三番五次地要求此书的"悬吐"一定要精准,该工作似进入尾声:"《史记英选》,分给今日待令诸文臣,使之悬吐后,承旨与之精准以入,可也。"③

　　正祖为一国之贤君,政事繁忙,却对《史记英选》一部史抄之书期望甚高,对该书多次编校、刊印,尤其对"悬吐之役"极其重视。在正祖君臣的多方努力下,该书也终得以完善。此书的编校过程也进一步折射出《史记英选》在朝鲜君臣心目中的重要地位。

三、《史记英选》之版本与内容

　　正祖二十年(1796),《史记英选》首次于内阁刊印,后又多次刊刻,流传较广,我国也有收藏。④ 韩国有多个版本存世,现以首尔大学奎章阁韩国学研究院所藏诸版本的情况为例(见表7.2):

表 7.2　首尔大学奎章阁所藏《史记英选》版本情况⑤

	刊行年	印本	卷册数	印记	其他
①	1796	木版本	6卷3册	集玉斋、起圣、辛卯司马、李兴珪印、蒐隐坐韩、韩山李兴珪起圣之章	内题纸: 御定史记英选丙辰内阁活印

① 《承政院日记》,正祖二十一年六月二十三日。
② [朝鲜王朝]丁若镛:《与犹堂全书》第一集《诗文集》卷14,《题洗书书帖》,第281册,第312页。
③ 《承政院日记》,正祖二十一年九月二十四日。
④ 中国对该书的收藏情况参见黄建国、金初升:《中国所藏高丽古籍综录》,第66页。
⑤ 据韩国首尔大学奎章阁韩国学研究院检索系统相关内容: http://kyujanggak.snu.ac.kr/index.jsp。

	刊行年	印本	卷册数	印记	其他
②	1796	丁酉字	8卷4册	万机余暇、弘斋、万川明月主人翁	同上
③	1797	丁酉字	6卷3册		同上；刊记：丁巳五月岭营新刊(岭南岭营复刻本)
④	1796	丁酉字	6卷3册	奎章之宝、弘文馆、方钟铉印、归乐窝	同③；藏书记：太白山城，五台山城
⑤	不详	丁酉字	8卷5册	帝室图书之章	

由上表可知：其一，现存的《史记英选》版本，多为1796年以"丁酉字"铜活字刊印，且内题纸上多有"御定史记英选正祖丙辰内阁活印本"字样；其二，多数版本上印章丰富、流传较广，其中②乃正祖国王自藏本，"弘斋"乃正祖之号，"万机余暇"也指国王，而原来奎章阁之藏本亦存，亦有来自地方史库(如太白山城与五台山城藏本)和地方翻印(岭南岭营复刻本)的；其三，此书版本不同，卷、册数亦异。大体上有6卷3册本(①③④)、8卷4册本(②)、8卷5册本(⑤)三种版本。卷册数的相异缘于内容的不同，现比较如下(见表7.3)：

表7.3 《史记英选》三种版本内容对照

卷次	6卷3册本	8卷4册本	8卷5册本
卷1—5	卷1《项羽本纪》《萧相国世家》《留侯世家》；卷2《伯夷传》《管仲晏婴传》《伍子胥传》《苏秦传》《孟尝君传》《平原君传》；卷3《信陵君传》《范雎传》《乐毅传》《屈原传》《张耳陈余传》；卷4《淮阴侯传》《郦生陆贾传》《袁盎传》《吴王濞传》；卷5《魏其侯武安侯灌夫传》《汲黯传》《李将军传》《刺客传》《游侠传》；	与前者相同	与前者相同
卷6	《滑稽传》《货殖传》《太史公自序》	《滑稽传》《货殖传》《匈奴传》	《滑稽传》《货殖传》《太史公自序》

卷次	6卷3册本	8卷4册本	8卷5册本
卷7	无	《太史公自序》《苏武传》《李陵传》《匈奴传》《霍光传》《夏侯胜传》	《苏武传》《李陵传》《匈奴传》《霍光传》《夏侯胜传》
卷8	无	《魏相丙吉传》《萧望之传》《赵充国传》《梅福传》	《魏相丙吉传》《萧望之传》《赵充国传》《梅福传》

可见，《史记英选》6卷3册本所选26篇均摘录自《史记》；而8卷本的前6卷选自《史记》，后两卷则摘自《汉书》的列传。其中，8卷4册本内容安排有较明显的不合理之处，即把《史记·太史公自序》放入了卷7中，与所抄《汉书》诸列传并为一卷；而8卷5册本与之相比则更为合理，前3册内容与6卷本完全相同，来源于《史记》，多出的2册2卷为摘录《汉书》的内容（《匈奴传》在《史记》与《汉书》中均有）。

正祖御制《弘斋全书·群书标记》中记录，该书为："本纪一、世家二、列传二十二，并《太史公自序》，分为六卷"[①]，这与6卷3册本内容一致，即为"丙辰内阁活字本"。而关于8卷本的刊印细节却未见有直接的史料说明，对此，笔者有如下发现：

第一，《弘斋全书》之《日得录》有云："《史记英选》下段，钞附《汉书》诸传。筵臣以不录《赵皇后传》为可惜言者，教曰：'此传尽是绝作，而中间事实，多有不好处。文体艳冶纤巧，启后来小说家程路，此传之特为删拔，亦寓好恶取舍之义。'"[②]该段是正祖二十年（1796）原任直阁臣南公辙所记。可知，正祖在经筵之时与群臣讨论此书内容时，已明确此书会补入抄录《汉书》的部分，故推测8卷本《史记英选》应为补入之后的完整版。

第二，8卷5册本字迹清晰、版式大方，而且行文中常有对某些字

---

① ［朝鲜王朝］正祖：《弘斋全书》卷181，《群书标记三·御定三》，第267册，第520页。
② ［朝鲜王朝］正祖：《弘斋全书》卷164，《日得录四·文学四》，第267册，第206页。

的音义的悬注,这可能是在正祖督促下,完成"悬吐"之后的再刊本。

第三,在《史记英选》初刊之时(1796),也刊出了《汉书列传选》1册,该书目录为:《苏武传》《李陵传》《匈奴传》《霍光传》《夏侯胜传》《魏相丙吉传》《萧望之传》《赵充国传》《梅福传》。后来重刊《史记英选》时,就将此书附于其后,作为第7、8卷,这样就有了8卷本的《史记英选》。在"悬吐"完成之后,第三次重刊,有将相关篇章次序予以调整,将《匈奴传》由卷6调到卷7,将《太史公自序》由卷7调至卷8,二者对换位置,使之更为合理。

下面以最后编定的8卷5册本为例,分析《史记英选》的特点:

第一,《史记英选》所选内容均抄自《史记》,而以《汉书列传选》作为附录。其中第1—3册(卷1—6)摘自《史记》;第4—5册(卷7—8)摘自《汉书》。有《本纪》一、《世家》二、《列传》二十二和《太史公自序》来源于《史记》;九篇《列传》选自《汉书》。

第二,第4册开篇有"以下《汉书》"字样,第4—5册的内容,均抄录在《史记》中出现,但是在《汉书》中方得以进入《列传》的人物事迹(《匈奴传》除外),也就是说,《史记英选》的下半段虽然摘自《汉书》,但也与《史记》密切相关,是《史记》的延伸。

第三,《史记英选》在抄录《史记》时,部分篇名作了改变,但内容无异。如《管仲晏婴传》即《管晏列传》(前者为《史记英选》之篇名,下同),《平原君传》即《平原君虞卿列传》,《信陵君传》即《魏公子列传》,《魏其侯武安侯灌夫传》即《魏其侯武安侯列传》。

第四,《史记英选》对已选的《史记》《汉书》的具体篇目,又作进一步取舍。第一种类型从篇名可见,由于《史记》《汉书》人物多设合传,《史记英选》则选取其中的某一人物(见表7.4):

表7.4 《史记英选》部分篇目与《史记》《汉书》的关系

《史记英选》篇目	与《史记》《汉书》相关篇目的关系
《范雎传》	摘自《史记》之《范雎蔡泽列传》
《屈原传》	摘自《史记》之《屈原贾生列传》

续表

《史记英选》篇目	与《史记》《汉书》相关篇目的关系
《袁盎传》	摘自《史记》之《袁盎晁错列传》
《汲黯传》	摘自《史记》之《汲郑列传》
《苏武传》《李陵传》	摘自《汉书》之《李广苏建传》
《霍光传》	摘自《汉书》之《霍光金日磾传》
《夏侯胜传》	摘自《汉书》之《眭两夏侯京翼李传》
《赵充国传》	摘自《汉书》之《赵充国辛庆忌传》
《梅福传》	摘自《汉书》之《杨胡朱梅云传》

第二种类型是针对《史记》中的部分人物类传,在原篇名后注明所选篇章中之人物。如《游侠传》选取鲁朱家、剧孟、郭解三人;《刺客传》选取聂政、荆轲二人;《滑稽传》选取淳于髡、优孟、优旃三人。

第五,在内容上,除了上面提到的对篇目的取舍以外,绝大部分都对《史记》《汉书》进行了原文抄录。但也有删节的情况,如《太史公自序》中删去了《史记·太史公自序》"于是卒述陶唐以来,至于麟止,自黄帝始"该句以下的内容(所删内容为司马迁对《史记》结构内容的概述),直接该篇尾句"太史公曰:'余述历黄帝以来至太初而讫,百三十篇'";另外,《匈奴传》中还删去了冒顿以鸣镝射杀其父的情节,即删去了"从其父单于头曼猎,以鸣镝射头曼,其左右亦皆随鸣镝而射杀单于头曼。遂尽诛其后母与弟及大臣不听从者"。还删去了另一处"闻冒顿杀父自立"一句。[1]

第六,对于原《史记》《汉书》中为人物合传的《列传》,《史记英选》却只选取其中一个人物的情况,在论赞的处理上,则按照"凡同传而不并

---

[1] 删去内容自《汉书》卷94《匈奴传上》。《史记英选》删处有小字注曰:"《匈奴传》旧本'左右皆可用'下,'冒顿自立'上,有四十三字。'东胡强盛'下,'乃使使'上,有七字。御定《英选》本,并删连,合句行,以编成之《匈奴传》之入选,盖取其文,而冒顿事之特删,别其恶也。"([朝鲜王朝]正祖等:《史记英选·四》卷7,首尔大学奎章阁1797年丁酉字本(奎95))这体现了重视"春秋笔法"的笔削,也可能与正祖因经历"壬午祸变"而对父子相残之事颇为敏感有关。

选者,论赞则不删"①的原则,将原列传中的论赞原文抄录。

四、《史记英选》之影响

《史记英选》一书在朝鲜有着深远的影响。正祖对《史记》评价极高,他费尽心思指令群臣编选《史记英选》,对该书的校刊倍加关注。刊行后,正祖经常反复研读,还敦促群臣阅读。

正祖曾自言他对《史记英选》的阅读进度:"丁巳(1797)新印《史记英选》,十月初八日始读,再翼月二十七日完读,凡八十日。"②即用了两个多月时间读完了《史记英选》。他还向诸臣介绍自己阅读的方法:"读《史记英选》……盖《史记》之讲讨者,为是胸次之开豁也……手自抄出,今日一看处,下一批点;明日再看时,更加贯珠;其后又审阅,又其后与诸臣讨论取舍当否;又其后一番细看,又其后作为一部册子。"③即对《史记英选》反复阅读,还对其进行选抄、批注和圈点,非常用心,以至于这些"手圈"都能另行成书。正祖二十二年(1798),他问诸臣道:"予闻近间士大夫,以读书之事,视若弁髦,此亦闷事矣。卿则自来好读书,近读何书乎?"获悉诸臣在读《朱书百选》《史记英选》,正祖随即传授自己"看不如读"④的读书心得。⑤ 正祖的躬亲垂范,必然对朝鲜诸臣阅读《史记英选》诸书影响极大。

更重要的是,不仅正祖本人喜读《史记英选》,还屡次通过赐书的形式,进一步扩大该书在朝鲜士人、儒林中的传播和影响。如该书初刊时(1796),就特别将其颁赐给编修该书的总裁大臣、监印阁臣、校准抄启文臣;奎章阁原任提学、直提学、直阁、待教、抄启文臣等共八十余人"各颁一件"。⑥ 次年(1797),他又将《史记英选》等书,一道赐给济州岛考

---

① [朝鲜王朝]正祖等:《史记英选》卷3,第22b页。

② 《承政院日记》,正祖二十三年十二月初八日。

③ 《承政院日记》,正祖二十二年四月十九日。

④ 即上文所述之"予则看不如读,读一遍则觉一日需用之效,读二遍则且为十日需用之资,便读百遍,可至于一二年矣,故近则每书皆以读为准矣"一句。

⑤ 《承政院日记》,正祖二十二年四月十九日。

⑥ 《内阁日历》,正祖二十年十二月二十五日。

生的前三甲，以示优礼。① 后来又屡次把《史记英选》作为奖赏的礼物赐给学业优胜的儒生：如对"御考水原等十邑儒生"之"各体居首者"，赐《御定五伦行实》《史记英选》《陆奏约选》《奎章全韵》等书②；"诗居首二下一生员李英玉，新印《史记英选》一件赐给"③。

正祖特别注重对抄启文臣的培养和考核。《史记英选》也是他们重要的学习内容之一："抄启文臣课讲……正月至七月朔，以今下《诗传讲义》五百六十三条，分排各朔条对，限以来月。而八月、九月，以《朱书百选》应讲。十月以后《左传》。其后，《史记英选》《陆奏约选》。又其后，以未讲经书应讲事，令内阁佥悉。"④且正祖每年都要例行进行"亲试"，如正祖二十二年（1798）十二月，即在春塘台"行抄启文臣十二月朔亲试"，题目则是"讲《史记英选》第六编"，应试文吏有八人，逐一应答并给出成绩，其中权知承文院副正字黄基天最为出色，为"纯通居首"。⑤ 这样以《史记英选》作为测试内容的考试，在当年十二月一个月内就举行了三天⑥，可见，此书在当时乃是儒士与官吏皆须耳熟能详的重要典籍，须熟读成诵、牢记于心。

而后，《史记英选》也受到历朝后继国王的重视。纯祖对其父所编之书非常看重，《史记英选》是其经筵日讲的重要内容。他还学习其父的做法，经常命群臣朗读之："同副承旨读奏《史记英选》"⑦，"（朴）永元，读奏《史记英选》一遍"⑧。赐书的活动也一直持续，纯祖、宪宗、高宗年间，多次给大臣和新中进士颁赐《史记英选》："之次次上幼学尹献镇等十人，各《史记英选》一件赐给"⑨"之次略进士俞致良等七人，各

① 《朝鲜王朝正祖实录》卷46，正祖二十一年一月丁未，第47册，第2页。

② 《朝鲜王朝正祖实录》卷47，正祖二十一年二月戊寅，第47册，第42页。

③ 《承政院日记》，正祖二十一年三月十七日。

④ 《承政院日记》，正祖二十一年六月二十九日。

⑤ 《内阁日历》，正祖二十二年十二月十二日。

⑥ 其他两日的情况，见《内阁日历》，正祖二十二年十二月八日、九日条。

⑦ 《承政院日记》，纯祖十八年十一月四日。

⑧ 《承政院日记》，纯祖十九年三月七日。

⑨ 《承政院日记》，宪宗二年二月二十七日。

《史记英选》一件赐给"①"之次次上进士金圣镐等四人,各《史记英选》一件赐给"②。

总之,正祖多次大谈阅读《史记英选》的心得、教授诸臣阅读方法,还屡次颁赐该书给诸臣、儒生,并把此书作为对文臣的考核内容。他的提倡和推动,无疑扩大了该书在朝鲜士人和儒林群体中的影响。从而一方面更提高了《史记》的学术地位,让朝鲜文人学习《史记》中的文法和史法;另一方面,朝鲜儒士也因重点研习《史记英选》中的这些特定篇目,揣摩领会,从而达到了国王某种政治宣教的效果。朝鲜的多位后继国王也常将《史记英选》作为奖赏新中进士和诸臣的礼物,就很能说明问题,这对于朝鲜士人观念的影响会十分深远。

中华文化有着悠久历史和广泛的影响力,在长达数千年的古代历史进程中,东亚地区逐渐形成了以中华文明为核心的文化传统。中国史籍在东亚的流传,最具代表性的莫过于司马迁的《史记》。③《史记》在朝鲜王朝有着崇高的地位,正祖国王自小酷爱《史记》,对它有极为深刻的认识和颇高评价,再加之《史记英选》的政治宣教用意,故而正祖及群臣在《史记英选》的编印和校注上都付出极大关切,使之逐渐完善。一方面,《史记英选》出自《史记》和《汉书》,正祖赋予其政治用意,故而在朝鲜备受重视、流传甚广;另一方面,通过朝鲜君臣对《史记英选》的研读和国王的颁赐,也进一步扩大了《史记》在朝鲜的学术、政治影响。这既是古代中朝史学交流的生动事例,也体现了史学与社会因素的相互作用。

第三节　正祖与唐《陆宣公奏议》

陆贽(754—805),字敬舆,苏州嘉兴(今浙江嘉兴)人,世称陆宣公,

---

① 《承政院日记》,宪宗十三年六月二十五日。
② 《承政院日记》,高宗八年七月二十二日。
③ 孙卫国:《中国史学对东亚史学的影响与交流》,第53—54页。

是唐德宗(李适,779—805 在位)时期的名相,中唐著名的政治家、文学家。陆贽 18 岁中进士,建中四年(783)被德宗招为翰林学士。安史之乱后,藩镇割据严重,德宗一反肃宗、代宗对藩镇的妥协态度,不仅开始限制藩镇节度使的权力,还急于"削藩",结果在建中二年(781)引起了诸藩镇的武力反抗,爆发了"建中之乱"。建中四年(783)十月,又发生了"泾师之变"①,德宗仓惶逃至奉天(今陕西乾县)。一时间五家节度使叛乱,甚至僭号称帝②,形势十分危急。在奉天解围以后,德宗改年号"兴元",后又被迫南奔梁州(今陕西汉中)避难,直到"朱泚之乱"平定,才得以返京。在德宗颠沛流离的艰难时局中,陆贽以翰林而成"救时内相",为德宗精诚谋划、力挽狂澜,拟诏和上疏多凭其一人。如权德舆所言:"朱泚之乱,从幸奉天。时车驾播迁,诏书旁午,公洒翰而奏,无不曲尽事情,中于机会,仓促填委。同职者无不拱手叹伏,不能复有所助。"③然而随着时局扭转,德宗怕陆贽功高盖主,渐疏远陆贽。与"乱时"备受德宗倚重不同,在他担任宰相的两年多时间内,奏议多被搁置不行。又由于佞臣裴延龄等人的构陷,陆贽于贞元十一年(795)被贬忠州(今四川忠县),十年后憾死贬所。

奏议是古时一种向帝王上书言事,讨论政务的特殊公文,客观上也记录了大量史实、史评,也是编写正史必不可少的一手文献资料,可谓是既文又史之体。《陆宣公奏议》④(后文简称"《陆奏》")是陆贽文集《翰苑集》的现存部分,分为制诰(陆贽代德宗草制的文书)、奏草和中书奏议(陆贽任翰林学士和宰相时所上的奏状),凡 22 卷,141 篇。它是我国古代奏议的典范,不仅保存了唐中期的许多政治、经济、军事史料,

① 德宗准备调往淮西前线的泾原兵马途经长安时,遭大雨天寒,士兵不仅没能得到赏赐,反而发现饭菜都是糙米和素菜,遂发生哗变。京师中的乱兵拥立时被软禁京中的朱泚之兄朱泚为首领,连夜入宫,拥戴为"大秦(汉)皇帝",自称"汉元天皇"。称帝后率大军进攻奉天。
② 朱泚自称冀王,作为盟主,成德王武俊称赵王、淄青李纳称齐王、魏博田悦称魏王。后淮西李希烈也自称建兴王(不久又称楚帝)。
③ [唐]陆贽撰,王素点校:《陆贽集下》,中华书局 2004 年版,第 814—815 页。
④ 据权德舆《陆宣公全集序》:"公之文集有诗文赋,集表状为别集十五卷。"(《陆贽集下》,第 817 页)但此书"诗文别集"的部分已大量失传。

也展现了陆贽卓越的政治才能和文学造诣,在中唐儒学复兴中具有承上启下的作用,对后世也有较大的影响,甚至流传至域外。目前,学界已对陆贽的生平、思想,《陆奏》的内容、文学特点、影响等做了一定的考察①,但依笔者管窥,鲜有对《陆奏》之域外影响的相关研究。本节拟依托中韩两国史料,以正祖有关史实为中心,考察《陆奏》与当时朝鲜王朝政治文化的紧密联系,也可作为东亚汉籍文化交流的一个案例,带来一些思考。

一、《陆宣公奏议》进入朝鲜君臣视野及其资政之效

朝鲜后期伦纲的衰颓和正祖坎坷的成长经历,使他欲以"君师"自居,通过一系列文化政策来宣扬义理和灌输尊王思想,依靠"学问政治"来治理国家。在这一时期,近千年前的中国唐代奏议《陆奏》走入朝鲜君臣视野,在异域重新迸发光采。

虽然还难以知晓《陆奏》一书是何时及通过何种渠道传入朝鲜的,但其正式出现在朝鲜的官方史籍中,已然是英祖时期,极有可能是赴清的燕行使臣从中国购入的。英祖对《陆奏》的使用持积极态度,"尤好"《陆奏》,命刊印之,②时常御览,将其定为侍讲教材之一,还曾"举《陆奏》'六弊'之说顾问群臣曰:'予所有者几何?'"③。可见,英祖似看到了奏议文体对于资政的重要作用,该书已开始进入朝鲜君臣的视野。

受祖父的影响,正祖对奏议之文也十分重视。正祖曾受《历代名臣奏议》启发,命阁臣选中国宋代的朱熹和"二程"奏议、朝鲜之"最剀切尤

---

① 如曹喜琛:《中国古代奏书编纂述略》,《档案学通讯》1985 年第 1 期;王素:《陆贽评传》,南京大学出版社 2006 年版;高洁:《陆贽公文研究》,南京师范大学 2006 年硕士学位论文;郑强:《陆贽研究》,山东师范大学 2008 年硕士学位论文;张天城:《陆贽与苏轼奏议比较研究》,辽宁大学 2012 年硕士学位论文;陈美云:《陆宣公奏议在中唐儒学复兴中的先导作用》,《名作欣赏》2013 年第 35 期;宁薇:《唐代骈体公牍文论稿:以陆贽为中心》,世界图书出版公司 2014 年版;叶炜:《信息与权力:从〈陆宣公奏议〉看唐后期皇帝、宰相与翰林学士的政治角色》,《中国史研究》2014 年第 1 期等。

② 《承政院日记》,英祖四年六月五日、七年五月十四日。

③ [朝鲜王朝]正祖:《四部手圈》第十册《集部·陆稿·宣公》跋文,韩国首尔大学奎章阁影印本(奎 51)。

鉴戒者"九人奏文,删编而成《奏议纂要》①;还相继命奎章阁提学金钟秀编进《名臣奏议要略》和《国朝名臣奏议》两书。金钟秀在整理奏议时发现,朝鲜初期奏议"其言之生硬峭厉",而中叶以来则"多壅容婉曲"②,以此提醒正祖注意纳谏。"言路之闭,日以益甚,国其能为国乎?"③可见广开言路的重要。正祖在为《名臣奏议要略》亲撰之《序》中,表现出对所读奏议之喜爱,"辄嘉其言而慕其人,慕其人而益重其言。虽不得同时,而若与之朝夕左右也";然而面对"予即阼以后,盖尝屡求言矣,而言者绝罕。历考七八年公交车,殆无一封仿佛于古之奏议者"的现实,他发出了"予岂徒恨古人之不同时,而谓同时无其人乎?"④的感慨。他曾夜读名儒奇大升的筵奏之语《论思录》,以至"不觉夜已阑而烛屡跋"⑤。此外,他还命阁臣汇辑了《章札汇编》和《公交车文丛》,内容为英、正祖两朝的上书奏文。

作为奏议之文的典范,《陆奏》自然也受到正祖的赏识。和英祖一样,正祖也"好《陆宣公奏议》,尝以为胜于李忠定奏议"⑥。他对《陆奏》有极高评价:"陆贽《奏议》数十篇,可以维持乎三百年气运,予尝深味斯言。而陆贽《奏议》,勤恳切实。洗唐家浮靡之习,启宋朝义理之文,有足以关世运裨世教。"⑦因为《陆奏》于政于文皆优,故而正祖"自在春邸,笃好是书"⑧。在作为储君时,他就时常研读。

即位后,正祖君臣首先看重的,自然还是《陆奏》之文的资政之效,可用于政治鉴戒。《陆奏》中大部分奏草都成于唐德宗危难的"奉天""贞元"之际,为德宗提供了治国、理财、兴兵、用人等方面的全面指导。《陆奏》不仅效用于当时,其内容还广为《新唐书》《旧唐书》《资治通鉴》

---

① ［朝鲜王朝］正祖:《弘斋全书》卷183,《群书标记一·命撰一》,第267册,第557页。
② 《朝鲜王朝正祖实录》卷16,七年十月戊寅,第45册,第400页。
③ 《朝鲜王朝正祖实录》卷11,五年四月庚戌,第45册,第231页。
④ ［朝鲜王朝］正祖:《弘斋全书》卷183,《群书标记一·命撰一》,第267册,第557—558页。
⑤ 《朝鲜王朝正祖实录》卷24,十一年七月辛卯,第45册,第662页。
⑥ 《朝鲜王朝正祖实录》卷2,即位年十月辛酉,第44册,第633页。
⑦ ［朝鲜王朝］正祖:《弘斋全书》卷164,《日得录四·文学四》,第267册,第213页。
⑧ ［朝鲜王朝］正祖:《弘斋全书》卷164,《日得录四·文学四》,第267册,第213页。

所取,被作为治乱之龟鉴,更受到中国历代士人的追慕,甚至是帝王的重视,并延至晚清而不衰。《新唐书·陆贽传》给予《陆奏》极高评价,并批评唐德宗没有大量采纳陆贽奏文:

> 赞曰:德宗之不亡,顾不幸哉! 在危难时听赞谋……观赞论谏数十百篇,讥陈时病,皆本仁义,可为后世法,炳炳如丹,帝所用才十一。唐祚不竞,惜哉![1]

北宋的苏轼最为推崇《陆奏》:"才本王佐,学为帝师……如赞之论,开卷了然,聚古今之精英,实治乱之龟鉴。"[2]他还给宋哲宗上《乞校正陆贽奏议上进札子》,并缮写《陆奏》进呈。明人王世贞将陆贽与魏征并论,并慨叹"吾所敬服者,惟陆宣公乎? 论谏数百,炳若丹青……其学之纯粹,盖三百年间一人而已"。[3] 清修《四库提要》中也评价《陆奏》:"于古今来政治得失之故,无不深切著名,有足为万世龟鉴者,故历代宝重焉。"[4]

正祖亦认为陆贽之"言语文章","亦可为后来模范,其指陈利害得失处,刺骨洞髓。人主见之,自多警发观感"[5]。阁臣们也均认为《陆奏》"言甚切实""道学兼备"[6],且"皆是忠言谠论,似有益于观省之道"[7]。正祖近臣洪国荣即认同苏轼之观点:"以宋朝苏轼等《进陆宣公奏议札子》观之……而大抵其言,切于事情,明于义理,虽为当时苦口之药石,实是后世资治之龟鉴也。"[8]甚至有朝鲜大臣将其与《朱书节要》

---

① (宋)欧阳修、宋祁:《新唐书》卷157,《陆贽传》,中华书局1975年版,第16册,第4932页。
② (宋)苏轼:《苏轼文集》卷36,《乞校正陆贽奏议上进札子》,中华书局1986年版,第3册,第1012—1013页。
③ (明)王世贞:《读宣公奏议说》,载《陆贽集下》,第805页。
④ (清)纪昀等:《四库全书总目提要》卷150,《集部三·别集三》,河北人民出版社2000年版,第4册,第3869页。
⑤ [朝鲜王朝]正祖:《弘斋全书》卷165,《日得录五·文学五》,第267册,第230页。
⑥ 《承政院日记》,正祖元年一月三日。
⑦ 《承政院日记》,正祖元年一月十日。
⑧ 《承政院日记》,正祖元年二月一日。

并称："《陆奏》之于经济，《朱书》之于义理，两大文字，可谓千古无比。"①正祖自己也曾言："今之学者，不必泛博于诸子。只取《陆宣公奏议》《朱书节要》二书，熟读得力，可以为文章，可以做事业。"②朝鲜王朝最崇奉朱子，将《陆奏》与朱子文集相提并论，可见《陆奏》已被朝鲜君臣认定为必读之书。大臣们希望正祖从《陆奏》中学习"纳谏之美"，"懋听纳之量，以为圣益圣之方"；并有助于"纪纲不期立而自立矣"。③ 正祖莫不认可，随即命此后夜对使用《陆奏》进讲。

正祖即位后，不仅命校书馆印颁《陆奏》全集，还命玉堂做好"悬吐"工作，④以方便该书用于"召对进讲"。夜对时，发现新印《陆奏》"误字尚多"，他又命李在学等火速进行校正，⑤足见重视程度。正祖元年（1777）初，《陆奏》三卷印出，二月一日起，即开始了对该书的夜对进讲。当日，君臣研读《陆奏》之《论叙迁幸之由状》等奏文，讨论了"兴兵"与"聚敛"的关系，认为德宗穷兵黩武、横征暴敛，而丧失民心，方有"泾原兵变"。正祖又对唐代不缺将兵之才，却屡战屡败的原因做了总结。夜对结束前，李在学用苏轼之言再次提醒正祖重视《陆奏》："此书一篇，无非切人情而明时务，故世代虽远，而其言则可用于今日。苏轼《札》，亦谓如见赞面，如与赞言，伏愿常加省察，如亲听其剀切之言，是臣之望也。"⑥翌日，正祖也说："昨日夜对，始讲《陆宣公奏议》，大抵其文愈见愈好，无不切中时病，可监于后世者也。"⑦这样，该书作为进讲内容就被确定下来。《承政院日记》中详细记载了大量君臣夜对的场景，因篇幅所限，仅例举其中一日之迹。

这日，侍读官沈有镇、检讨官安圣彬等读《收河中后请罢兵状》《请许台省长官举荐属吏状》等奏议。陆贽在《请罢兵状》中巧妙分析了

---

① 《承政院日记》，正祖二十一年六月十二日。
② ［朝鲜王朝］正祖：《弘斋全书》卷163，《日得录三·文学三》，第267册，第196页。
③ 《朝鲜王朝正祖实录》卷3，元年五月癸酉，第44册，第667页。
④ 《承政院日记》，正祖元年二月一日。
⑤ 《承政院日记》，正祖元年二月四日。
⑥ 《承政院日记》，正祖元年二月一日。
⑦ 《承政院日记》，正祖元年二月二日。

"惠"与"威"的关系,劝谏德宗不能一味冒进用兵,好大喜功。平定河中后务必以安民为念,施"惠"方能立"威"。沈有镇对此论道:

> 唐德宗之威制强藩,匡复区宇之计,非不美矣,而不恤民隐,惟事征讨,故希烈未除,而朱泚中出,至于播迁此书中萧墙之戒者,政谓此也。故以威惠二字,反复详陈,诚使德宗,嘉纳此言,先施惠于齐民,邦本既固,而爰正六师,则惟彼强藩,可以不血刃而归化矣。

沈有镇不仅极其赞同陆贽的论点,还发现德宗从盲目削藩而致"奉天播迁";收河中后又欲再收淮西,一味穷兵黩武和聚敛树"威",而忽视了"施惠于齐民"的"惠",犯了本末倒置的错误。安圣彬继而论道:"若知惠之徒施,而无威以对,则是惠不为惠矣,必也威惠并行然后,威亦为威,惠始为惠矣。唐德宗不知此义,屡次播迁,遂使陆贽殚竭恳恻之言,无所见施,几至颠沛,后世观之,亦甚慨惜矣。"他也认为"威"和"惠"不可偏废,而德宗却不懂这种道理,尤其是随着战势转好,德宗渐不再听从陆贽之言,很令人遗憾。

此状与《请许举荐属吏状》还都谈及了君王如何用人,尤其针对德宗刚愎自用、又生性多疑的性格缺陷,提醒德宗应不拘一格降人才,同时权力下放,不要事事干涉,并提出允许台省长官自荐属吏。参赞官申应显认为《请罢兵状》"紧要之言,非但恩威二字,信之一字,最喫紧"。并分析《请许举荐属吏状》:

> 《请许举荐属吏状》,专以知人官人,反复陈说,盖治国之道,专在用人,而用人之本,在于知人,此人君为治之第一要道……德宗只知问而不能用,诚为千古之恨。殿下于于其有关于治道处,常若陆贽之亲告于殿下者然,体念而采用焉,则必有大益于治道矣。

他认为君王必须学会知人用人,"信"字也最为当先。希望正祖能吸取德宗不用陆贽的教训。①

　　以《陆奏》为内容的夜对，在正祖朝又出现多次，每次持续数月甚至数年。朝鲜大臣在夜对时，选取《陆奏》中的多篇经典奏状加以解读评论，不仅感叹陆贽的才能，更细致入微地剖析唐德宗作为帝王的诸多不足，用以提醒正祖将是时之事用于当今之鉴。正祖君臣对《陆奏》的利用和研读，"因文讨论，一以为述古，一以为鉴今焉"②。

二、《陆宣公奏议》与正祖的人才、文化政策

　　《陆奏》除了让正祖在为政上"以古鉴今"，也时刻提醒他注意纳谏和反思用人政策。此外，正祖也期望它能在"文体反正"中发挥作用。

　　如前所述，正祖在位时，命阁臣编修了大量中朝奏议之书。由读古人奏议，而慨叹今不如古。摆出纳谏姿态，鼓励士人谏言，这正是他重视奏议类书籍的重要原因。陆贽作为"救时内相"，难时运筹帷幄，其奏议多揭露时弊，切中德宗之"病"。德宗得以扭转危局，他功劳最多："议者以为德宗克平寇乱，不惟神武之功，爪牙宣力，盖亦资文德腹心之助焉。"③德宗贪恋钱财，逃至奉天时，形势稍有好转，就要恢复聚敛民财的二库，陆贽上《奉天请罢琼林大盈二库状》劝诫："大抵人君无私财……天子之富也，人君私蓄货财，实无可用之处矣。财聚则民散，财散则民聚，此固必然之理。"④即天子不应有私财，天子聚敛财富会丧失民心，德宗恨恨作罢。德宗偏好用兵，陆贽适时进《收河中后请罢兵状》阻止了他冒进淮西，穷兵黩武，战火平息，德宗也终得以返回长安。《陆奏》背后所体现的，是陆贽的政治才能和忠君爱国之心："其事君之诚，经世之谋，俱载于《奏议》一书。"⑤这种人格魅力，深为后世学者称道，苏轼就在为人作文方面，均效法陆贽⑥；明代理学家薛瑄也称："至于学

---

① 以上参见《承政院日记》，正祖元年十二月十二日。
② ［朝鲜王朝］正祖：《弘斋全书》卷133，《故寔·朱子大全四》，第266册，第144页。
③ （唐）陆贽撰，王素点校：《陆贽集下》，第815页。
④ 《承政院日记》，正祖元年三月十七日。
⑤ 《承政院日记》，正祖元年二月二日。
⑥ 参见张天城：《陆贽与苏轼奏议比较研究》。

术纯正,事君以格心为先,论事以行义为急,隐然有王佐之才者,余于中唐独得一人焉,陆宣公敬舆是已。"①陆贽这样难得的谏臣,自然是自诩"圣王"的正祖所要寻求的。

唐德宗"猜忌刻薄,以强明自任,耻见屈于正论,而忘受欺于奸谀"②,刚愎自用还生性多疑,难以亲贤远佞。"奉天"危急之时,陆贽曾连上《奉天论当今所切务状》等三状,提醒德宗学会"体察群情";"兴元"之时,上《兴元奏请许浑瑊李晟等诸军兵马自取机便状》,要德宗用人即信人,不可一味遥控军权,浑瑊、李晟等得以"自取机便"终于收复长安。然而,德宗渐不信任这个"分权"的宰相,陆贽在宰相任内的奏议,大部分被德宗搁置、否定,或批准后反悔,其本人甚至因裴延龄事件引火烧身,遭到贬黜。陆贽一生可谓"成也德宗,败也德宗"。

唐德宗对待陆贽前后不一的行径,让正祖君臣感到十分愤懑:"德宗播迁奉天之时,以无陆贽,至于痛哭。及其收复之后,又不用陆贽,临乱而思之,居安而忘之,何也?"③"如陆贽之贤,而遇德宗,故不得展其所抱,实为千古之恨矣"④,甚至认为正是因为德宗未能听从陆贽的谏言,而错过了再兴"贞观、开元之治"的机缘:

> 上曰:"陆贽之贤,不下于贞观之房、杜,开元之姚、宋,而德宗不能信用,终未复贞观开元之治,以此观之,则得贤非难,而用贤为难矣。"

正祖甚至称:"每于此人,嘉尚其文,奖许其贤,若有不与同时之恨。"⑤表达了他无与伦比的悲愤之情,恨不得自己活在唐德宗的时代。朝鲜的"士林政治"限制了人才的正常流动,正祖一生坚持打破"庶孽禁锢"

---

① (明)薛瑄:《文清公薛先生文集》卷19,《记·唐陆公庙记》,《薛瑄全集上》,山西人民出版社1990年版,第847页。

② (宋)欧阳修、宋祁:《新唐书》卷7,《德宗、顺宗、宪宗本纪》,第1册,第219页。

③ 《朝鲜王朝正祖实录》卷6,二年十二月甲戌,第45册,第82页。

④ 《承政院日记》,正祖元年十二月十二日。

⑤ 《承政院日记》,正祖元年二月二日。

用人，通过奎章阁培养人才，重视宾兴地方儒生。由《陆奏》而联系陆贽的遭遇，这着实刺激了正祖对人才的渴求。一方面，他不想步德宗之后尘；一方面，《陆奏》也成为他主张开明人才政策的一个名分。

除了《陆奏》的思想性内涵，其文体的风格，更广为世人褒扬。《新唐书》即评价陆贽之文"可为后世法"①。《陆奏》不仅在论辩和感情表达上都有极高的技巧②，论证说理的同时，也兼顾唐德宗的心理，在文体上也有一些新的特征，大体可概括为：创造性地融散入骈，使骈散完美结合，兼有骈散二体之长；极少用典，明白晓畅。以骈体为根本，采用散句双行、运单成复的手法，把骈体奏议推向了高峰。正祖曾指出："陆文自是一格，用之疏章，尤为好矣。虽多骈俪，而自然合对，绝无破碎雕刻之病矣。"③这种评价是十分精到的。陆贽用经世致用的文风较彻底地改变了骈文内容空洞、文辞虚靡之风，证明了骈俪之文同样可以严密地说理、论证，这是他的一大创新。④ 正祖对陆贽的文学才华十分肯定，不仅认为《陆奏》可与陆游之诗媲美，均"当作后世诗文之楷模"，还夸赞他的章疏之文"比之欧、苏，亦可见世代高处"⑤，"此体当为最上地位"⑥。还认为《陆奏》"言甚剀切，文亦通畅。东坡所谓智如子房，而文则过辩如贾谊，而术不疏云者，果是矣"⑦。

安史之乱后，许多文人认为社会祸乱的根源是由于儒学的衰落，于是呼吁复兴儒学和改革文体。陆贽等一代文人继承了中唐以来的文体文风改革思想，提倡宗经复古、文教兴国，特别是通过"龙虎榜"扩大了文学改革思想，才有了韩愈、柳宗元等领导的"古文运动"。⑧ 前面提到，在经历了"倭乱"和"胡乱"以后，朝鲜国力不济，纲纪废弛，士大夫不

① （宋）欧阳修、宋祁：《新唐书》卷157，《陆贽传》，第16册，第4932页。
② 参见高洁：《陆贽公文研究》，第11—16页。
③ 《承政院日记》，正祖二十一年六月十二日。
④ 参见郑强：《陆贽研究》，第69页。
⑤ 《承政院日记》，正祖二十一年八月三日。
⑥ ［朝鲜王朝］正祖：《弘斋全书》卷165，《日得录五·文学五》，第267册，第241页。
⑦ 《承政院日记》，正祖元年十二月十二日。
⑧ 参见陈美云：《陆宣公奏议在中唐儒学复兴中的先导作用》。

喜读书。同时,由清朝传入的"名物考证之学"和"西学"让正祖担忧"目今日文体之日卑,至于莫可收拾"①,尤其是随着稗官小品从清朝大量涌入朝鲜,文风更加"衰颓"。这些都使正祖警惕,他说:

> 独怪夫近世为文之士……乃反舍正路而求捷径,剽窃稗官小品之字句……以是之故,世道日就浇漓,士风日趋浮薄……而小品绮罗,日传万纸,予于礤,未尝不深恶切痛,而莫知救正之术也。②

他甚至认为"稗官小品"的风靡比"西学"的传入还要严重。③ 为了扶正文风,他遂禁止燕行使臣等从清朝购入小品之书,同时为倡导"正学",而进行了复兴古文体的"文体反正"④。"文风"不振,"士风"则不振,朝纲则不振,他认同世道与文学相关,也就是说文学衰退也是世道不济的表现,所以主张复古的文学论。《陆奏》也成为他推行"文体反正"的工具之一,正祖希望用陆贽奏文来唤醒朝鲜的"文风",希望士大夫和儒生通过读书得以振"士风",这和唐中期"文运"即"国运"的思潮是何等的相似! 他推崇《陆奏》作为"千古典范",即体现了希望贯彻以"正学"为基本的学问观和文学所统合的理想文学论。⑤ 正祖一朝,除了《陆奏》的衍生品,他还编刊了大量御定书,如唐宋八大家诗文集《御定八子百选》《御定八家手圈》,杜甫、陆游诗选《御定杜陆千选》和大量朱子文集等,用于颁赐儒士,也体现了他通过文学服务于政治的用意。可见,正祖不仅认可了《陆奏》的文学价值,更看到了它对于"文体反正"的积极作用。

---

① [朝鲜王朝]正祖:《弘斋全书》卷163,《日得录·文学三》,第267册,第197页。

② [朝鲜王朝]正祖:《弘斋全书》卷163,《日得录·文学三》,第267册,第193页。

③ [朝鲜王朝]正祖:《弘斋全书》卷164,《日得录·文学四》,第267册,第216页。

④ 对"文体反正"的评价可总结为两种看法,一种认为它是正祖为巩固"君师、圣王"地位,实现强国的伟大抱负而施行的改革政策,"文艺复兴"中带有"经世"的色彩;另一种认为该政策是为维护君王传统统治秩序而设,是保守的、逆潮流的,遏制了文风的正常发展。

⑤ 参见[韩]李奎镐:《『日得錄을 통해 본 正祖의 文學論』》,岭南大学校2004年硕士学位论文,第69页。

总之,《陆奏》在正祖时代备受推崇,首先取决于陆贽的人格魅力、《陆奏》本身巨大的实用价值和卓绝的文采。而这些恰为当时朝鲜时局所需,不仅可用于政治龟鉴,在正祖君臣反思如何施政和用人方面,提供经验;又与正祖的广开言路、扶正文风、促进人才流动等政治主张多有契合。《陆奏》有如此地位,自是必然。

三、《陆奏约选》的编印与影响

《陆奏》不仅被用于夜对进讲和日常研读,因正祖喜好读书、编书,他又先后将其改编成《御定陆奏约选》(后文简称"《陆选》")和《御定陆稿手圈》(后文简称"《陆圈》")两部书籍。

正祖御制《弘斋全书·群书标记》载:

> 予以陆贽《奏议》,明白剀切,有禆治教。御极之初,命芸阁印颁全集,而篇章浩瀚,观者易厌。岁甲寅,手选其最粹二十九篇,略仿先正李滉《朱书节要》义例,节删字句,俾便诵读。丁巳,更取厘校,编为二卷,命铸字所以丁酉字印颁,复以印本下送湖南营,翻刻藏板。①

如前所述,正祖喜好奏议之书,更喜欢将其编为《要略》或《纂要》,"概于省检之际,不无藉力者故耳"②。因为《陆奏》文字尽好,有益时政,他自世孙时就开始研读,即位后更是屡次召对进讲。"惟恨其文之支离繁冗,清燕之暇,略有删节"③。他仿李滉《朱书节要》义例,删选了其中最为精粹的29篇而成《陆选》,"每编亦施绳削,繁处刬繁,冗处汰冗"。这样,就方便了自己和大臣日常研读,更好地效仿《陆奏》的为政思想和奏文之法:"使未第者读之,当用于策问。已第者读之,当用于疏章。予则

---

① [朝鲜王朝]正祖:《弘斋全书》卷181,《群书标记三·御定三》,第267册,第525页。
② [朝鲜王朝正祖实录》卷13,六年三月辛酉条,第45册,第301页。
③ [朝鲜王朝]正祖:《弘斋全书》卷164,《日得录四·文学四》,第267册,第213页。

昕夕诵读,况若面谭。"①

《陆选》是对《陆奏》的删抄,分上下两卷,篇目如下:《论两河及淮西状》《论关中事宜状》《论叙迁幸之由状》《奉天论当今切务状》《奉天论前所奏未施行状》《奉天请数对群臣许令论事状》《奉天论尊号状》《奉天论赦书状》《奉天论拟与翰林学士改转状》《奉天请罢琼林大盈二库状》《奉天奏李建徽杨惠元两节度兵马状》《驾幸梁州论献瓜果人拟官状》《兴元请抚循李楚琳状》《兴元论解姜公辅状》《兴元论续从贼中赴行在官等状》《兴元请许浑瑊李晟等自取机便状》《兴元论中官及朝官赐名定难功臣状》《兴元论取散失内人等状》《銮驾将还论发日状》《收河中后请罢兵状》(以上内容为上卷);《请许台省长官举荐属吏状》《论岭南请置市舶中使状》《请减京东水运收脚价状》《论所宣事状》《论缘边守备事宜状》《请还田绪所寄撰碑文马绢状》《论朝官阙员及刺史等改转状》《均税恤百姓六条》《论裴延龄书》。②

由此观之,《陆选》所选的篇目都是《陆奏》中的"奏草和中书奏议",上卷主要为德宗"奉天""兴元"蒙难之时,陆贽担任翰林学士时期的奏状;下卷主要是他后来担任宰相时所呈奏议。这些都是《陆奏》中的精要部分。从篇名看,《陆选》对《陆奏》的相应篇名大多做了精简,如《奉天论尊号加字状》变为《奉天论尊号状》,《兴元论赐浑瑊诏书为取散失内人等议状》变为《兴元论取散失内人等状》,《论密旨因论所宣事状》变为《论所宣事状》等。大体上不如《陆奏》原篇名更为详细、准确。

该书的篇目选择和内容删削基本都是由正祖御定的,选编时坚持"以述而不作之旨,兼寓务专精力之意"。但对于一些具体篇目的"字句存拔",他综合大臣们的意见后,也有自己的判定:

> 如《台省长官荐举僚属》及《京东水利》、《均税六条》等诸篇,人

---

① [朝鲜王朝]正祖:《弘斋全书》卷 164,《日得录四·文学四》,第 267 册,第 221 页。
② [朝鲜王朝]正祖等:《御定陆奏约选》,日本早稻田大学图书馆藏丁巳年(1777)完营丁酉字刊本。

或谓之可删，而予意则不然。盖其去取之例，虽详于议论，略于事实，而此 3 篇，则不独切中事情，足见自家经论，亦多可以推行于当今者，不可不采入矣。至于《论裴延龄奸蠹》及《沿边事宜》，二书虽已节约，尚多支繁。延龄虽曰小人，而论列之语，似欠大臣之体，且其罪状，一语可尽，而重言复言，何如是太过也？①

正祖选取《陆奏》，删拔篇目文字注重"详于议论，略于事实"，也极其看重"采入"对当时朝鲜政治有裨补之用的篇目，对于文字较多的奏状，也仿朱子书之法，进行了"删冗而去叠"②，并斟酌了用语。对比两书，《陆选》对所选篇目的具体内容做了大量删削，对于一些介绍当时奏文的背景文字、因论辩需要而曲回迎合德宗的语句、部分用典和评论唐朝先帝的部分均不予保留，主要选取陆贽阐发议论、观点和论辩中较为精彩的段落。此外，对处于删节部分之后的语句，还用适当字词加以弥合，注意各奏议内部的上下疏通，很是细心。

《陆选》自正祖十八年（1794）始编，内容的存拔至正祖二十一年（1797）六月末已然完毕，该书为正祖御定，具体的校雠是由阁臣徐有榘和韩晚裕负责，并通过《资治通鉴》校订了年月。③ 这月二十二日，正祖又命二人负责监印，《陆选》开印。④ 闰六月初，"已尽印出"⑤。经厘校后按上下两卷，由宫内的铸字所用新铸铜活字丁酉字印颁⑥，同时命湖南营也要翻刻藏板。一部选抄之书，却要历经三年的编修，可见从篇目到内容的删选，正祖君臣都是十分审慎的。

《陆选》对于更好地学习陆贽的奏议文字、政治思想有很大的帮助，也可进而宣传正祖的政治主张。除用于君臣之日常诵读，还成为奎章阁培养官员的必修教程。在《陆选》编成当月，正祖就命将该书列入抄

① 《承政院日记》，正祖二十一年六月十二日。
② 《承政院日记》，正祖二十一年闰六月二十日。
③ 《承政院日记》，正祖二十一年六月二十一日。
④ 《承政院日记》，正祖二十一年六月二十二日。
⑤ 《承政院日记》，正祖二十一年闰六月四日。
⑥ 《朝鲜王朝正祖实录》卷 46，二十一年闰六月庚戌条，第 47 册，第 30 页。

启文臣的课讲。① 后来,正祖发现"抄启文臣等,近无所事",便又想举行"亲试","逐条赐批,以考优劣,以为计划赏罚之地"。《陆选》即与《四书》《三经》《史记》等中国经典一起,成为他们的考试内容。② 为了让该书能更好地在地方传播,除了命湖南营刻板,此书还被正祖赏赐给应试的地方儒生,如对应制诗成绩优异的幼学"各赐《陆奏约选》一件"③;对"御考水原等十邑儒生"成绩优异者"赐《御定五伦行实》《史记英选》《陆奏约选》《奎章全韵》等书"④。后继的纯祖、哲宗等国王也仍坚持研读《陆选》和将其颁赐儒生。⑤ 哲宗十年(1859)还曾命岭营新刊木板本。⑥可见,《陆选》虽成于正祖晚年,但在朝鲜后期,仍发挥了较长时间的效用。

四、《陆稿手圈》的圈编

在《陆选》完成之后,正祖又开始圈编《陆圈》。"圈"即是"手圈",是一种特殊的文体,正祖曾亲做说明道:

> 昨冬为开眼目……间读《八大家》、《陆宣公奏议》……又于《八大家》及《陆集》中,手自抄出,今日一看处,下一批点,明日再看时,更加贯珠,其后又审阅,又其后与诸臣讨论,取舍当否,又其后一番细看,又其后作为一部册子,篇名曰《八家手圈》,又名曰《陆稿手圈》,盖取手自褎辑之义。尝见野史,英陵朝,有欧苏手柬便览之语,今以《手圈》名者,亦仰述之意也。⑦

可知,《手圈》是正祖经过多次研读经典篇目,并和群臣讨论后,加以圈

---

① 《承政院日记》,正祖二十一年闰六月二十九日。
② 《朝鲜王朝正祖实录》卷51,二十三年六月壬子条,第47册,第194页。
③ 《承政院日记》,正祖二十一年八月八日。
④ 《朝鲜王朝正祖实录》卷47,二十一年九月戊寅条,第47册,第42页。
⑤ 参见《承政院日记》,纯祖十九年三月十日、哲宗三年三月六日。
⑥ [韩]姜顺爱:《奎章閣의圖書編撰 刊印및流通에 관한研究》,第57页。
⑦ 《承政院日记》,正祖二十二年四月十九日。

编原文而成的读书精华。可能朝鲜世宗时就已经有了此种读书方法。正祖编写《手圈》即是要带动"以读书事，视若弁髦"的士大夫们读书。

前文已述，《御定四部手圈》为正祖晚年时开始编修，正式付梓是在纯祖元年（1801），用木板本刊印后为 25 卷，是正祖御制《手圈》的集大成之作。《陆圈》共两卷，与《御定八家手圈》组成《御定四部手圈》的"集部"。《御定四部手圈》的每册首页均有正祖读书和圈书的计划，《陆圈》为第十册，从首页的"陆宣公集批圈校阅课程日表"所标注的日期和进程来看，《陆圈》的圈定是从戊午年（正祖二十二年，1798）四月的十二至二十一日这十天时间。其中前六天"批圈"，第七、八天"抄圈缮写、校阅"；第九天成书；第十天"更阅"。此外，正文前后分别是正祖御制的《示〈陆稿手圈〉誊本校正诸学士》和奎章阁直提学李秉模所作的跋文。[1] 国王撰序、重臣作跋，《陆圈》的地位可见一斑，虽然圈编该书所需时间很短，但依然经由大量人员严格校阅。

从内容上看，与《陆选》之选取部分奏议、奏草，且只有 29 篇不同，《陆圈》是从《陆奏》22 卷中通篇圈编，包括"制诰"48 篇，"奏草""中书奏议"45 篇。每圈后小字注有所摘篇名，一些篇名与《陆奏》《陆选》均不同，如《陆奏》中《请减京东水运收脚价于缘边州镇储蓄军粮事宜状》在《陆选》中为《请减京东水运收脚价状》；而在《陆圈》中注为《请减水运收脚价储蓄军粮状》，篇名比《陆选》更为详细了。此外，"奉天""兴元"时期的奏状均去除时间，直接写奏状名，如《奉天论赦书事条状》注为《论赦书事条状》。

正祖自认他所圈抄的《陆圈》具有极大价值："文虽少而辞则悉。宽民力，清吏选。招兵买马，经财理赋。许多大经纶，可以用之百世而无弊，布之四海而不穷。"[2] 由于只是"手圈"，所以每一篇目所抄的内容极少，甚至只有几个句子。虽然篇幅不长，但所选篇目几乎涵盖《陆奏》，涉及民生、理财、军政等各个方面。所圈句子多为其中的警句，以至于

---

[1] ［朝鲜王朝］正祖：《四部手圈》第十册《集部·陆稿·宣公》。
[2] ［朝鲜王朝］正祖：《弘斋全书》卷56，《杂著三·求诸圈跋语于四阁相及文衡》，第 263 册，第 367 页。

可以"用之百世"。

在《陆圈》校正之时,正祖于《亲撰示校正诸学士曰》中论道:

> 于唐得一陆宣公,而可以为法于公交车。绸缪帐宸,出入戎马,指划利病之源。毫分得失之间,勤勤恳恳,明白剀直。虽粗将悍卒,莫不诵传而流涕,况忠志之士乎。世以不用宣公尤德宗,而予以为不用而止,终不加之邮者。后世人主有不及德宗者,切爱其奏状,反复轮阅,约而节之,为《陆奏约选》,仍批圈于全稿而为《手圈》。览此者,不以宣公之不用为戒而戒不言,言而戒不如宣公之志。则是予所以旷千载相感,而费铅椠之工者也。①

正祖再次阐明了对陆贽的极高评价和对《陆奏》的喜爱,在《陆选》编成仅一年后,又成《陆圈》,体现了他对进谏的倡导,以及对"宣公之不得用"的反思。正祖并不是单纯地喜欢陆贽之文,而是寻求和陆贽一样能"经国爱民"的臣下,《陆圈》也就是帝王之学的集大成了。②《御定四部手圈》是正祖一生读书之精华,正祖在该书刊出的前一年(正祖二十四年,1800)离世,其颁藏由纯祖进行,影响了该书按照正祖的意志发挥宣教作用。但《陆圈》得入《御定四部手圈》,即表明了《陆奏》在他心中的地位。

正祖深爱《陆奏》的程度,从其研读《陆奏》,到编修《陆选》,再到手圈《陆圈》的过程窥之,自不待言。正如他自言:"以兹予特爱而诵之,诵之不足,选之,选之不足,批而圈之。"③对于《陆奏》及陆贽,正祖爱其文而惜其人,《陆选》《陆圈》的相继编选,既是他个人情感的一次释放,也是对《陆奏》主旨的进一步提炼和理解,体现了他的意志。与《陆奏》仅

---

① [朝鲜王朝]正祖:《弘斋全书》卷56,《杂著三·示手圈校正诸学士五首》,第263册,第364—365页。
② [韩]趙東永:《正祖의『四部手圈』小考》,第35页。
③ [朝鲜王朝]正祖:《弘斋全书》卷56,《杂著三·求诸圈跋语于四阁相及文衡》,第263册,第367页。

限于小范围的君臣研读、没有颁赐不同,晚年时的正祖,已不仅要求自己学习陆文和反思施政,更是想要求大臣、儒生能够重视他圈选的《陆选》和《陆圈》,贯彻他的政治主张,成为陆贽一样的谏臣、忠臣,为朝鲜的王政开辟道路。这些体现了《陆奏》与当时朝鲜政治文化的紧密联系。

年幼的纯祖即位后,王权羸弱、政治腐败,正祖苦心经营的奎章阁等机构近乎名存实亡,大规模的书籍编印也难以为继。由于文运不兴,那些他曾经悉心编印的书籍,对后世的影响力自然也逐日消减。《陆选》编成时,已是正祖晚年;而《陆圈》更是刊于正祖薨后,这大大限制了《陆奏》及其衍生品在朝鲜的推广和流传。不可否认的是,《陆奏》在近千年后的异域被一度唤醒,在朝鲜正祖时代备受推崇,不仅成为正祖一生喜读之书,更成为君臣夜对的教材;其思想内涵和文采也为他所珍视。但正祖没有直接颁赐《陆奏》,而是又通过对其重新圈选,御定了《陆选》和《陆圈》,这一定程度上扩大了《陆奏》在朝鲜的影响,也藉此宣扬了他"扶正文风"和纳谏用人的政治理念。

这部千年前的中国奏议文集,不仅得到了朝鲜君臣的一致赞赏,还几次三番被官方大量翻印和编改。正祖与《陆奏》的故事,留给我们一些思考。首先,中华典籍是周边各国竞相搜集和学习的对象,进而又推动了中华文化在周边的传播。《陆奏》作为其中的一个典型,也说明,在国际关系中,存在着既非政治、又非经济或法的文化关系。[1] 朝鲜正祖君臣积极研读《陆奏》,编刊《陆选》《陆圈》,体现了中国文化以典籍为载体,被朝鲜积极"受容"和"改造"的过程。应考虑将这种"过程"[2],纳入到古代中朝文化交流研究的视阈中。同时应对中国典籍在朝鲜传播的

---

[1] [日]平野健一郎著,张启雄、冯青、周兆良、黄东兰译:《国际文化论》,中国大百科全书出版社 2011 年版,第 5 页。

[2] 如黄俊杰所指出的:"一旦我们采取从'过程',而不是从'结果'来观察东亚文化交流史,我们的眼光就从'中心'移往'边缘',看到了在东亚地区的各个文化交往互动的过程之中,每一个地域的人的'自我'与'他者'的互动、冲突、重塑、转化或融合。"(黄俊杰:《东亚文化交流中的儒家经典与理念:互动、转化与融合》,华东师范大学出版社 2012 年版,第 11 页。)

路径方式、文化内涵有更深入的理解。第二,朝鲜翻刻之《陆奏》及其衍生品,作为域外汉籍,成为了"中国文化的对话者、比较者和批判者的'异域之眼'"①,这有助于我们重新思考对本国文献的价值体认。而发掘《陆奏》为何会在当时的朝鲜有如此地位、又为何会"昙花一现"的原因,即是考察朝鲜对中国典籍的吸收和回应的"过程",这又有助于我们发现"文本"以外的另一个维度——典籍背后所承载的政治文化因素,进而反思所谓"汉字文化圈"中,古代中国以及东亚诸国的文化共性与差异。这亦或是中国韩国学研究中"东亚方法论"②的某种体现。较之于典籍本身的内容,这或许更是值得学者们思索和玩味的。第三,以"汉字文化"为基础而形成的浩瀚的东亚汉籍,不仅为相关各民族国家所珍视,同时也成为东亚共同的文化遗产。东亚汉籍中,"你中有我,我中有你",从综合的视角,加强对其的整理、利用和综合研究,有助于进一步发挥"汉字文化"在东亚地区的纽带作用,并加深对有关历史文化问题的理解。

---

① 张伯伟:《域外汉籍研究入门》,第 20 页。

② 蔡美花在《东亚韩国学方法之探索》(《东疆学刊》2008 年第 4 期)一文中,提出中国韩国学研究需要"东亚视角"的观点:"中国的韩国学在立足中国的同时,要克服中国为文化输出国、韩国为文化接受国的观念,我们应理解韩国学中中国传统文化的变容,并以此了解中国文化的他人视角,从反观的层面促进对中国文化的深层研究。"

结　论

　　正祖国王是朝鲜王朝史上著名的"学者型"君主。他勤勉好学，一生手不释卷。他以"君师"之姿，重视发展书籍编印事业。卷帙浩繁的书籍编纂与记录，用以宣传他的学术文化理念，直接服务于人才培养和官民教化。朝鲜王朝的官方修史事业至正祖时达到繁盛，官修史书为历代之最，国王对官方修史活动的干预也达到了一个顶峰。

　　正祖通过设立奎章阁，将"右文政策"推向极致，并主导了官方修史，目的为扭转社会矛盾，重振盛世局面，塑造王统和稳固王权。奎章阁一度成为朝鲜王朝后期最重要的政治机构和文教中心，其设立对正祖时期的官方史学有莫大影响。奎章阁几乎垄断了正祖时期官修书籍的编印任务，阁臣、检书官等直接参与各类史书的编修；奎章阁成为当时书籍生产和流通的中心，大量的官修史书也得以广布和产生影响；奎章阁促进了朝鲜后期书籍文化的发展和目录学的成熟；《内阁日历》《日得录》《日省录》等史籍由奎章阁直接负责纂修，体现了奎章阁对朝鲜传统官方修史模式的挑战。《日省录》还对原有的"国史体系"做出了补充和修正，标志着朝鲜国王对官方修史的干预达到高峰。

　　朝鲜效仿中国古代官方史学，纂修《实录》和《国朝宝鉴》。对正祖时所修《英祖实录》《景宗修正实录》的考察，有助于认识各类型《朝鲜王朝实录》纂修的完整过程。《英祖实录》的编纂，一定程度上反映了正祖朝初期的政治变动；《景宗修正实录》彰显了老论的政治义理，体现了国王意志、大臣党争等政治因素对朝鲜《实录》纂修的深刻影响。正祖时，续补了《英庙宝鉴》和十二朝《宝鉴》，并与前朝三次所修的《宝鉴》合为十九朝《国朝宝鉴》,具有强化王统,稳固王位的现实意义,成为正祖在国家文化事业上的一个重要业绩。

正祖时期的"义理史书"具有强烈的现实政治指向。朝鲜君臣将义理精神、政治博弈与官方修史活动相结合,体现着君主对君臣间的统治秩序、尊王攘夷的华夷秩序等传统儒家伦理秩序的宣扬。因涉及正祖的即位正当性,《原续明义录》被奉为朝鲜之《春秋》,在正祖一朝都发挥了巨大作用;《庄陵史补》是朝鲜君臣"博弈"与"互动"的体现,为"君臣义理"的重塑;《尊周汇编》的纂修,是朝鲜后期"尊周思明"的体现,也反映出正祖对尊周"义理"话语的掌控,将尊攘义理内化到了朝鲜现实的对内政治之中。

在正祖主导下,朝鲜官方对中国既有史书作了大量改撰、选编或抄圈。《宋史筌》为正祖亲撰的一部纪传体中国史书,对元修《宋史》进行改撰,以宋为正统,实践了"春秋笔法";正祖御定的《史记英选》《陆奏约选》《陆稿手圈》,分别为他对《史记》《陆宣公奏议》等的选编和抄圈,以弘扬学术为名,加入政治教化的成分,促进了中国史籍在朝鲜的流传。从中不仅可见中国传统史学对朝鲜政治文化的深刻影响,还能从反观的层面促进对中国文化的深层了解。

正祖时期的官方史学,在整个朝鲜王朝史学,乃至朝鲜半岛史学史上都有着较为重要的地位,体现了朝鲜官方史学在后期的总结和嬗变,亦是朝鲜后期文化繁荣期的一个重要表现。其对朝鲜王朝历朝修史多有继承,自身特点也十分显著。主要表现在:

第一,官方所修史书种类之繁多,数量之庞大,体裁之多样,史料之丰富,大大超过前代、历朝,也后无来者。《群书标记》收录了153种(部)书,其中史书就约占60余种。粗略统计,正祖时期的官修史书应不下百种。除《朝鲜王朝实录》《承政院日记》《国朝宝鉴》《日省录》等编年体史书,还有别史、杂史、职官、奏议、诏令、政书、地理、目录等多类史部书籍编撰。

第二,官修史书体裁保持多样化。正祖时期的官修史书体裁以编年体为主,但在纲目体史书编纂方面,取得了突出的成就,如《日省录》

为朝鲜官方连续修纂的唯一纲目体史书,《原续明义录》《春秋左氏传》等也多采用纲目体,并带动了私家史学中纲目体著述的繁荣。这一时期,还修撰了继《高丽史》之后,朝鲜第二部官撰纪传体史书《宋史筌》,多部史书中也体现了仿纪传体修史的思想。此外,还有多种其他类型的史书纂成。

第三,不仅重视整理前代国史,也特别重视当代国史的编纂和记录。正祖时期当代国史的成就十分显著,为后世留下了大量史料,如《日省录》《日得录》《内阁日历》等。

第四,在多种法典、各类官署志、典制等政书的增订和编纂上,初步形成了一套体系,体现对朝鲜王朝前朝制度的总结和革新;典礼、邦计、军政、刑狱、词讼、外交、教育、工营等方面之政书、典制门类较为齐全,也是朝鲜后期官方史学大总结的一种体现。

第五,多个官方修史项目,均肇始于这一时期。如《日省录》《内阁日历》《同文汇考》等大型修史项目均始于正祖朝。尤其值得重视的,是中国史书和"尊周类""义理类"史书大量出现,其数量和类型都超过前朝。特别是为他国撰作国史,亦是前所未有之事。

第六,"进入 18 世纪,朝鲜史学已经从经学之性理学中独立为一专门的学问"[①],在史书纂修中,国王通过标榜"继述""矫俗"等理念,达到拱卫王统、伸张王权和重振国运的目的,于治鉴法古、义理教化、以史经世等政治历史观的深度上,均得到进一步强化;在史学思想上,体现了义理为重,史学中会通意识、正统意识、垂鉴意识的增强。

第七,正祖时期是朝鲜官方史学的嬗变和总结时期,对多部官方史籍进行了续补和重新整理,对多个涉及复杂"义理"的事件之历史书写做了重新把控。如对《景宗实录》的修正;撰十九朝《国朝宝鉴》;纂列圣《羹墙录》;成《大典通编》;集历朝"尊周思明"史实而成《尊周汇编》《国朝宝鉴别编》等。在《原续明义录》《庄陵史补》《皇极编》《春秋左氏传》等书籍的编纂中,巧妙融入"义理"教化的成分,特别是对"壬午义理"的

---

① 曹中屏:《朝鲜朝历史学与编纂学考》,第 23 页。

修正、"端宗复位"历史书写的重新把握,有助于解决王权遭遇的现实困境,与政治紧密结合。

第八,正祖时,朝鲜国王对官方修史的干预达到一个高峰。正祖通过奎章阁等机构部分控制了官方修史,同时亲自任命、培养新的史职人员,新增修史项目。他全方位参与官方修史活动,严格监督修史过程和史书内容,削弱传统史官的作用等。这虽然促进了官方修史活动的持续进行,规范了修史,也难免造成史书真实性的缺失。

第九,正祖时期的官方史学,还受到同时期清朝学术的影响。如《四库全书》对正祖时期的学术文化产生了积极影响。正祖设立奎章阁后的文献整理、书籍编印活动以及《奎章总目》等目录学著作对"四部分类"的服膺、创制"生生字"、编印《四部手圈》等,都可能与其有关。正祖实行的文体改革政策也和《四库全书》对书籍筛选的原则存在一致性。此外,在书籍编纂中,还部分引入了考据方法;并对"北学"基本支持,也是对清朝文化的一种吸收。

第十,在史学功用方面,尤其注重官方史学在垂训鉴戒、匡助政治、惩恶扬善等方面的作用。不仅以整理前朝国王的嘉言事迹,来为现实政治提供借鉴,还通过以儒家的伦理道德褒贬人物、褒忠惩逆,宣扬忠君思想,还在史学活动中,强化"继述"先王和严华夷正统的理念,以此稳固正祖自身的王统,力图解决其面临的诸多政治困境。此外,还侧重于重新整顿朝鲜后期破坏殆尽的道德体系和社会风俗,大部分史学成就,均体现了正祖意志和用于宣教的用意,以期劝学儒林、振风矫俗。"儒家经典在东亚的历史进程中与政治权力构成复杂的关系。"[1]其官方史学在现实政治运作中,也起到超学术性的重要辅翼作用。

正祖时期的官方史学,依靠正祖的个人素养和较为稳定的政治环境,得以发展和繁荣。正祖薨后,朝鲜的国运发生了巨大转折,进入了长达近一个世纪的"势道政治"时期。纯祖冲龄即位,不仅王权羸弱和政治腐败,正祖苦心经营的奎章阁等文教机构也近乎名存实亡。但正

---

[1] 黄俊杰:《东亚文化交流中的儒家经典与理念:互动、转化与融合》,第 169 页。

祖时期的官方史学活动,对后世仍影响深远:

第一,《日省录》《内阁日历》《纶綍》等成为连续性纂修的官方修史项目,《国朝宝鉴》《大典通编》《增订文献备考》《同文汇考》等又为后继国王续修,直至朝鲜王朝末期。

第二,正祖时期所编印的大部分史籍,如《史记英选》《陆奏约选》《国朝宝鉴》《两京(四部)手圈》等,也常为后继国王、大臣和儒生研读和奉藏,特别是在地方广为流传。

第三,正祖时期的官方史学,是朝鲜王朝,乃至朝鲜半岛古代官方史学的一次巅峰。客观上完备地记录、保存了朝鲜王朝的相关历史。

第四,正祖时所设立的奎章阁,几经辗转,已演变成为韩国首尔大学所属的知名学术机构。现奎章阁所留存的朝鲜史籍中,相当一部分为正祖时所修,部分史书还成为世界文化遗产。

第五,正祖时期的官方修史活动和开明的人才培养政策,还带动了朝鲜后期私家史学的繁荣,以及纲目体史书、地理书的大量出现。

但客观上看,正祖时期的官方史学仍存在诸多弊端:

第一,修史项目过于冗繁,存在大量的重复记录、重复修史。如《日省录》《内阁日历》《日得录》,三者就相互有大量的重合内容,其与《承政院日记》之内容也多有交叉;《国朝宝鉴》与《羹墙录》在意义和内容上也十分雷同,有累赘繁琐之弊。

第二,修史项目过多,正祖又对修史质量要求较高,在书籍的抄、编、刻、印等各环节,尤其是《朝鲜王朝实录》《国朝宝鉴》《日省录》的修纂中,耗费了巨大的人力、物力,损耗了国库,使得奎章阁大规模的书籍编印活动,仅在正祖时期昙花一现,此后难以为继。

第三,正祖时所修史书多为政治服务,重义理纲常,在内容性、资料性方面欠缺,且创新性不够,部分史书的史学意义和史料价值不大。如《原续明义录》《羹墙录》等专为王位正统而修;《史记英选》《陆奏约选》均是抄辑中国史书;《宋史筌》过分注重"春秋笔法";《国朝宝鉴》不乏夸大、失真的成分等。

第四,正祖时期的官方史学,仍未摆脱国王意志、大臣党派利益的左右。这一时期,虽未发生"史祸",但正祖通过御览《内阁日历》《日省录》《日得录》等,已经可以变相随意观看记注,控制了部分国史记录。并把从国史修撰史料的积累,到史书的编纂,全部置于自己的亲自审查和监督之下,国王的权力和意志通过一系列制度程序,渗透到史书修撰的各个环节,从而使史学受到了权力的全面干预,使得这一时期史学"求真"的一面被削弱。这也是由官方史学的属性所决定的。

"韩人一向仰中国为本位,自认为中国的分支,这是韩国传统文化的一大特色。"①从中朝(韩)史学交流与比较的角度来看,作为中国史学的分支,朝鲜王朝正祖时期的官方史学,虽然有其自身特点,但在体裁、体例、史学思想等方面,整体上仍未脱离中国古代官方史学的影响。朝鲜也是文人统治为特征的文治社会,一方面,史学受到特别的重视,被官方给予崇高的地位;另一方面,史书的修纂也被严格的控制。

第一,正祖时期的官方史学活动在修史制度上,在史书体裁、体例等方面大多效仿中国。如正祖时续修之《英祖实录》《国朝宝鉴》等,均为中国传统官修史体;所修《大典通编》仍沿用六典体制;地理书几乎全参考中国地志体例;《宋史筌》等史书编撰时,大量参见中国史书等,都折射出对中国传统史学的服膺和效仿。

第二,在正祖时期的官方史学活动中,记史、修史任务的提出,修史机构的设立和废罢,修史制度的预设和调整,修史官员的行为和权限,史书编纂的方式,史料的选择,史书的内容、体例等,同样大多受到官方,甚至是君王个人意志的影响。

第三,正祖时,官方修史项目众多,史书体裁多样,修撰成果丰厚,造就了官方史学的繁荣。但其背后,是让史学成为维护政权和巩固统治的工具,学术是与政治相结合的产物。特别是在政治斗争激烈的情况下,史学完全成了政治斗争的工具。有了政治上的控制权,就拥有了控制历史书写和对史书的改易权。

第四,正祖时的官方史学,在修史理念上和功用上,仍未能突破传

① 朱云影:《中国文化对日韩越的影响》,第189页。

统史观和史学功用论,同样强调纲常教化,注重垂训鉴戒、治术总结,也同样面临史学"求真"和"致用"的矛盾。

第五,正祖时期官方史学的发达,广泛调动了各阶层的积极性,刺激了士大夫和一般文人的史学意识,促成了朝鲜后期私家史学的再一次勃兴。同时期和以后,涌现出了一批编年体通史、纲目体史书以及带有考证特色的边疆史地私家史著。正祖时期很多史学成果带有半官方的性质,如相当一部分书籍为正祖命撰,私人所(参)修。在资料搜集方面,也很注重对民间史料的采用,体现古代官方史学与私家史学两条轨道相互交织发展的模式。这些均与中国古代官方史学的特点基本吻合。

总之,对朝鲜正祖时期官方史学的考察,不仅能够加深对朝鲜半岛古代史学的认识,还有助于推进中朝(韩)史学交流与比较的研究,为其提供更多的个案基础,丰富视角和素材。这也体现了中国史学史研究的东亚视野。

附录 A　朝鲜正祖时期奎章阁参编书籍情况简表

参与编印者	书名	卷数	板本	完成\刊行时间	性质
正祖、奎章阁编,馆学儒生缮写对校	宋史筌	150	写本	1791	御定
正祖选,徐龙辅对校	琼屑糕	1	写本	1781	御定
正祖选,奎章阁编	朱子选统	3	写本	1781	御定
正祖选,奎章阁编	圣学辑略	6	写本	1781	御定
正祖选,奎章阁编,校书馆刊	八子百选	6	丁酉字	1781	御定
正祖编,李福源总裁,郑昌圣等编次,尹蓍东等校正、监印	羹墙录	8	丁酉字	1786	命撰
正祖编,李崑秀校正	文苑黼黻	42	壬寅字	1787	御定
正祖编	乐通	1	写本	1791	御定
正祖选,奎章阁编	诗观	1	写本	1792	御定
正祖选,奎章阁编,铸字所刊	朱书百选	6	丁酉字	1794	御定
正祖编	军旅大成	5	写本	1795	御定
正祖编	三军总考	10	写本	1795	御定
正祖编	历代行表	6	写本	1796	御定
正祖选,奎章阁编,铸字所刊	史记英选	6\8	丁酉字	1796\1797	御定

续表

参与编印者	书名	卷数	板本	完成\刊行时间	性质
正祖选,奎章阁校准,岭南地方缮写考校,铸字所刊	五经百篇	5	木板本	1798	御定
正祖编,李秉模等编次,铸字所刊	乡礼合编	3	丁酉字	1797	命撰
正祖选,徐有榘等编校,铸字所刊	陆奏约选	2	丁酉字	1797	御定
正祖选,奎章阁编	邹书敬选	1	写本	1797	御定
正祖选,奎章阁编	四部手圈	25	木板本	1798\1801	御定
正祖选,奎章阁编,李晚秀、沈象奎等对校	杜律分韵	5	整理字	1798	御定
正祖选,奎章阁编,李晚秀、沈象奎等对校	陆律分韵	39	整理字	1798	御定
正祖选,抄启文臣抄,奎章阁诸臣初校,湖南经义功令生会校,徐滢修等三校。李晚秀等校阅,徐荣辅等监印	大学类义	20	整理字	1805	御定
正祖选,奎章阁编,铸字所刊	雅诵	8	壬辰字	1799	御定
正祖选,奎章阁编	杜陆千选	8	丁酉字	1799	御定
正祖、奎章阁诸臣	群书标记	6	木板本	1799\1814	御制
正祖选,奎章阁编	顾諟	1	写本	1799	御定
正祖选,奎章阁编	律英	4	写本	1799	御定
正祖选,奎章阁编	监兹	1	写本	1799	御定
正祖选,奎章阁编	梵宇考	1	写本	1799	御定
正祖编,李晚秀、徐滢修等校正	周公书	9	写本	1800	御定
正祖选,湖南经工生编,徐有榘正	朱子书节约	20	写本	1800	御定

续表

参与编印者	书名	卷数	板本	完成\刊行时间	性质
李福源、柳义养编,校书馆刊	宫园仪	4	丁酉字	1779、1785	命撰
奎章阁编	谷簿合录	10	写本	1776	命撰
金致仁等撰,校书馆刊	明义录及谚解	3、3	壬辰字	1777	命撰
金致仁等撰,校书馆刊	续明义录及谚解	1、1	壬辰字	1778	命撰
徐命膺等撰	南汉志	2	写本	1779	命撰
徐命膺等撰	奎章韵瑞	8	写本	1779	命撰
奎章阁撰	奏议纂要	8	写本	1780	命撰
金钟秀等撰	名臣奏议要略	16	写本	1782	命撰
金钟秀等撰	文臣讲制节目	1	丁酉字	1781	
徐浩修等	奎章总目	4	写本	1781	命撰
金载瓒等	摛文院讲义	3	丁酉字	1781	命撰
奎章阁撰	隶阵总方	1	木板本	1781	御定
金尚喆总裁,李福源等校正,蔡济恭等纂辑,赵城镇等考校,李敬一缮写,金致仁等参订,李福源等校阅,郑志俭书写,李性源等校书馆监印	国朝宝鉴及别编	68、7	木板本\丁酉字	1782	命撰
尹光普、李义凤等编,李书九、李义骏等校正	庄陵史补(志)	10卷	写本	1796	命撰
南有容著,奎章阁编	雷渊集	30	壬寅字	1783	命撰
奎章阁编,校书馆刊	字恤典则及谚解	1、1	丁酉字	1783	御定
奎章阁编,校书馆刊	奎章阁志	2	丁酉字	1784	御定
奎章阁编	皇极编	13	写本	1784	御定
金致仁等编,校书馆刊	大典通编	6	木板本	1785	命撰

续表

参与编印者	书名	卷数	板本	完成\刊行时间	性质
奎章阁编	宫园展省录	1	写本	1785—1800 连续	御定
奎章阁编校,湖南营印	金忠壮遗事	5	木板本	1789	命撰
李德懋、白东修撰,朴齐家缮写	武艺图谱通志及总谱、谚解	5、1、1	木板本	1790	御定
奎章阁编	琼林闻喜录	3	壬寅字	1791	命撰
梁成之著,徐荣辅编,校书馆刊	讷斋集	6	丁酉字	1791	命撰
尹行恁编,校书馆刊	林忠愍实纪	5	丁酉字	1791	命撰
奎章阁、弘文馆编	庄陵配食录	2	写本	1791	御定
奎章阁编	秋官志	10	写本	1791	命撰
奎章阁编	峤南宾兴录	2	木板本	1792	命撰
奎章阁编,校书馆刊	奎华名选	33	壬寅字	1794	
奎章阁编,关东营印	关东宾兴录	5	木板本	1794	命撰
李书九等撰,铸字所印	奎章全韵	2	木板本	1796	御定
徐荣辅撰	城制图说	3	写本	1794	御定
奎章阁编,金载瓒等校正,李存秀等监印	耽罗宾兴录	1	壬寅字	1794	命撰
奎章阁编	人瑞录	4	生生字	1794	御定
徐浩修、徐荣辅编,咸营刊	咸兴本宫仪	2	木板本	1795	御定
徐浩修、徐荣辅编,咸营刊	永兴本宫仪	2	木板本	1795	御定
李晚秀、尹行恁撰,铸字所刊	整理仪轨通编	10	整理字	1798	御定
尹行恁编,校书馆刊	李忠武全书	14	丁酉字	1795	命撰
奎章阁编	丰沛宾兴录	2	壬寅字	1795	命撰
奎章阁编	正始文程	3	壬寅字	1795	命撰
奎章阁编	庚载轴	48	整理字	1796	御定
徐有榘等撰	镂板考	7	写本	1796	命撰

续表

参与编印者	书名	卷数	板本	完成\刊行时间	性质
奎章阁编,蔡济恭、李秉模总裁,李书九等编校,李翼晋等参校,校书馆刊,李晚秀、成海应等监印	春秋左氏传	28	春秋纲字、丁酉字	1797	命撰
李德懋著,奎章阁编	雅亭遗稿	8	铁活字	1796	
奎章阁编	星坛享仪	1	写本	1797	御定
沈象奎等撰,铸字所刊	五伦行实图	5	整理字	1797	命撰
李晚秀等撰,铸字所刊	太学恩杯诗集	5	整理字	1798	御定
奎章阁编,咸营印	关北宾兴录	3	木板本	1800	命撰
奎章阁编	华城城役仪轨	9	整理字	1796\1801	
奎章阁编,箕营刊	关西宾兴录	3	木板本	1800	命撰
金近淳编次,完营、湖南营刊	梁大司马实纪	10	木板本	1800	命撰
奎章阁编	人物考	130	写本	1800	御定
奎章阁编	尊周汇编	15		1825\1826	命撰
李书九、成海应撰	春秋注释考异	2	写本	1800?	
奎章阁编	植木便览	4	写本	1789	命撰
奎章阁编	育英姓汇	34	写本	1795	命撰
奎章阁编	临轩功令	156	写本	1776—1800连续	命撰
奎章阁编	临轩题丛	1	写本	1776—1799连续	命撰
正祖撰,有司编,馆阁臣跋,校书馆刊	钦恤典则	1	木板本	1778	御定
正祖撰,校书馆刊	御制纶音	1册	壬辰字	1777	御制
正祖撰,徐命膺编	诗乐和声	10	写本	1780	御定

续表

参与编印者	书名	卷数	板本	完成\刊行时间	性质
正祖撰,奎章阁编	国朝诗乐	5	写本	1781	御定
正祖撰,奎章阁编	谕中外大小臣庶纶音及谚解	1册	丁酉字	1783	御制
正祖撰,奎章阁编	谕海西纶音	1册	丁酉字	1782	御制
正祖撰,奎章阁编	御制谕入庭宗亲文武百官纶音	1册	丁酉字	1782	御制
正祖撰,奎章阁编	谕湖南民人等纶音	1册	丁酉字	1783	御制
正祖撰,奎章阁编	御制谕原春道岭东岭西大小士民纶音并谚解	1册	丁酉字	1783	御制
正祖撰,奎章阁编	御制谕济州民人纶音	1册	木板本	1784	御制
正祖撰,奎章阁编	御制谕大小臣僚纶音	1册	丁酉字	1784	御制
正祖撰,奎章阁编,校书馆刊	御制王世子册礼后各道臣军布折半荡减纶音	1册	丁酉字	1784	御制
正祖撰,奎章阁编	御制褒忠纶音	1册	丁酉字	1784	御制
正祖撰,奎章阁编,全罗监营刊	御制饬谕武臣纶音	1册	丁酉字	1785	御制
正祖撰,奎章阁编	御制表忠纶音	1册	丁酉字	1788	御制
正祖撰,徐滢修、徐有榘编次	论语讲义	5	写本	1785、1791	御定
正祖撰,徐滢修、徐有榘编次	大学讲义	3	写本	1783—84、1791	御定

续表

参与编印者	书名	卷数	板本	完成\刊行时间	性质
正祖撰，徐滢修、徐有榘编次	孟子讲义	4	写本	1785、1791	御定
正祖撰，金熹、徐有榘编次	周易讲义	5	写本	1785、1791	御定
正祖撰，徐滢修、徐有榘编次	尚书讲义	8	写本	1785、1791	御定
正祖撰，徐有榘编次	左传讲义	1	写本	1791	御定
正祖撰，沈晋贤等编次	资治通鉴纲目讲义	10	写本	1791	御定
正祖撰，洪仁浩、徐有榘、金熙?编次	诗经讲义	9	写本	1785、1791、1792	御定
正祖撰，奎章阁编	御制谕杨州抱川父老民人等书及谚解	1	丁酉字	1792	御制
正祖撰，奎章阁编	御制养老务农颁行小学五伦行实乡饮仪式乡约条例纶音及谚解	1	丁酉字	1797	御制
正祖撰，徐滢修、李鲁春编次	中庸讲义	6	写本	1785、1798	御定
正祖撰，徐浩修、徐荣辅等编，金载瓒等刊	御制弘斋全书	191	木板本	1814	御制
庄献世子撰，奎章阁编，正祖校	凌虚关漫稿	7	木板本	1814	
奎章阁代撰	审理录	26	写本	1800	御定
奎章阁代撰	日得录	18	写本	1783后连续	御定

参与编印者	书名	卷数	板本	完成\刊行时间	性质
奎章阁代撰	纶綍	正祖朝237	写本	1777 后连续,修至 1900 年	御定
奎章阁代撰	日省录	正祖朝675	写本	1785 后连续,至 1910	御定
奎章阁撰	内阁日历	1245 册	写本	1781 后连续,至 1883	
奎章阁编	内阁故事节目	1 册		1781	
正祖、奎章阁诸臣编	内阁访书录	2 卷	写本		
奎章阁诸臣编	西库藏书录		写本	1790?	

附录 B 朝鲜正祖时期官方史学大事年表（1776—1800）

1776 年，丙申 正祖即位年（清乾隆四十一年）

三月十一日 议撰《英祖行状谥状》、校进《英祖御制》。

八月三日 李师濂上疏请改修《景宗实录》。

八月二十四日 正祖命撰《明义录》。

九月二十五日 奎章阁设立。

十月十三日 正祖与赵㻑等人讨论史官选拔制度，翰林自荐制与会圈制之争。

十二月九日 设立《明义录》纂辑厅。

十二月二十六日 校正后的《内下（尊贤阁）日记》交付于《明义录》纂辑厅。

1777 年，丁酉 正祖元年（清乾隆四十二年）

二月二十四日 朝鲜燕行使购回《古今图书集成》。

三月二十八日 宗簿寺进续修《璇源谱略》。

三月二十九日 金致仁等进《明义录》。

四月十一日 监印厅始印《明义录》。

五月六日 《明义录》印出。

五月十七日 正祖任命金尚喆为《英祖实录》总裁官。

六月 正祖命编定《钦恤典则》。

　　六月十日、十六日　正祖任命（英祖）实录厅都厅和三房堂上、郎厅，下《实录厅事目》。

　　六月二十九日　李徽之请辞英宗（祖）实录都厅堂上。

　　八月三日　"丁酉字"铸成。

　　九月十四日　始修《续明义录》，体例同《明义录》。

　　十月二十九日　正祖同意改修《景宗实录》。

1778 年，戊戌　正祖二年（清乾隆四十三年）

　　一月十二日　《钦恤典则》成。

　　二月六日　重新设《英祖实录》纂辑厅。

　　二月十三日　正祖命黄景源专管修正《景宗实录》。

　　二月二十四日　修改《实录》纂辑厅史官名。

　　二月二十七日　金致仁等进《续明义录》。

　　五月十九日　《续明义录谚解》印出。

1779 年，己亥　正祖三年（清乾隆四十四年）

　　六月一日　奎章阁首次设立四名检书官。

　　八月十一日　正祖命编《南汉志》。

1780 年，庚子　正祖四年（清乾隆四十五年）

　　四月十六日　李徽之被任命为《英祖实录》总裁官。

　　十月十日　奎章阁进御定《宋史筌》"庚子"缮写本。

　　其他　奎章阁成《奏议纂要》。

1781 年，辛丑　正祖五年（清乾隆四十六年）

　　二月十三日　正祖命徐命膺撰《奎章总目》。

　　二月十三日　正祖命奎章阁修《内阁日历（记）》。

　　三月十日　正祖给奎章阁官员史官之职。

　　三月二十四日　正祖命奎章阁负责编制各体御制文字。

六月二十日 《英祖实录》印成。

六月二十四日 《景宗修正实录》付印。

六月二十九日 《奎章总目》成。

七月六日 《英祖实录》《景宗修正实录》完成、奉安。正祖命修正《(英祖)实录仪轨》。

七月十日 正祖命续补十三朝《国朝宝鉴》。

七月二十五日 宣酝实录堂郎于遮日岩、完成了洗草。

九月六日 《国朝宝鉴》堂上、郎厅,分授十二朝《宝鉴》,开始纂辑和校正。

1782 年,壬寅 正祖六年(清乾隆四十七年)

二月十四日 设立外奎章阁。

三月二十四日 金钟秀进《名臣奏议要略》。

四月二十六日 十九朝《国朝宝鉴》奉安监印厅,开始印刷。

四月二十八日 正祖朝修五朝《国朝宝鉴别编》成。

六月十三日 《秋官志》修润续撰完成。

八月二十五日 十九朝《国朝宝鉴》印役告迄。

十一月二十三日 正祖命编摩《国朝宝鉴(监印厅)仪轨》。

十一月二十四日 十九朝《国朝宝鉴》完成,诸臣进书。

其他 校书馆被正式编入奎章阁,称为"外阁"。

"壬寅字"(改铸韩钩字)铸成。

正祖命柳义养、李万运修订《东国文献备考》(《增订文献备考》)。

1783 年,癸卯 正祖七年(清乾隆四十八年)

二月十一日 正祖见到朴一源,命其继撰《度支志》。

三月十九日 《国朝宝鉴(监印厅)仪轨》修正完毕。

四月八日 宗簿寺印进《璇源系谱纪略》等。

七月一日 正祖命严格《承政院日记》考见制度。

八月十六日 郑志俭等上札,正祖准修《日得录》。

十月二十日　金钟秀进《国朝名臣奏议》。

十一月五日　正祖命颁《字恤典则》。

1784 年,甲辰　正祖八年(清乾隆四十九年)

三月二十二日　正祖命纂辑堂上诸臣合《大典通编》《续大典》为一书(《大典通编》)。

六月一日　《奎章阁志》修成入印。

六月十二日　《弘文馆志》修成。

七月二十七日　《大典通编》定名。

九月十日　柳义养进《侍讲院志(春坊志)》。

十月九日　正祖命将承文院所藏外交文书进行分类誊录,郑昌顺等人担任监修和文书校雠(开启《同文汇考》编修)。

十月十三日　《璇源录系谱》成。

其他　《皇极编》编成。

1785 年,乙巳　正祖九年(清乾隆五十年)

二月二十三日　命各司校正《大典通编》。

二月二十四日　正祖命金致仁总裁《大典通编》编修。

七月三十日　正祖命诸臣汇编《日省录》。

八月三十日　《大典通编》刻役正式完成。

九月十一日　《大典通编》成。

九月十六日　正祖命具允明完成《典律通编》。

十月二十一日　正祖命续成《羹墙录》。

十一月二日　以洪良浩、金尚集、尹蓍东为《羹墙录》纂辑堂上。

十一月九日　确定《羹墙录》凡例和编目、参考书目,专门设立校正厅。

十一月二十二日　《典律通编》成。

其他　《太学志》编成。

1786 年,丙午　正祖十年(清乾隆五十一年)

二月十三日　《羹墙录》将始印。纂辑堂上中金尚集、尹蓍东,监印堂上差下。

四月二十五日　《羹墙录》成。

七月六日　正祖命纂《列圣志状通纪别编》。

1787 年,丁未　正祖十一年(清乾隆五十二年)

八月二十九日　奎章阁编进正祖御制(《正宗大王御制弘斋全书》的前身)60 卷。

十二月二十日　徐命膺卒。

1788 年,戊申　正祖十二年(清乾隆五十三年)

九月二十七日　初刊《同文汇考》60 册成。

十一月十六日　正祖命辑《金忠壮遗事》。

其他　《度支志》《章札汇编》编成。

1789 年,己酉　正祖十三年(清乾隆五十四年)

六月十六日　命续编《舆地胜览》(《海东邑志》《海东舆地通载》的前身)。

其他　《金忠壮遗事》成。

1790 年,庚戌　正祖十四年(清乾隆五十五年)

七月九日　《同文汇考》每年都要添印续编,为定式。

1791 年,辛亥　正祖十五年(清乾隆五十六年)

正月十九日　正祖命修《庄陵配食录》。

正月二十二日　正祖命馆阁诸臣考出朝鲜端宗时诸臣事迹。

二月二十一日　编成《庄陵配食录》,设配食坛。

四月二十六日　《林忠愍(将军)实纪》成。

四月二十九日　正祖命修《庄陵志(史补)》。

其他　《秋官志》重补完成。

1792 年,壬子　正祖十六年(清乾隆五十七年)

八月十九日　正祖命撰《李忠武(公)全书》。

其他　"生生字"成。

1794 年,甲寅　正祖十八年(清乾隆五十九年)

九月三十日　正祖命春秋馆修正《光海君日记》史草。

1795 年,乙卯　正祖十九年(清乾隆六十年)

九月十四日　印颁《李忠武(公)全书》。

1796 年,丙辰　正祖二十年(清嘉庆元年)

三月十七日　"整理字"铸成。

五月十一日　正祖命李义骏、李书九等继续校正《庄陵志(史补)》。

七月八日　正祖命李时秀接替柳义养编辑《春官志》。

七月二十三日　正祖命进《尊周汇编》凡例。

九月四日　正祖命辑《梁大司马实纪》。

十二月十五日　正祖命恢复昌庆宫旧弘文馆"铸字所(监印所)"。

十二月二十五日　铸字所印进《御定史记英选》。

其他　正祖御定《历代行表》、徐有榘等成《镂板考》。

1797 年,丁巳　正祖二十一年(清嘉庆二年)

六月二十二日　《陆奏约选》开印。

闰六月十二日　《陆奏约选》完成。

闰六月二十九日　《春秋左氏传》校正完成,开始印刷。

十二月二十日　铸字所进新编《春秋左氏传》。

其他　《道里总考》成。

新印《史记英选》。

1798 年,戊午　正祖二十二年(清嘉庆三年)
四月十日　整理所进《乙卯园幸整理仪轨》。
四月二十一日　正祖等编成《陆稿手圈》。
十一月三十日　《四部手圈》编成。
十二月六日　《四部手圈》在监印所完成校正。

1799 年,己未　正祖二十三年(清嘉庆四年)
二月　《四部手圈》在铸字所完成校准。
十一月二十九日　《御制群书标记》成。
十二月二十一日　奎章阁进正祖御制(《弘斋全书》的前身)缮写本
191 卷。
十二月三十日　《庙谟汇编》成。
其他　《司勋考》成。

1800 年,庚申　正祖二十四年(清嘉庆五年)
正祖朝《筹谟类辑》《公交车文丛》《纶綍》成。
《审理录》《人物考》《(洪)翼靖(公)奏稿》成。

参 考 文 献

一、中韩古籍及数据库

1. （汉）司马迁：《史记》，中华书局 1963 年版。

2. （汉）班固：《汉书》，中华书局 1964 年版。

3. （唐）陆贽撰，王素点校：《陆贽集》，中华书局 2004 年版。

4. （唐）刘知幾撰，（清）浦起龙通释，吕思勉评，李永圻、张耕华导读整
   理：《史通》，上海古籍出版社 2008 年版。

5. （宋）欧阳修、宋祁：《新唐书》，中华书局 1975 年版。

6. （宋）苏轼：《苏轼文集》，中华书局 1986 年版。

7. （元）脱脱：《宋史》，中华书局 1977 年版。

8. （明）薛瑄：《文清公薛先生文集》，山西人民出版社 1990 年版。

9. （清）永瑢、纪昀等：《四库全书总目提要》，河北人民出版社 2000
   年版。

10. ［朝鲜王朝］《朝鲜王朝实录》，韩国国史编纂委员会 1955—1958
    年版。

11. ［朝鲜王朝］柳义养：《春官通考》，首尔大学奎章阁（奎 12272），
    1788 年写本。

12. ［朝鲜王朝］蔡济恭等：《春秋左氏传》，早稻田大学图书馆（口 12 -
    1772），1797 年丁酉字小字完营本。

13. ［朝鲜王朝］金致仁等：《大典通编》，早稻田大学图书馆（マ 3 -

5099),1785 年领营木板本。

14. [朝鲜王朝]朴一源:《度支志》,首尔大学奎章阁(奎贵 811),1788
年写本。

15. [朝鲜王朝]朴趾源著,朱瑞平校点:《热河日记》,上海书店出版社
1997 年版。

16. [朝鲜王朝]《国朝宝鉴》,首尔大学奎章阁(奎 22),1909 年印本。

17. [朝鲜王朝]《国朝宝鉴别编》,首尔大学奎章阁印本(奎 1130)。

18. [朝鲜王朝]《国朝宝鉴监印厅仪轨》,首尔大学奎章阁本(奎 14189、
1783),1783 年。

19. [朝鲜王朝]李鲁春等:《弘文馆志》,首尔大学图书馆影印,1784 年
丁酉字本。

20. [朝鲜王朝]《华城城役仪轨》,首尔大学奎章阁,1801 年整理字本。

21. [朝鲜王朝]《皇极编》,首尔大学奎章阁(古 4250 - 34),1784 年
写本。

22. [朝鲜王朝]《景宗修正实录厅仪轨》,韩国学中央研究院藏书阁(藏
2 - 3691),1778 年写本。

23. [朝鲜王朝]李徽之、李福源等:《奎章阁志》(再草本),首尔大学奎
章阁印本(奎贵 734)。

24. [朝鲜王朝]李福源、李徽之等:《奎章阁志》,韩国学中央研究院藏
书阁影印,1784 年丁酉字本。

25. [朝鲜王朝]徐有榘:《镂板考》,首尔大学奎章阁(古 0440 - 1),
1796 年写本影印。

26. [朝鲜王朝]金致仁等:《明义录》,首尔大学奎章阁(奎 1328),1777
年壬辰字本。

27. [朝鲜王朝]金致仁等:《续明义录》,首尔大学奎章阁(奎 1327),
1778 年壬辰字本。

28. [朝鲜王朝]金鲁镇、朴一源:《秋官志》,首尔大学奎章阁(奎贵
1012),1791 年写本。

29. [朝鲜王朝]正祖等:《史记英选》,首尔大学奎章阁(奎 95),1797 年

丁酉字本。

30. [朝鲜王朝]柳义养：《侍讲院志》，首尔大学奎章阁(奎 911)，1784
年写本。

31. [朝鲜王朝]正祖：《四部手圈》，首尔大学奎章阁(奎 51)，1801 年木
板本。

32. [朝鲜王朝]闵钟显：《太学志》，首尔大学奎章阁(奎 15217)，1785
年写本。

33. [朝鲜王朝]李福源等：《羹墙录》，韩国学中央研究院藏书阁(史部
2‐161)，1786 年丁酉字本。

34. [朝鲜王朝]洪凤汉等：《翼靖公奏稿》，首尔大学奎章阁(奎 1146)。

35. [朝鲜王朝]正祖：《御定陆奏约选》，早稻田大学图书馆(カ 1‐
2258)，1797 年丁酉字完营本。

36. [朝鲜王朝]正祖等：《宋史筌》，首尔大学奎章阁(奎 1800)，1791 年
写本。

37. [朝鲜王朝]《英宗(祖)大王实录厅仪轨》，首尔大学奎章阁(奎
14171)，1781 年写本。

38. [朝鲜王朝]《整理仪轨》，首尔大学奎章阁(奎 14532)，1798 年整理
字本。

39. [朝鲜王朝]尹行恁等：《忠武公全书》，首尔大学奎章阁(奎 457)，
1795 年丁酉字本。

40. [朝鲜王朝]《庄陵配食录》，哈佛大学图书馆，写本。

41. [朝鲜王朝]李书九、李义骏等：《庄陵史补》，首尔大学奎章阁(奎
贵 3684)，1796 年写本。

42. [朝鲜王朝]李书九、成大中等：《尊周汇编》，首尔大学奎章阁(古
4252.4‐22‐v.1—16)，写本。

43. [朝鲜王朝]李书九、成海应等：《尊周汇编》，载[韩]李離和：《朝鲜
事大.斥邪關係資料集 1》，驪江出版社 1985 年版。

44. [韩]韩国民族文化推进会编刊：《影印标点韩国文集丛刊》，景仁
文化社 1992—2005 年版。

45. 张伯伟:《朝鲜时代书目丛刊》,中华书局 2004 年版。

46. 《域外汉籍珍本文库》编纂出版委员会:《域外汉籍珍本文库·第
1—4 辑》,西南师范大学出版社、人民出版社 2008—2014 年版。

47. 《域外汉籍珍本文库》编纂出版委员会:《域外汉籍珍本文库—域
外所见中国古史研究资料汇编·域外汉籍朝鲜编》,人民出版社
2013 年版。

48. 周斌等:《朝鲜汉文史籍丛刊·第1—6 辑》,巴蜀书社 2014—2018
年版。

49. [朝鲜王朝]《日省录》,首尔大学奎章阁韩国学研究院:http://
kyujanggak. snu. ac. kr/index. jsp。

50. [朝鲜王朝]《承政院日记》,韩国国史编纂委员会:http://sjw.
history. go. kr/main/main. jsp。

51. [朝鲜王朝]《内阁日历》,首尔大学奎章阁韩国学研究院:http://
kyujanggak. snu. ac. kr/index. jsp。

52. 韩国民族文化大百科词典:http://encykorea. aks. ac. kr/

53. 韩国古典综合 DB:http://db. itkc. or. kr/index. jsp? bizName
=CM

54. 四川大学东亚汉籍研究所:http://historytourism. scu. edu. cn/
dyhj/bbs/forum. php

二、中文论著

(一) 中文著作(不含译著)

55. 曹炳镇:《中韩两国古活字印刷技术之比较研究》,学海出版社
1986 年版。

56. 董作宾等:《中韩文化论集 1,2》,中华文化出版事业委员会 1955
年版。

57. 杜维运:《中国史学与世界史学》,商务印书馆 2010 年版。

58. 高明士:《天下秩序与文化圈的探索:以东亚古代的政治与教育为
中心》,上海古籍出版社 2008 年版。

59. 葛兆光：《宅兹中国：重建有关"中国"的历史叙述》，中华书局 2011 年版。

60. 顾铭学、贲贵春、宋祯焕：《朝鲜知识手册》，辽宁民族出版社 1985 年版。

61. 黄纯艳：《高丽史史籍概要》，甘肃人民出版社 2007 年版。

62. 黄建国、金初升：《中国所藏高丽古籍综录》，汉语大辞典出版社 1998 年版。

63. 黄俊杰：《东亚文化交流中的儒家经典与理念：互动、转化与融合》，华东师范大学出版社 2012 年版。

64. 金成镐、朴英宰：《朝鲜韩国历史大事编年》，黑龙江朝鲜民族出版社 2008 年版。

65. 李保林、杨翰卿、孙玉杰：《中国宋学与东方文明》，河南大学出版社 1996 年版。

66. 李光涛：《中韩民族与文化》，中华丛书编审委员会 1968 年版。

67. 李英顺：《朝鲜北学派实学研究》，中国社会科学出版社 2011 年版。

68. 刘顺利：《朝鲜半岛汉学史》，学苑出版社 2009 年版。

69. 刘顺利：《中国与朝韩五千年交流年历——以黄历、檀君历为参照》，学苑出版社 2001 年版。

70. 刘永智：《东北亚研究——中朝关系史研究》，中州古籍出版社 1994 年版。

71. 刘正：《图说汉学史》，广西师范大学出版社 2005 年版。

72. 吕正理：《东亚大历史：从远古到 1945 年的中日韩多角互动历史》，群言出版社 2015 年版。

73. 朴真奭、姜孟山、朴文一、金光洙、高敬洙：《朝鲜简史》，延边大学出版社 1997 年版。

74. 乔治忠：《中国官方史学与私家史学》，北京图书馆出版社 2008 年版。

75. 乔治忠：《中国史学史》，中国人民大学出版社 2011 年版。

76. 乔治忠：《清朝官方史学研究》，文津出版社 1994 年版。

77. 瞿林东：《中国史学史纲》，北京师范大学出版社 2010 年版。

78. 孙卫国：《大明旗号与小中华意识：朝鲜王朝尊周思明问题研究（1637—1800)》，商务印书馆 2007 年版。

79. 孙卫国：《明清时期中国史学对朝鲜的影响——兼论两国学术交流与海外汉学》，上海辞书出版社 2009 年版。

80. 王盛恩：《宋代官方史学研究》，人民出版社 2008 年版。

81. 王小盾：《从敦煌学到域外汉文献研究》，商务印书馆 2013 年版。

82. 王鑫磊：《同文书史——从韩国汉文文献看近世中国》，复旦大学出版社 2015 年版。

83. 吴怀祺主编、白云著：《中国史学思想通论·历史编纂学思想卷》，福建人民出版社 2011 年版。

84. 吴漫：《明代宋史学研究》，人民出版社 2012 年版。

85. 杨翰卿、丁素、赵冰波、徐初霞：《东方文明的中国宋代文化之魂——中国宋学与东方文明研究》，1998 年版

86. 杨军：《朝鲜王朝前期的古史编纂》，社会科学文献出版社 2013 年版。

87. 杨渭生等：《十至十四世纪中韩关系史料汇编》，学苑出版社 1999 年版。

88. 杨昭全、何彤梅：《中国-朝鲜·韩国关系史》，天津人民出版社 2001 年版。

89. 杨昭全：《韩国文化史》，山东大学出版社 2009 年版。

90. 张伯伟：《域外汉籍研究入门》，复旦大学出版社 2012 年版。

91. 张礼恒：《在传统与现代之间：1626—1894 年间的中朝关系》，社会科学文献出版社 2012 年版。

92. 朱云影：《中国文化对日韩越的影响》，广西师范大学出版社 2007 年版。

(二) 中文译著

93. ［韩]崔英辰著，邢丽菊译：《韩国儒学思想研究》，人民出版社 2008

年版。

94. ［美］费正清、E.O 赖肖尔、A.m 克雷格著,黎鸣、贾玉文、段勇、刘从德、保霁虹译:《东亚文明:传统与变革》,天津人民出版社 1992 年版。

95. ［韩］高丽大学校韩国史研究室著,孙科志译:《新编韩国史》,山东大学出版社 2010 年版。

96. ［韩］韩国奎章阁韩国学研究院编,王楠等译:《朝鲜国君的一生》,江苏人民出版社 2016 年版。

97. ［韩］韩永愚著,金宰民、孟春玲译:《朝鲜王朝仪轨》,浙江大学出版社 2012 年版。

98. ［韩］姜万吉著,贺剑城、周四川、杨永骝、刘渤译:《韩国近代史》,东方出版社 1993 年版。

99. ［韩］李丙焘著,许宇成译:《韩国史大观》,正中书局 1960 年版。

100. ［韩］李基白著,厉帆译:《韩国史新论》,国际文化出版公司 1994 年版。

101. ［韩］李元淳、崔柄宪、韩永愚著,詹卓颖译:《韩国史》,幼狮文化事业公司 1987 年版。

102. ［韩］林荧泽著,李学堂译,王君松校:《韩国学:理论与方法》,山东大学出版社 2010 年版。

103. ［韩］朴仁镐著,全莹、金锦子、郑京日译:《韩国史学史》,香港亚洲出版社 2012 年版。

104. ［日］平野健一郎著,张启雄、冯青、周兆良、黄东兰译:《国际文化论》,中国大百科全书出版社 2011 年版。

105. ［韩］吴锡源著,邢丽菊译:《韩国儒学的义理思想》,复旦大学出版社 2014 年版。

（三）中文书刊论文

106. 卞东波:《〈宋史筌〉的〈文人传,艺文志〉书写:兼与〈宋史〉比较》,《Journal of Korean Culture》第 16 辑,2011 年。

107. 蔡美花：《东亚韩国学方法之探索》，《东疆学刊》2008 年第 4 期。

108. 曹喜琛：《中国古代奏书编纂述略》，《档案学通讯》1985 年第 1 期。

109. 曹中屏：《朝鲜朝历史学与编纂学考》，复旦大学韩国研究中心：《韩国研究论丛》(第 22 辑)，世界知识出版社 2010 年版。

110. 曹中屏：《韩国古代两班制度刍议》，浙江大学韩国研究中心：《韩国研究》(第 12 辑)，浙江大学出版社 2014 年版。

111. 陈冰冰：《〈四库全书〉与李氏朝鲜后期的文坛动向》，《清史研究》2012 年第 2 期。

112. 陈美云：《陆宣公奏议在中唐儒学复兴中的先导作用》，《名作欣赏》2013 年第 35 期。

113. 陈祖武：《〈李朝实录〉所见乾嘉年间中朝两国之文献与学术》，郑吉雄编：《东亚视域中的近世儒学文献与思想》，华东师范大学出版社 2008 年版。

114. 崔岩：《朝鲜王朝官修〈高丽史〉与中华传统史学》，《西北师大学报(社会科学版)》2012 年第 4 期。

115. 葛承雍、李文遴：《中朝汉籍交流的文化史章》，《西北大学学报(哲学社会科学版)》2000 年第 3 期。

116. 黄建国：《古代中韩典籍交流概说》，沈善洪主编：《韩国研究》(第 3 辑)，杭州大学出版社 1996 年版。

117. 黄俊杰：《中韩历史中"儒家知识"与"政治权力"之关系：不可分割性与互为紧张性》，《中山大学学报(社会科学版)》2011 年第 2 期。

118. 洪湛：《馆藏〈国朝宝鉴〉与朝鲜铜活字》，《图书馆工作与研究》1998 年第 3 期。

119. 季南：《朝鲜王朝对清观解构分析》，《延边大学学报(社会科学版)》2014 年第 1 期。

120. 季南：《朝鲜正祖李祘的〈宋史筌〉对〈宋史〉的改编》，《黑河学刊》2015 年第 7 期。

121. 姜锡东：《〈宋史筌·食货志〉析论》，《文献》2016 年第 3 期。

122. ［韩］金渭显：《〈宋史筌〉西夏列传》，国际宋史研讨会暨中国宋史研究会第九届年会编刊：《宋史研究论文集》，河北大学出版社 2002 年版。

123. ［韩］金文植：《正祖的陵行和首都圈的成长——18、19 世纪首都圈实学者的成长背景》，中国实学研究会编：《中韩实学史研究》，中国人民大学出版社 1998 年版。

124. ［韩］晋永美：《〈韩国文集丛刊〉对中国文献研究的意义》，北京大学中国古文献研究中心编：《北京大学中国古文献研究中心集刊第八辑》，北京大学出版社 2009 年版。

125. ［韩］李成珪著、林美英译：《〈宋史筌〉的编纂背景与特色——关于朝鲜学者编纂中国史的研究》，《韩国学报》6，1986 年。

126. 李岩：《朝鲜 17 世纪以来春秋大义的思想内涵及其社会文化基础漫论》，北京大学韩国学研究中心：《韩国学论文集》（第 16 辑），北京大学出版社 2007 年版。

127. 李岩：《朝鲜朝中期四色党争的文化性格》，北京大学韩国学研究中心：《韩国学论文集》（第 22 辑），中山大学出版社 2014 年版。

128. ［韩］李钟美：《韩国朝鲜朝早期印书概况》，《中国典籍与文化》2002 年第 3 期。

129. 林子雄：《古代中国与朝鲜铜活字印刷史的比较研究》，《图书馆论坛》2008 年第 6 期。

130. ［韩］柳铎一：《朱子文集在韩国接受过程之研究》，《第一届中国域外汉籍国际学术会议论文》，联经出版事业公司 1987 年版。

131. 罗炳良：《宋代义理史学再评价》，《廊坊师范学院学报（社会科学版）》2009 年第 4 期。

132. 潘畅和、孙丽：《古代朝鲜的"两班"及其文化特点》，复旦大学韩国研究中心：《韩国研究论丛》（第 20 辑），世界知识出版社 2009 年版。

133. 潘吉星：《中、韩金属活字印刷的起源》，《当代韩国》1999 年第

2 期。

134. 彭卫民:《朝鲜王朝政书考略——从政制典章看中国礼学的朝鲜化》,《社会科学论坛》2014 年第 11 期。

135. [韩]朴廷蕙:《王室的权威与统治理念的视觉体现——朝鲜时代宫廷绘画的种类和性质》,《故宫博物院院刊》2012 年第 6 期。

136. [韩]朴贞淑:《关于中国"域外汉籍"定义之我见》,《长春大学学报》2008 年第 4 期。

137. 蒲笑微:《朝鲜朝与明朝党争特征之比较》,《延边大学学报(社会科学版)》2015 年第 2 期。

138. 钱茂伟:《关于理学化史学的一些思考》,《华东师范大学学报(哲学社会科学版)》2000 年第 1 期。

139. 乔治忠:《古代中国官方修史视角下的中外史学比较》,《史学理论研究》2009 年第 2 期。

140. 乔治忠:《关于中外史学比较研究问题的解说》,《山东社会科学》2011 年第 9 期。

141. 乔治忠:《中国史学史学科发展与中外史学比较》,《史学月刊》2012 年第 8 期。

142. 任晓丽、梁利:《略论朝鲜李朝正祖的"文体反正"》,《解放军外国语学院学报》2009 年第 2 期。

143. 宋道贵、崔发展:《以政教为本:论北宋〈洪范〉学的义理化转向》,《孔子研究》2013 年第 6 期。

144. 宋晞:《读〈宋史筌·高丽传〉》,《宋史研究论丛 二》,中国文化学院出版部 1979 年版。

145. 宋晞:《读〈宋史筌·遗民传〉》,《宋史研究集(第 19 辑)》,台湾"国立"编译馆 1989 年版。

146. 宋晞:《读〈宋史筌·辽金传〉》,《宋史研究论丛(第 3 辑)》,中国文化大学出版部 1989 年版。

147. 宋晞:《〈宋史筌·食货志——役法、钱币、会子、商税、互市、舶法〉读后感》,《第六届中国域外汉籍国际学术会议论文》,联经出版事业公司 1993 年版。

148. 宋晞：《读〈宋史筌·蒙古传〉》，《宋史研究论丛（第 5 辑）》，中国文
化大学出版部 1999 年版。

149. 宋晞：《读〈宋史筌立端宗·末帝纪〉》，《宋史研究论丛（第 5 辑）》，
中国文化大学出版部 1999 年版。

150. 孙卫国：《朝鲜王朝所编之中国史书》，《史学史研究》2002 年第
2 期。

151. 孙卫国：《试论清朝对朝鲜国王与使臣的优礼》，《当代韩国》2003
年第 4 期。

152. 孙卫国：《〈明实录〉与〈李朝实录〉之比较研究》，《求是学刊》2005
年第 2 期。

153. 孙卫国：《试论朝鲜王朝之慕华思想》，《社会科学辑刊》2008 年第
1 期。

154. 孙卫国：《〈史记〉对朝鲜半岛史学的影响》，《社会科学辑刊》2010
年第 6 期。

155. 孙卫国：《论朝鲜王朝〈时政记〉之纂修及其特征》，《郑州大学学
报（哲学社会科学版）》2012 年第 3 期。

156. 孙卫国：《中国史学对东亚史学的影响与交流》，《历史教学问题》
2012 年第 4 期。

157. 孙卫国：《东亚视野下的中国史学史研究》，《史学月刊》2013 年第
11 期。

158. 孙卫国：《东亚视野下的中国史研究》，《史学理论研究》2016 年第
2 期。

159. 孙晓：《古代东亚的汉文献流传与汉籍之路的形成》，《社会科学
战线》2017 年第 11 期。

160. 汤勤福：《义理史学发微》，《史学史研究》2009 年第 1 期。

161. 万明：《明代后期中朝关系的重要史实见证——李朝档案〈朝鲜
迎接天使都监都厅仪轨〉管窥》，《学术月刊》2005 年第 9 期。

162. 万明：《中国藏李朝档案孤本〈朝鲜迎接天使都监都厅仪轨〉新

探》,《历史教学》2015 年第 3 期。

163. 王记录:《理学与两宋史学的义理化特征》,《学习与探索》2014 年第 2 期。

164. 王维佳:《吴晗〈朝鲜李朝实录中的中国史料〉之编纂与价值》,《史学月刊》2015 年第 6 期。

165. 王元周:《论"朝鲜中华主义"的实与虚》,《史学集刊》2009 年第 3 期。

166. 谢贵安:《20 世纪以来中国史家对东亚实录研究的学术路径》,《郑州大学学报(哲学社会科学版)》2018 年第 5 期。

167. 徐凯:《朝鲜〈同文汇考〉中的清朝史料及其价值》,清代政治制度与民族文化学术研讨会论文集,2010 年。

168. [韩]玄英娥:《十九世纪初朝鲜王朝活字和书籍研究》,北京大学韩国学研究中心:《韩国学论文集》(第 7 辑),新华出版社 1998 年版。

169. 杨渭生:《〈宋史筌·高丽传〉与〈宋史·高丽传〉之比较》,杨渭生:《宋丽关系史研究》,杭州大学出版社 1997 年版。

170. 杨雨蕾:《〈资治通鉴纲目〉在朝鲜半岛的传播》,《世界历史》2002 年第 3 期。

171. 叶炜:《信息与权力:从〈陆宣公奏议〉看唐后期皇帝、宰相与翰林学士的政治角色》,《中国史研究》2014 年第 1 期。

172. 张伯伟:《朝鲜书目与时代及地域之关系》,《延边大学学报(社会科学版)》2004 年第 6 期。

173. 张光宇:《中外史学比较视野下的中韩史学比较研究述论》,《东北史地》2014 年第 2 期。

174. 张升:《朝鲜文献与四库学研究》,《社会科学研究》2007 年第 1 期。

175. 张秀民:《朝鲜的古印刷》,《历史研究》1957 年第 3 期。

176. 朱光立:《〈奎章总目〉初探》,《山东图书馆季刊》2007 年第 4 期。

177. 朱政惠:《关于中韩史学比较研究的若干问题》,复旦大学韩国研究中心：《韩国研究论丛》(第 1 辑)，上海人民出版社 1995 年版。

178. 朱政惠：《史学理论与史学史研究的新思考——与海外中国学研究关系的讨论》，《安徽史学》2011 年第 2 期。

179. 朱政惠：《中国史学史研究的国际视野》，《史学月刊》2012 年第 1 期。

180. 赵睿才：《朝鲜李朝正宗李祘所纂中国文献类考》，《图书馆杂志》2010 年第 6 期。

181. 赵望泰、蔡丹：《〈内阁访书录〉为〈浙江采集遗书总录〉之节抄》，《文献》2012 年第 2 期。

182. 赵轶峰：《韩国历史编纂学中的民族主义》，《古代文明》2015 年第 4 期。

(四) 中文学位论文

183. 高洁：《陆贽公文研究》，南京师范大学硕士学位论文，2006 年。

184. 郭江龙：《朝鲜王朝前期实录研究(1392—1608)》，南开大学博士学位论文，2017 年。

185. [韩]李承姬：《〈通文馆志〉考述》，复旦大学硕士学位论文，2010 年。

186. 刘波：《〈同文汇考〉史料分类述要》，东北师范大学硕士学位论文，2011 年。

187. [韩]权重达：《〈资治通鉴〉对中韩学术之影响》，台湾政治大学博士学位论文，1979 年。

188. 宋先超：《〈备边司誊录〉史料价值初探》，东北师范大学硕士学位论文，2011 年。

189. 佟桂芬：《朝鲜英、正时期的文献学家——李德懋研究》，内蒙古师范大学硕士学位论文，2008 年。

190. 宣丹丹：《〈通文馆志〉研究——以朝鲜与清朝朝贡关系为中心》，东北师范大学硕士学位论文，2012 年。

191. 吴静超：《〈承政院日记〉的编纂、存补与史料价值》，东北师范大学硕士学位论文,2017 年。

192. 张倩倩:《试析朝鲜英祖时期的对华观》,山东大学硕士学位论文,2012 年。

193. 张天城:《陆贽与苏轼奏议比较研究》,辽宁大学硕士学位论文,2012 年。

194. 赵杨:《朝鲜王朝〈高丽史〉纂修研究》,南开大学硕士学位论文,2006 年。

195. 郑强:《陆贽研究》,山东师范大学硕士学位论文,2008 年。

196. 周海宁:《中国文化对高丽、朝鲜时代史学之影响研究——以史学体例和史学思想为中心》,上海师范大学博士学位论文,2013 年。

三、当代韩文论著

(一) 韩文著作

197. [韩]박광용:《영조와 정조의 나라》,푸른역사 1998 年版。

198. [韩]박현모:《정치가 정조》,푸른역사 2003 年版。

199. [韩]한영우:《문화정치의 산실-규장각》,지식산업사 2008 年版。

200. [韩]韓永愚:《朝鮮前期史學史研究》,一志社 1981 年版。

201. [韩]韓永愚:《朝鮮後期史學史研究》,서울大學校出版部 1989 年版。

202. [韩]강현식:《심리학으로 보는 조선왕조실록》,살림 2008 年版。

203. [韩]金慶洙:《朝鮮時代의 史官研究》,國學資料院 1998 年版。

204. [韩]金哲埈:《韓國史學史研究》,서울大學校出版部 1990 年版。

205. [韩]김문식:《정조의제왕학》,태학사 2007 年版。

206. [韩]김정진:《독서대왕 정조》,자유로 2013 年版。

207. [韩]김성윤:《조선후기 탕평정치 연구》,지식산업사 1998 年版。

208. [韩]李基白:《韓國史學史論》,一潮閣 2011 年版。

209. [韩]유봉학:《조선후기 학계와 지식인》,신구문화사 1999 年版。

210. [韩]유봉학:《정조대왕의 꿈-개혁과 갈등의 시대》,신구문화사 2001

年版。

211. ［韩］鄭求福：《韓國近世史學史——朝鮮中、後期篇》，景仁文化
出版社 2008 年版。

212. ［韩］정옥자：《정조시대의 사상과 문화》，돌베개 1999 年版。

213. ［韩］정옥자：《정조의 수상록 일득록 연구》，일지사 2000 年版。

214. ［韩］정옥자：《정조의 문예사상과 규장각》，효형출판 2001 年版。

215. ［韩］韓國國史編纂委員會：《史庫調查報告書》，시사문화사 1986
年版。

（二）韩文书刊论文

216. ［韩］배현국：《규장각 조직에 관한 연구》，《동양학》第 37 辑，
2005 年。

217. ［韩］박현욱：《朝鮮 正祖朝 檢書官의役割》，《書志學研究》第 20
辑，2000 年。

218. ［韩］박혜진：《正祖代 문체반정의 지향과 의의：『日得錄』
에 나타난 정조의 문장관을 》，《겨레어문학. 37》，2006 年。

219. ［韩］裴賢淑：《江都外奎章閣考》，《圖書館學論集》第 6 辑，
1979 年。

220. ［韩］배재홍：《朝鮮後期 英·正祖代 庶孽疏通策》，三陟大學校
《論文集》第 29 輯，1996 年。

221. ［韩］백민정：《正祖의의 학문관과 공부 방법론》，《東洋哲學》第 34
辑，2010 年。

222. ［韩］陳德奎：《朝鮮王朝 後期 支配勢力의世襲的 流動性에 대한
研究》，《학술원논문집(인문·사회과학편)》第 50 辑 1 号，2011 年。

223. ［韩］崔해별：《『御定宋史筌』권 8「本紀·后妃」체례개편의 목적：
『季漢書』계승을 통한 정통성의 강조》，《歷史教育》第 124 辑，
2012 年。

224. ［韩］최성환：《정조대 초반의 蕩平 義理와忠逆論》，《泰東古典研究》
第 25 辑，2009 年。

225. ［韩］韓永愚：《조선시대〈儀軌〉편찬과現存 儀軌조사 연구》,《韓國史論》第 48 辑,2002 年。

226. ［韩］韓永愚：《조선시대儀軌편찬始末》,《韓國學報》第 28 辑第 2 号,2002 年。

227. ［韩］허태용：《英‧正祖代 中華繼承意識의 강화와 宋‧명 역사서의 편찬》,《朝鮮時代史學報》第 42 辑,2007 年。

228. ［韩］허태용：《正祖의繼志述事기념사업과『국조보감(國朝寶鑑)』편찬》,《韓國思想史學》第 43 辑,2013 年。

229. ［韩］허태용：《『景宗實錄』과『景宗修正實錄』의 비교를 통해서 본 老論의 정치 의리》,《사학연구》第 112 辑,2013 年。

230. ［韩］허태용：《『景宗實錄』을 통해서 본少論의 정치 義理검토》,《민족문화연구》第 60 辑,2013 年。

231. ［韩］홍순민：《『日省錄』의 편찬 과정과 구성 원리》,《民族文化》第 27 辑,2004 年。

232. ［韩］이범직：《英祖‧正祖代왕실구조 연구》,《인문과학논총》第 36 辑,2001 年。

233. ［韩］南權熙：《奎章閣 西庫와그書目分析》,《奎章閣》7,1983 年。

234. ［韩］姜泰训：《『弘文館志』解題》,圓光大學校 教育問題研究所：《智潭 張德三教授 停年紀念 教育研究 論叢》,2006 年。

235. ［韩］姜文植：《儀軌를 통해 본『英祖實錄』의 편찬 체계》,《朝鮮時代史學報》第 54 期,2010 年。

236. ［韩］정호훈：《18 세기君主學학습서의 편찬과『羹墙錄』》,《韓國思想史學》第 43 辑,2013 年。

237. ［韩］김정미：《正祖代「國朝寶鑑」刊印의 운용실태 연구》,《書志學研究》第 44 輯,2009 年。

238. ［韩］김기태：《조선사고(史庫)의 역사적 변천에 관한 연구》,《畿甸文化研究》第 29、30 合辑,2002 年。

239. ［韩］김경희：《『일성록』국역의 현황과 과제》,《民族文化》第 27 辑,2004 年。

240. ［韩］김상호：《『國朝寶鑑』1782 年 板本의 刻手 研究》，《書志學研究》第 44 辑，2009 年。

241. ［韩］김소희：《『사기영선』의 편찬과 간행에 관한 연구》，《書志學報》2012 年第 40 号。

242. ［韩］金伯哲：《朝鮮後期 正祖代 법제정비와『大典通編』체제의 구현》，《大東文化研究》第 64 辑，2008 年。

243. ［韩］金龍德：《奎章閣考―設立事情을中心으로-》，《中央大學校論文集 2》，1957 年。

244. ［韩］金文植：《『宋史筌』에 나타난 李德懋의 역사인식》，《동아시아 문화연구韓國學論集》第 33 辑，1999 年。

245. ［韩］김문식：《正祖 御制集『弘齋全書』의 書志的 特徵》，《장서각.3》，2000 年。

246. ［韩］김호：《정조의 俗學 비판과 正學 論》，《한국사연구. 139》，2007 年。

247. ［韩］이태진：《정조:유교적 계몽대군주》，《한국사시민강좌 13》，일조각 1993 年版。

248. ［韩］李昌炅：《朝鮮朝의官撰史書 編纂態度 考察：『朝鮮王朝實錄』과『王室儀軌』를中心으로》，《아시아민족조형학보》第 5 辑第 1 号，2005 年。

249. ［韩］李離和：《奎章閣小考-奎章閣志중심으로 본概觀》，《奎章閣.3》，1979 年。

250. ［韩］李鍾日：《英正時代의思想과文化》，《丹豪文化研究》1997 年第 2 期。

251. ［韩］梁桂鳳：《正祖朝刊本「春秋左氏傳」附錄의索引性에 관한研究》，《書志學研究》第 2 辑，1987 年。

252. ［韩］朴文烈：《『京外鏤板』과『鏤板考』와위關係》，《清州大學校 論文集》第 18 辑，1985 年。

253. ［韩］朴性淳：《正祖의先代王 認識과그特徵-『日得錄』「訓語條」를 중심으로》，《溫知論叢》第 21 辑，2009 年。

254. [韩]琴章泰:《〈尊周彙編〉解题》,《國學資料》第 34 号,1979 年。

255. [韩]신병주:《조선후기 기록물 편찬과 관리》,《기록학연구》第 17 辑,
2008 年。

256. [韩]신병주:《조선시대儀軌편찬의 역사》,《朝鮮時代史學報》第 54
辑,2010 年。

257. [韩]신병주:《'實錄廳儀軌'의 편찬과 제작 물자에 관한 연구-『英
宗大王實錄廳儀軌』를 중심으로》,《朝鮮時代史學報》第 48 辑,
2009 年。

258. [韩]申奭鎬:《朝鮮王朝實錄의 編纂과 保管》,《사총》第 5 辑,
1960 年。

259. [韩]신승운:《『弘斎全书』와『群书标记』의 编纂과 刊行에 关한 研
究》,《서지학연구》第 22 辑,2001 年。

260. [韩]우경섭:《정조대『侍講院志』편찬과 그 의의》,《泰東古典研究》
第 26 辑,2010 年。

261. [韩]오항녕:《조선후기 국사체계(國史體系)의 변동에 관한
시론-실록(實錄)에서 일성록(日省錄)으로》,《역사와 현실》第 52
辑,2004 年。

262. [韩]吳恒寧:《正祖초반『英祖實錄』편찬에 대한 연구》,《民族文
化》第 29 辑,2006 年。

263. [韩]오항녕:《『경종실록』의 편찬과 수정》,《民族文化》第 42 辑,
2013 年。

264. [韩]尹炳泰:《奎章閣圖書와韓國活字印刷史研究-그研究史와史
料를中心으로》,《奎章閣. 1》,1976 年。

265. [韩]윤정:《숙중대端宗 追複의 정치사적 의미》,《韓國思想史學》第
22 辑,2004 年。

266. [韩]윤정:《正祖代 端宗 事蹟정비와'君臣分義'의 확립》,《韓國文
化》第 35 辑,2005 年。

267. [韩]辛良善:《朝鮮後期 正祖의 讀書觀》,《역사와실학》第 3 辑,
1992 年。

268. [韩]延正悦:《秋官志에關한一研究-聽訟을中心으로-》,《漢城大學 論文集》,1985 年。

269. [韩]延正悦:《續大典과大典通編에關한一研究》,《漢城大學 論文集》,1988 年。

2100. [韩]연갑수:《『日省錄』의 사료적 가치와 활용 방안》,《民族文化》第 27 辑,2004 年。

271. [韩]趙東永:《正祖의『四部手圈』小考》,《韓國漢文學研究》第 45 辑,2010 年。

272. [韩]鄭萬祚:《朝鮮 正祖代 奎章總目之編纂與其特徵》,《第十屆中國域外漢籍國際學術會議論文集》,1996 年。

273. [韩]鄭玉子:《奎章閣의抄啟文臣教育과文體政策》,《奎章閣.6》,1982 年。

274. [韩]鄭玉子:《正祖代對明義理整理作業-以〈尊周彙編〉을中心으로》,《韓國學報》第 69 辑,1992 年。

275. [韩]정옥자:《정조와 정조대 제반정책》,《서울학연구》2013 年第 5 期。

(三) 韩文学位论文

276. [韩]安光來:《甲辰新編『奎章閣志』研究-圖書館的 機能과司書의役割을中心으로》,清州大学校硕士学位论文,1985 年。

277. [韩]安承培:《莊陵 配食壇 配享 人物 研究-世祖簒奪과端宗復位運動과 관련하여》,国民大学校硕士学位论文,2008 年。

278. [韩]안희연:《正祖의교육정책 연구-『君師論』의측면을 중심으로》,建国大学校硕士学位论文,2010 年。

279. [韩]박경민:《英祖代 蕩平策에 관한研究》,인제大学校硕士学位论文,2002 年。

280. [韩]최두진:《정조대의 초계문신 교육제도 연구》,釜山大学校硕士学位论文,2009 年。

281. [韩]崔誠桓:《正祖代 蕩平政局의君臣義理연구》,首尔大学校博士学位论文,2009 年。

282. [韩]方惠珠:《朝鮮時代 史草 研究》,江原大学校硕士学位论文,2011 年。

283. [韩]方孝順:《『芸閣冊都録』을 통해본校書館藏書에 관한研究》,梨花女子大学校硕士学位论文,1991 年。

284. [韩]郭喜淑:《華城城役에 비친正祖의政治構想》,全南大学校硕士学位论文,2001 年。

285. [韩]이옥남:《18 세기『원행을묘정리의궤(園行乙卯整理儀軌)』에 나타난 궁중연회 상차림 》,京畿大学校博士学位论文,2011 年。

286. [韩]南權熙:《奎章閣 西庫의書目과藏書變遷分析-現存書目을中心으로》,庆北大学硕士学位论文,1983 年。

287. [韩]姜順愛:《朝鮮 英祖朝의圖書編撰및刊行에 관한書志的 研究》,成均馆大学校硕士学位论文,1982 年。

288. [韩]姜順愛:《奎章閣의圖書編撰 刊印및流通에 관한研究》,成均馆大学校博士学位论文,1989 年。

289. [韩]조윤혜:《조선 정치의 성격과 특징 교육 연구-홍문관을 중심으로》,성신여자대학교硕士学位论文,2011 年。

290. [韩]김현옥:《정조의 경세사상 연구:『책문』 을 중심으로》,光州大学校博士学位论文,2010 年。

291. [韩]김희영:《徐命膺 三代의工具書편찬에 관한 연구》,釜山大学校硕士学位论文,2009 年。

292. [韩]김효진:《『弘 齋 全 書』의 인용문헌분석을 통한 正 祖의 독서 행태 연구》,梨花女子大学校硕士学位论文,2012 年。

293. [韩]김영민:《壬午禍變의 발생과正祖代의思悼世子재평가》,한신大学校硕士学位论文,2005 年。

294. [韩]李奎鎬:《『日得録』을 통해 분正祖의文學論》,岭南大学校硕士学位论文,2004 年。

295. [韩]문장현:《정보 디자인의 관점으로 본 조선시대 의궤 (儀軌) 연구:〈원행을묘정리의궤(園幸乙卯整理儀軌)〉와〈화성성역의궤(華城城役儀軌)〉를 중심으로》,홍익大学硕士学位论文,2005 年。

296. ［韩］孫貞先：《『日得錄』을 중심으로 본正祖의經學思想-考察》,庆星大学校硕士学位论文,2002 年。

297. ［韩］서명균：《조선후기 왕실기록관리의 법제화과정 연구》,木浦大学校硕士学位论文,2002 年。

298. ［韩］서윤조：《조선시대 기록문헌의 정보그래피화에 관한 연구-화성성역의궤를 중심으로》,京畿大学校硕士学位论文,2005 年。

299. ［韩］宋日基：《奎章總目考-特히徐命膺 徐浩修 父子의活動을中心으로》,中央大学硕士学位论文,1983 年。

300. ［韩］辛承云：《朝鮮朝 正祖命撰『人物考』에 관한書志的 研究》,成均馆大学校硕士学位论文,1987 年。

301. ［韩］윤정：《18 세기 국왕의文治사상 연구：祖宗事蹟의 재인식과繼志述事의 실현》,首尔大学校博士学位论文,2007 年。

302. ［韩］張熙興：《朝鮮時代 宦官 研究》,东国大学校博士学位论文,2003 年。

303. ［韩］張原演：《朝鮮時代古文獻의校正記錄에 관한研究》,庆北大学校硕士学位论文,2008 年。

304. ［韩］鄭光水：《增訂文獻備考의藝文考 研究》,中央大学校硕士学位论文,1984 年。

后　　记

　　一路走来,感谢见证我成长的诸位师友的关怀、鼓励、提携,是他们让我充满理想、学会坚持。特别感谢导师孙卫国先生引导我进入朝鲜史学史这一"别有洞天"的研究领域。先生学术造诣精深、视野广博,在训练我扎实、严谨的学风和形成宽广的学术视野上躬亲垂范。先生不以我浅薄无知而放弃对我的培养,多次耐心教授我治学研究的方法,这让我少走了许多弯路,有很大的进步。先生的言传身教,让我终身受益。南开大学史学史教研室的乔治忠、姜胜利等诸位先生,学识渊博、治学扎实、颇多洞见,使我眼界大开、受教颇丰。此外,感谢南开大学曹中屏教授、中国海洋大学赵成国教授、延边大学徐东日教授等诸位恩师、前辈学者对我长期的关怀、教导和鼓励。亦感恩各位同事、好友、先进,以及求学各阶段诸兄弟姊妹的关照与帮助。铭感于内,恕不一一。

　　本书是在笔者博士论文的基础上修订而成的。从博士论文撰写,到成为教育部课题的结项成果的若干年内,书中大部分内容陆续先期以单篇论文的方式在刊物上发表过。其中,第二章第二节发表于《亚非研究》(第14辑,2018年)、第四节部分内容发表在《古籍整理研究学刊》2014年第4期;第四章第一节发表于《韩国研究论丛》(第37辑,2019年)、第二节发表在《当代韩国》2015年第2期;第五章主体内容发表于《史学史研究》2019年第1期;第六章第一节发表在《域外汉籍研究集刊》(第18辑,2019年)、第二节刊于《史林》2015年第4期、第三节则发表于《史学史研究》2014年第3期;第七章第一节刊于《古代文明》

2018年第2期、第二节发表于《中国高校社会科学》2014年第1期、第三节则刊于《文学遗产》2015年第5期上。特别要致敬诸位期刊的编审、专家。在审稿、编发的过程中，收到了诸多宝贵意见，在修订文稿时，使得本书的撰写质量也客观上得到了提升。因以单篇论文形式发表时，各篇间不免有重复杂沓、不相照应之处；且因发表时版面所限，部分内容未能完整阐明。在本书中，已尽可能地作了一些整理、补充或删节，并更正了一些错误，与先期发表的文字、题目、结构或有所不同。

朝鲜半岛史学史和中朝（韩）史学比较的研究，处在中国史学和世界史学研究之边缘，较为冷僻。笔者之史学、文献学和外文功底薄弱，加之资料匮乏，故本书之撰成，多是"原地抠饼"。拙稿繁复冗长，文笔粗疏，错漏亦不可避免。愧对恩师，见笑方家，不胜惶恐。笔者水平所限，未尽之处，敬待博雅君子赐正！

拙著得以顺利付梓，承蒙上海三联书店的相关领导、编辑的垂爱，杜鹃老师为本书编排、校对和出版付出了诸多心血，在此表达深深的谢意！恩师卫国先生在日访学期间，不辞辛劳，特拨冗为拙著赐序，谨表示由衷的敬意！

张光宇

2019年8月

于山东日照寓所

图书在版编目(CIP)数据

朝鲜王朝正祖时期的官方史学研究：1776—1800/张光宇
著. —上海：上海三联书店，2019.10
ISBN 978－7－5426－6801－1

Ⅰ.①朝… Ⅱ.①张… Ⅲ.①史学－研究－朝鲜－1776—
1800 Ⅳ.①K093.12

中国版本图书馆 CIP 数据核字(2019)第 212549 号

朝鲜王朝正祖时期的官方史学研究(1776—1800)

著　　者 / 张光宇

责任编辑 / 杜　鹃
装帧设计 / 一本好书
监　　制 / 姚　军
责任校对 / 张大伟

出版发行 / 上海三联书店

　　　　　(200030)中国上海市漕溪北路 331 号 A 座 6 楼
邮购电话 / 021－22895540
印　　刷 / 上海惠敦印务科技有限公司

版　　次 / 2019 年 10 月第 1 版
印　　次 / 2019 年 10 月第 1 次印刷
开　　本 / 640×960　1/16
字　　数 / 410 千字
印　　张 / 27.75
书　　号 / ISBN 978－7－5426－6801－1/K·546
定　　价 / 89.00 元

敬启读者,如发现本书有印装质量问题,请与印刷厂联系 021－63779028